国家社会科学基金教育学重大课题
"中国特色社会主义教育学话语体系研究"阶段性成果。

当代教育基本理论
研究新进展

（2010-2020）

冯建军 主编

图书在版编目（CIP）数据

当代教育基本理论研究新进展：2010—2020/冯建军主编. —福州：福建教育出版社，2023.8
ISBN 978-7-5334-9669-2

Ⅰ. ①当… Ⅱ. ①冯… Ⅲ. ①教育理论－研究 Ⅳ. ①G40

中国国家版本馆CIP数据核字（2023）第082552号

Dangdai Jiaoyu Jiben Lilun Yanjiu Xinjinzhan（2010—2020）

当代教育基本理论研究新进展（2010—2020）

冯建军　主编

出版发行	福建教育出版社
	（福州市梦山路27号　邮编：350025　网址：www.fep.com.cn
	编辑部电话：0591-83726908
	发行部电话：0591-83721876　87115073　010-62024258）
出 版 人	江金辉
印　　刷	福州万达印刷有限公司
	（福州市闽侯县荆溪镇徐家村166-1号厂房第三层　邮编：350101）
开　　本	710毫米×1000毫米　1/16
印　　张	21.75
字　　数	335千字
插　　页	2
版　　次	2023年8月第1版　2023年8月第1次印刷
书　　号	ISBN 978-7-5334-9669-2
定　　价	58.00元

如发现本书印装质量问题，请向本社出版科（电话：0591-83726019）调换。

序　言

本书是一本以教育基本理论为主题带有综述性质的研究著作，时间跨度是2010—2020年。本书是我和团队完成的《教育基本理论研究20年（1990—2010）》（福建教育出版社，2012年版）的续篇。

之所以做这类综述性质的研究，主要是基于学科建设的需要。我想这类研究或者这类书主要起到承前启后的作用。所谓承前，是本研究对前人研究成果的较为系统的总结。前人的研究成果构成了学科史、学术史上一个个珍珠，我们需要对此进行梳理、归类和总结，使后续的研究能够站在前人的肩膀上。后续的研究者必须知道前人已经研究了什么，不仅是对前人研究成果的尊重，避免无谓的重复研究，而且是为了发现新的领域、新的问题、新的突破。张斌贤教授在"当代中国教育学术史"丛书序言中指出，"创新源自继承"。只有站在他人的肩膀上，才可能找到继续挖掘的主题，才可能开展新的有意义的研究，推动研究不断深入、不断地发展。

我国的教育研究者不是非常重视学术史梳理。学术史梳理只有在课题论证或者学位论文中才有，期刊发表的论文习惯于自我表达，这与西方论文有较大的差异。不过，近年来也有刊物如《教育研究》已注意到这个问题，强调要进行学术史的梳理，使自己的研究站在别人研究基础上"接着讲"。别人已经讲了什么，你的研究是怎么发别人之未发，在什么地方是创新的，只有注重学术史的梳理，才能避免那些打着"创新"旗号的"假创新""伪创新"。

学术是不断发展的。我们只有纵向地通过对学科重要主题研究的文献梳理，才能全面总结学术的进步，发现学术发展的规律和学科建设的内在逻辑，更好地建设一个学科。同时，为后来的学习者快速进入学科、了解学科提供一个便捷的路径。

本书的领域是教育基本理论。什么是教育基本理论，在我看来，是一个既清楚又不清楚的问题。说它清楚，是因为我们每个从事教育学研究的人，都明白教育基本理论研究包括哪些范畴、主题，如教育本质、教育与社会发展、教育与人的发展、教育目的、教育制度、教师与学生等等。因此，我们在上一本《教育基本理论研究20年（1990—2010）》中，基本上是按照这些基本范畴来安排章节的。说它不清楚，是因为当说到某一个研究主题时，就很难判断它是否属于教育基本理论的范畴，比如说教育与社会，何以判断它是教育基本理论研究的主题，不是教育社会学的研究主题？再如，教师与学生，很难判断它是教育基本理论研究的主题，不是教育政策学研究的主题。这就不能简单看范畴了，需要看具体的研究内容，看是否具有教育基本理论的特质。教育基本理论的特质是什么，李政涛教授在一篇《什么是教育基本理论》的长文中指出，教育基本理论是"一种把握教育存在的方式"，是教育生活中的"形而上学"，是在存在层面、智慧层面、意义层面、原理层面对"教育"的整体把握。这个看似清楚的界定，在实际判断中也很难把握，怎么把握只能看综述者自己对基本理论的"道行"了。

本书依然按照教育基本理论的范畴圈定研究主题，但在研究主题的具体表述上，主要是反映这十年的一些新的研究问题和变化。这十年是与新时代（2012—2022年）交叉重叠的十年，新时代教育发生着很大的变化，新时代的教育理论也发生了很大变化，我们要努力反映新时代教育发展和教育研究的成果。这期间，适逢改革开放四十年（2018年）和中华人民共和国成立70周年（2019年），教育学界出版了很多有分量的回顾著作，如"改革开放四十年中国教育学科新发展"丛书、"共和国教育学70年"丛书（侯怀银主编）、"当代中国教育学术史"丛书（张斌贤主编），等等。这些著作都很好地回顾了中华人民共和国70年，尤其是改革开放40年中国教育学学科发展，为我们全面了解中国教育学学科发展做出了贡献。教育基本理论不是教育学的二级学科，而是教育学原理二级学科下的研究方向或者研究领域。因此，本领域的综述，没有按照学科的发展史论述学科建设、人才培养、学术组织的发展等，而是展现了主要的研究主题的学术观点。限于研究的篇幅，主题的选择也难以涵盖教育基本理论的全部，只能是主要问题。所以，我更愿意把这本书看作教育基本理论研究的问题史。

我们在这本书中主要对教育基本理论的范畴和主题研究进行了客观的综述，至于研究中存在的问题，没有过多地展开，客观上因为我们能力不足，视野不够；主观上我们希望后续的研究者或者读者自己发现问题。毕竟，每个人的知识面不同，关注点不同，对问题看法的角度不同。不可能所有人看到的都是同一个问题，我们不想以"一己之见"代替大家的思考。这虽然是个"偷懒"的想法，但也是真诚的想法。我们希望读者在阅读每个专题后，不仅知道前人研究了什么，更希望发现哪些研究还存在"漏洞"，可以完善，哪些问题尚需要深入探讨，哪些问题还是空白点。阅读此书的人，若能达到这个效果，就是我们撰写此书的最大期待。在这个意义上，本书特别适合具有一定教育理论基础、关心教育理论发展的学者和研究生阅读，对学习教育学、教育学原理等相关课程具有重要的参考价值。

本书是我和我的团队合作完成。具体执笔人如下：前言、第一章冯建军（南京师范大学），第二章严从根、陈丹琴（杭州师范大学），第三章吉永桃（南京师范大学）、胡金木（陕西师范大学），第四章武秀霞（天津市教育科学研究院），第五章第一节张孟源（南京师范大学）、第二节刘霞（南京晓庄学院）、第三和第四节徐芳健（南京师范大学），第六章雷晓庆（宁夏大学），第七章张权力（盐城师范学院），第八章王惠颖（天津职业技术师范大学），第九章曾慧娟（南京师范大学），第十章江春燕（南京师范大学）。各位执笔人在完成初稿的基础上，雷晓庆对书稿进行了初读，主编对书稿进行修改和完善。由于我们能力有限，无论是综述的全面性，还是综述的深度，都存在着诸多不足，恳请各位学界同仁和读者批评指正。

本书也是我主持的国家社科基金（教育学）重大招标课题"中国特色社会主义教育学话语体系研究"（VAA220010）的阶段性成果，特别感谢全国教育科学规划办的支持。

出版之际，特别感谢福建教育出版社的大力支持，感谢沈群编辑为出版此书付出的辛劳和智慧。

建设有中国特色教育学的学科体系、学术体系和话语体系，是时代赋予我们教育学人的神圣使命，愿我们大家一起努力，不负时代，不辱使命。

目 录

第一章 教育学与中国教育学的建构

一、教育学的研究对象和学科属性 …………………………………… 3
  （一）教育学的研究对象 ………………………………………… 3
  （二）教育学的学科属性 ………………………………………… 5
二、教育学的学科边界与学科立场 …………………………………… 9
  （一）教育学的学科边界 ………………………………………… 9
  （二）教育学的学科立场 ………………………………………… 11
三、教育学的变革与发展 ……………………………………………… 15
  （一）教育学的变革 ……………………………………………… 15
  （二）教育学的发展 ……………………………………………… 19
四、中国教育学建构与中国特色社会主义教育理论 ………………… 23
  （一）中国教育学：发展、危机与诉求 ………………………… 24
  （二）中国教育学的建构路径 …………………………………… 28

（三）生命·实践教育学：中国教育学建构的典范 ·········· 32
　　（四）中国特色社会主义教育理论 ························ 33
本章主要参考文献 ·· 36

第二章　教育本质与立德树人

一、新时代教育本质研究的困境和理论定位 ···················· 45
　　（一）教育本质研究的时代困境 ···························· 45
　　（二）教育本质研究的理论定位 ···························· 46
二、教育本质研究主题分析 ···································· 48
　　（一）思维方式：从本质思维转向关系思维 ················ 48
　　（二）教育本质说的传承与发展 ···························· 49
　　（三）教育本质新说 ······································ 51
三、教育本质研究的思考 ······································ 55
　　（一）树立正确的研究态度 ································ 55
　　（二）认识教育本质研究的学科价值 ······················ 56
　　（三）明确教育本质的双重属性：知识性和育人性 ·········· 57
四、立德树人的理论内涵和思想渊源 ···························· 58
　　（一）立德树人的理论内涵 ································ 58
　　（二）立德树人的理论渊源 ································ 60
五、立德树人的新时代发展要求 ································ 62
　　（一）重视教育的完整性 ·································· 62
　　（二）突出教育的育人性 ·································· 63
六、立德树人的实践逻辑 ······································ 64
　　（一）宏观层面的机制建设 ································ 64
　　（二）中观层面的机制探索 ································ 65

（三）学校微观层面的机制落细 ……………………………………… 66
本章主要参考文献 …………………………………………………………… 68

第三章　教育目的与全面发展教育

一、教育目的的价值取向 …………………………………………… 73
　　（一）关注教育目的的内在性 ……………………………………… 73
　　（二）关注人的存在状态 …………………………………………… 75
　　（三）强调教育的儿童立场 ………………………………………… 76
　　（四）指向公平的教育目的 ………………………………………… 77

二、教育目的的内在规定性 ………………………………………… 78
　　（一）主体人格的发展与完善 ……………………………………… 78
　　（二）实践人格的养成与实践能力的提升 ………………………… 80
　　（三）协调学生成长与社会发展，培育时代新人 ………………… 81
　　（四）民族性与世界性并重，培养"中国人" …………………… 81

三、人的全面发展 …………………………………………………… 82
　　（一）全面发展教育的历史演进 …………………………………… 83
　　（二）全面发展教育的内涵深化 …………………………………… 84
　　（三）全面发展与素质教育、核心素养 …………………………… 88
　　（四）对人的全面发展的误读与澄清 ……………………………… 90

四、全面发展视域下的"体美劳"教育 …………………………… 91
　　（一）体育与人的全面发展 ………………………………………… 91
　　（二）美育与人的全面发展 ………………………………………… 94
　　（三）劳动教育与人的全面发展 …………………………………… 97

五、五育融合及其实现 ……………………………………………… 100
　　（一）五育并举与五育融合的内涵 ………………………………… 100

（二）五育融合的价值 …………………………………………… 102
　　（三）五育并举，融合育人的实现路径 ………………………… 103
六、教育目的的反思与全面发展的实现 ……………………………… 105
　　（一）教育目的的演进与调整 …………………………………… 105
　　（二）教育目的的时代转型 ……………………………………… 107
　　（三）当前教育目的实现中存在的问题 ………………………… 109
本章主要参考文献 ……………………………………………………… 113

第四章　核心素养与育人方式变革

一、核心素养的研究背景 ……………………………………………… 124
二、关于核心素养的理论探讨 ………………………………………… 126
　　（一）核心素养的内涵 …………………………………………… 126
　　（二）核心素养的本质 …………………………………………… 128
　　（三）核心素养与素质教育的关系 ……………………………… 130
　　（四）核心素养与学科核心素养 ………………………………… 131
　　（五）核心素养与教育方针、教育目的、课程目标的关系 …… 133
　　（六）核心素养与"双基""三维目标"的关系 ………………… 134
三、指向核心素养的育人方式改革 …………………………………… 138
　　（一）核心素养的具体化 ………………………………………… 138
　　（二）指向核心素养的课程变革 ………………………………… 139
　　（三）基于核心素养的课堂教学转型 …………………………… 141
　　（四）指向核心素养的教育评价 ………………………………… 143
本章主要参考文献 ……………………………………………………… 146

第五章　教育与社会发展

一、教育与传统文化 ⋯⋯⋯⋯⋯⋯⋯⋯⋯⋯⋯⋯⋯⋯⋯⋯⋯⋯⋯⋯⋯⋯ 152
　（一）传统文化、传统文化教育的研究主题 ⋯⋯⋯⋯⋯⋯⋯⋯⋯⋯ 153
　（二）中华传统文化教育的进一步研究方向 ⋯⋯⋯⋯⋯⋯⋯⋯⋯⋯ 157
二、教育与生态文明 ⋯⋯⋯⋯⋯⋯⋯⋯⋯⋯⋯⋯⋯⋯⋯⋯⋯⋯⋯⋯⋯ 159
　（一）生态文明教育内涵、价值、内容研究 ⋯⋯⋯⋯⋯⋯⋯⋯⋯⋯ 160
　（二）生态文明教育范式研究 ⋯⋯⋯⋯⋯⋯⋯⋯⋯⋯⋯⋯⋯⋯⋯⋯ 162
　（三）生态文明教育的发展历程 ⋯⋯⋯⋯⋯⋯⋯⋯⋯⋯⋯⋯⋯⋯⋯ 163
三、教育与国家安全 ⋯⋯⋯⋯⋯⋯⋯⋯⋯⋯⋯⋯⋯⋯⋯⋯⋯⋯⋯⋯⋯ 166
　（一）国家安全的内涵 ⋯⋯⋯⋯⋯⋯⋯⋯⋯⋯⋯⋯⋯⋯⋯⋯⋯⋯⋯ 167
　（二）教育与国家安全的关系 ⋯⋯⋯⋯⋯⋯⋯⋯⋯⋯⋯⋯⋯⋯⋯⋯ 169
　（三）教育与国家安全的议题 ⋯⋯⋯⋯⋯⋯⋯⋯⋯⋯⋯⋯⋯⋯⋯⋯ 172
四、教育与人类命运共同体 ⋯⋯⋯⋯⋯⋯⋯⋯⋯⋯⋯⋯⋯⋯⋯⋯⋯⋯ 175
　（一）人类命运共同体思想 ⋯⋯⋯⋯⋯⋯⋯⋯⋯⋯⋯⋯⋯⋯⋯⋯⋯ 175
　（二）教育与人类命运共同体的关系 ⋯⋯⋯⋯⋯⋯⋯⋯⋯⋯⋯⋯⋯ 177
　（三）人类命运共同体与教育的主要议题 ⋯⋯⋯⋯⋯⋯⋯⋯⋯⋯⋯ 179
本章主要参考文献 ⋯⋯⋯⋯⋯⋯⋯⋯⋯⋯⋯⋯⋯⋯⋯⋯⋯⋯⋯⋯⋯⋯ 184

第六章　教育正义研究

一、教育正义的价值研究 ⋯⋯⋯⋯⋯⋯⋯⋯⋯⋯⋯⋯⋯⋯⋯⋯⋯⋯⋯ 193
二、教育正义的原则研究 ⋯⋯⋯⋯⋯⋯⋯⋯⋯⋯⋯⋯⋯⋯⋯⋯⋯⋯⋯ 196
三、教育正义的哲学基础研究 ⋯⋯⋯⋯⋯⋯⋯⋯⋯⋯⋯⋯⋯⋯⋯⋯⋯ 200

（一）教育分配正义及其批判 …………………………………… 201
　　（二）教育关系正义理念研究 …………………………………… 204
　　（三）教育承认正义理念研究 …………………………………… 206
四、教育正义的实践研究 …………………………………………… 209
本章主要参考文献 …………………………………………………… 215

第七章　教育现代化研究

一、教育现代化的内涵研究 ………………………………………… 220
　　（一）在澄清与现代化的关系中理解教育现代化 ……………… 220
　　（二）在超越二元对立中理解教育现代化的文明属性 ………… 222
　　（三）在对现代化的特征观察中深化对教育现代化特征的理解 … 223
二、教育现代化的本质研究 ………………………………………… 224
　　（一）教育现代性 ………………………………………………… 225
　　（二）人的现代化 ………………………………………………… 225
　　（三）教育生活方式的现代文明化 ……………………………… 227
三、教育现代化的外延研究 ………………………………………… 228
　　（一）教育治理现代化 …………………………………………… 228
　　（二）学校教育现代化 …………………………………………… 232
　　（三）农村教育现代化 …………………………………………… 232
四、教育现代化评价指标体系的研究 ……………………………… 234
　　（一）教育现代化评价指标体系 ………………………………… 234
　　（二）教育现代化指标评价的反思研究 ………………………… 239
五、教育现代化实现路径的研究 …………………………………… 240
本章主要参考文献 …………………………………………………… 242

第八章 公民教育与价值教育

一、公民教育研究 ··· 248
  （一）公民教育的本土探索与他国镜鉴 ············· 248
  （二）公民教育的历史逻辑与时代发展 ············· 252
  （三）公民教育的全球视野与国家认同 ············· 255
  （四）公民教育的视域拓展与研究展望 ············· 259

二、价值教育研究 ··· 260
  （一）价值教育的本土探索与他国镜鉴 ············· 261
  （二）价值教育的课堂教学与教师的价值教育能力 ··· 264
  （三）价值教育的现实困境与本真回归 ············· 266
  （四）价值教育的视域拓展与研究反思 ············· 269

本章主要参考文献 ··· 271

第九章 教育评价改革

一、教育评价问题与改革取向 ··························· 281
  （一）教育评价存在的问题 ························· 281
  （二）教育评价改革的价值取向 ····················· 284

二、教育评价改革设计 ··································· 288
  （一）政策引领 ····································· 288
  （二）顶层设计 ····································· 290

三、教育评价改革难点突破 ······························· 293
  （一）破除"五唯"弊病 ····························· 294

（二）高考改革 ·· 297
本章主要参考文献 ··· 302

第十章　教师专业发展与专业伦理

一、教师专业发展研究 ··· 311
　（一）教师专业发展内涵及其侧重点 ································· 312
　（二）教师专业发展的模式与途径 ···································· 313
　（三）教师专业发展的问题与对策 ···································· 319
二、教师专业伦理研究 ··· 322
　（一）师德研究的伦理转向及其内涵 ································· 323
　（二）教师专业伦理建设的困境 ······································· 325
　（三）教师专业伦理建设的路径 ······································· 326
本章主要参考文献 ··· 330

第一章　教育学与中国教育学的建构

本章以教育学为对象,是关于教育学的研究,这样的研究不是教育学,在笼统的意义上可以说是元教育学研究。但在元研究的严格含义上,关于教育学的研究未必都是元教育学。即便是对于教育学,在学术话语中也有不同的指称。有论者指出,存在着作为"科目"(subject)的教育学、作为"学科"(discipline)的教育学和作为"科学"(science)的教育学。"科目"是学校以课程形式呈现的学术训练的单元;"学科"是知识分类中系统地组织起来的学问单元;"科学"则是"从经验事实中推导出来的"知识系统[项贤明,2019]。作为科目,教育学是教师教育的一门课程和教材,它表征的是培养和培训教师的知识体系。作为学科的教育学,与哲学、社会学、政治学、经济学等并列,不限于教师教育中作为一种育人方法和技术的教育学,而是对作为社会现象和育人活动的教育的全面研究,所以,真正的教育学,其研究的领域、对象和问题应当超越育人的教育学,观照于一切教育现象和问题[薛晓阳,2017]。在当前我国学科建制中,教育学是一个学科门类,它不只是致力于教育的学术研究和教育知识体系的建构,还致力于教育学的人才培养,设有教育学学士、硕士和博士学位。作为一门科学,教育学是一种关于教育的知识形态。这里讨论的教育学是指教师教育的一个科目、一个关于教育的知识领域,不是我国学科建制中的教育学学科。因此,我们只讨论关于教育学的知识,不讨论教育学的人才培养问题。

回顾 2010—2020 年这十年间的教育学研究，立项和研究的课题有柳海民主持的国家社科基金教育学一般课题"中国六十年教育基本理论的发展与教育实践结合的研究"，郝文武主持的国家社科基金教育学一般课题"教育学的专业改造与学科建设研究"（2010），余清臣主持的全国教育科学"十二五"规划教育部重点课题"实践教育学范式研究"（2011），侯怀银主持的国家社科基金重点课题"中华人民共和国教育学史"（2018），李政涛主持的国家社科基金教育学重大招标课题"中国特色社会主义教育理论体系研究"（2019）以及程亮主持的华东师范大学教育学高峰学科建设项目"跨文化视野中的中国教育学发展研究"（2016）等，出版了侯怀银的《20 世纪中国教育学发展问题研究》（北京师范大学出版社，2011）、侯怀银的《西方教育学在 20 世纪中国的传播和影响》（东北师范大学出版社，2011）、郝文武的《教育学的改造》（北京师范大学出版社，2014）、徐继存的《教育学的学科立场——教育学知识的社会学考察》（北京师范大学出版社，2015）、侯怀银的《德国教育学在中国的传播和影响》（商务印书馆，2018）、陈晓宇主编的《中国教育学 40 年》（商务印书馆，2019）和《改革开放 40 年中国教育学科新发展》（各分支学科卷，高等教育出版社，2019）、高宝立主编的《迈向新时代的中国教育科学——改革开放以来我国教育研究回顾与展望》（高等教育出版社，2019）、张斌贤主编的《当代中国教育学术史》（各分支学科卷，共 22 册）（福建教育出版社，2019）、侯怀银主编的《共和国教育学 70 年》（各分支学科卷，共 12 册）（北京师范大学出版社，2020）、陈桂生的《教育学究竟是怎么一回事：教育学辨析》（上海教育出版社，2020）。组织召开了"教育学的传统与变革"（全国教育基本理论学术委员第十五届学术年会，2015 年 9 月 19～20 日）、"民国时期教育学发展"（首届中国教育学史论坛，2017 年 6 月 22～23 日）、"改革开放后中国教育学学科发展的回顾与展望"（第二届中国教育学史论坛，2018 年 12 月 15～16 日）、"信息技术时代的教育学理论重建"（华东师范大学，2018 年 11 月 24 日）、"发现'中国教育学'的'文化逻辑'"（全国教育基本理论学术委员会第十七届年会，2019 年 9 月 21～22 日）、"新中国 70 年教育学发展与反思"（中国教育学会教育学分会 2019 年度学术年会，2019 年 12 月 21～22 日）等学术研讨会。

以"教育学"为篇名或关键词,以 2010—2020 为时间节点,在知网上搜索,不少是关于教育学分支学科的,真正关于教育学研究的文献有 340 篇,每年大致都在 30 篇左右。这些文章的主题较为分散,作者也较为分散,一直专注于教育学研究的论者不多,主要有项贤明、侯怀银、柳海民、李政涛、谭维智、孙元涛和余清臣等。就研究状态来看,整体上可以说是"不温不火",但也在平稳中推进研究。即便是对教育学对象、学科性质的研究,也不同于学科建立之初的探讨,而是对已有教育学研究的反思,是教育学自觉的表现[雷云,吴定初,罗银科,2015]。这一时期,在反思中回答"教育学向何处去"的问题,促进教育学的发展和有中国特色的教育学的建设。

一、教育学的研究对象和学科属性

(一)教育学的研究对象

学科都有研究对象,这是学科存在的基本前提。20 世纪 80 年代以来,国内曾经对教育学的研究对象,出现过争论,大致已经形成了四种代表性的观点,分别为:教育学的研究对象是教育现象;教育学的研究对象是教育现象及其规律;教育学的研究对象是教育事实;教育学的研究对象是教育问题。其中,教育学研究教育现象,是传统的观点。在这十年的发展中,教育学研究对象再次被提起,并引发了一场争论。

有论者重申教育学的研究对象是"教育现象",认为"教育事实""教育问题""教育规律"作为教育学的研究对象都存在局限性。就教育事实而言,教育学的研究对象虽然基于教育事实,但教育学并不研究偶发性的教育事实。对于教育问题而言,教育学不可能也没有必要对其中的全部内容展开研究,只有那些经过论者的分类汇总与抽象概括的问题才可能成为教育学的研究对象。对于规律而言,教育规律本是教育学研究的目的,将教育规律视为教育学的研究对象是本末倒置。论者申明教育现象作为教育学研究对象的理由:教育现象体现了教育学的学科独特性,研究教育现象才能揭示教育规律,教育现象具有高度概括性,体现了研究话题的公共性[高鹏,杨兆山,2014]。

上述论文发表后,有论者对其提出质疑和商榷。商榷者从方法论的角度反思教育学的研究对象,认为将"教育现象"作为教育学研究对象的辩护,完全没有体现教育学作为一门学科在方法论上的自觉与检视。论者站在方法论自觉的角度,认为教育学的研究对象是"教育问题"。"教育问题"作为教育学的研究对象是方法论自觉的必然结果,理由有三:第一,以教育问题为对象,凸显了在教育学研究方法论上的自觉与检视;第二,强调教育学研究以教育问题为对象,有助于教育论者形成问题意识并以此作为推动教育学发展的内生性动力源;第三,重视教育问题研究将有助于进一步明晰教育学研究对象与领域,增强教育学研究的方向感与稳定感[余小茅,2014]。

也有论者继续质疑教育学的研究对象是教育问题,理由有三:第一,这种主张实际上混淆了研究对象和研究起点的关系,误将起点当作对象。研究要从问题开始,并不意味着问题就是研究对象。把观察到的现象作为问题提出来,本身就意味着,教育现象仍然是研究对象。第二,教育问题是人们主观建构的结果,不能成为教育学研究的对象。作为主体研究的对象,无疑应具有外在于主体的客观性,是一种存在,而非一个主体建构。第三,研究和解决教育问题,只是教育学研究的任务,不是教育学的对象[周兴国,2016]。

有论者认同教育现象作为教育学的研究对象,但教育现象不是自然科学意义上的可验证的客观现象,也不是社会科学意义上可观察的社会现象,而是人文科学意义上的"教育现象"。人文科学意义上的"教育现象"是指教育实践者(包括受教育者)在教育实践中的所作所为以及由此而产生的主观感受、体验、经验、意义理解、情感、认识、意识、理性思维及判断等,这样的现象主要表现为人文科学意义上人们的"行为、意图和经验",是人们的精神世界或通过行为而表现出来的意义世界[周兴国,2016]。

上述关于研究对象的争论,是从研究对象的特点、研究方法论和学科性质等不同角度提出的。值得注意的是,是研究对象决定了方法论和学科性质,还是方法论和学科性质决定了研究对象,研究对象是客观存在的,还是主观建构的,这些问题是讨论教育学研究对象的前提,尚需要明确。总体上看,这一时期关于教育学研究对象的讨论,与上世纪80—90年代的讨论相比,并没有生产新的知识和观点。

(二) 教育学的学科属性

厘清学科的研究对象是划分学科属性的前提和依据。研究自然现象、社会现象和人文现象的学科，具有不同的学科属性。鉴于教育学研究对象的争议，如作为自然现象的教育现象，还是作为人文现象的教育现象、现象学的教育现象等，就引发了教育学学科属性的不同认识。有论者还区分了学科性质与学科属性的差异：学科属性解决的是学科归属问题，学科性质是教育学区别于其他学科的质的规定性。有论者还提出了教育学的学科品性，包括教育学的综合特征 [赵鑫，2012]。从这一时期的讨论看，更多的是教育学的学科属性问题，尤其是发表《教育学属于人文科学》一文之后，引发了讨论，先后出现了教育学属于科学、人文科学（学科）、人文社会科学、综合学科等多种观点。

第一，教育学是（经验）科学。

正如德国的教育论者布列钦卡所说："近200年来，人们一直试图发展一门教育科学（science of education）。是否存在这种科学，人们一直对此有争论。它应探讨什么问题以及如何解决这些问题，一直存而不决。"[1] 有论者追问"教育学为什么还不是一门科学"，其背后就蕴含着对教育学成为科学的期盼和对教育学没有建设成为科学的焦虑 [刘爱生，2010]。近年来，教育学的科学性屡受质疑和指责。有论者认为，教育学在科学性方面所面临的质疑和挑战，并不能否定其在科学化上的可能性与其他社会科学无异。一门学科"作为科学"意味着它是以经验事实为基础的，这里的"经验事实"也包括作为一种主观经验的价值本身，一旦价值成为科学的对象，它在逻辑上便已被转换成了一种经验事实。教育学探讨价值问题，仍应该且可能努力保持价值中立，以保证其对教育事实的描述是客观、科学的 [项贤明，2015]。这里把关于价值的陈述作为教育的事实，成为科学的研究对象。也有论者区分教育

---

[1] 沃尔夫冈·布列钦卡. 教育知识的哲学 [M]. 杨明全，宋时春，译. 上海：华东师范大学出版社，2006：1.

事实陈述和价值陈述，不同陈述采用不同论证方式。教育科学是事实陈述，它主要采用证据—推论方式论证［马凤岐，2015］。有论者坚定地认为，实证研究是教育学走向科学的必要途径。教育学要加快知识增长，必须聚焦科学问题，加强实证研究［袁振国，2019］。教育科学是植根于实证主义，运用实验法、问卷调查法、观察法等科学方法把教育现实作为变量来分析，核心宗旨在于寻求"统计性规律"，表现为描述"是什么"和解释"为什么"，部分规范的研究产出一些统计性的规律［彭虹斌，李婕，2015］。也有论者认为，把实证研究视为教育学科学化的唯一途径，是对科学做了狭隘的理解［刘小柳，2019］，教育学的科学化不能只理解为实证化。教育学的科学化不仅意味着教育学的实证研究，而且意味着教育学的规范研究和人文科学研究［周兴国，2019］。实证研究作为自然科学研究范式在人文社会科学领域的运用，其本身是存在一定限度的，并不必然会促成教育学的科学化［刘小柳，2019］。

第二，教育学是社会科学。

有论者区分考察教育学属性的两个维度：一个是内在的向度，即研究教育活动对人的身心发展的价值，这个研究采用的方法是内省的方法，也就是精神科学所主张的理解的方法。另一个是外在的向度，即研究教育活动对群体或社会发展的意义。此项研究则可以借助一定的测量工具进行，走的是自然科学通用的定量化研究途径。这两个研究途径要达到的目的是不一样的，第一种路径是为了对人的发展方向进行解释并提供指导，换言之，是从理想的角度为教育指明方向；第二种路径是研究教育活动的实际状态以及所产生的实际效果，并试图为改进教育活动效果提供方案。从外在向度来看待教育，教育是一种社会活动，一种社会现象，教育与社会发展的关系是教育学的核心内容。以社会学的视角研究教育与社会发展的关系，教育学应该是社会科学［王洪才，2012］。虽然在这一个期间的讨论中，没有论者明确标称"教育学是社会科学"，但从他们对教育学科学性的质疑，提出教育是人文科学，或者教育学是人文社会科学，其实背后都承认了教育学的社会科学属性。

第三，教育是人文科学（学科）。

有论者认为，不能因教育成为一种社会活动，就说教育学属于社会科学。教育是为人而生成，为人的发展而运行，直接关注的是人；当它也指向社会时，按照马克思的理想，它也应是促进社会变革（包括社会关系的变革）与进步而将终极目标指向人。人与社会相比，人是源，社会是流；人是本，社会是末。教育要弄清源流，不能本末倒置。尽管教育对于社会的发展有非常重要的作用，但这都是基于人的发展、通过人的发展而产生的作用。教育归根结底是促进人的发展的活动。教育学以人为出发点，又以关于人的哲学为理论基础，并归结到人自身的发展，这是教育学属于人文科学之缘由所在［张楚廷，2011］。有论者通过研究对象，确认教育学的学科性质，认为以"人的培养"为核心的"精神世界"和"意义世界"是教育学独特的研究对象，其本质属性是主体性、价值性，从而规约了教育学的人文科学属性。教育学是基于价值理解和认同的人文科学［满忠坤，2017］。有论者从教育学的研究内容、教育目的、教育学与哲学之间的关系论证教育学在本质上是属于人文科学［彭道林，唐桥，2019］。有论者认为，应该区分"人文科学"和"人文学科"这两个概念，在研究旨趣、致思方向、思维方式等方面，教育学应该属于人文学科［陈先哲，2016］。就研究方法而言，有论者指出，教育学作为人文科学，有一个主观性的、诠释性的、依赖于意识和内省的玄学之维［谭维智，2012］，应该是人文性的解释、理解、对话与倾听，论者应该有虔敬与倾听的姿态［吕寿伟，2015］。

第四，教育学是人文社会科学。

无论是把教育学列入社会科学，还是人文科学，这种划分都是相对的，非绝对的。教育学应该超越人文科学与社会科学两分法，整合二者的学科优势。有论者认为，从根本上讲，教育学的学科属性决定于其研究对象。教育学的研究对象是人类的一切教育现象，可分为宏观教育事业现象和微观教育活动现象。研究教育事业现象的宏观教育学，其学科属性明显倾向社会科学；研究教育活动现象的微观教育学，其学科属性当属人文科学。因此，教育学因其综合性而兼备人文科学和社会科学的双重属性，属于典型的人文社会科学［王鉴，姜振军，2013］。

也有论者认为，教育学属于人文社会科学，具有双重性，这种说法没有说出教育学的人文性和社会性的关系。论者运用一种回到原点式的思考方式，从探寻教育学学科原点的问题出发，寻找教育学的学科属性。教育学的原点是育人。回到教育学研究的原点，就是回到人本身。教育学理应建立在完备人学之根基上，才有资格称得上是名实相符的成"人"之学。教育学作为一门直接以人的全面成长与发展、形成和塑造为研究对象的学问，是一门以人文学科（而非人文科学）为学科原点的社会科学［余小茅，2014］。

第五，教育学是综合科学。

教育学无法直接地归入人文科学或社会科学，但即便是归入人文社会科学，也有局限性。因为人文社会科学只具有双重性，而教育学的属性是多重的，德国教育学家布雷岑卡提出了教育科学、教育哲学和实践教育学的三分法，吸收这一观点，有论者认为，教育哲学建设是教育学发展的灵魂，而作为社会科学则是教育学发展的主体，实践教育学则是教育学发展的最终目标［王洪才，2012］。有论者认为，教育学兼具自然科学、社会科学、人文科学等多个学科的特点，是一门综合科学［谭维智，2018］。教育学的综合性，不仅包括了人文科学和社会科学，而且积极主动地汲取自然科学的有益养分，最终将教育学建设成真正意义上的成熟的综合性学科。

有论者认为，教育问题本身是一个综合性的问题，是某一个单一学科难以完成研究的。因此，教育学研究需要一种开放的视野和综合的眼光，以便在分析教育问题时，能够突破"教育"的限制，"跳"到教育之外看教育；能够以一种"生态"的眼光来审视和思考教育问题。教育学因此具有跨学科性［孙元涛，2010］。教育学所要做的，正是要以更开放的态度迎接各种学科知识的融合，积极投身于大学科系统之中，方能突显学科的真正价值［匡维，2012］。

第六，教育学是独立且独特的教育科学。

教育学和自然科学、社会科学、人文科学都有关系，但又不能归入某个单一学科。教育是一个多学科、跨学科的集合，但不是学科的相加。综合学科关注的课题可能是"跨"学科的，但论者的立场却又往往是基于本学科的。跨学科的综合性，"往往只是强化了固有学科的存在。因为把各种独立的学科知识合并起来，本身就预设了学科分类的合法地位，其背后不言而喻的信息就是学科知识可以个别独立地存在"。① 在很多时候,"跨学科"只是一种基于学科的"联合"。多学科的"联合",其行动单位依然还是"学科",而不是"学科间"[孙元涛,2010]。真正融合之后的综合学科,不是其他学科的相加,而是发生质变之后产生的教育科学。有论者把"教育科学"视为继哲学科学、自然科学和人文社会科学之后的人类科学发展的第四个阶段和第四种范式。"教育科学"可以被理解为关于"生命·实践"活动的现象与事理本身,以及它与其他活动的现象与事理之间的互动生成关系,是扎根人类生活、面向人生幸福的理论—实践性的知识体系[李政涛,2018]。把教育科学作为与自然科学、人文科学和社会科学并列的第四种科学,是一个大胆的想法,但需要对其独特性做出深入的论证。

二、教育学的学科边界与学科立场

(一)教育学的学科边界

作为一门学科,教育学是否有自己的学科立场和边界,决定教育学是否有独立的地位,事关教育学的学科尊严与价值,影响教育学术的健康发展与教育研究群体的专业声誉。但教育学以其他学科为理论基础,容易出现赫尔巴特所担忧的那样成为"别的学科领地","像偏僻的被占领的区域一样受到外人的治理"。② 陈桂生教授早就不无担忧地指出:"教育学在林立的学科群中几乎成为不设防的领地,教育学忙于到处伸手,'占领'其他学科的材料,恰恰忘记了自卫,到头来反被其他学科所占领。"③ 所以,保持教育学的独立性,就需要划定教育学的边界。

学科边界可以分为"硬边界"与"软边界"两个维度。"硬边界"是指学

---

① 华勒斯坦,等. 学科·知识·权力[M]. 刘健芝,等译. 北京:生活·读书·新知三联书店,1999:222.
② 赫尔巴特. 普通教育学·教育学讲授纲要[M]. 李其龙,译. 北京:人民教育出版社,1989:10.
③ 陈桂生. 教育学辨:"元教育学"的探索[M]. 福州:福建教育出版社,1998:84.

科在学科体制建设和学科体系中的边界。在我国学科建设中，教育学与社会学、哲学等并列作为一级学科建设，其"硬边界"已经不再是问题。"软边界"是就学科自身的研究对象、立场、方法、话语等学科要素区别于其他学科之所在，为学科划定一个区别于其他学科的边界。对于教育学而言，"软边界"依然是一个大问题。

有论者认为，当今教育学的学科边界是模糊的，关键原因之一就是它以"学校"为时空框架，而不是以教育为研究对象。正是这种时空框架的错位，导致了教育学一方面将自身大量的研究对象排斥在自己的研究视野之外，另一方面又将存在于学校时空框架之中本应属于其他学科的研究任务收入囊中，以至于造成了学科边界的模糊不清。也就是说，教育学以错误的对象为研究对象，导致学科边界模糊。因此，寻找学科边界必须从教育学的研究对象入手。该论者认为，教育学主要关注社会活动对人的生长发展的意义和作用，旨在发现社会活动在人的生长发展过程中的功能、机理和价值等。因此，从社会活动对人的生长发展的意义和作用这一独特角度来研究人的社会活动，这既是它划定自身与社会科学其他学科之间边界的根本依据，也是其厘清内部不同研究领域和分支学科之间关系的根本依据［项贤明，2017］。

有论者肯定划分教育学边界的意义，但并不完全同意以教育学的研究对象作为划分边界的依据。论者认为，教育学边界划分的依据包括研究任务、对象、问题、方法、视角和假设等，它们无法单独建构和解释"教育学边界"，需要整合为"教育学立场"。立场是原发性、原点性的，同时也是综合性的，兼容了教育学的性质、对象、领域、问题、意义、方法等诸方面。立足教育学的立场，才能建构教育学的边界［李政涛，2018］。

建构教育学的边界，是不是与教育学的综合性、跨学科性又相悖？因为教育学的综合性、跨学科性需要一种跨越学科边界的意识。有论者认为，教育学学科"软边界"的寻找和确立，就是要唤醒学科自我意识的觉醒，具有学科立场的自觉，强化学科认同感。但是当学科边界变得越来越森严，并由此而引发学科内部论者的自我警醒时，"跨越学科边界"走向"跨学科研究"，遂成为破解"体制化困境"的重要方式［孙元涛，2010］。但也有论者认为，划定教育学的学科边界不是为了排他，而是为了与相关学科更好地交叉融合。

唯有清晰的学科边界才是建立科学有序的学科交叉融合的基础，否则，"被占领"甚至消解的结局就在所难免了［项贤明，2017］。这是一个悖论性。一方面厘清学科边界是必需的，没有边界，这个学科存在的合法性就值得怀疑。另一方面，什么样的边界，既能保持学科的独立性，又不排斥其他学科，而且有利于吸收其他学科的有益成分又是难以确定的。看来，这一研究不只是讨论划分学科边界的依据，还要深入讨论教育学的学科边界规守与超越的问题。

（二）教育学的学科立场

关于教育学的研究，从以往的研究对象、研究方法、学科属性的讨论发展到近些年对教育学立场的讨论。什么是学科立场？叶澜认为，学科立场是指由学科研究主体确立的，观察、认识、阐明与该学科建构与发展相关的一系列前提性问题的基本立足点：学科研究对象与领域，学科性质以及学科研究方法论。[①] 有论者提出了教育学学科立场的四个维度：学科假设观、学科对象观、学科知识观和学科价值观，四个维度合起来构成了教育学学科立场的基本内涵（见下页表）［李云星，2012］。在学科发展的初期，学科分化和交叉程度不强，可以使用研究对象界定某一学科，但在后期学科分化和交叉发展时期，单一因素难以界定一个学科，于是，提出学科立场这一综合性的概念。学科立场即学科应该立于何处，站在什么角度说话，决定了为谁说话、说什么话。学科立场就是为了提升学科主体的认识自觉，进而确立学科的独立地位。

---

① 叶澜． "生命·实践教育学"论丛：立场［M］．桂林：广西师范大学出版社，2008：12—15．

教育学学科立场的基本结构

基本结构	学科假设观	人是教育的存在并具有"可塑性"。
	学科对象观	1. 教育学的实质研究对象是"教育"现象。 2. 确定"教育"现象的形式对象是"教育目的—手段"一体性关系（教育研究的视角）。
	学科知识观	1. 教育学知识的特性（综合转化）。 2. 教育学知识的目的是改善教育实践，促进人的发展。
	学科价值观	人的教育（人的成长）是教育学的核心价值和重要追求。

2005年8月，全国教育基本理论专业委员会在内蒙古师大召开以"教育学的学科立场"为主题的第十届学术年会，会上出现了不同的观点，可概括为十种：一是教育学无立场；二是教育学的责任伦理立场；三是坚持教育学的实践立场；四是人与社会的和谐是教育学的立场；五是教育学的"人学"立场或马克思主义人学立场；六是坚持教育学的科学人文主义立场；七是中国立场即本土立场；八是回归教育生活世界的立场；九是教育学的生命立场；十是坚持教育学的多元化的立场。① 2010—2020年，教育学立场的讨论依然不断，或创新，或重复，反映了教育学论者学科意识的自觉。

1. 人学（人性）的立场

人学立场作为教育学的立场，得到了很多论者的认同。因为教育面对的基本问题是人的发展和人的教育问题，即如何对人实施教育活动来促进人的发展。教育学的核心理论就是关于人的理论，教育学理论的魅力在于我们是否关注和运用了正确的人的理论 [张应强，2010]。在教育学的人性立场上，大家可以达成共同的认识，但具体到如何理解教育学立场中的"人"，就会产生分歧和不同的认识。有论者认为，教育学除了"人性是可以改变的"和"人具有主体性"的人性假设之外不需要更多的假设，尤其不需要把人定义为"某种人"的假设，因为我们面对的是"在一定条件下进行的发展过程中的人" [冯向东，2012]。也就是说，人性不能固定化、模式化，人是发展的、

---

① 宋剑，董标. 教育学的学科立场——教育基本理论专业委员会第十届年会综述 [J]. 教育研究，2006（1）.

具体的、有差异的。有论者提出了教育学"成物、成人与成己"的立场及其转换。成物的立场是一种工具化的立场,教育人学在使教育学转向成人之后,看到的是一种普遍的人性,关注的是作为"类"的抽象个人,并未真实地关注"现实"的具体的个人。从"成人"到"成己",使教育学关注具体的人[吕寿伟,2014]。

2. 生命主义的立场

有论者分析了教育学中的物理主义与实用主义两种哲学取向背离了人的生命存在与精神世界的问题,提出了基于生命主义的教育学立场。生命主义,之所以能够作为教育学的哲学之根,在于它抓住了教育的本质。生命主义教育学的学科立场,是其对教育、人、知识、人的社会化等范畴所持的基本态度,它是生命主义教育学理论体系的基本主题。其教育学学科立场在于:人的本质即生命的冲动、历史与境遇的绵延;知识是生命绵延的重要成果;社会化即是生命绵延的过程[唐松林,佘君君,2014]。生命主义教育学立场是在借鉴西方生命哲学基础上提出的,虽然对于批判教育中物理主义和实用主义具有积极性,但对人和生命"绵延性"的意识过于虚无,甚至走向唯心主义。

3. 本土的立场

教育学本土立场的提出和教育学中国化与中国教育学的建设直接相关。有论者把本土立场界定为:基于教育场域和本土的文化背景(从"本土"的狭义概念角度,也可指中国),审视本土范围内的教育实践问题,承继本土优秀教育文化传统,整合外来教育理论和实践经验,优化、精选研究范式,实现本土教育学科自身建设和本土教育实践的发展。本土立场教育学的建构过程必须涵盖对价值导向、实践背景、研究范式和研究主体四个维度的考量。论者提出了本土文化是教育学研究的实践背景,本土问题是教育学研究的价值取向,本土范式是教育学研究的内在规范,本土论者是教育学研究的关键所在[江涛,2013]。

4. 实践的立场

实践立场的提出与"教育理论与实践的关系"、教育理论的实践功能直接相关,强调教育学的实践取向,建设为基于教育实践、通过教育实践、为了教育实践的实践教育学。有论者认为，中国的教育学以实用逻辑为依归，主要的表现之一就是为实践所用［程亮，2016］。"实践有效性"是检验真正教育理论的价值地位和其有效性的标准。教育理论论者要立足中国具体的教育实践，从书斋走向现实生活，扎根于具体的教育生活，建构具有解释力的教育理论［魏宏聚，2014］。有论者提出，为情境性、自由性教育行动提供支持应成为整个教育学体系的根本取向，因此，实践教育学体系是明确教育学实践价值取向之后的整个教育学体系。实践教育学体系在逻辑上应该包括提供教育认识的教育学板块和支持具体教育行动的教育学板块，可以分别称为教育认识论与教育行动论。从现代教育学体系发展的总体状况来看，发展实践教育学体系需要重点建设为情境性、自由性教育实践提供明智建议的教育行动论，并在关注教育复杂性的背景下加强对教育的整体认识［余清臣，2014］。强调教育学为实践服务，具有实践取向是正确的，但试图把教育学整个体系完全归入实践教育学，就抹杀了教育学的类型及其功能的多样性。

5. 教育自身的立场

在学科发展日益分化和交叉的今天，教育活动或教育现象不只是教育学的研究对象，也成为社会学、心理学、文化学等学科的研究对象。在多学科研究教育的语境中，教育学的学科立场是什么？教育学中的"教育范畴"怎么样区别于其他学科关于"教育"定义的研究？有论者提出了教育自身是教育学科立场和理论的基石。论者认为，教育自身是人类的一种实践活动，一种"改变世界"的实践活动，一种不同于生产劳动、社会交往、艺术创作等其他实践而指向人自身的"改变世界"的实践活动。这种实践活动，在宏观层次上是人类世代参与其中的、对思想文化自觉的选择和传承活动，在微观层次上是实践主体"以文化人"促进主体发展的交往活动。教育学立足于教育自身、拓宽视野、开放边界，是其在多学科研究教育的语境中可以秉持的学科立场［冯向东，2013］。

6. 多元整合的立场

有论者认为，上述立场作为教育学立场都有其合理性，但教育学立场不是其中单一的立场，而是多元整合的立场。因此，在借鉴教育学立场研究成果的基础上，对教育学的立场进行了多维度分析，提出了教育学应坚持"三维一体"的立场,即从三个维度来分析教育学的立场:第一,教育学立场的"原点·基础"是人之生存与发展;第二,教育学立场的"指向·目的"是具体生命与自觉;第三,教育学立场的"方式·方法"是生命实践与律动。这三个方面紧密相连,相互支撑,三维一体,缺一不可[王北生,2012]。其实,这三维在根本上也是生命立场。

经过这十年的讨论,虽然论者们都认识到教育学立场对于维护教育学的独立性具有重要的意义,但教育学的立场是什么,依然没有取得共识。甚至对"教育学立场"这个概念,教育学立场是一还是多,还缺少共识。正因为缺少对"教育学立场"自身的共识,所以,论者们从不同的维度探讨教育学的立场,是否如盲人摸象一样,只看到局部?所谓综合性的立场,是对多个角度立场的综合,但多个角度如何综合,其原点是什么?是以什么为原点的综合,也需要进一步探讨。

三、教育学的变革与发展

教育学作为时代的教育理论体系,是时代教育问题的反映。时代为教育提出了新的发展要求,也为教育学提供了发展的动力。依据时代的要求,教育学不断地进行变革,建构符合时代要求的新的教育学体系,发展新的教育学,促进教育学的繁荣发展。

(一)教育学的变革

教育学作为一个存在的学科,为什么要进行变革,其原因就在于已有的教育学难以适应时代的要求。有论者指出,教育学的变革的动因可以用汤因比的"挑战与应战"理论加以解释,即教育学的变革应有其自身所面临的困境,此困境使人们觉察到某种威胁的到来,为了消除威胁,人们开始努力。因此,教育学变革以教育学论者对教育学危机的普遍、共同的认知为前提,同时,需要有卓越的变革者出现[刘庆昌,2016]。也有论者认为,教育学论者对教育学危机有普遍认知是教育学变革的内部动因,社会的发展、教育学相关学科的发展、教育改革等是教育学变革的外部因素,两者相互联系、共同作用于教育学变革［陈荟，吴炎，2017］。变革不是推倒重来，在教育学的历史发展中，有着这样的沉痛教训。变革中有变的成分，也有不变的成分。教育学变革的界限是学科基本立场，亦即追求永不退场。当基本的东西不变时，教育学的发展就是教育思想、理论的内涵发展，更深刻、更智慧会成为相对稳定的努力方向［刘庆昌，2016］。

把握教育学变革的主要动向有：（1）建构有"人"的教育学；（2）教育学的本土生长；（3）教育理论的实践化。

1. 建构有"人"的教育学

无论是从教育学的学科属性对人文学科的强调，还是教育学立场中对人性、生命的关注等，新世纪以来，教育学越来越关注人的发展，人成为教育学理论体系建构的原点。有论者指出，教育是培养人的社会实践活动，如何看待人，也就如何看待教育，人性论与教育学是内在一致的，所有的教育理论都关涉一定的人性观，有什么样的人性观，就有什么样的教育观。所以，从对人性的分析与研究入手探讨教育学的学科体系建设，是一条可行的路径。论者把人性论有机融合于教育本质、教育价值（功能）、教育目的、教育主体、教育过程之中，建构了基于人性论的教育学学科体系［杨兆山，张海波，2010］，编写出版了《教育学——培养人的科学》（东北师范大学出版社，2015）。

在人学教育学的体系建构方面，王道俊、郭文安主编的《教育学》（新编本）将人的发展问题提高到了前所未有的地位，尤其强调"培养受教育者的独立个性，也就是说要使受教育者的个性自由发展，增强受教育者的主体意识"。新版《教育学》在绪论中写道："本书也试图本着立足中国现实及中国面对的国际社会现实，实事求是，以人为本的思路来编写。"其中全面阐明了"树立以人为本的教育观"的内涵与主旨，指出"树立以人为本的教育观，意味着肯定教育的根本矛盾在于促进人的全面发展……尽可能地开发每个人的发展潜能，启发每个人的自主性、自为性、能动性和创造性"［郭文安，2011］。

有论者基于生命自觉，建构生命自觉的教育学。论者认为，教育学的思想和学说在深层上都是来自于对人的生命本性的认识和理解。基于生命自觉的教育学自觉，要求教育学论者从教育学立场出发，自觉以教育学的方式理解和实践生命自觉。满足生命自觉的内在需要成为教育学的学科性质和基本功能。教育学视野下的人学理论，是对"生命自觉"体验的教育学表达［李政涛，2010］。

2. 推进教育学的本土生长

对于中国而言，教育学是舶来品，无论是教育学的源起，还是教育学的发展，都离不开对西方和苏联教育学的引进和学习。因此，中国化、本土化一直是中国教育学改变完全移植，表达了中国意识、本土意识的觉醒。应该说，在中国教育学建设的初期，移植和本土化、中国化都是必要的。但是发展到今天，中国教育事业发展和教育理论研究取得了长足的进步，教育学的建设就不能停留于本土化、中国化的层面。因为"化"就是把西方的理论结合中国的实际，为中国所用，解决中国的问题。这种模式不仅残留着"西方中心主义"的痕迹，而且它倡导了一种让西方文化合法地深入到本土文化骨髓中去的价值立场，从而隐蔽地拒绝了接续中国文化传统、在中国历史与现实教育实践的土壤中发掘和生发教育理论［闫世贤，扈中平，2013］。所以，中国化、本土化研究最大的贡献不是帮助本土教育学获得发展，而在于帮助西方进一步证明其理论的"普世性"［安富海，2019］。在一定意义上，本土化对中国是一种文化的自殖民化过程，不利于中国树立文化自信。改革开放四十年来，中国教育积累了丰富的经验，中国教育学也建立了自己的理论框架，因此，完全可以摆脱对西方教育理论的依附，从中国化、本土化到本土生长、中国经验，建构属于中国自己的原创的教育理论，提升中国教育学的自信。叶澜教授指出，原创的教育理论，不依赖、搬运国外的教育理论。它研究的问题是扎根于中国国情的教育问题，它引用的材料、研究的资料是从中国实践中得到的，形成理论的主体应该是中国论者。最后，对于中国的问题，我们要拿出中国的解决方案，建立自己的理论。

如果说"'本土化'是一个主动吸收西方文化的外铄过程，那么'本土生长'才是发源于本土社会内部的文化自我演进过程"。也即是说，"本土化"（nativization）是来自域外的文化移植，观照对"他者"理论的转化，是外源性的。"本土生长"（indigenous evolution）则是内生的文化演进，观照的是本土理论的创生，是内源性的。简言之，"'本土生长'是'原汁原味'的'土生土长'"［闫世贤，扈中平，2013］。中国教育学的原创性，不能依赖于国外理论的本土化、中国化，只能从中国本土中生长。

本土生长突破了"本土化"的藩篱，实现了从"接着讲"到"自己讲"这一学术立场的根本转变。如何实现教育理论的本土生长，论者们给出了很多答案。有论者认为，在走向本土建构的过程中，首先需要树立学术自信与学术自觉，它是本土建构的基本前提；其次是扎根教育实践，它构成了本土建构的逻辑起点；再次是重视教育田野和教育田野调查，它是本土建构的重要方法论之一；最后是"文化中国"，它是本土建构的文化立场［柯文涛，2020］。有论者认为可以通过回归文化原点、躬身教育实践、关注本土对象、创生本土话语等努力实现教育理论的本土生长［闫世贤，扈中平，2013］。有论者认为，中国教育学本土研究应该运用中国的概念体系和表述体系去发掘研究主题、建构研究对象，运用中国的思维方式思考和解决教育学的问题，研究所采用的概念、理论、方法、结果都要能够充分代表、反映或者揭示那些根植于中国本土情境中的教育元素［安富海，2019］。有论者还在诠释学视野下提出了符号互动论、常人方法学和扎根理论等本土教育理论建构的方法论［于泽元，2010］。

上述研究都是基于中国教育学的本土对象、问题、时空和文化、话语等提供的中国教育学建设策略。但全球化时代强调教育学的本土性，并不完全是只属于中国。教育学作为一个学科，不论是哪个国家的教育学，都具有共同性、规律性。我们说本土化的时候，不能忽视这样一个事实：我们已经处于一个理论共同体中，对问题的解读似乎也只能是在既定的理论框架或者话语中才有可能，这构成了教育学本土化的限度。所谓本土的原创研究，绝非是无中生有，另起炉灶。从逻辑上讲，原创和创新也是以原有理论和既往研究为参照值的，离开了既往我们不可能达成对问题的一种崭新的认识［孙俊三，谢武纪，2013］。只有中国的，才是世界的，反映教育学的本土的一面；同样，只有世界的，才是中国的，反映教育学共同的一面。

3. 教育学的实践化

理论与实践结合，是教育学的一个老问题。以往对这个问题的认识，是用教育理论去指导实践，理论先于实践而存在。但近来的研究，使更多的论者越来越认识到，理论有多个层面和类型，如德国教育学家布列钦卡指出：教育理论可以有科学教育学（教育科学）、哲学教育学（教育哲学）和实践教育学，不同层面和类型的教育学与实践的关系不同。其中，与实践关系最密切、能够为实践提供直接指导的是实践教育学。论者越来越认识到，理论不是先于实践而存在的，理论与实践是交互生成的，富有生命力的理论是鲜活的教育实践滋养出来、孕育出来的。因此，教育理论与实践相结合，首先是使教育学实践化，建构面向实践的教育学。

有论者反思当代教育理论的构思方式与生产方式，指出当代教育理论存在着本质主义的信念、抽象性和片面性，这些特征与教育实践的根本需要有明显的不符，使得教育理论并不能直接应用于教育实践之中［余清臣，2016］。有论者认为，本体存在是教育理论与实践分离的根源。本体存在假定了教育理论的先验性，教育学成为形而上的探究教育本体存在的"唯理"之学，教育实践成为对某种教育原理或经验事实的验证，成为教育理论的客体、附庸［冯铁仙，2012］。

教育学是在"教育实践"中萌发、发展与成长的，它的学科理论、知识不是先在的、现成的、制作的，而是生成的、发展的、建构的［冯铁仙，2012］。根据教育实践的基本特征，实践化的教育理论应该是能够尊重教育实践情境性与多样性的教育理论，是能够兼容复杂人性的教育理论，是能够与其他教育理论对接的教育理论，也是能够使用亲近教育实践者语言表述的教育理论。对教育理论进行的实践化改造需要在深刻解读教育理论的基础上，丰富教育理论的情境性内涵和复杂人性内涵，揭示教育理论的潜在观点和影响，并转换教育理论的语言表述方式［余清臣，2016］。

（二）教育学的发展

有论者从跨文化的视角比较了德国、英国、美国和中国教育学传统取向的不同，在此基础上，揭示了不同传统的教育学当前发展的某些共通的趋向。一是走向学科间的开放，出现了教育学的跨学科研究和多学科的融合。二是走向方法论实用主义，基于研究对象和研究问题选择研究取向和方法的实用主义，经验性较强的"educational research"与规范性较强的"educational studies"正在从并立走向融合。三是走向教育实践的观照，教育学基于实践创生，为实践服务［程亮，2016］。有论者提出，中国教育学的未来发展趋势为反思的广度与深度不断扩大、加深；学科的独立性和自主性越来越强；学科的大范围分化，局部综合；逐渐摆脱依赖国外输入的局面，走以我为主的创造之路；教育学的学科建设会朝着更为理性、踏实的体系化方向发展；对教育学科化的认识与实践更加合理而全面；教育学学派林立局面将渐次呈现；在跨学科中实现理论生成；走向语境化［侯怀银等，2011］。有论者指出，中国教育学未来发展将朝着多学科渗透创生多元交叉学科、立足本土并轨国际教育学、立足实践发展教育理论、侧重从方法论角度寻找教育学研究的突破口等方向发展［杜尚荣等，2012］。

近些年，信息技术包括人工智能迅速发展，引发了教育领域的重大变革。为了让教育学的发展跟上信息技术跃进的步伐，实现教育学理论与信息技术的同步发展和共生共长，成为当代教育学理论建设的重要命题。有论者提出，"互联网＋"时代要求学校和教师实践不教的教育学，教育学正在发生"由教向不教"的颠覆性创新，不教的教育学才是"互联网＋"时代的需要［谭维智，2016］。互联网和人工智能将改变教育学的形态，创造新的教育学。就目前的讨论看，主要有循证教育学和计算教育学。

1. 循证教育学

循证理念最早出现在20世纪90年代的医学领域，1992年，加拿大论者Gorden Guyatt正式提出了"遵循证据进行治疗"的循证医学（Evidence Based Medicine，EBM）一词。1996年，"循证医学之父"Sackett把循证医学定义为"医生严谨、清晰、明智地运用当前最佳的证据来为患者个体进行医疗决策"。次年，他把该定义又修正为"将最好的研究证据与临床技能及病人的价值观三者整合起来（进行治疗决策）"［杨文登，2012］。显然，前后定义的变化是证据来源的变化，从最初研究的证据扩展到论者的研究证据，医生良好的临床技能和病人的价值观，选择自己喜欢的治疗方案。

教育学上的循证概念源于对循证医学的借鉴。1996年，剑桥大学教授David. Hargreaves提出教师与医生的决策有很大的相同之处，教育学应该像医学一样，让自己的实践严格地遵循研究证据，就此拉开了循证教育学（Evidence-based Education，EBE）的帷幕。循证教育学是运用循证研究的方法研究教育学，它是由西方论者提出的，但西方论者的认识也不尽一致。荷兰的循证教育学研究所（Top Institute for Evidence Based Education Research，TIER）把循证教育学解释为基于有效的最好证据进行教育政策制定与教育实践的一种哲学。美国教育部教育科学研究所所长 Whitehurst 效仿医学界对循证医学的定义，认为循证教育学是"在教育过程中将专业智慧与最佳、有效的经验证据整合起来进行决策（的教育学）"。在分析西方论者对循证教育学的定义后，我国论者也提出了自己的认识：循证教育学是以最佳证据为核心，将教育四方主体（教育者、学习者、论者、决策者）有机、和谐、互动地纳入到教育体系的一门科学［柳春艳，李秀霞，杨克虎，2018］。

循证教育学与其说是一个学科，不如说是一种教育研究方法，也就是说，基于证据的研究（循证研究）为教育实践提供切实有效的指导。循证教育的目的就是联结教育理论和实践，力图实现理论与实践的双向沟通，其重点则是实践导向，即以教育实践中的问题作为循证教育的出发点［徐文彬、彭亮，2014］。循证教育学是基于证据的研究，证据来自哪里？有多少证据参与教学决策？有论者认为，要把来自于科学研究的证据和教师在教育过程中的专业智慧与最佳、有效的经验证据整合起来进行教学决策［柳春艳，李秀霞，杨克虎，2018］。有论者认为，循证教育学的证据来自于四个方面：第一，论者提供最佳证据；第二，教育者基于证据进行教学；第三，受教育者及其家长的文化、偏好、价值观等因素均会得到考虑；第四，管理者协调整个教育过程。论者、教育者、受教育者与管理者四方共同参与教育教学的决策，见下图［杨文登，2012］。

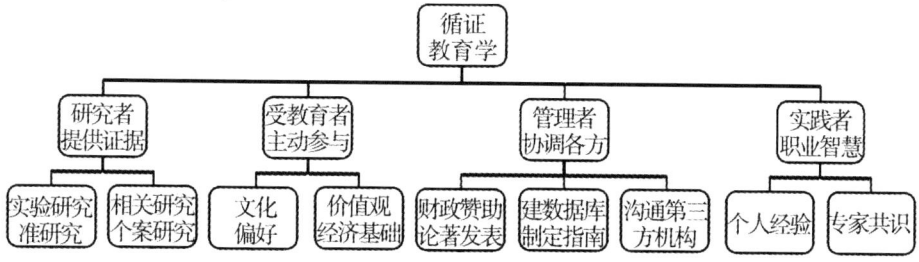

循证研究的研究证据不是对研究对象的原始研究，而是论者通过具体的、科学的系统评价步骤，针对同一研究主题的所有可查（包括发表的和未发表的）原始研究做二次研究。通过合并分析有足够相似性的研究结果，获得教学决策的综合性信息［柳春艳，李秀霞，杨克虎，2018］。

2. 计算教育学

"计算教育学"最早诞生于慕课（MOOC）研究之中。2014年，李未院士提出了计算教育学的概念，将其列为信息科学的一个重要分支，旨在改变教育科学研究中以定性研究为主体、以经验为基础状况，使之转变为以大数据为基本对象、以计算和模型为手段的定量精确科学。他对计算教育学的定义是：在计算机、先进信息网络环境下，研究以大数据为支撑的个人和群体的学习和教学行为，建立面向教育全过程的数学模型，进而合理地优化、配置和共享优质教育资源，全面而均衡地实现教育的规模化共享、个性化学习和创新性培养［李未，2014］。李未把计算教育学的研究对象定为"以大数据为支撑的个人和群体的学习和教学行为"，而不是所有的教育教学活动。有论者认为，计算教育学以信息时代的教育活动与问题为主要研究对象，通过量化教育各要素及要素间的互动过程，开展多学科交叉，解释教育现象与教育内在机制，揭示教育复杂系统内在机制与运行规律，实现教育教学的个性化（因材施教）和教育管理的精准化（教育治理的现代化）［刘三女牙，杨宗凯，李卿，2020］。也有论者认为，计算教育学是以量化教育数据为研究对象，以计算为主要研究方法［郑永和，严晓梅，王晶莹，王杨春晓，刘士玉，2020］。计算教育学是以大数据为基础、以复杂性算法为核心、以算力为支持，通过信息加工范式构建精准教育理论、解决教育问题、揭示教与学规律的研究领域［王晶莹，杨伊，宋倩茹，郑永和，2020］。有论者认为，教育大数据是计算教育学的研究对象，定量分析是计算教育学的主要研究方法，构建精确或精准的教育理论是计算教育学的研究目的［李政涛，文娟，2019］。计算教育学是一个由信息技术与教育学理论交叉整合的新学科，信息技术领域和教育学领域的论者共同参加讨论和研究，在研究的范式和目的上取得了诸多的共识，但在研究对象上还是稍有差别。计算教育学是只研究信息技术或大数据下的教育行为，还是以大数据的方法研究所有的教育活动，在认识上不完全一致。

计算教育学作为信息技术与教育学的交叉学科,其学科立场与学科性质也存在着不同的认识。有论者认为,计算教育学属于信息科学,是信息科学的分支[李未,2014];有论者认为,计算教育学是以教育问题为根本,解决教育问题为目标的应用型学科。技术对教育来说是手段,技术的繁荣必然要回归教育的本质和规律[郑永和,严晓梅,王晶莹,王杨春晓,刘士玉,2020]。不过在计算教育学具有鲜明的跨学科和综合性上是得到共识的。

但也有论者对计算教育学提出质疑和担忧,认为大数据的化约、数据化处理方式与教育的整体性特质并不完全相容,教育的特殊性以及教育主体的独特性决定了应用数据密集型计算方法所能发现的"新知识"不同于自然科学领域。对教育主体及教育系统各要素之间的互动过程,只能进行有限的、局部的、特定视角下的量化与计算[谭维智,2020]。虽然不否定计算教育学,但却认为大数据研究不能解决教育中的所有问题,尤其是关系教育本质的生命意义问题。因此,必须看到计算教育学的局限性。

有论者还探讨了计算教育学的要素、核心任务、学科体系建设、人才培养,预测了未来发展,甚至提出了构建新时代计算教育学的口号。就我们的现实看,计算教育学作为一个新型的交叉学科,才刚刚开始。以大数据的计算方法研究教育问题,比空谈计算教育学建设更为迫切。

四、中国教育学建构与中国特色社会主义教育理论

中国教育学,从总体上讲是"舶来品"。如果从1901年王国维翻译引进教育学算起,中国的教育学也有120年的历史了。120年来,其发展经历了"教育学在中国"的翻译引进阶段,教育学"中国化""本土化"的国外理论改造阶段,到中国特色教育学、中国特色社会主义教育学阶段。教育学的"本土化"讨论中,"本土"不是局部区域的概念,而是中国的概念。对我们来说,教育学"本土化"就是"中国化"。但教育学"本土化""中国化"的实质是西方理论的中国改造,根子在西方,无力承担起中国教育学学科建设的使命与重任,因而需要从"本土化"进一步到本土建构。本土建构实现了

从"接着讲"到"自己讲"这一学术立场的根本转变，是走向原创、形成原创成果的重要阶段［柯文涛，2020］。所以，教育学必须从"本土化"转向"本土生长"，从"中国化"转向"中国教育学"。建构中国特色教育学，是这十年教育理论研究的自觉意识。

（一）中国教育学：发展、危机与诉求

2019年，是中华人民共和国成立70周年。教育学很多论者对共和国教育学70年进行研究，尤其是侯怀银教授主持国家社科基金重点课题"中华人民共和国教育学史"的系列成果出版，包括《共和国教育学·总论卷（上、下）》以及教育哲学、教育社会学、德育原理、课程与教学论、教育史学、比较教育学、学前教育学、高等教育学、成人教育学、特殊教育学等分支学科，共12卷。张斌贤教授领衔编写了"当代中国教育学术史"，涵盖教育学一级学科目录下的10个二级学科和一些院校自主设置的二级学科，以及一些二级学科下的重要的学科方向（如教育基本理论、教育哲学、教育社会学、德育原理等）等，共22册。这两套丛书对新中国成立以来教育学及其分支领域的学科发展和研究内容做了系统的梳理和总结，成为中国教育学70年研究的重要之作。

1. 新中国成立以来教育学的发展

这里的中国是政治意义上的中国，中国教育学70年是从1949年中华人民共和国成立算起的。有论者根据时间维度，把1949年中华人民共和国成立后教育学的发展历程划分为中国教育学的重建、中国教育学的破坏和中国教育学的再建三大阶段。中国教育学的重建阶段包括对旧中国教育学的改造（1949—1951年）、学习苏联教育学（1952—1956年）、教育学中国化的探索（1956—1966年）。中国教育学的破坏阶段是指1966年至1976年的"文化大革命"阶段，在这一阶段，新中国成立后十七年我国教育学重建的成就被全部否定。中国教育学的再建阶段是改革开放至今，大致经历了以下四个阶段：第一，以中国式教育学为目标的建设阶段（1978—1981年）；第二，以中国特色教育学为目标的建设阶段（1982—1984年）；第三，以中国教育学本土化为目标的建设阶段（1985—2000年）；第四，以中国教育学为目标的建设阶段

（2001年至今）［侯怀银，2020］。可以看出，20世纪80年代，我们努力建设的是"中国特色（社会主义）教育学"。"中国特色"是一个政治概念，不同时期对"中国特色"的理解不同，其承担的具体历史使命也不一样，但最基本的一点追求是不变的，即为了更好地适应中国社会实际和教育实际，为了更好地解决中国的教育问题，既关注教育学的本土性，也不忽视教育学的学术性。

有论者从教育学的内容主题来分，认为新中国成立以来，我国教育的发展经历了从"政治化教育"到"经济化教育"，再到"人本化教育"的转型，教育学的发展也因此经历了从"政治形态的教育学"到"经济形态的教育学"，再到"人学形态的教育学"的转型。人学形态的教育学，也是当代教育学的追求［冯建军，2012］。

也有论者根据研究范式，把中国教育学的发展分为三个阶段：第一，"教科书范式"阶段。这一时期的教育学研究，以阐释和完善教育学教科书为根本宗旨。第二，"教科书改革范式"阶段。论者围绕教育学教科书改革这一中心任务，对以往教育学概念、体系等进行了反思，并试图在重新理解教育真谛的基础上重构教科书体系。第三，"后教科书范式"阶段。这一阶段是20世纪90年代至今，教育学研究的基本特征是由"体系意识"转向"问题意识"，注重教育问题的探讨和解决［楚江亭，李廷洲，2014］。

有论者以中国教育学70年不同时期的教育学教材为分析文本，指出了教育学70年经历了从中国化到主体建构的历程［冯建军，2019］。有论者把改革开放四十年教育学教材研究的历程，分为拨乱反正（1978—1982年）、反思重构（1983—1999年）、多样共生（2000—2017年）三个阶段［杨燕，刘立德，2018］。有论者以"教育"概念的界定为视角，分析改革开放四十年我国教育理论的变化，将其分为主体遮蔽、主体觉醒、主体复生三个阶段［鲁子箫，2020］。有论者以主体为着眼点，把改革开放以来中国的教育理论发展分为主体性阶段、主体间性阶段与公共性阶段［孙迎光，2011］。

2. 教育学的"中国"危机

危机可能是坏事，但有效地利用危机，危机就成为推动学科发展的"转机""机遇"。危机的克服，就会迎来学科的发展。对于教育学危机，有论者在综述的基础上，概括了诸多表现，包括理论、学科及研究的范式危机，学术合法性危机和综合、整体性危机等方面。就综合、整体性危机而言，教育学表现为"中国性缺失"、"学科性质模糊"和"独立性缺失"［杨小微，2011］。

中国教育学建立在对西方教育学的引进和吸收基础上，这种"吸收—本土化—吸收"循环发展模式的长期运行，导致了教育学的"中国性"危机。因此，有论者质问"教育学何以称'中国'"？言下之意，当前的教育学很难说是中国教育学，因为存在着中国性的缺失，具体表现为面对西方教育研究同行久以失语、面对中国教育一线实践不时乱语、面对自身圈内研究同行习惯独语［胡颖哲，2011］。有论者从"教育文化"的角度分析，认为无"史"为鉴是"中国性"缺失的根基，"封闭"引入束缚了"中国性"的生长空间，"知行"分离使"中国性"成长缺少土壤养分［李阳杰，2016］。有论者认为，中国教育学作为舶来品，在学科发展中存在着与中国教育思想的中断、与中国传统文化的分裂，由此带来的持久性消极影响是"中国教育学科的发展离'根'离'土'，长期未构筑起自己的'家园'，长期地保留着舶来品这一从降生之日就带有的'胎记'"［孙元涛，2010］。

有论者指出教育学在学科化的发展过程中逐渐远离教育实践本身，存在祛情境化、以偏概全、抹杀丰富性、空疏无用等问题，导致教育学话语权失却，学科地位衰微［刘旭东，2016］。有论者从中国教育学对世界的贡献和国际认同的角度出发，指出教育学中国话语的国际影响力之所以不高，与如何看待中国与世界的"关系"、如何认识与国际"接轨"、我们可以对国际学术界"贡献"什么、中国贡献如何获得国际"认同"这四类世纪性瓶颈问题相关，它们构成教育学中国话语建构过程中的"关系之难"、"接轨之难"、"贡献之难"和"认同之难"［李政涛，2018］。

危机也是契机、转机。揭示中国教育学的危机，并不是为了批判，而是为了改进和实现转机。有论者提出从寻根问底、对话"域"外和反求诸己三条路径寻找中国教育学发展的转机，指出中国教育学可以在与教育变革实践的互动中，在与其他国家、其他学科的对话中，在回顾自身的反思与重建中得以光大和发展［杨小微，2011］。有论者提出从面向传统、批判引入、创造运用、深入本土实践等方面入手进行重建［李阳杰，2016］。不过，真正中国性的缺失，其最有效的建设路径是"文化"和"话语"，这在下面专门论述。

3. "中国教育学"的诉求

对于中国教育学，目前有三种理解：一是"中国"的教育学。相对于外国教育学而言，教育学是属于中国的，它强调中国教育学产生的民族文化逻辑和本土实践基础，但是忽视了教育学理论的共性和国外教育理论中的先进性，多少有些固步自封或排外意识。二是"中国化"的教育学。这意味着中国应对国外教育学进行吸收、借鉴、运用和改造，将引进和学习国外教育学作为中国教育学的主要建构方式，在一定意义上可以说把中国教育学的命运交给西方，是一种文化的自殖民化。三是"中国性"的教育学。"中国性"作为一种教育学学术上追求的自我定位，是以国际学术界为背景，以教育理论发展逻辑为导向，以中华民族优秀文化为载体的教育理论特性。教育学的"中国性"强调对中国先进的文化价值观念、思维模式以及语言特色和教育实践的特殊性的反应，但中国性不是封闭的，是面向世界，在世界教育学舞台上发出的"中国声音"［田汉族，卢曲元，谢少华，2010］。显然，真正的中国教育学是面向世界、具有"中国性"的教育学。

有论者认为，中国教育学是中国的，就必须改变长期以来形成的"向外看"、"从外取"、"以外为准"的"依附"心态与学风，立志追求中国教育学理论的"原创性"，提升中国教育学人的学术自觉与建设自觉，以中国学派"做"中国教育，将学科意识化入学派知行，贯通学科基因与学派命脉，立足本土亦放眼全球，通过"理论与实践的双向建构"激发教育学原创活力［柳海民，邹红军，2018］。

中国教育学的概念，关键是如何理解"中国"的内涵。"中国"是一个地理概念、政治概念，还是一个文化概念、话语概念？中国教育学，是中国论者撰写的教育学，还是面向中国实践、解决中国问题的教育学，还是扎根于中国文化的教育学，或者是这些中国元素的综合？有论者认为，中国教育学的"中国"是一种"态度"、"立场"、"视角"、"方法"和"典范"。有资格称之为"中国教育学"的研究成果，表现为凝练中国特色、推出中国原创、形成中国体系和提升中国影响［李政涛，2018］。也有论者认为，"中国教育学"

是指具有浓郁的中国立场、中国传统和中国气派的教育学［王枬，王昊宁，2011］。

强调中国教育学要基于中国文化，研究中国的问题，构建中国的理论，但并不能由此走向自我的迷恋和盲目的排外。因此，有论者提醒在建构中国教育学之时，要处理好普适性与本体性的关系，警惕"本土意识"的绝对化，既不是简单地在时间轴上向传统回流，更不能在空间维度上将自我孤立于全球文化、学术交流之外［孙元涛，2018］。有论者提出中国教育学不应局限于中国，与世界教育学接轨，是中国教育学的初始性开放目标。为此，中国教育学不是回避，而是必须回应西方甚至人类的普遍关切、需要。未来的中国教育学，将与世界教育学结成密不可分的"教育学"共同体，创造新的"教育学"世界［李政涛，2018］。

(二) 中国教育学的建构路径

如何建设中国教育学，有论者从教育学自身和中国性两个方面提出了全面的建设策略，包括：第一，确立"学科立场"。包括"中国立场"、"生命立场"和"实践立场"。第二，寻找根基。一是本土原创之"根"，二是文化血脉之"根"。第三，回归实践。要在实践中找到自己的"归宿"。第四，变革中重建。在自我变革中不断地自我重建［杨小微，2011］。也有论者提出，建构中国教育学，一要加强"国学"知识的学习与研究，涵养中国文化的功夫；二要重视教育遗产，深化和拓展中国教育历史中优秀成果的发掘和提炼；三要立足中国国情，开展当代中国教育的实证研究，为建构中国教育学提供充分的现实支撑［王卫东，闫晓丽，2015］。

近十年中国教育学建构的讨论，主要集中于教育学"中国性"的建构。建构中国教育学话语体系，是新时代中国教育学建设的目标。为此，论者们主要在两个方面提出建设路径。

1. 文化路径

文化是综合国力竞争的重要因素，文化自信是"四个自信"的基础。党的十九大报告指出："文化自信是一个国家、一个民族发展中更基本、更深沉、更持久的力量……推动中华优秀传统文化创造性转化、创新性发展，继承革命文化，发展社会主义先进文化，不忘本来、吸收外来、面向未来，更好建筑中国精神、中国价值、中国力量，为人民提供精神指引。"①

有论者指出，文化是中国教育学之根基、魂魄与内在心灵。中国教育学的建构，应该植根于中国文化之根、之魂。中国教育学在发展过程中，采取了"与传统中断"和"全盘引进"的方式，对于西方教育学的全盘接受和包括中国化，实际上都是一种教育的自殖民，助长了西方教育学思想的"普适性"，也消解了中国教育学的独特性与差异性[姜勇，柳佳炜，庞丽娟，2018]。在中国教育学建构过程中，有不少论者提出以中国传统文化为根基建构中国教育学，但传统文化与现代文化处于不同的时代，简单地立足于传统，也难以立足于新时代的要求。所以，有论者提出要对传统文化进行现代化转化，加强对传统文化的学习与研究，构建根植于传统的新视角[和学新，田尊道，2012]。但也有论者把文化理解为民族文化，中国教育学必须体现中华民族文化的民族性，民族性是中国教育学发展的必然选择，尤其是在全球化背景下，中国教育学只有凸显民族性，更好地服务于多元文化的教育实践，才能走出一条自主化的发展道路，也才能真正成为具有中华民族话语的学科[顾玉军，吴明海，2014]。中国教育论者应基于中国文化特质，运用自己的概念、理论揭示根植于中国本土情境中的教育问题，形成教育学研究的中国概念、中国理论、中国思想和中国经验[安富海，2019]。

也有论者不把文化视为特定的文化，而理解为一种对待文化的态度——文化自觉，基于文化自觉推进中国教育学的知识生产和理论创新。所谓"文化自觉"，就是一种"汉语自觉"。一个人用什么语言表达，他就属于那个文化。语言不仅仅是一种表达的工具，而是一种凝聚思想、敞开思想、解放思想和构造思想的力量。"中国"教育学是一种以"汉语语言"为本的教育学，是以汉语语言表达其学说的区域性、地方性教育学。学科主体论者的文化身份是由"中国文化"所建立的，研究对象主要集中在"中国社会文化背景下的教育生活"，所用语言是汉语传统且规范标准的思想语汇。汉语语言的表达

---

① 习近平. 决胜全面建成小康社会夺取新时代中国特色社会主义伟大胜利——在中国共产党第十九次全国代表大会上的报告[M]. 北京：人民出版社，2017：23.

方式在根基的意义上促成了"中国"教育学知识的独立形态的产生和成熟，进而为"文化自觉"在教育学语境的具体转化和表达提供了新的可能路径［李政涛 2010］。有论者提出要在加强中国教育论者的文化自觉、文化自信、文化自强，解决教育学研究方法问题，推动教育学研究的去功利主义等方面去努力［王中华，2013］。

2. 话语路径

习近平总书记在哲学社会科学工作座谈会上的讲话指出："在解读中国实践、构建中国理论上，我们应该最有发言权，但实际上我国哲学社会科学在国际上的声音还比较小，还处于有理说不出、说了传不开的境地。要善于提炼标识性概念，打造易于为国际社会所理解和接受的新概念、新范畴、新表述，引导国际学术界展开研究和讨论。这项工作要从学科建设做起，每个学科都要构建成体系的学科理论和概念。"[1] 建构中国教育学的话语体系，是新时代党和国家对中国教育学的新期盼、新要求。

有论者认为，话语内含着言说者一定的思维方式、思想认同、价值立场和民族观念。上升到国家层面上，话语体系一定程度体现着一个国家在国际舞台上"说话和发言的资格和权力"［孙元涛，2018］。话语对于一个国家、民族来说，是外在身份和内在精神的表征［冯建军，2015］。有论者认为，教育学话语是主体对于教育以及教育学的主体意志的实践性表达，是教育学研究领域中所出现的教育学话语的形式与内在逻辑［王燕敏，2015］，是在一定社会历史语境中形成的有关教育价值观和教育学术活动术语的统称，是对教育认识总体特征的描述和概括，反映教育学学科建设及其知识的影响力、影响方式和社会对教育活动的看法［刘旭东，2016］。教育学术话语体系是一种以教育为研究对象、以对教育的本体性和关系性研究为主要研究任务而促生的教育知识体系［刘楠，2020］。表达教育的主体可能是个人，也可能是不同的群体。但这里所说的教育学的中国话语，其表达的主体是中国。有论者提出，教育问题、教育传统、教育主体和教育实践是教育学话语的重要构成要件［田养邑，周福盛，2018］。中国表达、中国实践、中国经验、中国文化是

---

[1] 习近平. 在哲学社会科学工作座谈会上的讲话［N］. 光明日报，2016-05-19，（1）.

中国教育学话语体系的要素［冯建军，2015］。有论者还提到，人民教育是教育学术话语体系构建的价值支撑［田养邑，周福盛，2018］。

在哲学社会科学的"三大体系"中，话语体系是学术体系的反映、表达和传播方式，是构成学科体系之网的纽结。如何构建中国教育学的话语体系，是论者们讨论的重点。有论者提出，构建新时代教育学话语体系必须从重构教育学核心概念开始。教育学核心概念的嬗变与重构需要遵循文化逻辑、时代逻辑、实践逻辑和学科逻辑［谭维智，2018］。有论者提出，教育学话语深植于教育问题、教育生活之中。教育问题是中国教育学话语的"打开"方式［李江源，2018］。有论者认为，中国文化传统是构建教育学中国话语体系的历史之根，并重点阐述了中国文化传统在教育学中国话语体系构建中的价值与创生［张旸等，2020］。

一些论者对教育学中国话语的建构具有诸多共同的认识，主要体现在：第一，确立马克思主义为中国教育学话语体系建构的指导思想；第二，汲取教育学术传统，对中国传统文化的创造性转化与创新性发展，以批判的目光和思想方法学习借鉴西方教育学话语体系，寻求与西方理论的对话，打造融通中外的教育学术话语体系；第三，以中国教育实践为抓手，聚焦教育问题，坚持问题导向，对实践问题进行原生性深耕研究，创生出对本土实践更具有解释力、亲和力的概念或分析框架；第四，增强论者话语建构的自觉意识，积累话语创新的力量，使中国教育学研究的"中国"意识由弱变强，由某个特定阶段的觉醒转化成为一种可持续的学术共识［冯建军，2015；刘旭东，2016；孙元涛，2018］。

同样，建设中国教育学话语体系不能走向唯中国独尊。有论者提出，在教育学中国话语建设中，要处理好三对矛盾：知识观念上的普适和本土的矛盾、知识规范上的事实与价值的纠结、研究旨趣上的学科导向和问题导向的冲突［谢武纪，汪伟，2018］。

如果说内容是话语体系的内在，那么表达就是话语体系的外在。话语体系不仅要说出内容，还要让别人接受。所以，中国特色社会主义话语如何表达，如何传播，也是中国特色社会主义教育学话语体系研究的应有之意，一定意义上也是中国话语走向世界的关键所在。目前关于中国特色社会主义教育学话语传播问题的研究成果很少。在已经发表的文献中，张家军在《教育全球化背景下的中国教育学话语权之思考》中谈到，要提高中国教育学的全球教育话语权，必须培养战略型教育论者；转变思维，变革研究范式；根植本土，在比较中建立我国的教育学话语体系［张家军，2011］。李政涛在《教育学中国话语体系的世界贡献与国际认同》中提出要拟定完整清晰的全球理论发展与传播战略，改变"西强我弱""话语逆差"等痼疾，提升教育学中国话语的国际能见度与显示度［李政涛，2018］。

（三）生命·实践教育学：中国教育学建构的典范

21世纪的中国教育学人，不只是在理论上谈怎样建构中国教育学，而且在行动中切实推动中国教育学的建构，出现了主体教育、生命教育、情境教育、生本教育、理解教育、新教育等诸多教育思想或流派的萌芽，有的正在基于教育实验建构教育学的形态。其中，最为系统深入的是"生命·实践"教育学。

"生命·实践"教育学是在叶澜教授领衔的"新基础教育"实验基础之上建构的。"新基础教育"实验是一项面向学校变革实践的研究，先后经历了"探索性""发展性""成型性""扎根性"等阶段。"新基础教育"是"生命·实践"教育学形成和发展的基石。在中国学校变革实验的基础上，吸收中国传统文化的内涵，叶澜教授及其团队提出了"生命·实践"教育学的12个信条，建构了"生命·实践"教育学的理论体系。

"生命·实践"教育学是基于实践，高于实践，且在社会转型时期中国教育改革实践土壤中生长出来的当代中国的本土教育学，具有鲜明的中国立场、深厚的中国传统底蕴、自信的中国气派。鲜明的中国立场表现在它主张从"引进式加工"转向"原创性发展"，从"哲学性演绎"转向"扎根性研究"，从"依附性寄居"转向"独立性存在"；深厚的中国传统表现在它对中国古代哲学思想的传承，从陶行知"生活教育"中得到的启示，受梁漱溟"道德人本主义"的影响；自信的中国气派表现在"上天""入地"的学术选择，重建中国教育学的学术勇气，创建"中国教育学派"的学术追求［王枬，王昊宁，2011］。"生命·实践"教育学派的"娘胎"是中国，它对教育问题的本质有一个中国式的表达,鲜明地体现在"教育""教天地人事,育生命自觉"这一核心概念的认识上。

"生命·实践"教育学既是"在中国"的教育学派,也是"在世界"的教育学派。"在中国"的教育学研究的特性,在于以"深度介入实践"为基础,在于基于中国自觉对教育研究和教育实践中的中国经验、中国知识和中国道路的提炼与表达,在于把握中国教育研究和实践中面临的特殊问题和特殊困境。"在中国",归根结底,是基于"中国自信"与"中国自觉"的"中国立场"。"在世界"表现为"问题的世界性"、"眼光和视角的世界性"、"方法的世界性"和"思维方式的世界性"等,是"坐在世界身上研究中国的教育与教育学"。"生命·实践"教育学以"在中国"为根基、以"在世界"为背景、在"中国与世界的共在共生"中重建教育学的世界[李政涛,2015]。

(四)中国特色社会主义教育理论

中国特色社会主义教育理论和中国教育学是两个既相互联系又有区别的范畴,前者主要是一种思想体系,这种思想体系不是个人的,而是代表国家的意志和人民意志。中国特色社会主义教育理论体系是中国特色社会主义思想体系的重要组成部分,它随着中国特色社会主义的发展而发展。教育学更多是一种学科体系,为中国特色社会主义教育理论提供学理的支撑和论证。中国特色社会主义教育理论体系是通过教育的方针政策和法律法规来体现的,具有更强的政治性、时代性和实践性,中国教育学体系具有较强的稳定性和学术性[袁利平,陈少阳,2018]。中国特色社会主义教育理论是中国共产党在中国特色社会主义伟大进程中经过实践检验并得到事实证明的、不断开放发展的科学理论体系,其核心内容是改革开放以来中央领导集体的教育思想[袁利平,陈少阳,2018],包括邓小平教育思想、"三个代表"和科学发展观的教育理论、习近平关于教育的重要论述。

习近平总书记在党的十九大报告中提出:"中国特色社会主义进入了新时代,这是我国发展新的历史方位。"新时代中国特色社会主义教育理论建设以马克思主义、习近平新时代中国特色社会主义思想为指导,以中国优秀文化传统为思想源泉,吸收一切世界文明成果和教育经验,深入实际开展研究,逐步建设成完整的中国特色社会主义教育理论体系［顾明远，2019］。新时代中国特色社会主义教育理论是习近平新时代中国特色社会主义思想的重要组成部分，是党的十八大以来以习近平同志为核心的党中央关于教育改革、发展提出的一系列新理念新思想新战略。2018 年 9 月 10 日，党中央召开了新时代第一次全国教育大会，习近平总书记出席大会并发表重要讲话，提出了"九个坚持"，这是对中国特色社会主义教育理论的新概括，是新时代中国特色社会主义教育思想体系的核心理念［靳玉乐，张铭凯，2020］，代表了中国特色社会主义教育理论新发展［《教育研究》编辑部，2018］。习近平总书记关于教育的系列论述丰富和发展了中国特色社会主义教育理论，中国特色社会主义教育理论是中国特色社会主义理论体系的重要组成部分，是我国教育事业改革与发展的指导思想和根本遵循。

中国教育科学研究院课题组全面总结了党的十八大以来，以习近平同志为核心的党中央对教育工作提出的一系列新理念新思想新战略，包括：在教育的地位、功能上，强调"始终把教育摆在优先发展的战略位置"；在教育发展方向上，提出"发展具有中国特色、世界水平的现代教育"；在人才培养目标上，"坚持把立德树人作为中心环节"；从民族振兴、国家强盛的使命高度，指出教师是"立教之本、兴教之源"；在教育发展价值追求上，倡导"以教育公平促进社会公平正义"；在教育发展动力上，坚持"大力推动教育改革发展"；把握信息时代社会发展的新特点，要求"坚持不懈推进教育信息化"；遵循文明传播和发展规律，号召"扩大教育对外开放"。这些重要思想，丰富和发展了中国特色社会主义教育理论［中国教育科学研究院，2017］。

2019 年，教育部组织编写了《深入学习习近平关于教育的重要论述》一书，围绕着习近平总书记在全国教育大会上提出的九个坚持，即"坚持党对教育事业的领导""坚持把立德树人作为根本任务""坚持优先发展教育事业""坚持社会主义办学方向""坚持扎根中国大地办教育""坚持以人民为中心发展教育""坚持深化教育改革创新""坚持把服务中华民族伟大复兴作为教育的重要使命""坚持把教师队伍建设作为基础工作"，对习近平总书记关于教育的一系列新理念新思想新观点进行了系统梳理和全面解读［本书编写组，2019］。

习近平关于教育的重要论述，是中国化马克思主义教育理论的最新成果，是习近平新时代中国特色社会主义思想的重要组成部分，是新时代中国特色社会主义教育理论的新发展、新境界，是当代中国教育发展的行动指南。有论者指出，培养什么人、怎样培养人、为谁培养人，是习近平总书记关于教育的重要论述的一条思想主线［石中英，2020］。有论者指出，深厚的人民情怀、恢宏的战略思维、强烈的问题意识、鲜明的时代气息、突出的实践品格、坚定的中国自信，构成习近平关于教育的重要论述的鲜明特征［沈壮海，黄雄义，2020］。有论者从习近平新时代中国特色社会主义教育的根本问题、根本保证、根本立场、初心使命、发展定位、办学方向、总体要求、工作目标、第一标准和评价导向等十个方面论述习近平总书记教育重要论述的原创性贡献［王占仁，2020］。有论者以习近平关于教育的重要论述为核心，研究新时代中国特色社会主义教育理论的新发展、新境界［杨志成，2017；李中国，2018；崔保师，2018；王定华，2018］。

新时代中国特色社会主义教育理论是中国特色社会主义教育理论体系的重大创新，是中国教育学发展的最新成果。研究新时代中国特色社会主义教育理论，丰富新时代中国特色社会主义思想体系，建设中国的教育学，也是对解决世界教育问题提供的中国方案、中国智慧，在世界教育学中产生中国影响。新时代中国特色社会主义教育理论，是总结新中国成立 70 年，尤其是改革开放 40 年中国特色社会主义教育实践成就基础上形成的，是新时代教育改革的根本遵循和行动指南，是推进我国教育事业改革与发展的重要保证。

总之，教育学的对象、学科属性（性质）、研究方法、理论与实践的关系，这些经典的老问题，在这十年的研究中，都有所涉及，虽然不是热点，但也常说常新，提出了一些新的观点。这些观点虽然有差异，但也在差异中达成共识，如对教育学学科属性（性质）、教育学学科立场中对人文性、本土性和实践性的强调。时代的发展，尤其是信息技术、人工智能对教育学带来了新的发展契机，出现了教育学与信息技术的深度融合，创造了教育学的一些新的形态和交叉学科，出现了循证教育学、计算教育学等新的学科。建构中国教育学是时代提出的要求，是中国教育学摆脱西方教育学的依附心态，确立中国教育文化自信和教育学自觉的表现。中国教育学不仅讨论了应该怎么建设的问题，而且论者都在以实际行动探索中国教育学的建构，也出现了"生命·实践"教育学等中国教育学建构的成功的典范。中国特色社会主义教育理论是中国教育学的思想灵魂，新时代中国特色社会主义教育理论是习近平新时代中国特色社会主义思想的重要构成部分，是我国教育改革与发展的行动指南。它理应是研究当代中国教育学的核心。

中国特色社会主义已进入一个新时代。在新时代背景下，面对复杂的、百年未有之大变局，对中国特色社会主义提出了更高的要求。中国教育学研究，既会继续关注一些基本元问题讨论，但更多的精力和重点会放在加快构建中国特色教育学的学科体系、学术体系和话语体系上，整体推进中国特色现代教育学三大体系的建设，坚持以马克思主义为指导、以中国传统文化为底蕴、以中国教育改革的实践为研究重点，探寻当代中国特色现代教育学体系构建的中国案例；在学理上总结、提炼我国教育改革与发展的经验，推动原创性和学理性研究，提出教育学中国本土的概念、本土的原理、本土的表达，推动中国教育学走出去，与世界其他国家同行对话、交流，促进教育学的世界传播，扩大世界的影响力，为教育学的发展贡献中国智慧、中国理念、中国方案，提升中国教育学的国际影响力和话语权。这是时代的呼唤、党和国家的要求、中华民族的期盼，也是新时代中国教育论者应该担当的崇高使命。

本章主要参考文献

[1] 安富海：中国教育学本土化研究的困境及超越，教育研究，2019 (04).

[2] 曹永国：近代教育学思维的三次浪潮及其检视，高等教育研究，2016 (01).

[3] 陈先哲：教育学：科学抑或人文，山西大学学报（社会科学版），2016 (01).

[4] 陈荟，吴炎：教育学变革的动因及走向分析，当代教育与文化，2017 (03).

[5] 常淑芳：我国教育学的独立性：基于布迪厄场域理论的反思，中国高教研究，2012（02）.

[6] 程亮：多元的传统与交互的生成——教育学知识建构的跨文化比较，教育研究，2016（05）.

[7] 楚江亭：教育学研究：历史考察及省思，国家教育行政学院学报，2013（10）.

[8] 楚江亭，李廷洲：范式重构：教育学研究取得进步的必然选择，北京师范大学学报（社会科学版），2014（05）.

[9] 戴莹，杨道宇：成己与成物："生命自觉"的教育学内涵，大学教育科学，2013（01）.

[10] 杜尚荣，李森：教育学学科发展新论——兼论我国教育学学科未来走向预设，现代教育管理，2012（01）.

[11] 冯向东：教育自身：教育学学科立场与理论的基石，教育研究，2013（07）.

[12] 冯向东：对教育学人性假设的追问，北京大学教育评论，2012（04）.

[13] 冯建军：教育转型与教育学转型——基于新中国教育的考察，河南大学学报（社会科学版），2012（03）.

[14] 冯建军：构建教育学的中国话语体系，高等教育研究，2015（08）.

[15] 冯建军：中国教育学70年：从中国化到主体建构——基于不同时期教育学文本的分析，课程·教材·教法，2019（12）.

[16] 冯铁山：走向实践：教育学本体的回归与价值确认，教育理论与实践，2012（10）.

[17] 高鹏，杨兆山："教育现象"何以是教育学的研究对象，教育研究，2014（02）.

[18] 郭文安：教育学教材编写的思考，课程·教材·教法，2011（01）.

[19] 顾玉军，吴明海：民族性：中国教育学发展的必然选择，教育理论与实践，2014（13）.

[20] 顾明远：中国特色社会主义教育理论70年，北京大学学报（社会

科学版），2019（04）.

[21] 顾小清，杜华：“信息技术时代的教育学理论重建”重要命题的反思与对话，现代远程教育研究，2019（01）.

[22] 和学新，田尊道：教育理论中国化的文化困境与出路，高等教育研究，2012（08）.

[23] 胡颖哲：教育学何以称"中国"，当代教育科学，2011（16）.

[24] 侯怀银：新中国成立以来教育学的发展历程及启示，中国教育科学，2020（02）.

[25] 侯怀银，王霞：五年来中国教育基本理论发展之路，中国人民大学教育学刊，2011（03）.

[26] 江涛：本土立场教育学建构的原则及路径，社会科学家，2013（05）.

[27] 姜勇，柳佳炜，庞丽娟：中国教育学的文化根基：基于文化、为了文化、创新文化，湖南师范大学教育科学学报，2018（02）.

[28] 金志远：文化成人：教育学的"学科之眼"，内蒙古社会科学（汉文版），2016（06）.

[29] 匡维：知识与学科——兼论教育学学科地位，教育理论与实践，2012（01）.

[30] 柯文涛：从本土化走向本土建构：中国教育学学科建设的可能路径，当代教育科学，2020（12）.

[31] 李政涛：生命自觉与教育学自觉，教育研究，2010（04）.

[32] 李政涛：教育学的边界与教育科学的未来——走向独特且独立的"教育科学"，教育研究，2018（04）.

[33] 李政涛：文化自觉、语言自觉与"中国教育学"的发展，华东师范大学学报（教育科学版），2010（02）.

[34] 李政涛："在中国"与"在世界"："生命·实践"教育学的学术景象，华东师范大学学报（教育科学版），2015（02）.

[35] 李政涛：走向世界的中国教育学：目标、挑战与展望，教育研究，2018（09）.

[36] 李政涛：计算教育学：是否可能，如何可能？远程教育杂志，2019（06）.

[37] 李云星：论教育学学科立场的基本结构，教育学术月刊，2012（11）.

[38] 李阳杰："重省"中国教育学"中国性"危机，中国教育学刊，2016（01）.

[39] 李江源：教育问题：教育学话语"生成"的起点，四川师范大学学报（社会科学版），2018（06）.

[40] 李未：抓住MOOC发展机遇 全面提高高等教育质量，中国大学教学，2014（03）.

[41] 刘爱生：教育学为什么还不是一门科学，现代教育论丛，2010（12）.

[42] 刘小柳：实证研究真的能实现教育学的科学化吗？——对教育实证研究的冷思考，教育理论与实践，2019（10）.

[43] 刘旭东：行动：教育理论创新的基点，教育研究，2014（05）.

[44] 刘旭东：我国教育学话语体系的反思与重构，中国教育学刊，2016（07）.

[45] 刘庆昌：论教育学的变革，西北师大学报（社会科学版），2016（01）.

[46] 刘楠：新时代背景下中国教育学术话语体系的构建，广西社会科学，2020（05）.

[47] 刘三女牙，杨宗凯，李卿：计算教育学：内涵与进路，教育研究，2020（03）.

[48] 柳海民，等. 新中国成立以来教育基本理论的发展与贡献，教育研究，2013（02）.

[49] 柳海民，邹红军：教育学原理：历史性飞跃及其时代价值——纪念改革开放40周年，教育研究，2018（07）.

[50] 柳海民，徐海娇：推进学科反思 促进理论创新——近年来教育学原理学科发展概观，教育研究，2016（01）.

[51] 柳春艳，李秀霞，杨克虎：发展中的循证教育学：多元特征与研究前景，图书与情报，2018（03）.

[52] 鲁子箫：从"社会"到"人"：40年教育理论研究的主体转向——以"教育"概念界定为视角，教育学术月刊，2020（06）.

[53] 吕寿伟：成物、成人与成己——教育学的立场变迁，教育理论与实践，2014（34）.

[54] 满忠坤：论作为人文科学的教育学，教育发展研究，2017（23）.

[55] 马凤岐：教育学的论证问题，教育研究，2015（03）.

[56] 彭虹斌，李婕：教育科学理论：任务及其类型，教育研究与实验，2015，（04）.

[57] 彭道林，唐桥：试论教育学的学科属性，高等教育研究，2019（03）.

[58] 石中英：把握习近平总书记关于教育的重要论述的思想主线，中国高等教育，2020（18）.

[59] 沈壮海，黄雄义：当代中国马克思主义教育理论的鲜明特征——学习习近平总书记关于教育的重要论述，思想理论教育导刊，2020（10）.

[60] 孙元涛：教育学学科边界问题的再认识——关于"跨学科研究"的教育学思考，教育发展研究，2010（24）.

[61] 孙元涛：现代学术转型与中国教育学的建立，高等教育研究，2010（07）.

[62] 孙元涛：论中国教育学的学术自觉与话语体系建构，教育研究，2018（12）.

[63] 孙俊三，谢武纪：教育学的科学逻辑和实践逻辑：冲突与和解，大学教育科学，2013（04）.

[64] 谭维智：教育学的玄学之维，教育研究，2012（05）.

[65] 谭维智：不教的教育学——"互联网＋"时代教育学的颠覆性创新，教育研究，2016（02）.

[66] 谭维智：教育学核心概念的嬗变与重构——基于新时代中国特色教育学话语体系建构的思考，教育研究，2018（11）.

[67] 谭维智：计算社会科学时代需要什么教育学——兼与《计算教育学：内涵与进路》作者商榷，教育研究，2020（11）.

[68] 唐松林，佘君君：超越物理主义与实用主义：绽放教育学的生命之花，大学教育科学，2014（06）.

[69] 田汉族，卢曲元，谢少华：论中国教育学走向世界，湖南师范大学教育科学学报，2010（01）.

[70] 田养邑，周福盛：论中国特色教育学术话语体系的新时代构建，国家教育行政学院学报，2018（05）.

[71] 王鉴，姜振军：教育学属于人文社会科学，教育研究，2013（04）.

[72] 王洪才，教育学：人文科学抑或社会科学？——兼与张楚廷先生商榷，教育研究，2012（04）.

[73] 王建华：教育之学——超越人文科学与社会科学，中国教育学刊，2006（09）.

[74] 王占魁：论教育学的人格关怀，南京社会科学，2017（12）.

[75] 王北生：教育学立场的多维度分析，教育科学，2012（01）.

[76] 王枬，王昊宁：浅析"生命·实践"教育学的中国元素，教育学报，2011（05）.

[77] 魏宏聚：论"真"教育理论诞生的基本逻辑——英国哲学家卡尔教育理论观评析，河南大学学报（社会科学版），2014（06）.

[78] 王燕敏：教育学话语的方式、结构与特征，南通大学学报（社会科学版），2015（01）.

[79] 王卫东，闫晓丽：建构中国教育学的主要着力点，教育科学研究，2015（09）.

[80] 王兆璟，王稳东：教育智库与教育研究的话语革命，当代教育与文化，2015（05）.

[81] 王光明，张楠：国际教育学研究发展趋势，当代教育与文化，2015（06）.

[82] 王晶莹，杨伊，宋倩茹，郑永和：计算教育学：是什么、做什么及怎么做，现代远程教育研究，2020（04）.

[83] 王中华：论教育学的本土化：文化视角的反思，教育文化论坛，2013（06）.

[84] 伍红林：技术时代的教育学发展——兼议人工智能背景下教育学的两种可能，华东师范大学学报（教育科学版），2019（05）.

[85] 徐文彬、彭亮：循证教育的方法论考察，教育研究与实验，2014（04）.

[86] 薛晓阳：教育学的学科属性及其课程功能辨析，教育研究，2017（05）.

[87] 项贤明：作为科目、学科和科学的教育学，教育研究，2019（09）.

[88] 项贤明：教育学作为科学之应该与可能，教育研究，2015（01）.

[89] 项贤明：论教育学的边界，教育研究，2017（06）.

[90] 谢武纪，汪伟：困扰中国教育学学科的三对矛盾论略，大学教育科学，2018（06）.

[91] 杨小微：在中国教育学发展的"危机"中寻找"转机"，全球教育展望，2011（07）.

[92] 杨小微："濡化"与"涵化"：中国教育学内涵更新的机制探寻，南京社会科学，2011（09）.

[93] 杨燕，刘立德：改革开放40年来教育学教材研究的回顾与展望，课程·教材·教法，2018（04）.

[94] 杨兆山，张海波：基于人性论的教育学学科体系建构，教育研究，2010（04）.

[95] 杨文登：循证教育学理论及其实践——以美国有效教学策略网为例，宁波大学学报（教育科学版），2012（04）.

[96] 闫世贤，扈中平：教育理论的"本土生长"：社会人类学的观照，教育发展研究，2013（15—16）.

[97] 余小茅：试论教育学的研究对象是"教育问题"——兼与高鹏、杨兆山商榷，学术界，2014（09）.

[98] 余小茅：教育学：以人文学科为学科原点的社会科学，山西大学学报（社会科学版），2014（06）.

[99] 余清臣：现代教育学体系的实践取向与逻辑成分，教育学报，2014（01）.

[100] 余清臣：论教育理论的实践化改造，教育研究，2016（04）.

[101] 于伟，李姗姗：教育理论本土化的三个前提性问题，教育研究，2010（04）.

[102] 于泽元：教育理论本土构建的方法论论纲，教育研究，2010（05）.

[103] 袁振国：科学问题与教育学知识增长，教育研究，2019（04）.

[104] 袁利平，陈少阳：改革开放以来中国特色社会主义教育理论研究的知识图谱与时代转向，大学教育科学，2018（01）.

[105] 周兴国：论"教育学是一门研究教育现象的科学"，山西大学学报（社会科学版），2016（01）.

[106] 周兴国："教育学的科学化"辨，中国教育科学，2019（03）.

[107] 赵鑫：论教育学的学科品性，现代教育管理，2012（09）.

[108] 张楚廷：教育学属于人文科学，教育研究，2011（08）.

[109] 张应强：建构以人为本的教育学理论——鲁洁教授教育学思想之解读，高等教育研究，2010（03）.

[110] 中国教育科学研究院：中国特色社会主义教育理论新发展，教育研究，2017（04）.

[111] 郑永和，严晓梅，王晶莹，王杨春晓，刘士玉：计算教育学论纲：立场、范式与体系，华东师范大学学报（教育科学版），2020（06）.

[112] 张旸，张雪：中国文化传统在教育学中国话语体系构建中的价值与创生，教育科学研究，2020（03）.

第二章 教育本质与立德树人

教育本质研究是教育基本理论研究的核心。回望过去十年，我国在教育本质研究领域取得了突破性进展，教育本质研究的出发点和落脚点都回归到了具体的人，研究的思维方式从本质思维转向了关系思维，研究视野也更加宽广，出现了一些新的研究主题和教育本质"新说"。立德树人是我国教育的根本任务。党的十八大报告首次明确提出，把"立德树人作为教育的根本任务。"① 党的十九大报告再次提出，"要全面贯彻党的教育方针，落实立德树人的根本任务。"② "立德树人"这一教育根本任务彰显了党和国家的意志，俨然已成为当今教育基本理论研究和教育实践评估的风向标。同时，也反映出中国共产党对我国教育事业的正确领导是教育发展和进步的前提保障。

近十年，我国教育理论界以立德树人为教育主题，阐释了一系列教育新理念，落实了一系列教育新目标，取得了丰硕的成果。不少论者从"立德树人"的理论渊源出发，探索实践落实机制，并逐步达成共识：培养什么人、

---

① 胡锦涛. 坚定不移沿着中国特色社会主义道路前进为全国建成小康社会而奋斗——在中国共产党第十八次全国代表大会上的报告［EB/OL］.（2012-11-08）［2020-02-15］. http://www.xinhuanet.com/18cpcnc/2012—11/17/c_113711665.htm.

② 习近平. 决胜全面建成小康社会夺取新时代中国特色社会主义伟大胜利——在中国共产党第十九次全国代表大会上的报告［EB/OL］.（2017-10-18）［2020-02-15］. http://www.xinhuanet.com/politics/19cpcnc/2017-10/27/c_1121867529.htm.

怎么培养人、为谁培养人，是教育的根本问题，这又基本对应教育的认识论、价值论和方法论维度［张铭凯，靳玉乐，2020］。从这三个问题出发，管窥立德树人的理论内涵、新时代发展取向和实践逻辑，有助于我们更清晰地认识教育本质，把握教育规律，执行教育任务。

一、新时代教育本质研究的困境和理论定位

纵观我国教育基本理论的发展历程，有关教育本质的研究从未间断。2011 年至 2020 年十年间有关教育本质的研究文献数量显然多于前十年。这说明教育本质研究仍受到教育学界密切关注，但教育本质的争论尚未结束。认识教育本质研究的现实困境，分析背后的成因，有助于我们进一步深化研究。

（一）教育本质研究的时代困境

尽管有关教育本质研究的成果越来越多，但时至今日尚未达成共识。造成这一结果的原因有很多：第一，这与不同的本质观相关。辩证唯物主义本质观认为事物的本质不是唯一的，而机械唯物主义本质观认为事物的本质是唯一的，唯心主义本质观则认为本质独立于事物而存在。第二，反本质主义则认为根本不存在本质（包括教育本质）。第三，教育作为一项人与人的交往活动，由于主体身份差异，不同个体对教育的认识角度不同，从而对教育本质的理解亦有所差异［张正江，2011］。第四，教育本质的研究与复杂的社会现实亦存在紧密联系，即是说，教育本质研究具有时代性，不同时代有不同的教育本质。回首过去几十年，可以发现教育本质的研究动态与时代背景紧密相依。不同于改革开放初期的教育本质研究热潮，亦有别于 90 年代的市场经济背景，在人工智能时代，以技术标榜的时代烙印遮蔽了人文气息，教育的实用性取向突出，关于教育本质的研究因而也被推至"重实践、轻理论"的边缘。复杂的教育实践呈现出不同的教育现象，从而引致各种持异的教育本质观。

（二）教育本质研究的理论定位

突破教育本质研究困境，从理论逻辑上讲，首先要明晰其上位概念，即"本质"的意涵。辨识"本质"，须区分一些易与之混淆的概念。首先，本质不同于现象。现象学提倡"回到事物本身"，认为现象就是本质。这一说法所面临的质疑是，虽然现象和本质同样要描述"是什么"的问题，但现象是对"是什么"的直观呈现，这种呈现受到人的主观条件的制约，现象有时会对本质有所遮蔽。而本质企望抛开一切个人主观和偶然因素，得出具有普适性的结论，并符合历史规律性。其次，本质不同于性质。亚里士多德在《范畴篇·解释篇》中指出，"性质"是指人们所借以被称为如此等等的那种东西。① 性质是某一事物的特征，具有偶然性，这就意味着其他事物也可能拥有相同的性质。由此，性质可被诸多事物所属，但本质却是某一事物的唯一属有，通常可表述为某一事物具有某一本质，且该本质不为其他事物所有。最后，本质不同于概念。教育概念包含教育的本质属性和非本质属性，只有本质属性才属于教育本质，这也是一直存在的理性思维已达一致的结论［赵雪薇，孙迎光，2016］。

其次，我们要看到反本质主义和本质主义冲突的根本。二者实质上都陷入了二元论思维的绝对化，都具有片面性。本质主义只注意到事物的绝对普遍性或本体，忽视了事物的相对普遍性或本质，反本质主义则恰好相反。②

虽然关于本质的内涵尚且模糊，但论者一般认为，事物的本质回答的是"是什么"的问题。相对于本质而言，教育本质既具有一般事物本质的普遍性，回答"教育是什么"的问题；又具备由其自身规定的特殊性，需要回答"怎么做"的问题。教育本质不同于一般事物的本质，区别主要在两方面：第一，教育可分为理想状态和现实状态，两者之间借助于"怎么做"而达至融贯一体。第二，教育本质有双层意义，分别是理论意义和实践意义，后者主要通过"怎么做"来提升实践指导。有论者就提出，"教育是什么"并不是一

---

① 亚里士多德. 范畴篇·解释篇［M］. 乡书春，译. 上海：上海三联书店，2011：33.
② 冯建军. 教育基本理论研究20年（1990—2010）［M］. 福州：福建教育出版社，2012：142.

种事实判断，而是一种价值认识。因为对于教育是什么的描述并不是直观地呈现客观事实，而是主体通过结合自己的目的和经验改造后，最终所表达的观点。对"价值认识"的"教育是什么"的探寻需要转换路径，用实践理性取代理论理性，并基于实践理性寻求多元统一［李润洲，2012］。从学科特点来看，教育是一门社会科学，不同于自然科学强调客观性和可证实性，主张用"是什么"的描述性语言来论述事物本质，还需要结合"怎么做"这类规范性概念，指导人的实践行为，其包含"应当""必须"等措辞，用来表达人们的主观意愿和理想。所以，教育本质不仅要回答"是什么"的问题，还要回答"如何做"。

"是什么"描述的是客观现象，却难以避开丰富的主观感性作用，其回答常常因不同个体的情感偏好和认知差异很难得到统一的回答，从不同的身份立场言说教育本质所得到的结论都是大相径庭的。另一方面，从广义上来看，教育除了学校教育，其外延还包括家庭教育、社会教育等，不同类型的教育特征各异。据此，一些论者指出，必须从不同的教育现象中寻找共同的内在特性和规律，并提炼出适用于所有教育现象的本质观。但是，从具体到抽象并不符合马克思的实践唯物主义。在马克思看来，对事物本质的研究要依靠逻辑的方法，即从抽象到具体，立足于最抽象的概念，按逻辑层次一步步整合历史事实，使抽象概念越来越上升到具体。只有按照这种方法才不致停留于表面现象，而能够深入到历史的本质规律。从本质上说，逻辑的方法才真正是历史的方法，因为它不是描述表面的历史事实，而是展示历史规律。这就是马克思所提出的历史的东西和逻辑的东西相一致的方法。[①] 实质上，马克思所说的历史并不仅仅只是历史现象，而是指历史规律，同样的，"逻辑"一词亦不能简单地认定为思维方式，而是展现历史规律的方法。涉及"如何做"的回答与实践反思挂钩，需要从实践中不断寻找适宜的答案并反复进行自我否定式的延展性发展。

大略言之，教育本质的研究兼具规范性和描述性的特征。我们既要关注

---

① 邓晓芒. 实践唯物论新解——开出现象学之维（增订本）［M］. 北京：文津出版社，2019：10.

教育现实，对此进行历史性的经验总结，又要以哲学思辨的方式，对教育本质进行理论探讨。

二、教育本质研究主题分析

基于文献和书籍的阅读，笔者整理出近十年教育本质研究的几大主题，主要就思维方式、研究的传承与发展以及本质新说等各方面展开。

（一）思维方式：从本质思维转向关系思维

长期以来，教育本质讨论持有一种"本质主义思维方式"，论者们专注于寻找外在于人的客观存在的"唯一"教育本质，使人们不能全面地认识教育的多重属性［迟艳杰，陆有铨，2011］。本质思维认为教育有且只有一种本质，这种观念导向在催生各种特异的教育本质观的同时，亦使教育理论走向一条追求唯一性的"死胡同"。于此，有论者提出，教育本质的研究须转变思维方式，用关系思维取代本质思维，关系思维既可以避免因本质思维主导的"本质唯一"带来的学术争鸣，又能促进教育本质说多方位发展。有论者指出，未来的教育本质研究，应廓清教育本质研究的逻辑前提，搞清楚教育本质到底是"一"还是"多"，是"有"还是"无"，并在洞察教育本质探寻意含的基础上，用关系思维取代实体思维，确立新的教育本质观［李润州，2010］。

受到关系思维的影响，胡德海先生在《教育学原理》一书中提出了"全方位研究法"，即"综合运用自然科学和人文科学多种学科对于研究对象交叉研究的成果，进行多维考察，经过综合分析，形成系统认识，再予以实验证明的研究方法"。关于教育本质问题的研究则是这种研究方法论的充分体现：各个跨学科相关理论的关照；运用系统论的方法，在关系思维中界定教育的本质；运用历史研究的方法总结前人的认识成果，在变化发展中把握教育的本质问题［王从华，2016］。诚然，教育学与各大学科之间存在密不可分的联系，任何一门学科的思想若要传承，离不开教育。教育要获得发展，离不开其他学科的指导。在教育哲学、教育社会学、教育经济学等相关学科的作用下，论者们对教育本质有了更深刻的认识。同样，在关系思维的影响下，有论者还注意到过去以知识为本的工具主义教育引发了许多社会冲突和矛盾，功利化取向的教育逐渐导致教育中的人的异化。所以，论者提出要从人的自身发展的终极价值来定位；并结合时代真正的需要，从教育与市场的关系来定位；从教育对促进社会发展的作用来定位，密切关注人以及诸多社会因素之间的相互作用［张和生，2012］。

总体而言，受到关系思维的作用，教育本质再次呈现出繁盛的研究样态。但在这一可喜的盛况背后，再次触发"概念游戏"，甚至借以教育功能论述教育本质，使二者难以区别。但功能不同于本质，功能反映的是"教育有什么用"，而本质旨在说明"教育是什么"。需要进一步明确的是，教育本质不是多维度视角下的教育概念的简单相加，亦不是一味寻求几种教育本质观的共性。所以，研究须整合本质思维和关系思维，不仅要牢牢抓住教育与其他相关事物的外在联系，并寻求教育内在要素之间的关系，抓住教育功能、教育目的与教育本质的关联性，还要跳出教育看教育，挖掘教育与其他社会活动的不同之处，并凝结成教育独特的本质，并保持教育的时代性和先进性。

（二）教育本质说的传承与发展

改革开放以后，在国家政策和社会发展需求的导向下，"教育上层建筑说""教育生产力说"盛行。进入新世纪之交，随着社会现实问题的暴露和教育内生力的发展，绝大多数人开始反思以上种种学说，甚至将其完全推翻。不过，有论者认为，虽然没有充分理由把教育本质简单地归结为上层建筑、经济基础或生产力，但教育在同上层建筑、经济基础或生产力发生本质联系中不可避免地会形成某种关系属性，如政治属性、社会属性、生产属性。唯这种属性是在教育同相关社会现象发生必然联系时才会形成［陈桂生，2012］。如果我们将"教育生产力说""教育上层建筑说"等各种学说投入历史中去看，会发现这些存在偏颇的教育本质观为现今的教育本质新说提供了多重基础，正是在这样的历史发展中，我们才能切实感受到教育的发展和教育对人们的观念和生活带来的影响。有论者通过对新中国成立以来宪法和党代会报告相关核心文本进行整理，爬梳出教育本质观70年的演进，并提出教育具有经济、政治、文化等多重复合面向，任何对教育本质单一面向的认知都可能导致决策偏颇。就教育自身而言，具有知识文化事业的本质属性，但客观上，教育与国家政治、经济、文化等各方面相互作用［姚金菊，2019］。这再一次证明了历史与逻辑的统一是研究教育本质的根本方法和思路。历史与逻辑的统一也意味着教育本质说在不断的批判中保持鲜生的活力。对旧理论的推翻并不单单只是纠错，更是一种跨越性的进步。同样的，虽然在当今时代，"教育培养人说"成为教育本质学说的主流思想，但一些论者认为这种本质观也有问题。在《新中国70年教育发展若干理论问题反思——胡德海先生专访》一文中，作者谈到胡德海先生一个重要的观点，推翻了历来被诸多论者所认同的"将教育的本质定义为培养人的活动"。胡德海先生不赞成这种观点，因为他从历史的视野以及空间的格局中观察，发现在原始时期，人们是无法知晓教育须培养怎样的人这个问题的，而人与文化的关系却一直存在于教育领域。所以他更倾向于将教育的本质定义为文化的传递［胡德海，杨慷慨，张海生，2019］。"培养人"和"文化传递"是有所重合的。通过教育传递好的文化自然能达到培养人的目标。但将教育视为文化的传递，足见教育与文化的密切关系。对此二者的关系研究也历来受到关注。教育是整体文化的一部分抑或是文化为教育提供根基，教育与文化两者相互影响。在对日常的教育实践考察中，我们有可能会将教育中出现的一些弊病与传统文化中存在的一些糟粕勾连，比如将现今的应试教育与科举制联系在一起。诚然，我们不能说这两者毫无联系，因为它们都生根于这片文化土壤。但教育本该传递的是好的文化，而非被人们嗤之以鼻的文化糟粕。传递什么样的文化也是教育应该思考的。这一论断的提出，给予我们的启示是，在言说教育本质时，可以立足于一个更宏观的视野之中。不过，由于文化本身的定义尚未明确，以一个相对较模糊的概念去界定教育的本质，还须进行深度揣摩。其次，如若教育的本质为文化的传递，那么就难以厘清教育与其他社会活动的区别。

除了提出与旧理论完全相反的学说，也有论者在原有的学说基础上进行深化和发展。"教育是一种主体间的指导学习"作为一种旧说在新的时代背景下被赋予了更加丰富的涵义，"主客体"和"双主体"师生关系是近现代社会对师生关系的认识和实践，当代学习化社会应该重新全面深化对教育本质的认识和实践，建构主体间指导学习的教育新本质，建构主体间师生关系，提高师生的主体性［郝文武，2015］。新说不仅保留原有的人的主体性，更以此作为奠基，强调作为不同的主体之间的关系。如此，教育面向的不再是抽象意义上的人，而是教育实践中活生生的人。对"人"的理解离不开马克思人学思想的指导，有论者从马克思人的教育思想的旨趣出发，提出遵照马克思从人与社会的关系视角，把现实中的个人确定为教育对象，以此立场理解教育，使教育成为"现实中的个人"的"实践"活动，凸显教育理解的历史维度，实现教育思想方式的革命［舒志定，2012］。也有论者提出马克思教育思想的核心，就在于其超越了"环境决定论"和"观念决定论"的狭隘的教育逻辑，将教育视为反映和改变社会存在的一种重要关系、机制，以及人为实现自身使命的一种社会活动［李振，2019］。以马克思主义思想为指导的教育本质观长期以来主导着我国教育本质理论的发展方向，并不断进行自我深化，这亦符合我国教育基本理论的发展趋势。

（三）教育本质新说

随着多元文化的渗透，我国的教育研究工作者在认真反思本土教育的基础上，也积极学习了西方国家的一些教育理论，教育本质说呈现更加包容开放的态势。概括地说，教育本质从"与人相关"回归到了"相关的人"。一方面，"与人相关"的教育强调教育的社会功能，而"相关的人"的教育更关注教育的个体功能。需要指明的是，教育的社会功能和个体功能并不是对立的，个人只有在社会共同体中才能实现自身丰满的价值，个体功能是对社会功能的发展。另一方面，"与人相关"强调人的类本质，而"相关的人"更看重人的个性特征。以"相关的人"为本的教育使"人性"不再是一个抽象的词，而是面向现实社会中具体的生命体。

1. 意识创造说

受西方文化的影响，有论者试借用黑格尔思想来阐述教育本质。论者指出，黑格尔认为，特殊的个体是不完全的精神，是一种具体的形态，每个个体都必须走过获得教养的历史道路，使之从它的蒙昧状态变为有自我意识的精神。这是教育的最深层的本质［谈际尊，2012］。第一，人与动物的区别之一就在于人具有未完成性,而教育在实践过程中激发人的潜力,创造了更多的可能。第二,人通过接受教育逐渐发展自身的理性能力,成为有独立意识的个体。这突出了教育对人精神性意识的改造功能,符合我国的价值主义教育本质观,亦与马克思人的自由而全面的发展思想相契合。

同样也有论者支持教育之于意识创造的作用,提出个体的自我建构和成长的核心是意识目标的实现。意识实现其目标之后,将结果反馈于意识自身,会使得意识处于一种新的状态和水平。这就是意识生长,它是教育学最根本之原理。促进人的意识的生长才是教育的本质所在[谭伟,2017]。意识创造说"新"在将"培养人说"具体化,即回答了教育是"如何培养人的"这一问题,通过创造人的自我意识,使之成为具有精神性的完整个体。将教育界定为意识的创造,突出了教育正向的育人功能,并强调本质的生成性,符合黑格尔的本质观。但人的意识的生长更多表现在精神层面,相对而言比较抽象。且人的意识的创生还离不开自然生长规律和除却教育以外的其他因素的影响。换言之,这并非教育一己之力所能达及的最终样貌。

2. 交流说

在同样强调教育在精神性方面的作用的基础上,有论者借鉴存在主义代表雅斯贝尔斯在《什么是教育》一书中始终坚持人的"主体间性"的主张,赞成教育就是人与人之间的"主体"的灵肉交流[谢辉,2013]。这一论述通过补充身体的交互对意识创造说进行了深化。

第一,教育是人与人之间的交流活动,交流既有心灵层面的,又有语言、肢体等方面的。对任意一方的忽视都不是完整的教育。交流说体现出教育的实践性质。第二,交流说突出了以人为中心的平等教育观。这种教育观为当下的教育实践提供了很好的借鉴意义,教师与学生之间的人格平等有利于教育发挥出更大的内生力。教育不仅仅是教师对学生的影响,也有学生对教师产生的积极的人生意义,让教师在教育事业中找到存在感和认同感。但是,交流说并未阐明如何进行交流,即缺少方法论维度的考量。

3. 诗意说

除了学习西方教育思想,亦有教育本质新说建立在传统文化之上。中国传统教育以诗意文化为依托,运用诗意言说的方式,形成"春风化雨、润物无声"的教育质效,自然具有诗意的本质[冯铁山,2014]。教育诗意本质的揭露弥补了传统教育本质说单调的说理性,打开了我们思考本质说的思路。教育之美仅靠语言无法描述,需要凭借人丰富的感性经验。尤其是在教育实践中,通常要求教师以艺术化的教育手段进行教学和育人。教育也由此成为一种艺术。诗意说关注到了教育方式和教育功能,但未呈现教育目的,即没有回答教育最终要培养什么样的人。

4. 解放"人"说

同样受到黑格尔本质观的影响,因黑格尔教育思想的核心是自由精神的培养。论者认为,自由是人的本质,但人不是生而自由,而是要从自在的自由到自为的自由,只有通过教育解放才能实现这种转化[郭坤,2015]。有论者支持教育的本质就在于"解放人,解放人的智力和心灵、思维和情感,而不是束缚人、压抑人和限制人"[刘云杉,2016]。人在不断接受教育的过程中,自觉自省而后自明。这种以强调教育功能性从而凸显教育本质的学说丰富了教育本质说,使教育本质面向具体的个人,体现出教育独特的人文关怀。这种解放人的教育本质观以人的物质需求和精神需求为指盼,顺承了教育的超越性,描述了教育的理想状态。

5. 诞生说

"教育的本质即诞生性",这一论断是阿伦特教育思想的核心和始点。诞生性意味着每个人都通过出生来到世界上,以及世界通过这种出生获得持续更新,构成了教育的前提条件和内在要求[刘素玲,程亮,2018]。诞生说不同于以上几种学说,主要的新奇点在于它并未将人的出生看作生命的开始,而是将人开始接受教育作为生命的开端。自然生命的诞生是出于偶然的造化,但自愿接受教育才是人的自我开始生长的标志。诞生说从一个侧面凸显出教育之于人的不可或缺性,也表明了教育作为人类活动的独特性,体现了教育的意义。但诞生说没有展现教育过程的样态,只关注到了教育的起始。教育给予人真正的诞生,而且它在人的一生之中都起到了至关重要的作用。而诞生说并未指明教育对于人的后期影响。

6. 治疗说

有论者指出回归教育的本质要强调教育的治疗性,教育与人的健康密切相关［金生鈜，2020］。治疗说作为诞生说的补充，强调教育对于人的现实生活的影响。治疗性是教育的性质之一，但心理学、医学等学科同样具有治疗性，所以治疗性不能作为教育的本质，而只能作为教育的性质。不过，治疗性作为教育本质的一个侧面，是对教育本质的回归。从中我们也可发现，事物的性质是本质的片面表现，从性质着手，有助于我们看到教育本质的一部分。从中我们也可以得出教育的本质是与人的身心健康息息相关的。

7. 生命教育说

当下，我们正处于后疫情时代，对生命的恐惧弥散在人类活动之中。教育作为一项重要的活动，为化解人的心理危机提供了至关重要的方法策略。顾明远先生就提出了教育的本质是提升生命的质量和提升生命的价值［顾明远，2020］。这一论述结合了时代特征，发人深省。教育不仅给予人"生命"，治疗人的"伤痛"，还提供了心灵的宽慰。生命教育说指明了教育未来的发展趋向，使教育任务落实到具体的生命中来，为教育实践提供了指导。顾明远先生对我国以往的教育本质论争进行了历史回顾和理论评析，认为教育本质就在于提高生命的质量与提升生命的价值，发挥每一个孩子的潜能［石中英，2018］。

8. 人性说

以上几种教育新说从教育的前提条件和内在要求出发，思考教育本质，牢牢抓住了教育内在的关系性。我们不能在无"人"的前提下谈教育，也不能在谈教育的时候忽视人的在场。教育学科的特点就是它因人而起，因人而兴。人离不开教育，教育离不开人。有论者站在"人"的立场，提出中国教育必须要回归人性，汲取卢梭《爱弥儿》一书中自然教育思想的精髓而立德树人、守正、创新、培根铸魂，牢牢把握教育的人性本质［杨嵘均，2020］。教育本质新说在对原有理论的学习基础上，更加注重人性。回归人性的教育本质研究，才能不断在扬弃的过程中纵深拓展。

9. 记忆术说

但是，空谈人性成为现今教育学科遭受批判的一个原因。要加强教育的科学性，离不开技术的支持。基于技术持存论的哲学基础，斯蒂格勒弥补了这一空缺，他将教育指认为一种作为"传输"与"接受"机制的记忆术，进而揭示其功能性与存在论的双重本质构境，即个体与集体意识塑形及其经验性时空定位筑模［邹红军，柳海民，2020］。教育本质不仅仅是你一言我一语的价值观传输，它在历史和逻辑的方法论结合下，顺应当下的时代发展潮流，运用新技术、新学科的视角认识教育。

三、教育本质研究的思考

教育本质新说在原有学说的基础上更加明确了人的在场，虽然表述各异，但其共同点在于紧紧围绕人这一主体，进行教育本质的剖析。如今，随着高新技术渗透和融入人类社会，人渐渐被物化，人的物化造成教育的异化。在教育频频遭受贬斥之时，越来越多学者意识到"人之为人"的首要性在于重返教育本真，表现在教育本质研究领域的显著特征就是注重对生命意义的追寻。强调生命意义的寻找、回归教育本源，点燃了论者们对教育本质研究的新希望。虽然教育市场化残余的功利性仍未除尽，但站在先辈们的研究基础上，新时代的教育本质研究具有了更浓厚的人文情怀。尤其是进入后疫情时代，关于教育本质的思考再度引发关注。越来越多的论者已经达成共识：立德树人就是教育的本质。总体而言，新时代教育本质的研究取向应将教育本质研究投入教育基本理论的范畴之中，遵循教育基本的理论逻辑和教育学的自身逻辑。具体的落实需要树立正确的研究态度，认识学科价值，明确教育本质的双重属性。

（一）树立正确的研究态度

对教育本质的持续研究和反复追问彰显了教育论者们对教育现实的关切与未来理想教育的憧憬。对论者个人而言，研究教育本质，首先要端正研究态度，养成弱功利化甚至去功利化的态度，明确教育本质研究是教育研究的根基。当前，部分论者尤其是一些初入教育学门槛的年轻学人，一方面认为研究教育基本理论特别是教育本质的研究是无现实意义的，摒弃理论探讨；另一方面追求标新而忘溯源，未深入学习已有研究成果。教育本质研究不是纯粹的思想表达，还应包含教育学科的规范性研究。所以，我们还须把握研究的逻辑起点、廓清思维方式，将实体思维、实践性思维以及关系思维融合为一体、掌握方法论、找准实践意义并在理论层面进行抽丝剥茧式的深挖，从实践角度反观教育现象，透过现象看本质。这样才有助于我们在更高、更全面的视野中观望教育本质。

以上是从论者个人的角度、从整体环境来看，研究教育本质要回归到"培养什么样的人""怎样培养人""为谁培养人"这三个问题上来。这是我国教育本质生长的土壤。习近平总书记提出，要"坚持扎根中国大地办教育"，这句话蕴含着马克思主义哲学深邃的世界观和方法论，是办好中国特色社会主义教育事业的基本遵循［徐志宏，2020］。我们既不能拘囿于本土文化固步自封，也不能一味借鉴他者，而忘却根基。有论者指出，学术界对教育本质问题探讨需要重新定位，将原来共相意义上的教育本质讨论推进到中国教育道路的本质探讨［孙迎光，2016］。

（二）认识教育本质研究的学科价值

从如何研究教育本质回归至教育本质的研究本身，我们还须澄清一个问题，即教育本质研究之于教育学有何价值？我们不得不承认的一个事实是当前教育学自身面临诸多质疑，尚未树立起体面的学科形象。有论者指出，教育学所面临的问题是由教育理论缺乏整合、缺乏创新、缺乏内动力、缺乏确定性和独立性等原因造成的［刘庆昌，2016］。过去，我们通常认为单纯强调对教育本质的学理性研究是造成这些问题的根源之一。在这种偏误下，教育学研究开始转向实践领域，借以"解决现实问题"的效用性替代本属于教育学自身的价值性。然而，我们必须要认清的是教育学有其自身的价值，这种价值的呈现需要教育本质研究加以澄清。实质上，教育本质研究可以有效地化解这些困难。要解决教育理论的碎片化，教育的功能、目的和方式的片面化问题，前提都离不开对"教育是什么"这个本质问题的回答。但是，论者们在回答教育本质观时，往往以推翻一个理论或是借助于其他理论为起点，非此即彼的思维方式限制了理论的向心式发展，在教育本质呈现绽放式的姿态时，却缺少了一股由精神性力量引领的"美感"。这种力量需要教育理论论者的齐心向力，具体指大家普遍的认知，这种普遍的认知就是承认教育学自身是具有无可替代的价值的,而这种价值具体表现在对教育本质的探寻中。如此这般,才有可能使教育学不再依附于其他学科,从而构造真正独立、成熟的教育学。由此可见,教育本质的研究是教育学的首要之义,不可偏废。

(三)明确教育本质的双重属性:知识性和育人性

教育本质研究作为教育基本理论研究的重要主题,需要首先回答什么是教育基本理论?有论者指出,"教育基本"的理论不同于"教育"的基本理论,前者意味着"教育基本理论"是一系列由概念组成的经过逻辑推导出来的理性认识,它的服务对象指向于教育论者,回答的是有关"教育目的""教育性质""教育功能"的问题。因而,"教育基本理论"应该是一种知识而非学科[李政涛,2020]。换言之,教育本质属于"教育基本"的理论,旨在构建完整的教育学知识体系。明确教育本质的知识属性,意味着我们须以一种确定性的态度使教育本质确立为一种可以指导实践的知识,而非停留于思想层面的议论。这与本质思维相符。强调教育学的知识性,是教育学走向科学化的必备要素,也是教育学科未来的发展取向。所以,我们要厘清教育本质的知识类型和陈述逻辑[项贤明,2020]。但是,我们也不能因此忽略了教育学作为一门学科的另一属性,即育人性。所以,我们在研究教育本质时,还须结合关系思维进行完善。关系思维在育人性中主要表现为强化教育的社会性功能和个体性功能的联系。但无论是以往的教育本质研究过于突显教育的社会性功能还是如今崇尚教育的个体性功能,始终受制于二元对立的思维模式,使得教育本质研究处于"一头倒"的失衡状态。教育学科的育人性基于教育是人的社会活动这一前提,育的是社会人,而非无人的社会或单子式的个体。鉴于此,教育本质的双重属性决定了教育本质的研究要采用一种整合性的思维方式,既要满足教育基本理论的特征,又要顺应教育学作为一门学科走向科学化的趋势。

四、立德树人的理论内涵和思想渊源

基于教育本质的双重属性，越来越多的论者如今已达成共识：教育的根本是立德树人。立德树人理论内涵的研究成果颇丰。综合来看，研究大致分为两条思想进路：其一是将"立德"和"树人"拆分为两个词语，分别进行阐述，包括二者的关系研究；其二是围绕"立德树人"这个短语本身进行研讨。从理论渊源的相关研究来看，主要遵循历史逻辑的方法，结合我国国情和历史发展规律。不过，理论内涵的研究多是以追根溯源的方式，即从理论渊源处探究内涵，所以，这两者是相互依存、有所交叉的。

（一）立德树人的理论内涵

从词源学的角度来看，立德树人作为一个短语，可拆分为"立德"和"树人"。如此，其理论内涵就涉及"立什么德""树什么人"。"立德"一词最早出现在《左传·襄公二十四年》，"太上有立德，其次有立功，其次有立言，虽久不废，此之谓不朽"，意为个体要"身死名不朽"，需要达到的最高层次是具备高尚品德，并能在个体发展过程中实现自己的理想。"树人"一词最早出现在《管子·权修》，"一年之计，莫如树谷；十年之计，莫如树木；终身之计，莫如树人。一树一获者，谷也，一树十获者，木也，一树百获者，人也"，这一论述以"树谷"与"树木"作喻，凸显了人才培养的长期性和艰巨性［王嘉毅，张晋，2020］。从中我们可以发现"立德树人"关照人的一生，而非只停留于学校教育阶段。人的一生只有不断接受教育，才能持续性地完善自己，这之中包括人的自我教育。

习近平总书记提出"德"有大德、公德、私德，大德指国家之德、社会之德，公德指公民之德、公共之德，私德指家庭美德、个人品德，立德应当包括这三个方面［陈旻，2020］。有论者认为总书记这一重要论述顺应了人的本质特征，人既是独立的个体，又要依赖于社会关系生存。明大德是维持良好社会关系的必要条件；守公德是推动社会发展的动力源泉；严私德是使得个人德性完满的助推力量。由此看来，"德"与我们当下所倡导的树立社会主义核心价值观密切相关，"德"是对它的高度概括。习近平总书记指出，"核心价值观，其实就是一种德，既是个人的德，也是一种大德，就是国家的德、社会的德"①。有论者据此明确提出立德树人所立之"德"，最重要的就是社会主义核心价值观［戚如强，2018］。当前，各级各类学校都要求学生认真学习社会主义核心价值观，实质上，学习的本质是为了将此内化为人成长所需的"德"。所以，对"德"的解读须立足于中国国情和社会的历史规律，这样才能达到历史性与逻辑性的统一。

关于"人"的问题研究是哲学、教育学及其他各个学科的逻辑起点。首先，"人"不是抽象意义上的人，而是现实中具体的人。其次，有论者指出，人要区别于"人才"。从逻辑本身而言，这个"人"是比"德人"与"才人"都要更高一阶的概念，人的着眼点在人本身。树人的理念首先是建立在人是人自身存在的依据这样的基础上。立德树人是针对教育中"才"的重视与"德"的不足而提出的思考［何俊，2020］。简言之，所树之人的衡量标准是"德"的完善与否。所以，树的是有德之人，"有德"是对成"人"最终的检验标准。这种教育树人观对先前一贯强调知识学习的教育造成了一定的冲击。过去，由于过度强调知识的实用性，导致教育过分看中知识的传授，走向去人性化的道路。如今，在屡次强调"德"之于"完整的人"的重要性的前提下，我们需要重新找回饱含人之德性的教育，重视对教育中的人的德性塑造。

从"立德"与"树人"的关系演变来看，过去两者普遍地作为两大孤立的要素共同促进"人成其所是"，如今更强调其内在紧密的逻辑关系。若将"立德树人"看作偏正结构，突出"立德"的重要性而抹去了"树人"的历史性。这与马克思的历史唯物主义相悖。所以，从辩证逻辑来看，树人又是立德的途径和手段，人们正是通过树人才能真正实现自我精神的生成和社会秩序的再生产。"立德树人"在构词上应该被视为联合结构［韩丽颖，2016］。"立德"是"树人"的奠基石。"立德"是完成"树人"目标的路径。有论者认为，立德与树人不宜分开理解。德和人是一体关系。德是人之德，离开人，

---

① 中共中央文献研究室. 习近平关于社会主义文化建设论述摘编［M］. 北京：中央文献出版社，2017.

德无寄生之地；德是人之魂，人无德不立，非人也。因此，立德与树人是一体的，立德树人是"立育人之德"与"树有德之人"的有机统一［冯建军，2019］。作为一个整体，"立德树人"的内在理论逻辑变得更加清晰，更加符合教育规律和人的成长规律。

(二) 立德树人的理论渊源

立德树人是对我国传统教育思想的传承与发展，是中国特色社会主义教育的本质体现，是马克思主义教育思想中国化的理论命题。

1. 产生于中国传统文化的思想

"立德树人"的提出是为了明确教育的根本任务，亦可作为新时代我国教育实践的指导思想。对于"立德树人"的理论溯源我们需要从更宽阔的视野中去看，即在中国特色教育视域下探究"立德树人"的内涵。"中国特色"一词指明理论源头之一来自于我国优秀的传统文化。

"德"在中国绵长的历史中具有深刻的意蕴。在承载着中国传统文化精髓的经典著作之一的《大学》中写道：大学之道，在明明德，在亲民，在止于至善。"德"位居首位，尤可见其重要性。此外，中国古人信奉的立德、立功、立言"三不朽"中，"立德"同样位于首位［邹广文，杨景玉，2019］。不过，这仅仅只是显映出"德"的重要性，还未指明其具体的涵义。中国传统文化以"仁"为核心。"仁"是"德"的一部分，儒家所倡导的"仁爱"精神撇去了对个人私利的追求，而以他人利益、社会利益、国家利益为生命的终极价值追求，体现出"德"的最高境界具有现实的超越性。所以，"德"不仅只是满足于现实生活的思想品德要求，还应具备更宏大的理想价值。

有论者从中国汉字文化着手，对"立德树人"进行溯源。"德"最初起源于华夏民族祖先的生产生活，在甲骨文中出现是作为"礼"的辅助，最初只是一种行为规范，后成熟于西周，经过儒家孔孟、道家黄老，吸取儒、墨、名、法治之善，表现出相互渗透、否定和吸取的百家趋同的态势［刘佳，2019］。中国各朝各代都强调"德"的重要地位，不仅渗透在个人生活中，还表达了对人的理想生活状态的希冀。在历史的不断发展中，建立起一套完备的"德"学体系。基于中国传统文化的"德"不仅具有丰富的历史韵味，也被赋予了新时代的意义。在新时代的中国,更加强调教育要回归到人身上来,"德"的范围也愈来愈宽广。这样,人所能达至完满的可能性也越来越大。

2. 基于马克思认识论下的立德树人

制定立德树人教育根本任务的理论逻辑起点离不开对教育的本质认识。教育作为一种人的实践活动,其本质属性与人相关,且立德树人的主体是"人"。所以,洞察"立德树人"的理论渊源离不开对"人"的认识。虽然有关人的本质的讨论尚未有定论,但在中国特色社会背景下,所要树的"人"离不开马克思人学思想的指导。马克思指出,"人的本质不是单个人所固有的抽象物,在其现实性上,它是一切社会关系的总和"[1]。质言之,人具有社会性的特征。这一特征表明了所树之"人"是现实中具体的人。有论者同样支持马克思主义人的本质观是立德树人的科学理论依据[杨艳春,2014]。人的社会关系是在实践活动中生成的,不是一成不变的。教育作为一种社会实践活动,也间接映射出人的社会关系。鉴于此,我们所要树的"人"并不是单子式的个人,而是人的类整体。马克思人学理论下的"立德树人"是站在宏观的视阈下,创建一个有利于个人和集体共同发展的实践体系。同样,我们需要辩证地看待"个人"和"人的集合体"。按马克思的原意,"一切人的自由和全面的发展"的前提是"每个人的自由发展",而"每个人的自由发展"的前提是"自由人的联合"[师帅朋,张军霖,2014]。个体和集体并不是对立冲突的,而是彼此共生,相互促进。个体必须依赖于集体才能实现自身的完整性,从而达到自由的状态。这就顺应了另一论者的论述,他指出立德树人的理论逻辑是马克思主义关于人的全面发展的理论[袁芳,2019]。马克思人的全面发展理论是对人的本质观的进一步认识。马克思把人的全面发展视作人获得彻底解放的核心思想,科学地阐述了人的全面自由发展与共产主义社会的内在关系[朱荣英,2018]。只有在共产主义社会,每个人才能自由地从事自己热衷的劳动,不再受到外在条件的制约,这就规避了劳动的异化。每个人都是自由的,但马克思所指的自由是符合社会伦理规范和个人理性的道德判断的。所以,基于全面发展观下的"立德树人"要培养的是真正自由

---

[1] 马克思恩格斯选集(第1卷)[M]. 北京:人民出版社,2012:139.

的人，不是碌碌无为的自由，而是有利于个体发挥潜能、实现自我完善以及有利于社会发展的自由。直至那时，人才能体验到生命的意义，不再拘泥于低俗恶趣的生活。

通过分析，我们可以发现立德树人不是理想的教育任务，而是符合理论逻辑的现实指导思想，其理论逻辑和实践逻辑共同构成一个严密的逻辑体系。总体而言，现有的关于立德树人的文献多是紧扣培养什么人、怎样培养人、为谁培养人和大德、公德、私德。实质上，针对培养什么人和为谁培养人，习近平总书记已经明确地回答，就是为党和国家培养德智体美全面发展的社会主义建设者和接班人。所以，现在的关键是如何培养人，这就需要进一步厘清立德树人的实践逻辑。

五、立德树人的新时代发展要求

当前，我们正处于"立德树人"教育政策的创新与深化时期。这一时期的显著特征是：立德树人任务明确，德育与思想政治教育地位空前提高；德育与思想政治教育政策海纳百川，通时合变［俞国良，李森，2019］。对于我们而言，这既是机遇，又是挑战。对德育和思想政治教育的重视，使更多的教育理论论者和实践工作者参与到立德树人这一伟大工程的建设中来，凝心聚力，共克艰难。当然，我们所面临的挑战也有很多，尤其是相较于其他的教育类型和学科类型，德育和思想政治教育的改造所需要的时间和精力是最多的，也是最难进行评估的。近十年来，随着中外德育思想流派的多样化，德育失去了一定的方向性。好在党的正确领导给予我们信心和确信，虽然立德树人的任务艰巨，但只有不畏艰难，才能砥砺前行。

（一）重视教育的完整性

在新时代，我们要重视教育的完整性。除了一贯强调德育，我们也要突出法治教育的重要性。法治教育与德育是相辅相成的，都是立德树人的内在要求。法治教育要求人民学法、知法、守法，"法"与"德"互相依托。在当前有关立德树人的文献中，对"法治教育"的研究有所缺失，所以需要更多论者投身其中，使立德树人体系更加完整。立德树人的体系实质上就是整个教育体系。立德树人不仅是教育的根本任务，还是新时代的教育本质。有论者明确指出立德树人就是教育本质。它既包含了教育的目标，也涵盖了教育的功能，更阐明了教育方法。立德树人揭示了教育的本质，是对人类社会教育本质的全面回归［张志勇，2019］。立德树人诠释了"为谁培养人"、"培养什么样的人"和"如何培养人"，这亦是教育三问，打通了教育现实与教育理想，使之有了理论依据和实践标准。

（二）突出教育的育人性

首先，立德树人要求与时俱进。一方面，在价值多元化的背景下，更要着力提升学生的价值选择判断能力，正确处理好物质追求和精神信仰的关系，处理好国家、集体和个人的利益关系。以价值塑造为基点贯通"新人"与"树人"的化育［张涛，2020］。另一方面，我们已经迈进后疫情时代，深度进入"线上教学与线下教学混融共生"，即"双线混融教学"的新时代［李政涛，2020］。新时代要求我们改变传统的教育思维，将线上教育与线下教育完美融合，以教育育人性为指导，实现不同时空中的育人目标。同时，我们要更加突出生命教育，让学生热爱生命，敬畏生命，珍惜生命，这样才能使自己的生命绽放异彩。

其次，立德树人要求以人为本，协作共育。但现有的多数研究将重心放在外界因素的作用上，大到国家教育体制的改革，社会、家庭、学校合力共育，加强教师队伍的素质建设，小到课程目标的设定和课程安排等等，显然，以人为本的教育忽视了学生的主体性。学生在整个立德树人体系中有何为？虽然我们一致认同多方通力合作，但如何建构这个合作系统长久以来缺乏科学的实践方法。我们应当改变过去的传统思路，过去我们常常呼吁要加强教师与家长的沟通，但并未得到显著的改善。我们应该让学生参与其中，成为合作系统中的主力军，这非但可以帮助学生找到自我认同感，而且还能增强学校与社会外界的联系纽带。要让学生意识到接受教育的目的是为了发展自身，完善自身。以此作为人生终极价值追求，主动接受教育。学生还要认识到自己的社会性特征，在服务社会的过程中创造更崇高的价值。

总体而言，落实立德树人要达到"三个满足"，即满足国家发展需求、满足中国高等教育任务和满足个人的成长发展，在此基础上，进一步提升立德树人的理论与实践的科学化水平［王栋梁，2020］。由此来看，在"立德树人"根本任务的指引下，个体需要倾注全部的生命力量去完成"树人"这一使命。教育融贯于人的一生之中，人之生命的终极价值的实现就是成为一个有德之人。

六、立德树人的实践逻辑

立德树人的实践逻辑涉及"怎么树人""如何立德"，概言之需要回答"如何培养人"，这是对落实"立德树人"的实践层面的指导。从现有的文献来看，大部分教育理论工作者看到了立德树人在实践中的困境，指出了形式化、片面化、停滞化等问题。具体表现为我国现有的大部分成果都将"立德树人"这一教育的根本任务仅仅视为一个德育论题。也正因为此，关于"立德树人"的实践研究既未实现对原有教育研究成果的超越，也无法摆脱德育理论、实践中尚存的缺陷和误区的窠臼［戴锐，曹红玲，2017］。要改变这一现状，我们需要从德育的上位即教育层面来加深理解。如何"立德树人"是教育最关切的问题。但教育"立德树人"根本任务的实现最终要回归到对"德"的解读上来。立德树人的实践逻辑涵纳宏观、中观、微观各个层面，且依循理论内涵的指导。

（一）宏观层面的机制建设

习近平总书记在全国教育大会上的讲话中强调指出："要深化教育体制改革，健全立德树人落实机制。"[①] 有论者指出，立德树人落实机制，是引导和促进立德树人落实的内在机能及其运行方式。健全立德树人落实机制，要体现新时代党的教育方针，符合教育规律，反映人民期盼。要着力在社会、家

[①] 习近平在全国教育大会上强调：坚持中国特色社会主义教育发展道路培养德智体美劳全面发展的社会主义建设者和接班人［N］. 人民日报，2018-09-11（1）.

庭和学校健全立德树人落实机制［顾昭明，2019］。从中可以看出几个要点：第一，党领导我国一切教育工作，我们的教育工作要在党的教育方针指导下有序开展。如此，才能实现理论与实践的统一。第二，在此基础上，教育只有符合自身发展规律，才能不断深化与前进。第三，我国的国家性质决定了我们的教育要符合人民的期盼，从现有的社会主要矛盾出发，不能好高骛远，偏离实际。第四，要树立全社会育人的大局观，共同治理。

站在国家指导层面，教育须紧紧围绕"培养什么样的人"和"为谁培养人"的中心问题，进行"如何培养人"的现实探索。有论者指出，落实立德树人的根本任务，须以德为引领，指向人的全面发展，坚持"五育并举"，构建德智体美劳全面培养的育人机制、构建协同育人机制、构建学校各要素整合的育人机制、学科育人的整合机制［冯建军，2019］。五育并举是推进立德树人根本任务的有效措施。以五育并举为导向的教育方针并不是意旨各育作为独立元素之间的合作，而是指要构建一个内在联系紧密的系统，围绕社会主义核心价值观这个中心轴有序运作，以期相互促进，共同树人。五育并举的中心思想也再次纠正了立德树人不仅仅只是德育，不能单靠思想品德课程来完成。该论述为实现立德树人根本教育任务提供了大方向的指导。

关于具体的教育内容，有论者提出坚持以社会主义核心价值观为引领，突出大中小幼一体化德育课程设计，健全全员、全过程、全方位育人的体制机制，凝聚德育一体化实施的强大合力［刘吉林，2017］。社会主义核心价值观是社会主义核心价值体系的高度凝练和集中表达。以上从国家宏观角度来看待立德树人落实机制，遵循自上而下的实践理路，以追求融贯一体的实操效果。我们的教育要始终坚持党的领导，加强教育的全面覆盖性，在空间和时间范畴中追求育人机制的完善。

（二）中观层面的机制探索

在国家宏观层面的指导下，作为中观层面的各教育职能部门要认真履行相关职责。现有的研究多是从基础教育和高等教育两个层次进行实践机制探索。针对基础教育的改革，有论者指出构建立德树人落实机制，须全面提高基础教育育人质量［吕玉刚，2018］。基础教育作为教育活动接力中的重要一棒，在整个教育过程中起到了承上启下的作用。提高基础教育育人质量，就要挣脱"应试教育"和补习教育的困囿，落实素质教育。素质教育是推动学生自由全面发展的教育，是立德树人的发展基石。对于高等教育而言，有论者专门研究了高校立德树人机制建设，提出高校要着力从三个维度协同机制，提升立德树人的实效，即实现立德树人全员、全程、全方位运行的主体协同，实现立德树人内涵要求全面贯通的内容协同，实现立德树人有效推进的合力共为的方法协同［常青，韩喜平，2019］。这三个维度从主体、内容和方法上为学校微观层面的培养落实提供了概述性的方案指导。以上两位论者着重从不同的教育职能部门的改革举措来把握立德树人的学校经验创设。

在五育融合的视阈下，德育仍是作为立德树人落实机制的核心驱动。长期以来，大部分论者把"立德树人"理解为"德育"。虽然这有失偏颇，但在最近十年，随着全面发展、全面培养的理论认识进一步深入，德育有了新的改观。过去，我国教育学界致力通过"德"字的分析来把握德育概念，而较少从德育的形态的角度进行分析。对德育的考量只有兼顾形式和内容两个方面才能对德育概念有全面和准确的把握［檀传宝，2014］。对德育形式的准确把握可以尽量避免德育流于形式。德育作为立德树人的关键性的维度，掌握其科学性的教育方法，有助于推动立德树人根本任务的有序完成。立德树人视野下的德育，并不是灌输给学生世界观、人生观、价值观，而是让学生由内生发地赞同和敬畏学校、社会和国家倡导的社会主义核心价值观。德育至关重要的一点是唤醒学生内在价值观。所以，说到底，这就涉及立德树人的动力机制建设。有论者指出，要提供需要驱动和条件支持，教育管理部门通过推进教育治理体系和治理能力现代化来落实立德树人根本任务［鞠玉翠，2020］。总体而言，无论是德育，还是立德树人整体机制的落实，都需要各教育职能部门之间加强联系，统筹规划，协商协作，切实执行党和国家的思想。

（三）学校微观层面的机制落细

由于德育导向，在学校层面，误将德育视为"立德树人"的全部，导致现有的许多研究以思政课为切口，来谈论立德树人的落实机制。诚然，思政课堂须作为立德树人的主要载体。习近平总书记在学校思想政治理论课教师座谈会上的重要讲话强调:"要坚持理论性和实践性相统一,用科学理论培养人,重视思政课的实践性,把思政小课堂同社会大课堂结合起来,教育引导学生立鸿鹄志,做奋斗者。"① 有论者根据习近平总书记的讲话精神,并根据不同学段学生的身心发展特征,针对每一学段都提出了具体的培育目标。思政课是落实立德树人根本任务的关键所在。上好思政课重要的是帮助学生确立正确的政治立场和思想意识。思想政治课程和教材、教学要成为主课堂。小学阶段,重点考虑加强道德情感的启蒙;初中阶段,加强活动性实践和自主思考的体验,强化学生做社会主义建设者和接班人的思想意识和志向;高中阶段是打牢常识性知识基础的学习阶段,要在提升政治素养上下功夫,通过理论与实践的相互印证,引导学生形成做社会主义建设者和接班人的政治认同［王倩,2016］。该理论的提出弥补了单从空间视角论述立德树人落实机制的单调性,开辟了时间范畴中教育的衔接性及立德树人的完整性。有论者将目光聚焦中小学教育,提出在中小学的立德树人中,首先应该强调私德的培养或养成,进而循序渐进地推广到公德,由此促进学生的全面发展［谢维和,2017］。对于理性能力尚未发展完善的中小学生而言,从私德培育渐入公德教育,符合孩子的身心发展规律。

但是,正如前所述,立德树人并不只是指思政课程,而是要树立各学科共同育人的机制。人的全面发展以核心素养为依归,教育部《关于全面深化课程改革 落实立德树人根本任务的意见》明确提出,研究制订学生发展核心素养体系,改进学科教学的育人功能。② 有论者指出要强化在课堂及其课堂教学有效德育渗透的运作机制。教师在安排教学计划时,要单设一个"德育渗透主题与意图"的教学目标。一方面可以确保德育渗透的科学性、计划性、准确性、针对性和时效性,另一方面可以确保课堂教学正常的秩序,实现学科本身的教学目标［胡亚明,2015］。各类课程要与思政课程同向同行。学习各门具体科学知识,最终都会有其价值指向和思想目标,正确的知识、科学

---

① 习近平主持召开学校思想政治理论课教师座谈会强调:用新时代中国特色社会主义思想铸魂育人贯彻党的教育方针落实立德树人根本任务 [N]. 人民日报,2019-03-19.
② 中华人民共和国教育部. 教育部《关于全面深化课程改革 落实立德树人根本任务的意见》. http://www.moe.gov.cn/srcsite/A26/jcj_kcjcgh/201404/t20140408_167226.html.

的理论进到头脑中会形成"格式化"大脑，形成认识和改造世界的独特的认知方式和思维方式［孙熙国，2020］。质言之，未来的研究应加强全科育人的内容，以构筑更加系统的落实机制。

本章主要参考文献

［1］迟艳杰，陆有铨：改革开放以来中国教育哲学与时代的互动，教育研究，2011（05）．

［2］陈桂生：教育原理（第三版），上海：华东师范大学出版社，2012．

［3］陈旻：习近平立德树人重要论述的重大创新探析，思想理论教育导刊，2020（05）．

［4］常青，韩喜平：立德树人系统化落实的协同机制构建——基于12所高校调查数据的分析，教育研究，2019（01）．

［5］戴锐，曹红玲："立德树人"的理论内涵与实践方略，思想教育研究，2017（06）．

［6］冯建军：构建立德树人的系统化落实机制，国家教育行政学院学报，2019（04）．

［7］冯建军：立德树人的时代内涵与实施路径，人民教育，2019（18）．

［8］冯铁山：追寻诗意：教育本真的失落与回归，教育理论与实践，2014（13）．

［9］郭坤：黑格尔《法哲学原理》教育思想探析，湖北社会科学，2015（11）．

［10］顾明远：教育的本质是生命教育，教育与教学研究，2020（11）．

［11］顾昭明：健全立德树人落实机制，中国高等教育，2019（Z3）．

［12］胡德海，杨慷慨，张海生：新中国70年教育发展若干理论问题反思——胡德海先生专访，重庆高教研究，2019（06）．

［13］郝文武：主体间指导学习：教育的最一般本质——教育本性从本体恒一到本质生成的再认识和新实践，山西大学学报（哲学社会科学版），2015（06）．

[14] 何俊：基于中国文化的立德树人，道德与文明，2020（03）.

[15] 韩丽颖：立德树人：生成逻辑·精神实质·实践进路，东北师大学报（哲学社会科学版），2016（06）.

[16] 胡亚明：落实立德树人根本任务的小学体育教学机制系统研究，课程·教材·教法，2015（10）.

[17] 金生鈜：教育何以是治疗——兼论教育与人的健康的关系，教育研究，2020（09）.

[18] 鞠玉翠：需要驱动与条件支持：落实立德树人的动力机制探索，思想理论教育，2020（10）.

[19] 李润洲："教育是什么"的哲学追问，现代大学教育，2012（01）.

[20] 李润洲：教育本质研究的反思与重构，教育研究，2010（05）.

[21] 李振："教育"如何让"生活"更美好？——重思马克思"社会教育"思想的当代价值，陕西师范大学学报（哲学社会科学版），2019（02）.

[22] 刘云杉：自由的限度：再认识教育的正当性，北京大学教育评论，2016（02）.

[23] 刘素玲，程亮：教育的本质即诞生性——阿伦特的教育观及其反思，南京社会科学，2018（04）.

[24] 刘庆昌：论教育学的变革，西北师大学报（社会科学版），2016（01）.

[25] 李政涛：什么是"教育基本理论"，高等教育研究，2020（03）.

[26] 李政涛：基础教育的后疫情时代，是"双线混融教学"的新时代，中国教育学刊，2020（05）.

[27] 刘佳：中国语境下"立德树人"思想发展管窥，苏州大学学报（教育科学版），2019（01）.

[28] 刘吉林：健全立德树人系统化落实机制，人民教育，2017（19）.

[29] 吕玉刚：构建立德树人落实机制　全面提高基础教育育人质量，人民教育，2018（20）.

[30] 戚如强：习近平立德树人思想的理论渊源与精神实质，马克思主义研究，2018（07）.

[31] 石中英：回到教育的本体——顾明远先生对于教育本质和教育价值的论述，清华大学教育研究，2018（05）.

[32] 舒志定：论马克思人的教育思想的旨趣，教育学报，2012（03）.

[33] 孙迎光：马克思主义本质观新解与中国教育本质思考，南京社会科学，2016（02）.

[34] 石国亮：新时代落实立德树人根本任务的战略要求，中国高等教育，2018（22）.

[35] 师帅朋，张军霖：马克思人的自由全面发展观及其当代意义，思想教育研究，2014（04）.

[36] 孙熙国：如何理解教育是立德树人的事业，思想理论教育导刊，2020（09）.

[37] 谈际尊：伦理普遍性：试论黑格尔对教育本质的厘定，伦理学研究，2012（01）.

[38] 谭伟：论教育的本质及教育技术学的历史使命，中国电化教育，2017（06）.

[39] 檀传宝：德育形态的历史演进与现实价值，教育研究，2014（06）.

[40] 王从华：胡德海教育本质问题研究的方法论特征与价值，当代教育与文化，2016（05）.

[41] 王嘉毅，张晋：立德树人的科学内涵与现实要求，中国电化教育，2020（08）.

[42] 王倩：语文教师教学解读的个人知识探析，教育学术月刊，2016（04）.

[43] 王栋梁：新时代落实立德树人成效评价研究，学校党建与思想教育，2020（09）.

[44] 谢辉：生存、自由、超越：雅斯贝尔斯存在主义教育理念的解读，中国地质大学学报（社会科学版），2013（S1）.

[45] 徐志宏：坚持扎根中国大地办教育，思想理论教育导刊，2020（09）.

[46] 项贤明：作为科目、学科和科学的教育学，教育研究，2019（09）.

［47］谢维和：公德与私德的"先后"——立德树人的逻辑与实践研究之四，人民教育，2017（10）.

［48］姚金菊：新中国70年关于教育本质的探索：回顾与展望，首都师范大学学报（社会科学版），2019（06）.

［49］杨嵘均：回归人性：关于教育本质的再认知——兼论卢梭《爱弥儿》自然教育思想的当代价值，华南师范大学学报（社会科学版），2020（04）.

［50］杨艳春：立德树人的马克思主义人本理路探析，思想教育研究，2014（01）.

［51］袁芳：新时代立德树人的生成逻辑，思想理论教育，2019（05）.

［52］俞国良，李森：我国"立德树人"教育政策历史进程的文本分析与启示，西南民族大学学报（人文社科版），2019（06）.

［53］赵雪薇，孙迎光：教育概念与教育本质新解，上海教育科研，2016（07）.

［54］张正江：后现代反本质主义时代的教育本质观，教育理论与实践，2011（31）.

［55］张和生："钱学森之问"与教育本质问题的探讨，求索，2012（04）.

［56］邹红军，柳海民：斯蒂格勒论教育的本质、危机及其拯救，教育研究，2020（04）.

［57］张铭凯，靳玉乐：论立德树人的实践逻辑与推进机制，中国电化教育，2020（08）.

［58］邹广文，杨景玉：新时代教育如何立德树人，人民论坛，2019（06）.

［59］朱荣英：马克思人的全面发展理论的逻辑理路及其价值旨归——兼论促进人的全面发展是中国特色社会主义的最高命题，河南大学学报（社会科学版），2018（02）.

［60］张志勇：立德树人是党的教育方针的重大理论创新，教育研究，2019（03）.

［61］张涛：时代新人视域下高校立德树人的内生逻辑及其实践要旨，学校党建与思想教育，2020（08）.

第三章　教育目的与全面发展教育

目的是人的自觉活动的依据与要素，反映着人们的价值追求，控制协调着个体的行动。教育目的作为对教育行动的追求，涉及教育工作的基本价值取向，回答着"为谁培养人""培养成什么人"的问题，规定着培养人的质量和规格，对社会、国家、学校、教育工作者都至关重要，是教育理论探讨的重要内容，也影响着教育实践活动。教育目的不仅构成了教育活动所依循的本体论根基，而且决定了教育的实践向度及其展开方式，引发论者的思考与实践者的追问。教育目的作为教育基本理论研究的重要问题，在2010至2020年间从未离开论者的视域，探寻教育目的的价值取向，尝试对教育目的内容的规定性给出符合时代的解答，为理想教育目的建构与实现贡献智慧。

促进人的全面发展，长期以来一直是我国教育目的的重要取向。马克思主义人的全面发展理论为分析全面发展教育提供了重要的理论资源，全面发展教育不仅作为一种价值取向在教育目的表述中彰显，也为教育促进人的发展提供了可能路径。德智体美劳"五育"成为普遍认同的全面发展教育的具体内容，五育并举的主张在政策层面得到强化，全面发展教育受到广泛讨论与关注，论者对全面发展教育进行深入的理论阐释与实践探索，全面发展教育在新时代迎来了新的发展契机。

一、教育目的的价值取向

教育目的是教育价值观念的外在表达。在教育史上，形成了不同的教育价值观念与相应的教育目的类型，"个人本位"与"社会本位"的教育目的取向是典型的代表。伴随研究的扩展与认识的丰富，人们对教育目的价值取向不再局限于"个人"与"社会"对立的二元思维模式，在新的时代背景下论者对教育目的价值取向的分析涌现出了许多新的思路和观点。近年来，"以人为本"的理念在教育教学理论与实践中广为流传并得到广泛认可。教育不仅关系到获取技能，还涉及尊重生命和人格尊严的价值观，教育目的关注人、指向人的成长成为一种必然。然而，在教育过程中，关注怎样的人、关注人的什么、如何关注人等有待进一步阐明的问题仍引发着广泛的讨论，呈现出多元的观点。

（一）关注教育目的的内在性

教育实践活动前的预设与实践活动过程中的生成是教育目的的确立的两种不同路径。外在预设的教育目的对教育活动具有规范与引导的作用，同时，内在的、生成性的目的也真实地存在于教育过程之中。关注教育的内在目的，使教育活动的目的回归教育活动本身，回归教师与学生的生活世界，彰显了教育实践主体的意图与追求。当前教育目的的研究中，对教育内在目的的挖掘与探讨受到论者的关注。

第一，教育内在目的的价值取向的形成与发展，深受杜威教育目的说的影响。杜威"教育无目的"的观点在传入中国伊始就引起广泛和持续的争论[张淑妹，李萍，2018]，对"教育无目的论"的解读与审视在近十年的教育目的研究中仍受到论者的关注。有论者立足文本依据对杜威"教育无目的论"进行辨析，指出"教育无目的论"其实是在反对误解误用"目的"概念，反对"拟人化"地使用"教育目的"概念，试图纠正教育者在构想行动结局时常犯的一些错误：不加思考地直接搬用他人设计好的目的，把目的当成必达结果而强加给学习者，以及对待各种"教育的终极目的论"时进行简单的取舍［王天琪，2014］。也有论者指出，"教育无目的"是杜威本人真实的教育主张，他一方面在"教育即成长"的意义上阐释"教育无目的"，即教育过程没有终点和外在的目的；另一方面是在抽象的教育概念、没有目标的意义上肯定人在具体的教育活动中有目标。"教育无目的"和"民主社会是教育目的"在杜威的教育学说内自洽；因为作为教育目的的民主社会不是现实的民主社会，而是指向未来的、开放的和理想的民主社会，它与教育相通，具有不断发展的属性［张淑妹，李萍，2018］。在对当代教育目的的澄清和理解上，杜威"教育无目的论"表明，应该反对以不确定的遥远未来作为教育目的，贬低儿童现在的能力和可能性；反对武断地将成人的目的外在地强加给儿童，而忽略儿童已有的经验和需要；最完美的教育结果在于帮助儿童学会学习，养成终身学习的兴趣和能力［卢俊勇，陶青，2019］。

有论者对彼得斯关于教育内在目的的观点进行了分析。彼得斯从概念分析的日常语用立场出发，认为教育目的内建于教育概念中，从而提出教育的内在目的，以抗拒外在目的可能对教育的不当指引。教育人的第一个特质是能追求特定的活动，是因为活动本身，而不是活动带来的结果，亦即不是为了工具性之理由而追求。教育人涉及知识与理解，必须拥有相当的知识体系与概念基模去整合许多讯息，也必须知其所以然。教育人之理解，不能只是狭隘专家式之训练，必须是个全人。教育当可涵盖训练，但不能只是训练。教育并不只是要培养人乐观迎向未来工作之准备，而是带着精确、热情与品味去从事手边合价值性的工作［简成熙，2019］。

第二，立足教育活动本身，关注蕴含在教育活动过程中自觉生成的目的。"教育活动自身所追求的善，意味着开显感性生命个体的本真与自觉，从教育活动过程中自觉的生成和探索教育的目的，并在过程与目的之间建构共生与交融的关系"［户晓坤，林滨，2015］，在具体生动的教育实践活动中，教育是自成目的的，"教育的目的并不只是为政治、经济服务，也不只是为了获取知识。教育不仅是一种工具，它还有其自身的目的，并存在于教育过程之中，教育是自成目的的。自成目的的教育更加关注教育过程中的人的发展，更加关注人的现实需要，并能使人过一种自给自足的幸福生活"［朱丽，赵汉华，2012］。关注教育目的的内在性与自成性，在教育目的的确立中兼顾过程与结果成为主导取向。"教育目的"的本质是"教育"活动的利益相关者,在一定的时间与空间对"教育"过程与结果的理解与期待,教育目的的制定是过程与结果并重的价值取向。实现兼重过程与结果型教育应思考教育活动的过程及结果的价值以及教育活动结果期待的合法性、合理性,协调不同教育活动利益相关者对教育活动结果理解与期待的多元性[刘雄,2017]。

无论是基于思想源流探讨教育内在目的的本真意蕴与现实启示,还是立足教育实践活动分析教育内在目的的可能性与必要性,都显示着教育的内在目的作为教育目的的重要构成受到关注。探讨教育活动中的生成性目的,发挥教育内在目的在教育活动中的积极作用,成为教育目的研究的重要价值取向。

(二) 关注人的存在状态

将教育目的定位于追求扩展人的可能性与理想的人的形象构建。有论者指出,"教育最根本的目的也就在于给人更多可能性",为人创造可能性、使人成为自由人[张楚廷,2011]。强调教育目的在于形成理想的"人之形象",无论是国家教育目的、教师教育目的或教育理论家提出的教育目的,都强调了教育目的的具体性、可感性和直观性,并非神秘、抽象和不知所云。在本质上,教育目的就是教育主体根据自己的价值主张,自觉不自觉地设计、构想出来的理想的人之形象[陶青,2010]。

第一,关注教育活动增进人的健康的目的。有论者指出,教育目的蕴含的增进健康的意蕴,教育意义上的健康是全面发展意义上的健康,不仅是身体、心理的健康,更是精神、心灵的健康。"健康是教育学的根本议题之一。教育目的蕴含对人的健康的增进。教育面向心灵的大健康,是追求心灵美善、完整、康健、丰盈、坚毅的治疗实践。"进而指出,治疗性是教育的本有属性。教育的治疗是对人的心灵健康的照料、关心、指导、治愈,是对人的心灵健康的支持、增进、引导、改善、康复[金生鈜,2020]。

第二,提倡在教育目的设计中关注人的需要与自我实现。这一主张遵循了人本主义的传统,强调教育目的是与人有关的目的,在根本上就是人的"自我实现",是丰满人性的形成,是人种能够达到的或个人能够达到的最高度的发展。有论者指出，满足个体发展的需要是教育的目的，人的自我发展需要是教育目标确立的前提，强调将满足受教育者生理、心理和文化发展的需要视为教育目的，并以此为基础和前提制定教育目标［高闰青，2011］。教育的目的不是使人实现一些外在的具体的善，而是使人以适当的自由和负责的方式，设计和追求他们认为好的生活［凯瑟琳·埃尔金，李雁冰，2016］。教育的目的是使人认识并有条件过上一种幸福而现实的生活［朱丽，赵汉华，2012］。

第三，将人性成长与生命自觉视为教育的根本或基本目的。人通过教育而获得人性，教育应当是使人性向善的系列活动。"人性是教育的起点和归宿。教育的真正要义与真谛就是促进青少年的人性成长，人性成长才是教育的根本目的"［燕良轼等，2018］。儿童的生命成长需要引导，更有赖于自觉。"面对这样一个特别需要生命自觉的时代，今天的教育将把培育生命自觉作为教育的基本目的。这一教育目的的确立是对生命本质特征的当代性和教育性的表达"［李政涛，2010］，教育目的指向自觉生命的培育［李润洲，2020］。

教育目的就是要扩展人的可能性，增进人的健康，满足人的需要，促进人的自我实现，实现人性的成长与生命的自觉。这些观点对教育目的的强调各有侧重，但也存在明显的共通性，即关注个体人的存在状态，关注教育过程中乃至整个教育活动对优化人的存在状态以及实现人的生命意义的价值。

（三）强调教育的儿童立场

儿童的未成熟性、未完成性是教育何以可能的基础，儿童是教育活动的出发点与立足点，儿童作为教育活动中的独特存在理应受到关注与重视。有论者指出，现代教育学是追随儿童的教育学，是以儿童研究为前提、为基础的教育学；现代教育学一刻也离不开儿童研究［刘晓东，2020］。脱离儿童的教育目的必然失去其存在的根基。教育目的研究中对儿童的强调，不是由人到儿童的一种语词的转换，而是尊重儿童、承认儿童独特性的理念的现实彰显。

第一，增进儿童的幸福、促进儿童本性成长作为根本的价值追求在教育目的研究中得到强化。"教育之所以被当作一项道德的事业，是因为它是为了儿童的幸福生活而产生、存在和发展的，其根本价值和其终极目的在于增进儿童的幸福，从而保障着教育的道德尺度与最高的善"［杨玲，2014］。教育自始至终都应以儿童为目的，这就否定了教育常常将儿童视为工具的旧观念。以儿童为目的的教育尊重儿童的生活和世界，尊重儿童的兴趣和需要，助推儿童按其本性生长。以儿童为目的的教育不是去设计、制造儿童，而是帮助儿童自我建设与自我完善。"以儿童为目的"是现代教育的基本特征，亦是入手考察与理解现代教育的重要维度［蒋雅俊，2015］。

第二，关注儿童的具体生命，在儿童的自由生成中实现教育社会价值与个体价值的统一。教育目的中的个人本位论与社会本位论不可割裂，两者统一于儿童的具体生命。虽然教育归根结底要受到社会的制约，是为社会培养人，但要以儿童具体生命的成长为基点。儿童生命具有的基于自由本性的超越和生成特征，为以儿童具体生命作为教育目的的基点提供了依据。基于人性的教育目的使教育在成就儿童的具体的个性化生命的同时，也迎来了社会的盎然生机。生命的特性要求教育目的应以儿童的自由生成为价值取向［杨建朝，2012］。倡导基于儿童的立场审视教育目的，强调学校教育中儿童自我意识的发展。学校教育始终只是为儿童发展服务的手段，它的目的与功能都应始终围绕儿童发展这一根本价值诉求展开。为此，我们就需要从深入解析儿童发展的本质与核心出发，重新思考学校教育的目的与功能。学校教育的目的应是促进儿童自我意识的发展、成熟与独立［赵南，2012］。

（四）指向公平的教育目的

伴随教育的普及，公平而有质量的教育的实现成为关注的重点。在教育目的的研究中对公平的关注开始进入论者的视野，有论者提出了教育目的的公平转型的问题。"在理论上重新理解和定位我们的教育目的，进而在实践中逐步实现教育目的的公平转型，是我们更好地实现教育公平的一个重要理论前提和价值基础"［项贤明，2017］。指向自由的人、培养个人独立的自由意志、实现人的自由发展的教育目的，为教育公平提供了前提条件与保障，也是社会价值正义实现的基本途径。在一个真正"以人为本"的自由社会里，教育的目的应当就是人本身，即便由于历史条件的局限使我们很难完全实现这种教育目的,但作为引导我们教育行动的指南,教育目的必须体现正确的价值,这是教育领域最为根本性的公平问题,是教育公平的重要前提。人参与到教育活动之中,其目的本来就在于自身获得发展,而不是要借此将自己改造成他人或社会的工具,尽管他自身的发展最终会给他人和社会发展做出某种贡献。根本的教育公平承认天然的人身平等,并在教育过程中将每一个人的自由发展视作教育的目的［项贤明,2017］。指向公平的教育目的的关照,实质也体现着教育中人的回归,以公平为目的,实现教育活动中个人与社会的协调统一,促进个体发展,建构和谐社会。

以人为本成为贯穿不同教育目的取向之中的核心理念。关注人的存在状态、关照儿童的立场、彰显教育的内在价值、在教育目的中突出公平的价值,这些具体的主张最终都将目光停留在教育过程中人的全面自由发展上,虽表述不同,视角各异,但彰显了共同的价值追求,是"以人为本"理念的演绎与具体化。

二、教育目的的内在规定性

教育目的的价值取向是内隐于教育目的中的价值判断,使择定的教育价值观念作为正式的教育目的作用于具体的教育行动,需要经过可行性论证,明确教育目的具体内容的规定性,进而形成规范的教育目的。教育目的的规定性,不以国家通过法律法规的形式发布的具有法律效力的统一的指令性目的为全部,更多的关注论者提出的"指导性"的教育目的,正是研究与探索过程中所形成的对教育目的规范的见解,促使正式的教育目的内涵走向丰富与科学。

(一) 主体人格的发展与完善

教育目的包含着对个体成长的期许与规定,促进个体人格的发展与完善成为教育目的规定性的基本追求。论者尝试对教育促进个体人格的健全发展做出具体性的规定。有论者基于"人"的规定性的不同,对教育目的的人本内涵做出了具体诠释,认为主体性发展论、价值实现论和幸福生活论三者共同构成人本教育目的的内涵。其中，主体性发展实则是人的本性、个性的发展，它包括主体意识、主体能力以及主体人格的发展；价值实现论在此基础上关注人的外在能力的形成和价值实现，指出人们活动的最终目的就是为了实现价值；融合主体性发展论和价值实现论，幸福生活论则是人本教育目的内涵的第三层诠释，指出幸福生活乃是人们的终极追求，也是教育目的的人本内涵的价值诉求。强调教育目的人本内涵的演化遵循着从主体论到幸福论的发展路径［范勇，田汉族，2017］。有论者通过理论阐释、思想观念批判和价值批判，反思我国教育目标制导体系设计及现实境况，分析目标体系的内涵，指出基础教育是为青少年打基础的教育，这个基础就是做人的基础，即培养独立的人格主体，致力于主体人格的健全。这既是基础教育的基本要求，又是教育目标制导的基本伦理原则。教育要培育主体人格的健全，还要放眼世界放眼未来，培育主体生命的丰富与价值的整全，这是教育目标制导的价值原则［吴亚林，王学，2020］。有论者分析了日本教育目的的表述——"完善人格"，以期促进我国当前教育目的规定性的完善。日本政府将"完善人格"确立为教育目的，"所谓完善人格，就是基于对个人价值和尊严的认识，人所具有的所有能力，在其可能的限度内协调地发展。但是，这绝不是要轻视对国家和社会的责任和义务。教育必须培养作为和平民主国家和社会的建设者而具备必要素质的、身心健康的国民。并且，在所有的机会、所有的场合，都必须履行这一要求"［郝清杰，2012］。"完善人格"的教育目的，为培养高素质的日本人指明了方向，成为日本现代教育发展的根本指导原则。日本教育目的的确立与实施对我国教育目的的完善具有积极启示［郝清杰，2012］。

伴随后现代思想的广泛传播，借鉴建设性后现代的观点，提倡培养后现代人的教育目的，为教育目的的规定性注入新的内涵。建设性后现代教育思想在回答"培养什么人"这一根本问题时，依据时代发展的信息化、生态化等后现代趋势和21世纪中华民族实现伟大复兴的人才需要，从后现代的角度，提出了培养后现代人的教育目的观。后现代人是优秀传统人性的继承者，是现代人性中落后成分的批判者与现代人性的整体超越者，是信息文明与生态文明等后现代社会的积极适应者与建设者，是集优秀传统、现代性中的先进成分与积极后现代品格于一身的有机统一者，是拥有建设性后现代积极人格的人。建设性后现代积极人格以"积极心"为灵魂与核心,追求解决问题的智慧,尊崇高效能行动的能力,强调坚强的意志、"善用工具"、"参与、交往与合作"、"美感、兴趣与爱好"、"发明创造"、"高远人生境界"等核心素养。教育应该扩大视野与胸怀,向后现代开放,有意识地提高后现代觉悟和"后现代启蒙",积极吸取建设性后现代思想的积极价值,反思现代工业化教育的弊端,努力创建后现代信息生态文明所需要的新教育,增进学生积极的后现代品质［刘璐,温恒福,2017］。

（二）实践人格的养成与实践能力的提升

在教育目的具体规定性的阐明中,培养实践人格的主张得到凸显。有论者指出,纵观当代中国教育变革历程,在教育目的的确立中出现了种种知行脱节的现象。把培育青少年的实践人格作为当代中国教育尤其是教育目的变革的基本向度,推进中国教育目的向着更加注重"知行合一"的实践人格方向迈进。从培育实践人格透视当代中国教育目的的实践取向:就理念层面而言,在教育目的的理念设计中,注重将实践人格的培育作为一个重要的维度。就制度层面而言,在有关教育目的的制度设计中做出制度上的安排与规定。就一线教育活动而言,将培育实践人格的教育目标贯彻到一线教师的教育教学活动之中。就家长教育理念与行为方式而言,务必率先垂范,为培育子女的实践人格营造良好氛围。就学生学习活动而言,将培育实践人格作为学生重要的学习目标［余小茅,刘文婷,2017］。

强化在教育教学实践中增强学生实践能力的目的。人的生命价值的实践特性决定了教育要实现人的生命价值就必须将提升学生的实践能力作为教育的根本宗旨,将"教学生改造世界"作为终极性教育目的。而"教学生改造世界"则必须以"教学生认识世界"为基础,这就使得"教学生认识世界"应成为基础性的教育目的［王威,2013］。教育培养的主体应该是实践主体,而不应仅仅停留在认识主体上。课程的根本目的不仅在于使学生更好地认识世界,而且在于使学生更好地改造世界。作为改造世界的能力,实践智慧构成课程的终极追求,提升学生的实践智慧成为课程的根本任务:从规范维度看,课程的根本任务在于提升学生的规范性实践智慧以解决做事行为的合法性问题;从效能维度看,课程的根本任务在于提升学生的效能性实践智慧以解决做事行为的有效性问题;从意义维度看,课程的根本任务在于提升学生的存在性实践智慧以解决做事行为的意义性问题[杨道宇,2012]。

(三)协调学生成长与社会发展,培育时代新人

培养社会性、国民性是对在共同体中生活的人提出的基本要求,促进社会发展是在共同体中生活的个体理应承担的相应责任。教育目的强调在培养时代新人的过程中,实现个人成长与社会发展的协调。有论者指出,把"让学生自由发展"作为教育的目的,并不意味着以前的一些提法是错误的。类似"社会主义事业的合格的接班人"应该是社会主义教育对学校和学生的基本的要求而非最高的目的。"让学生自由发展"则应该是更高层次的教育目的。不仅要把学生培养成忠诚于人民、忠诚于社会主义事业的接班人,而且是在此基础上培养马克思所说的"自由发展"或"自由自觉活动"的人。这样的人恰恰是更有鲜明个性、更具创新精神、更具创造力、更有活力的社会主义建设者。倘若教育所培养的多是缺乏个性、缺乏活力和创造精神的人,也难以促进社会主义建设的实现[李培根,2010]。

教育指向人的成长与发展,促进个体人格的不断丰盈与完善,同时,个体也在社会中生活,伴随公共教育制度的建立与发展,教育担当着促进国家道德、文化和政治发展的基本任务,成为民族国家建构的必不可少的组成部分,教育强化着国家对人民的职责和人民对国家的义务。个体的个性化与社会化始终是教育活动关注的两个重要方面。当前对教育目的规定性的研究不仅关注学生个体人格的完善、实践人格与实践能力的发展,也注重在教育目的表述中体现"国民性",协调学生成长与社会发展,培养时代新人。

(四)民族性与世界性并重,培养"中国人"

国民性的养成与时代新人的培养不仅关注个体发展与社会进步的协调,也关照民族性与世界性两个不同的层面。伴随全球化的不断推进、国际交往日益密切,教育应在保守与开放之间寻求动态平衡,培养国民的国家认同与促进人类命运共同体意识并重,在引导学生自觉维护祖国统一、民族团结,

自尊自信的基础上倡导一种平等正义、求同存异、和谐共生的思想，积极参与国际交往。在教育目的内容的规定中应强化培养"中国人"意识，注重全球化思维的养成。

人不仅具有类属性，还具有国别性、民族性。教育成人，也必须促进培养中国人。有论者明确强调，教育目的在于培养创造和享受幸福的中国人，"培养担当民族复兴大任的时代新人，是把握新时代我国教育目的的基本出发点；培养德智体美劳全面发展的社会主义建设者和接班人，是我国教育目的的灵魂；培养创造和享受文明幸福的中国人，是新时代我国教育目的对教育所要培养的人的基本规定性与具体内涵；新时代中国教育的根本指向乃是立德树人，让每个人都能成为具有中国精神、中国价值、中国力量、文明开放、自信豪迈的中国人，这是新时代教育目的的最终指向"。培养创造和享受文明幸福的中国人，让每个中国人都能做自信豪迈的中国人，在创造和享受文明幸福的过程中，担当历史使命，走中国道路，传递中国价值，弘扬中国精神，展现中国智慧，彰显中国力量；同时贡献于今日世界，贡献于人类［刘铁芳，2018］。

教育目的的构想要全球化思维与中国特色并重。有论者指出，当代教育要致力于培养一种具有全球化思维、本土化行动能力的"现代中国人"。今日中国的现代化，是在全球化背景下的现代化，一方面要将现代社会的基本价值理念作为中国人的现代化不可或缺的部分，继续当年未尽的"启蒙"任务，而不是追求表面上的"中国特色"；另一方面，也要以中国人自己的文化身份和政治认同为理据来构想切己的理想人格，培养具有国家意识和民族文化底蕴的"中国"人［尚洪波，2015］。

教育目的的相关研究体现了不同视角下对教育培养人的规定性的不同理解。论者从不同视域提出的指导性的教育目的推动着成文的、规范的教育目的的完善，实现以科学、具体的教育目的指导教育实践活动有序开展的初衷。

三、人的全面发展

促进人的全面发展不仅是教育理论探讨的重要问题，也是教育实践活动的重要价值追求。人的全面发展是教育的终极目标,是我国教育目的的基本取向。"教育的转型就是不断地促使教育走向人的全面、自由和个性化发展的道路,使每个人成为发展全面的个性人。这是教育之为教育的本质所在,也是教育转型的终极价值和永恒追求"[冯建军,2011]。伴随"构建德智体美劳全面培养的教育体系"要求的明确提出,全面发展教育及相关问题受到广泛关注。

(一) 全面发展教育的历史演进

不同的社会历史时期对人的发展提出了不尽相同的要求,影响着人们对全面发展的内涵的理解,在历史发展进程中人的全面发展的内涵不断明确与丰富。全面发展教育思想的提出与完善经历了较长的历史发展过程,德、智、体、美、劳全面发展逐渐成为衡量个人全面发展的标准。

有论者从历史演进的角度对全面发展教育进行了梳理。中国古代的教育家把道德教育放在首位,注重个人道德品质的修养,同时也强调知识的学习,认为培养道德和传授知识是在同一的教学过程中进行的,两者有密切的联系。近代以来,蔡元培提出"五育并举"的教育方针,杨贤江强调德智体诸方面的发展,张伯苓关注德智体美群劳六个方面。中华人民共和国成立以后,为了培养全面发展的人才,全面发展的教育理论一直占有重要地位。以马克思关于全面发展学说为主导,提倡教育与生产劳动相结合,以促进体力和智力的统一,体力劳动和脑力劳动的结合,造就全面发展的人。在西方,很早就有人提出了在人成长的不同阶段应该使体育、智育、德育分别得到发展。全面发展教育的思想也是一个不断发展与完善的过程,不同阶段的教育家对全面发展教育的认识经历了形成时期、发展时期和完善时期。全面发展的教育思想经过长期的发展,最终在苏联著名的教育家苏霍姆林斯基提出的个性全面和谐发展的教育理论中得到完善[肖光华,2010]。

有研究分析了全面发展内涵的演进与扩展的历程。早期的教育及相关论述中,就相当注重人的全面发展问题,如我国先秦时期的"六艺"教育,古代雅典的教育非常强调受教育者身体、智力、道德和审美能力的和谐发展。但限于当时的社会发展状况以及人们的认识程度,生产劳动基本被排除在学校教育体系之外。到了近代,伴随着工业革命的进程,大规模机器化生产既大面积提高了生产效率,也吸纳了大量的青少年进入工厂从事一些体力劳动,同时,教育普及工作不断推进,越来越多的农民、工人子女成为受教育对象,劳动及相应的技术教育逐渐被纳入了教育视野。新中国成立以前,在积极发展解放区和根据地教育的过程中,"教育与生产劳动联系起来"是指导教育工作的基本方针。新中国成立后,在关于教育方针或教育目的的论述中,全面发展教育是非常普遍的一种提法,关注德育、智育、体育三个基本方面,强调"教育与生产劳动相结合"的基本原则。20世纪90年代以后,随着中国社会对科技创新的认识程度不断加深,审美意识和综合实践活动能力受到了高度重视,美育作为一项基本教育活动,被提到了与德、智、体并重的地位。劳动教育虽然没有单独提出,但也在"教育必须与生产劳动相结合"的要求中得到贯彻,体现在学校开设的劳技课里。2018年9月10日,习近平总书记在全国教育大会上发表的重要讲话中强调了劳动教育的重要性并提出"构建德智体美劳全面培养的教育体系,形成更高水平的人才培养体系"的要求。掀起了研究、研讨和贯彻劳动教育,培养新时代全面发展的人的新高潮[张国霖,2019]。全面发展教育所涵盖的具体范畴在历史演进中不断明确与丰富。

(二)全面发展教育的内涵深化

伴随对全面发展教育研究的深入与再审视,全面发展教育内涵的深度与广度在研究中得到丰富和扩展。全面发展教育指向知识掌握基础上的智力与精神发展,全面发展意味着个性发展与自由发展的观念逐渐得到广泛认可,立足新时代解析人的全面发展及全面发展教育的内涵,促进全面发展教育的实现,打破德智体美劳的固有分析框架,从社会性发展的维度丰富全面发展教育的内涵。

第一,分析全面发展教育的焦点与全面发展的实质精神。王策三先生指出,全面发展教育的焦点是个体在掌握知识基础上,获得的智力、精神的发展。全面发展的基本意思,就是追求最大多数人摆脱愚昧无知、智力荒废的状态,达到身体和精神、体力和智力全面、平衡、和谐发展。个人智力、精神方面的发展是知识长期内化积淀的产物，没有知识就没有全面发展，促进全面发展，最重要的要求就是使最大多数人掌握文化知识。全面发展的实质精神指向自由发展、个性解放。就表层形式或量的规定性而言，全面发展是身、心、德、智、体、美等多面协调发展；而其质的规定性或实质精神，则是自由发展，个性解放。全面发展的人是摆脱了各种物质和精神的束缚或奴役的、各方面充分发展而又有独创性的、独立、自由的个人。个人的自由解放要经过很长的充满曲折、矛盾、牺牲的历史过程，要从相互交错的两个方面去争取，一是争取社会关系和物质生活条件不断改善和提高，争得成为独立的个人；一是要从主体与客体的关系中去争取，正确认识客观世界各种事物发展规律，不断提高认识水平，从而掌握客观世界，成为真正的主体的人，由必然王国达到自由王国，获得自由解放。据此，作为培养全面发展个人的教育，必然要充分发挥学校教育教学的作用，尽最大可能传授和学习科学文化知识。提高个体认识客观世界的能力，实现自由发展［王策三，2017］。

第二，全面发展与自由发展相辅相成的关系在对全面发展内涵的深入剖析中得到澄清。全面发展教育包含着自由发展的意蕴，内含着促进学生自由发展的追求。有论者指出，"全面发展"的教育目的定位虽然在一定程度上促进了教育的转型与发展，但从深层次上讲，它既不符合马克思主义的本意，也违背了教育规律，进而导致教育改革难以深入，限制了学生创造能力的发展。教育应促进人"全面而自由的发展"是马克思主义的原意，"自由"对人的发展具有根本性意义。"全面发展"是人之共性的基本方面的发展，"自由发展"是符合天性、兴趣和需要的个性方面的发展。"全面发展"和"自由发展"不是等值的或并列的，也不是简单的相互制约、相互影响、相互渗透的关系，而是发展的不同层次之间的关系。前者是后者的基础，后者是前者的升华。自由个性是建立在全面发展的基础之上的。"全面发展"是发展的基础层次，"自由发展"则是其卓越层次［罗祖兵，2014］。全面发展基础之上的自由发展才是全面发展的准确内涵。也有论者强调全面发展包含着普遍、多方面发展与自主独特发展两个方面。"人的全面发展"，注重的是人的素质与能力发展的普遍性和全面性，主要是指德、智、体、美等方面的充分发展和普遍提高；而"人的自由发展"注重的是人的自主性和独特性，主要是指个性的充分完善和潜能的充分发挥。全面发展和自由发展,从词义上看存在着既重叠又各有侧重的关系,从人的发展的实际进程看则存在着既相互区别又相互联系、相互促进的关系。自由发展促进全面发展,因为一个人只有在成为自己的主人,能自由支配自身的情况下,才能根据自己的兴趣、爱好、特长和社会需要去发展自己,才有可能达到全面发展;反过来,全面发展也是自由发展的一个重要条件。将全面发展和自由发展结合起来,提倡全面而自由发展,不但更符合马克思、恩格斯的原意,也更符合人的发展内在逻辑。从一定意义上说,实现人的全面而自由发展,是马克思主义核心价值所在[李黎,2010]。

第三,全面发展与个性发展的协调是当前对全面发展内涵关注的另一个重要着眼点。有论者指出,全面发展教育抱着明确的目标,即追求个人(性)全面发展。人们追求个人全面发展,从个性结构看,是追求德、智、体、美等全面发展,而从根本上讲,则是致力于消灭体脑分工和差别以及建立在它基础上的社会各种旧式分工,使个人能够在体力方面和脑力方面都能发展,全面而自由地发展,也就是说,使个人体力和精神(智、德、美)全面发展,不受束缚、压制、奴役,而独立、自由发展。这不只是教育的理想,而且是全人类社会的崇高理想[王策三,2017]。有研究从"类哲学"看人的全面发展与个性发展。在"类哲学"语境下理解人的全面发展,其实质是人对"类本质"的占有过程。所谓的"类本质"是指人与人内在本质的统一,是解决人与人、人与社会、人与自然之间关系的基本准则。在"类哲学"语境下理解个性发展,其实质是人对"类本质"内涵的丰富过程。人的"类本质"是具体的、历史的、不断发展的,而这种发展则是由个体个性充分发展的合力推动的。个性的发展要以全面发展为根本前提,人只有在全面发展的基础上,才获得个性自由发展的可能性;个性发展通过丰富人的内涵,从而进一步推动人的全面发展。全面发展代表着人自由个性联合的共性方面,个性发展代表着自由个性联合的个性方面。因此,全面发展和个性发展的关系是共性和个性的统一、整体和差异的统一。人的个性发展越充分,"类本质"的内涵就越丰富,通过个体生命本质的相互交流,人的发展就越全面;人对"类本质"占有得越充分,人发展得就越全面,个性也就越自由。全面发展是个性发展的基础，个性发展是全面发展的目的，二者不是同一的，而是统一的，统一于人的教育实践活动中［李桢，2013］。从教育培养的人的角度来看，全面而自由发展的人，必定是充满个性的独特生命体。教育面向的是具有差异的独特生命体。教育培养全面发展的人，不是培养各方面发展都好的人，而是根据个体的差异，在自由发展中，因材施教，扬长避短，培养充满个性的人。教育要遵循个体身心发展的要求，尊重个体的独特性和差异性，实施特色教育和分层教育，促进他们全面发展基础上的自由发展、自主选择，成长为各具个性的人。教育要创造个性发展的条件，张扬个性，而不是以规范化的要求，压制个性［冯建军，2011］。

第四，结合全面发展的时代内涵对全面发展教育进行解读。有论者指出，培养德智体美劳全面发展的社会主义建设者和接班人是新时代党的教育方针，也是社会主义教育实践不断探索的结果。其中，劳动教育的提出根植于马克思主义劳动观，回应了当代劳动和劳动教育被弱化的现实问题，反映了人的全面发展的需要，丰富和拓展了新时代育人目标。新时代党和国家的育人目标既为新时代教育事业的发展提供方向指导，也要求教育要落实立德树人的根本任务，构建更完善的人才培养体系，充分发挥实践的作用，从而实现德智体美劳融合育人的效果［王莹，2020］。有论者强调了全面发展的人的三个方面。其一，全面发展的人应该是以比较完备的科学文化知识为基础的品德端正的人；其二，全面发展的人应该是发挥自身特长并具有持续发展能力的人；其三，全面发展的人应该是具有创新意识和创新能力的人［时龙，2010］。也有论者指出，教育是造就全面发展的人的重要方法。教育促进人的全面发展，不仅要注重智力和体力的发展，而且要关怀人的精神世界，帮助受教育者确立崇高的理想和信念，提高受教育者的道德水平和审美情趣，还要努力创造良好的发展环境和制度保障，充分发挥每个人的主动性和创造性，使人的主体性得以充分的弘扬。各级各类学校，都要全面贯彻党的教育方针，坚持育人为本、德育为先，提高教育现代化水平，努力使学生在德、智、体、美、劳等各方面得到发展，使他们具有独立思考、勇于创新、实事求是和追求真理的科学精神，成为有理想、有道德、有文化、有纪律的社会主义建设者和接班人［顾相伟，2010］。

第五，有研究超越德智体美劳的分析框架，为全面发展内涵的解读提供新视角，强调人的发展的社会性维度。教育作为培养人的实践，其基本的目标乃是促进人的德智体美劳诸种质素的全面发展。人的全面发展乃是个体自然天赋朝向社会的生命实践，社会性是人的全面发展的根本属性。人的全面发展是个体向着他人与世界的关切之中的全面发展。个体与社会的积极互动是人的全面发展教育的着眼点。人的全面发展教育展开的两个层面，即自然生命的激活与文化价值的引领，持续地激励个体对美好事物的欲求构成人的全面发展教育之灵魂［刘铁芳，罗明，2020］。

（三）全面发展与素质教育、核心素养

伴随核心素养概念的提出，核心素养被视为教育目标改革的重要转向。在当前的教育研究与实践中，核心素养、全面发展和综合素质并行不悖，核心素养是对全面发展教育和综合素质教育的超越，与核心素养是对全面发展教育的具体化、是对素质教育的深化的观点并存，一些学校也只是把全面发展和综合素质的内容换成了核心素养的表述。厘清相关概念间的关系，不仅有利于在理念上深化认识，也直接地作用于教育改革的实践。

有论者指出，全面发展作为教育目的，是对各级各类教育方向的指引，不是某个学习阶段的培养目标，不可能太具体，"具体化说"和"深化说"难以解释核心素养与全面发展、素质教育的关系。从教育目标提出的主体来看，三种目标均是由政府主导提出，不同之处在于，核心素养目标的提出摆脱了以往由政府领导提出、专家论证其合理性的思路，改由教育行政部门倡议、委托相关专家来研制教育质量标准，体现了教育目标研制的专业性要求。从教育目标提出的动力来看，三种目标的提出均反映了国家发展的利益诉求，不同之处在于，全面发展教育的提出更多地考虑了社会性质和政治意识形态的需要；素质教育的提出更多地考虑到科教兴国、国家经济发展的要求，一定程度上考虑到个体身心发展的个性或差异性发展要求；核心素养的提出更多地考虑到全球化和信息时代对人的素养发展的要求，以及以人为本的社会政治发展要求，或者说个人幸福的要求。从教育目标提出理由来看，三种教育目标均提出要以马克思主义关于人的全面发展学说为依据。不同之处在于，

对马克思人的发展学说的解释不同。同时，素质教育更注重从其他学科如生理学、心理学、经济学等拓展人的发展的理论基础。从教育目标内涵来看，三种教育目标均关注学生发展的要求。不同之处在于，三种教育目标对学生发展的内容、动力和方向的侧重点不同。全面发展教育主要针对体脑分工造成的人的片面发展，强调身心发展的全面性；素质教育主要针对应试教育造成的对人的身心发展的部分阻碍，强调学生发展的内在性和发展价值取向的合理性；核心素养教育主要针对学生发展的差异性，强调发展的共同性和高质量要求，强调发展来源的情境性。从教育目标落实途径与条件来看，三种教育目标均注重通过校内外教育相结合来落实人的发展要求。不同之处在于，全面发展教育的实施更侧重外部的社会活动对学生发展的影响；素质教育的实施更注重学校教育对学生综合素质培养的作用，以及社会系统对教育的支持；核心素养教育更侧重学校内部课程、教学、评价和教师对学生核心素养培养的支持作用。从教育目标实施效果来看，全面发展教育和综合素质教育目标的实施尚未完全达到预计的目标和理想的效果，核心素养教育目标实施的效果还有待检验。强调教育目标变革应在学生发展的内容、研制主体、价值取向、理论基础等方面吸取历史经验教训［胡定荣，2018］。

有论者将素质教育到核心素养视为全面发展教育的中国实践与理论发展。从素质教育、三维目标到核心素养的教育改革历程，都呈现了人们对"培养什么人"教育目的逻辑起点的回归和反思。不同目标层级定位和不同表述方式的理念是教育目的的时代意蕴和行动演绎，素质教育是教育宗旨的中国式表达，"三维目标"和"核心素养"则是对全面发展教育和素质教育在不同层级目标体系的深化、继承、演绎和超越［毛红芳，2018］。

有论者认为，素质教育与全面发展教育是相通的，并指出，经过20多年反复讨论，教育理论界越来越多的人逐渐趋向基本共识：从积极意义上，我们所讲的素质教育，就是、应该是、也只能是全面发展教育。绕了一个大弯子才回到这一认识未免是一桩憾事，但经过曲折反复而得来的认识将是更深刻牢固的。全面发展教育概念经受了又一次严峻的挑战和考验，显示出它最具有生命力、解释力、说服力和真正的概括力，它最基本的理论和实践无从超越，经得起检验。我们20多年在"应试教育""素质教育""开战""转轨"

这个怪圈中兜来兜去。所谓的"转轨""开战"的效果如何呢？事实说明，搞乱、禁锢、误导了人们的思想，对教育理论和实际的发展带来消极影响，是一种无谓的折腾、纠缠和消耗。"应试教育"概念是错误的，素质教育概念是不科学的，全面发展教育概念具有明显的优越性。只有真正运用全面发展教育理论，才能与教育内外部诸多经济、社会、科学文化条件相结合，有力地逐步地克服片面追求升学率的偏差［王策三，2017］。

（四）对人的全面发展的误读与澄清

追问作为社会理想的"人的全面发展"作为一种教育理想的适切性问题。说到"人的全面发展"，人们总以为这是理想的教育或是教育的理想，这固然是对教育的期盼与重托，但是，就其本意来看，它是社会理想抑或人类理想。马克思主义经典作家十分重视人的全面而自由的发展，将其作为未来社会的基本特征，在马克思主义思想体系中占有重要的地位。人的全面发展包含了人的类本质、群体本质和个体本质的全面发展，其中包括人的劳动实践活动能力的全面发展、人的社会关系的全面发展、人的个性的全面发展和人的需要的全面发展。可见，"人的全面发展"具有丰富而深厚的内涵，是人类社会发展的趋势和一定发展阶段的产物。教育理想要顺应社会理想，但不能替代社会理想或承载社会理想之重。对于教育研究来说，就是要从有关教育理念及观念出发进一步明晰其理论本源［时龙，2010］。

反思教育学中对全面发展的认识与理解中存在的偏差。当前教育学中对马克思、恩格斯关于人的全面发展学说存在理想化、教育学化、教条化的误读。首先，学校教育依据人的全面发展学说，把培养全面发展的人作为自己的教育目标。但是在具体的实施中，对全面发展思想的现实性和层次性关注不足，对全面发展的追求是主观预设的。其次，人的全面发展理论虽然为指导社会主义的学校教育活动和新的教育理论的诞生提供了多方面的营养，但它的主要的内容和提出的目的是立足于解决社会问题而非教育问题。将这一理论引进教育学和教育实践活动领域，就必须进行理论的再加工和实践指导方向的调整，这样才能产生直接的指导意义。最后，对全面发展思想的应用没有考虑社会的现实差距和制度的变迁。在科技进步的今天，对全面发展的教育要求的窄化理解，不可能办出全面发展的教育，也无法培养出全面发展的人［李祖红，2010］。

四、全面发展视域下的"体美劳"教育

2018年全国教育工作会议提出了关于"德、智、体、美、劳"全面发展教育方针的表述。"五育"成为普遍认同的全面发展教育的具体内涵。面对当前学校教育中普遍存在的体美劳教育发展存在的明显不足，相较于长期以来颇受关注的智育与德育，近年来，全面发展视域下的体美劳教育受到越来越多的关注。有论者指出，当前我国学校教育中，相对德、智在学校教育价值和实现人的全面发展现状而言，体、美、劳的发展存在明显不足，处于全面落后的态势，存在体育去身体化、美育边缘化、劳育扭曲化等问题。做好新时代育人工作应立足人的全面发展高度，弥补体、美、劳发展不足，应着重从价值观念上增强体、美、劳发展的思想基础，从人才培养体系上形成德、智、体、美、劳全面培养的教育体系，从学校章程和教育制度上提供体、美、劳协同发展的制度保障。提高体、美、劳在人的发展中的地位，促进人的德、智、体、美、劳全面发展，实现人的全面发展，实现全面建成小康社会和中华民族伟大复兴的中国梦［杨少雄，李静亚，2019］。

（一）体育与人的全面发展

教育以促进人的全面发展为价值旨归，人的全面发展包含着身体和心理的发展，身心发展是一个整体，没有脱离心理的身体，也没有脱离身体的心理。体育既服务于身体发展本身，也是全部教育的基础。体育是实现学习者全面发展的重要基础。

首先，立足全面发展教育，澄清体育的内涵。有论者指出，全面发展教育理论中的"体育"主要包括三层含义，分别是"目标的体育"、"活动的体育"以及"课程的体育"。在"目标的体育"中"体育"是学校教育目的的一个构成要素，意指"使人的身体得到发育和增强"，它和德育、智育、美育共同构成了全面发展的教育目的。在"活动的体育"中"体育"是学校中的一

类教育活动,意指"促进人身体发展的体育活动",对于实现学习者的全面发展具有重要影响,具有"强体育心"的综合功能。作为"课程的体育","体育"是一门课程,意为"体育(与健康)课",是以身体练习为主要手段,以学习体育与健康知识、技能和方法为主要内容,以增进学生健康,培养学生终生体育意识和能力为主要目标的课程。"目标的体育"在"体育"的概念体系中居于统领地位,是学校教育目标的一个重要维度,能够对整个学校教育活动起到导向作用与规范作用。"活动的体育"是实现"目标的体育"的现实方式,而"课程的体育"则是"活动的体育"的组成部分[李全生等,2016]。与此类似,有论者指出,体育是个人身心全面发展的重要条件。我国现代语境中的"体育"可被分别界定为"作为教育目的范畴的'体育'"、"作为活动形式范畴的'体育'"以及"作为课程类型范畴的'体育'"。作为教育目的"体育"可以被理解为"育体",即教育需要完成对受教育者"身体的养育"、"身体素质的提高"以及"运动能力的增强",代表了社会主义教育于个人身体方面的预期和质量标准。作为活动形式范畴的"体育"便是平日所说的"体育活动",它包含的内容很多,不仅是"育体"目的的主要实现途径,也兼具"育德""育智""育美"的内在功能,它是全部体育活动的总和与泛称。作为课程类型范畴的"体育"是在学校中广泛开设的"体育课",它是学校对学生进行体育教学、完成体育目标的基本组织形式和学校课程体系的重要组成部分。作为课程类型的"体育"是"学校教育"的独有样态,可以将其界定为:在学校教育过程中,体育教师有目的、有计划、有组织地向学生传授普及性的体育知识和体育技能的课程类型,是学校体育的主要表现方式和实施途径[沙金,高鹏,2015]。

其次,阐明体育在促进个体全面发展中的重要作用。有论者指出,基础教育阶段的学校教育把促进人的全面发展作为最高目标。在全面推进素质教育的过程中,体育发挥着无可替代的重要作用。体育有助于提升学生的体质,促进学生的心理健康,规范学生的行为,促进学生人格的养成,形成良好的校园文化传统[胡进,2015]。有论者关注学校体育的美育价值,认为学校体育与美育具有内在价值关联性,这既是历史发展的客观事实,也是当前乃至未来学校体育发展的审美品格;在培养人的全面发展教育中,学校体育具有以"美"育人的实践诉求与价值功能，主要体现在塑造人体之美与运动之美、塑造人格之美与精神之美、促进个体的身心自由和谐与全面可持续发展三个方面［赵茜，方志军，2015］。同时，人的全面发展理论也推动着体育教育实践。促进"人的自由全面发展"是青少年体育教育的根本和指引，为青少年体育参与提供认识论基础，为体育教育提供价值基础。从实践逻辑考察，体育参与为青少年自由全面发展提供身心保障。以促进青年一代自由全面发展为核心，以"享受乐趣、增强体质、健全人格、锤炼意志"为目标将是新时代体育教育自信的根源所在［刘敏等，2019］。

再次，聚焦于学校体育存在的问题与改进策略，推进体育促进全面发展的实现。有论者指出，学校体育具有教育性、基础性、整体性和系统性。学校体育是开展其他体育活动的基础，也是提高国民身体素质、促进人的全面发展的主要途径，然而，受主智主义、功利主义教育倾向的影响，学校体育的现实状况却不容乐观，存在学校体育整体地位的边缘化、实施过程的功利化问题。学校体育是全面发展教育在学校中的现实样态，为了更好地实现对学生的总体性影响，学校体育在实施过程中应坚持注重身体全面和谐发展，不局限于专项技能的强化与提高；注重身心的全面和谐发展，淡化功利主义教育倾向对体育的冲击；坚持体育的全体发展和个别提高，兼顾大多数学生的兴趣和能力的同时做到"因材施教""因人而异"的原则［沙金，高鹏，2015］。在学校中，体育被边缘化已经是不争的事实，学生的体质现状值得忧虑。其一，当前学校中主智主义、功利主义倾向严重，许多家长对儿童在体质上的要求是"不得病"，体育常常被认为是没有用的；其二，教育的应试倾向未得到有效扭转，考试的指挥棒使体育在体制上被弱化；其三，学生在体育活动中的身体伤害问题，使部分学校从体育竞技化走到体育娱乐化的另一极端，缺乏对学生身体发展的有效引导，体育徒有其名，有活动没教育。所以，体育应正本清源，坚持全面发展的理念。注重身体全面和谐发展，体育所应关注的不是学生在某一竞技项目上的水平与成绩，而是关注如何更好地全面提高学生的身体素质，注重身心的全面和谐发展。体育是全面发展教育的一个有机组成部分，体育的目的就是在促进身体发展的基础上实现身心和谐发展。坚持体育的全体性和个性化。全体的体育必然也就是个性化的体育。

注重学生体育意识的培养。学生要具有体育的自主性，只有当学生重视身体、珍视身体、自觉地发展身体的时候，体育的目标才算真正实现［张秀芳，沙金，2011］。

最后，立足全面发展教育，寻求体育教育的新突破点。有论者倡导转变观念，树立泛体育教育观。提高学生的体质是一个需要改造多种要素和多方面力量共同参与的系统工程，要从根本上消解学生体质健康状况的困境，打破"体育就是体育工作者的任务""学生体质问题就是学校体育问题"等认识的局限性，积极转变学校"主智主义"的教育观，更新体育教育观念，构建全体教师共同参与、各类活动共同促进的"体育合力"，要树立一种将"体育"的目标渗透到学校各项教育活动中的"泛体育教育观"。将提高学生的体质作为一个系统工程，通过学校的整体力量促进学生体质发展，从学校教育而不只是学校体育的角度思考这一问题，并通过对教育观念、教学方式、政策监督反馈机制、评价机制等方面的优化，实现包含体质健康水平在内的学生综合素质的全面发展。"泛体育教育观"可以消解以往那种由分科教学发展而来的、限定学科边界、固化教师职责的相对狭隘的体育教育观［李全生等，2016］。也有研究从身体的视角审视学校体育。学校体育培养"全面发展的人"之历史使命关键在于对"身体教育"的正确理解、定位及实践操作。具身性身体教育有助于学校体育从新的视角拓展"全人"教育学术研究。对"身体教育"进行谱系分析认为，教会学生通过运动技术认知自己身体是"身体教育"的应然，也是学校体育存在的学理依据。"身体教育"的实质是"拱肩"体质能力的生命存在，身体不仅是被计算与测量的客体被动身体，更是具身体验与能动认知的主体与方法论身体。"身体教育"以具身体验为切入点、以具身场域为原点与归宿、以身在一身能为教育动机、以灵肉一体为终极追求，从生理、心理与社会身体三维路径实施全面育人［段丽梅等，2016］。

（二）美育与人的全面发展

首先，立足人的发展，论述审美教育的价值。审美教育首先应该是关于人的教育，审美教育的指向不仅是客观对象，更是主体存在，也就是对人的生存方式、生活方式以及人的全面发展的关注。审美教育是一种落脚在"人"身上的感性教育，包含了对人的感官和官能的肯定，不仅强调了通过感官获得直接的生理反应或原始本能的欲望，还包括想象、情感等精神性的因素，因此，审美教育的感性是生理性和精神性两个方面的结合，是"完满的人性"和社会人的全面发展的有机结合，是一种包含理性因素的情感型教育。一方面，审美教育通过感性能力的培养重新激发出个体在文明社会中应当具有的生命力。另一方面，审美教育还与社会、自然息息相关［龙静云，崔晋文，2019］。美育在历史和现代对于人类社会的影响都是不可或缺的。实现人的全面发展，使被束缚的感觉和特性彻底解放，在相当程度上取决于审美教育。在新的历史时期，如何实现人的全面发展，将成为我国审美教育领域理论研究和工作实践的新理念和新起点。人们通过审美教育，可以了解并适应艺术生活，从而获得健康审美的情感与和谐完善的发展，还能够以审美的态度应对现实生活、社会和人生的复杂、变幻甚至困苦，使得人生更为审美化、艺术化，实现人的全面发展［姚建军，师蔷薇，2015］。

有论者基于马尔库塞与马克思审美教育思想的比较分析指出，马尔库塞的"审美救治"理论蕴含着丰富的审美教育因素和促进人的全面发展的合理思想。而马克思同样重视审美的作用，并把在劳动实践中的审美教育提高到实现人自由全面发展的高度。深入分析马克思和马尔库塞的审美教育思想，对于促进人的自由全面发展有着重要的意义。在比较分析的基础上得出美育可以缓解劳动者在劳动过程中的异化感受，提高其在劳动之余的生活质量，维护社会和谐；美育有助于改善国民的审美情趣，进而培养出适应时代发展需要的社会性格［平章起，郭威，2012］。

其次，基于人的全面发展理论，在肯定审美教育重要性的基础上，论述当前美育存在的问题与提升路径。美育与德育、智育、体育相辅相成、相互促进，共同促进人的全面发展。当前青少年普遍追求美，但美丑不分、美育功利化等问题突出。学校美育逐渐向系统化、模式化发展，为今后青少年美育教学奠定了良好基础，却也存在着理论主题不够深入、课程设计不够规范、操作程序缺乏实践以及教学内容较为狭隘等问题，顺应时代的变化来创新和完善青少年美育模式，以更好地实现学校美育促进青少年全面发展的教育目的和宗旨，需要构建复合型青少年美育教学模式；促进美育与德育、智育、体育有机融合；突出美育的实践品格［丁奕，何土凤，2016］。有论者认为，美育素养的提升不仅为构建和谐社会奠定了良好的基础，有助于学生的可持续发展，而且也满足了学生健康发展的需求。促进当前学校美育素养教育实践的发展，需要学校管理者和教育者深化对提升美育素养重要性的认识，逐步建立起公共艺术课教学平台，借助多样化形式对学生展开美育教育，从而使学生在深入实践的过程中发现美、感受美、欣赏美，进而达到提升其美育素养的目的［纪东琪，2019］。

第三，有论者提出审美教育的实践转向的主张，倡导在审美实践和艺术实践的自由创造性过程中培养和造就自由全面发展的人。美育，是一种以审美对象，特别是各门类文学艺术为手段，培养和提高受教育者特别是青少年的审美能力、审美水平，树立正确健康的审美观念、审美情趣、审美理想，最终培养和造就自由全面发展的人的教育。审美教育本身就是一种审美创造实践和艺术创造实践。培养和提高受教育者的审美能力和审美水平，树立正确健康的审美观念、审美情趣、审美理想应该在审美教育的创造性实践过程中实现。实践转向有助于扩大审美教育的实施途径和范围，把审美教育向整个社会扩散，不仅关注审美教育的学校实践，同时注意家庭和社会的审美教育实践［张玉能，2013］。审美教育的实践必将由感美美育和立美美育转向创美美育，不仅培养和丰富受教育者的审美感受、审美观念、审美理想、审美情趣等审美意识，而且培育和提高受教育者的创造美和艺术的技能、技艺、技巧。审美教育并不是要培养专业的审美者和艺术家，不是一种单纯的智力的或者道德的普遍教育，而是一种整体的普遍教育。所谓整体的普遍教育是指对全社会的成员进行全面的教育，使得整个社会成员的智力、道德、身体、劳动、艺术等各方面的能力和水平都得到培养和提高［张玉能，2012］。

第四，有论者认为社会主义核心价值体系是维持审美教育主流意识形态的根本。在当前社会主义核心价值体系构建前提下，审美教育面临两个任务：一是适应时代的需要，重建人们的审美意识，即树立正确的审美观，养成健康的审美情趣、高尚的人生态度；二是培养审美能力，即培养人们鉴赏美、感受美、创造美的能力，从而造就一代有丰富个性、完美人格的时代新人。

建立在社会主义核心价值体系下的审美教育，强调的是人精神的升华、道德情操的提升，这种审美教育是人类最美好的追求［肖微闻，2012］。

（三）劳动教育与人的全面发展

2010年颁布的《国家中长期教育改革和发展规划纲要（2010—2020年）》中提到，要全面加强和改进德育、智育、体育、美育，加强劳动教育，培养学生热爱劳动、热爱劳动人民的情感。党的十八大以来，我国进入了社会主义现代化发展的新时代，劳动教育也在新时代的全新样态中迎来了新的发展契机。2015年，教育部、共青团中央、全国少工委印发《关于加强中小学劳动教育的意见》，旨在培养学生良好的劳动习惯和积极的劳动态度，为终身发展和人生幸福奠定基础。2018年，习近平总书记在全国教育大会上明确指出："要在学生中弘扬劳动精神，教育引导学生崇尚劳动、尊重劳动，懂得劳动最光荣、劳动最崇高、劳动最伟大、劳动最美丽的道理，长大后能够辛勤劳动、诚实劳动、创造性劳动。"从国家战略方针的高度对劳动教育育人铸魂的重要作用给予肯定。2019年，《中共中央国务院关于深化教育教学改革全面提高义务教育质量的意见》中提到："要充分发挥劳动综合育人功能，制定劳动教育指导纲要，加强学生生活实践、劳动技能和职业体验教育。"2020年，中共中央国务院发布《关于全面加强新时代大中小学劳动教育的意见》，这一涵盖面广、针对性强的劳动教育政策文本，具有里程碑式的社会意义和教育意义。2020年7月，教育部印发《大中小学劳动教育指导纲要（试行）》，主要就学校层面劳动教育是什么、教什么、怎么教等问题展开讨论，目的在于加快构建德智体美劳全面培养的教育体系。2022年，劳动教育纳入义务教育课程体系之中，教育部颁布了《义务教育劳动教育课程标准（2022年版）》。伴随政府顶层设计、基层落地推进，劳动教育的理论与实践受到重视，不断丰富拓展，涌现出大量相关研究，走向特色发展。

第一，立足马克思关于人的全面发展的相关理论，对劳动教育的相关思想与理论进行深入阐释。有论者对"教育与生产劳动相结合"的经典论述进行时代阐述。"教育必须与生产劳动相结合"是马克思主义关于人的全面发展教育思想的一个重要命题，也一直是我国教育目的最重要的理论基础之一。

马克思、列宁所讲的"教育与生产劳动相结合"是以大工业、现代科学技术的发展为基础的，是不同历史时期得出的具有不同阶段特色的结论，是一个现代教育的基本原则。我们对"教育与生产劳动相结合"这一命题存在诸多误读：一是将"教育与生产劳动相结合"视作社会主义教育性质的体现，将现代大生产对人的全面发展的教育要求转换为一种社会主义"人改造人"的政治话语，导致了政策上的偏颇。二是对"劳动"与"生产劳动"概念的片面理解。生产劳动只是"劳动"的形态之一，体力劳动、脑力劳动都是"劳动"。三是将"教育与生产劳动相结合"的特定历史形态误认为"教育与生产劳动相结合"本身或者全部。该论者提出"教育与生产劳动相结合"的真正实现，必须通过教育在生产过程之中和生产过程之外与生产劳动的结合两种形式的相互支持才能得以完成；劳动教育的核心或者本质目标应当是劳动价值观的学习，而不应简单执着于某一项具体劳动技能的学习；教育与生产劳动相结合，不仅在于我们在开展劳动教育时要特别关注"劳动新形态"，关注消费性劳动、创造性劳动、复合性劳动等新劳动形态，还要特别关注劳动教育的"教育新形态"［檀传宝，2020］。

有论者关照当代哲学与教育文化研究中的身体转向，在身体视域下重新审视劳动教育的文化内涵与价值意蕴。在身体文化这一意义上谈劳动教育，是把劳动作为形塑身体的文化场，把劳动视为以"文"化"身"的过程。劳动教育对于促进人的身心解放、实现人的本质、促进人的全面发展具有重要价值。身体视域下劳动教育深层次的文化意涵，在于重申"劳动创造人"的本质，让学生通过身心合一、身体力行、多维空间的劳动，更好地认识自我、亲近自然、回归生活、走进社会，在增强身体机能的同时，成长为主体自觉、身心解放、个性自由、全面发展的"完整的人"。身体视域下劳动教育实践应以"劳动化人"作为出发点，在"身心合一"的劳动中培养"完整的人"；在"身体力行"的劳动中树立劳动价值观；在"多维空间"的劳动中促进人的自由全面发展［张磊，倪胜利，2019］。

第二，从对劳动的分析入手，探索推进劳动教育实施的策略。有论者强调，劳动是人的类本质及其实现形式，是人的存在方式和社会发展的基础。信息化、智能化不但不排斥人类劳动，反而对人的劳动能力提出了新的更高要求。新时代人的全面发展首先是劳动素养和劳动能力得到进一步的发展［张世豪，罗建文，2019］。劳动具有育人的价值，但这种价值的实现是有条件的。有论者指出，现代劳动教育理论对劳动具有育人价值的探讨忽略了一个根本性的前提问题，即劳动育人价值之实现是有其限制条件的。从理论的视角看，劳动育人价值之实现，是以"真正自由的劳动"为逻辑前提，异化劳动因其强制性、外在性和非人性并不具有育人价值；从实践的角度看，劳动育人价值以发挥劳动的教育力量为其现实条件，劳动教育的展开方式决定着劳动的教育力量之发挥。学校需要采取一种劳动的教育学视角，通过组织化的劳动、与全面发展教育相结合的劳动、创造性的劳动以及多方合作劳动来开展劳动教育［周兴国，曹荣荣，2020］。有论者基于马克思主义经典著作强调，劳动与人的全面发展具有内在关联，劳动素质贯穿于人的德智体美四种素质之中。在新时代推进劳动教育，要着力扫除思想障碍，提高学校落实劳动教育的自觉性；精心部署，靶向推进优化学校劳动教育体系；校内外联动，充分利用校内外劳动教育资源［赵建芬，2020］。有论者探讨了学校中落实劳动教育的策略。通过劳动教育培育积极的劳动精神，树立正确的劳动态度、劳动品德和劳动价值观，提升综合劳动能力是实现人的全面发展的应有之义。劳动教育的落实关键在学校，学校应以马克思主义为指导，尊重不同年龄段学生的成长规律，结合学生发展和国家发展的需要，营造开展劳动教育的有利环境，适时引入马克思主义劳动历史观、马克思主义劳动价值观和马克思主义实践观等作为劳动教育的理论内容，帮助学生树立劳动意识、获得劳动技能、培养劳动品德、养成劳模精神，建设能够诚实劳动、创新劳动的社会主义劳动者队伍［张胜男，2020］。

第三，立足全面发展，探索学校劳动教育课程建构。有论者指出，劳动教育课程既是促进人的"完成"的基础，又是培育"完整的人"的必要路径。新时代中小学劳动教育主要有日常生活劳动、生产劳动、服务性劳动等类型。该课程设置的旨归是传承人的"劳动基因"（人的本性），立德树人，培养学生的劳动素养和促进人的"完整"发展。只有通过课程化设计，以及与学科教学及其他教育活动融合等途径和方式，才能推进该课程常态化实施，以实现其开设目标［余文森，殷世东，2020］。也有论者提出劳动课程的设置和构建必须符合新时代我国教育实际和中国经济社会发展实际,以期引起对全国小学劳动课程的设置和内容构建的重视。劳动教育课程是实现劳动教育目标的基本途径。在小学阶段建构新时代劳动课程,是全面贯彻新时代党的教育方针的基本要求。要从劳动教育的目的、内容、过程、方法和途径等方面,多维度构建课程内容,做到与学习融通,坚持教劳结合思想内涵的根本遵循;与生活沟通深掘"具身性"劳动教育情境;与社会联结,影显劳动教育的时代价值;与国际接轨,坚守本土化与国际化的有机结合;与未来同向,实现"完人"培养过程和目的的统一 [侯红梅,顾建军,2020]。

五、五育融合及其实现

2019年6月,中共中央、国务院颁布的《关于深化教育教学改革全面提高义务教育质量的意见》明确提出要坚持德智体美劳"五育并举"的主张。相较于以往一段时间在育人内涵方面常见的"德智体"和"德智体美"等提法,"德智体美劳全面发展"的主张不仅略去了原来紧随其后的"等"字,内涵更为具体化,而且在明确美育定位的基础上又进一步确立了劳动教育在新时代教育体系中的重要地位 [张国霖,2020]。随着一系列政策的落地,"五育并举,全面育人"成为新时期教育改革与发展的主旋律、新乐章。德智体美劳五育共进融合育人的教育理念,是中国特色社会主义教育理论与实践的新发展,是当前全面发展教育关注的核心问题,成为新时代教育理论研究和教育实践探索的新课题。

(一) 五育并举与五育融合的内涵

人的现代化需要通过"五育"来实现,只有德智体美劳五育并进,才能共同完成立德树人的根本任务,培养合格的新时代公民。要构建德智体美劳全面发展的育人体系,就必须在思想上和实践中正确认识和处理"五育"的相对独立性与整体性的关系问题,准确把握五育并举与五育融合的内涵。

第一,五育并举意味着在尊重各育独立性的基础上,高度重视整体性,实现互联与融通。有论者指出,作为新时代全面发展教育的组成部分,五育中的每一育都有自己相对明确和独立的任务，指向人的发展的不同领域。德育指向人的发展的思想道德和价值观领域，智育指向人的认知、思维和智慧建构领域，体育指向人的身体素质和健康领域，美育指向人的审美感受、审美能力以及审美表现领域，劳动教育指向人的劳动态度、观点、技能和价值观等领域。各育的规律和要求也不完全相同，各育之间的任务不能相互代替。正确的思想道德和价值观的形成规律不同于知识掌握和认知发展、智慧建构的规律，认知发展和智慧建构的规律也不同于身体素质发展和健康促进的规律，审美素养形成和提升的规律当然不同于劳动态度、观点、技能和价值观形成的规律等。因此，构建德智体美劳全面发展的育人体系，首要的是对五育中每一育的规律进行总结和提炼，明确它们各自的任务和要求，并为此发展不同的路径和方法，以便使五育中的每一育都能够得到比较充分的实践，使青少年德智体美劳每一个领域的发展都能够得到比较充分的实现。在尊重五育各自相对独立性的基础上，构建德智体美劳全面发展的育人体系还必须高度重视五育的整体性，发现它们之间的关联性，从认识上和实践上促进它们彼此之间的互联和融通，防止它们之间的相互封闭、排斥乃至冲突。在各育的工作中存在着整体性，各育任务的实现，都有赖于其他各育的参与和贡献［石中英，2019］。

第二，在五育并举的基础上实现五育融合的理念。有论者指出，"五育融合"的提出，是对"五育并举"的推进、深化和发展。在"五育并举"基础上提出的"五育融合"，能够带给新时代中国"教育体系"的诸多改变，"五育融合"是一种"育人假设""育人实践""育人理念""育人思维"和"育人能力"；"融合"不是做加法，不是以"某一育"为基础，再分别叠加其他"各育"，真正的"融合"是融通、渗透和整合，是"各育"之间的彼此渗透，是"你"中有"我们"，"我"中有"你们"［李政涛，文娟，2020］。也有论者认为，"五育融合"是依照特定的逻辑，从目标、内容、实施等层面出发把未分化的教育要素纳入教育教学当中或把已经分化的教育要素联结为一个有机整体，进而促进儿童德、智、体、美、劳全面、整体发展的过程。"五育融合"具有均衡性、平等性、关联性、整体性四个特点。"五育融合"包括三重含义：其一是目标的融合，把分立的目标统筹到全面发展的范围内，并在目标系统之间实现有机的统一与衔接;其二是内容的融合,把其他各育融入"此育"当中,融合各育为一个有机的整体;其三是育人过程的融合,即选择适切融合式课程和有助于融合课程实施的策略、方式和方法[刘登珲,李华,2020]。

(二) 五育融合的价值

整合德智体美劳教育是全面发展教育的关键,是人的全面发展理论对教育提出的必然要求。有论者指出,人的全面发展,包括学生的德智体美劳全面发展,是一个总体性的概念,描述的是人的总体生成和发展状况。学生的全面发展主要是一个表征整体质量的概念,而不是德智体美劳五个基本面发展的机械总和。甚至可以说,学生的全面发展不是德智体美劳五个基本面的平均发展,而是学生在德智体美劳整体发展基础上的个性发展。学生德智体美劳全面发展不仅需要确立"五育并举"的理念,更需要确立"五育整合"的理念;学生德智体美劳全面培养不仅是开足开齐"五育课程"的问题,更是"五育课程"有机整合的问题[李松林,2019]。

第一,五育并举,融合育人,是新时代基础教育育人方式转型提出的重大命题。从"五育并举"到"五育融合",已经成为新时代中国教育变革与发展的基本趋势。新时代所提出的"五育并举",有独特的时代需要和时代问题,今日中国教育面临的主要问题,不再是"扫盲""教育普及""受教育权"等基础性问题,也不只是"应试教育盛行""学业负担过重""五唯至上"等表层性的"传统问题",还有走向"教育现代化"过程中面临的各种问题,尤其是深层次的"五育分离"或"五育割裂"的"现代问题",表现为"疏德""偏智""弱体""抑美""缺劳",导致"片面发展""片面育人",远离了"全面发展""全面育人"这一教育宗旨[李政涛,文娟,2020]。"五育"本来是一体的,但在当下中小学教育内外生态中,"五育"常常被分隔,"五育"过程条块分割,进而导致办学目标远离育人初衷。究其主要原因在于智育独大教育评价观、工具化和短视化人才观以及教师综合素养相对不足等。"五育"从分裂走向融合,应从树立"五育融合"观入手,多元协同家庭、学校、社会的教育生态合力,聚焦共生型和多元化的课程生态、教学生态、资源协同生态、教育评价生态以及教育治理生态重建等举措。教育生态学视角下的"五育融合",不是"五育并举",更不是德智体美劳的简单拼凑和叠加,而是将"五育"聚集于学生的课程、活动中,并相互渗透,从而实现整体"五育"的生成［宁本涛,2020］。

第二,五育融合有利于破解传统教育的痼疾,是促进新时代教育高质量发展的关键。"五育并举,融合育人"直指长期以来存在的"疏德""偏智""弱体""抑美""缺劳",以及各育之间的"彼此分离""相互割裂""互不相关"等痼疾,导致"片面发展""片面育人",远离了"全面发展""全面育人"这一教育宗旨。在根子上,传统育人方式的弊端就在于"五育没有并举""五育不够融合",因而"五育没有共生"。然而,如果只是如此看待"五育融合"的源起,依然低估了这一理念的新时代价值。若将"五育融合"置于全面培养体系的重构这一大背景之下,其价值的独特性和重要性将得以重新认定:在新时代全面培养体系构建的过程中,"五育融合"具有支点、抓手或突破口的作用。之所以如此,不仅在于"五育"与全面培养体系有关,更在于基础教育高质量发展离不开"五育",且要"依托五育""通过五育""为了五育""在五育之中"进行。换言之,没有"五育"的高质量,就没有基础教育的高质量;没有"五育融合"的高质量,也就没有新时代基础教育的高质量。"五育融合"的高质量发展,可以撬动全面培养体系的高质量构建［李政涛,2020］。

(三) 五育并举,融合育人的实现路径

第一,辩证地处理五育之间的关系,做好各育工作的同时注重五育的融通,促进整体育人功能的发挥。有论者指出,德智体美劳五育,既有各自的独特性,又相互融通。构建德智体美劳全面培养的教育体系,既要坚持"五育并举",一个不能少,更要坚持"五育融合",建构一个有机整体。不只是五育都开设,而是基于五育的融通性,强调五育之间的整合,形成一个整体的教育观念和教育活动,在增强综合素质上下功夫,培养学生的综合能力。为此,要以立德树人为价值引领,确立全方位的教育观,实施全学科、全方位、全过程育人活动,推进与完善综合素质的评价,培养德智体美劳全面发

展的社会主义建设者和接班人［冯建军，2020］。有论者强调，推动五育并举，实现融合育人，首先需要确立立德树人的核心地位，把立德树人作为学校教育教学工作的核心，作为评价学校各方面工作的核心指导理念。其次，需要补齐短板。虽然我国的基础教育一直以促进学生的全面发展为根本目的，实践中也一直重视德智体美劳等各种具体教育途径，但是毋庸讳言，由于种种原因，五育在学校中受重视的程度是不一样的，尤其是体育、美育和劳动教育，比较弱、比较虚，不像德育和智育那么受重视，是五育中的"短板"。再次，需要做好融通的工作。五育并举，关键在"并"。这里的"并"并不是简单的"并列"的意思，而是"融通""贯通"的意思，不是简单地在五育之间做"加法"，而是要在五育之间做"乘法"，以形成五育的整体倍增效应［石中英，2019］。

第二，五育融合在具体教育实践中的实现有赖于教学变革与课程建设的推进。"五育融合"是新时期我国教育教学改革的基本方向，它致力于寻求课程教学、组织管理、学校文化的教育生态的整体变革。"五育融合"作为撬动教育教学变革的支点，它以"各育"作为教育教学的基本单元，超越了传统的学科主义、课时主义，原本孤立的学科通过育内、育间关联实现了视界融合。我们可以根据融合度和实施方式，把"五育融合"划分为育内融合、育间融合、跨育融合三种形态。根深蒂固的效率主义、分科主义以及以此为基础而构建的教育教学机制成为推进"五育融合"的最大障碍。面对挑战，强化顶层设计、搭建评价体系以及提升作为育人主体的教师的能动性显得尤为重要［刘登珲，李华，2020］。教材是育人育才的重要依托，教材体系建设在人的全面发展中具有不可替代的作用。教材体系肩负着人的全面发展培养重任，具有全方位、多层次、立体化的特征。在教材体系建设中，要坚持以全学段、全学科、全类型，即"三全育人"为内核，全力打造纵向衔接、横向配合、类型交叉的现代化教材体系［马云鹏，李哨兵，2019］。新时代德智体美劳"五育"并举学校课程建设是指学校根据新时代平衡充分发展的要求，构建德智体美劳有机统一的"五育"并举课程体系，包括由低向高三个递进层级：一是开足补齐德智体美劳各育课程，不能有缺项；二是强弱提质德智体美劳各育课程，不能有弱项；三是有机统一德智体美劳各育课程，不能有分离。具体可以根据各校实际，以五育并举思想为灵魂贯穿国家课程、地方课程和校本课程的核心，通过对既有课程的充实完善、转化改良或专门创建增设五育并举校本课程，逐步建立健全德智体美劳并举的学校课程体系［孟万金等，2020］。

第三，有研究分析了五育融合面临的现实挑战，寻找五育融合的着力点。当前，五育融合的实现仍面临着诸多挑战。有论者指出，从知识形态、学习机制和发展路径等方面来看，"五育"之间又存在内在的冲突。如何在弄清"五育"在各自知识形态、学习机制和发展路径的基础上，揭示"五育"之间的交互整合关系，将是未来"五育"课程有机整合过程中需要深入研究的问题［李松林，2019］。有研究侧重分析五育融合的着力点，指出"五育融合"的高质量发展，可以撬动全面培养体系的高质量构建。在解决办学条件、治理方式、动力体系等约束条件的问题之外，突出"整体"，突出"融合"，突出"过程"，突出"治理"，突出"机制"，突出"主体"，突出"实验"至关重要，是通过"五育融合"走向全面培养体系的着力点或发力点［李政涛，2020］。

六、教育目的的反思与全面发展的实现

（一）教育目的的演进与调整

教育目的与教育活动相伴，现代社会，国家从宏观角度提出以法律法规或政策的形式规定的教育目的具有权威性，指导和规范着普遍的教育行为。通过对历史上形成的教育目的的梳理不仅能够分析其演进中的变化与逻辑，也为当前教育目的表述的完善提供启迪。

将目光聚焦于新中国成立以来我国教育目的的演变，寻求教育目的革新的思路成为当前教育目的研究的重要内容。有论者基于新中国成立以来我国教育目的观的相关文本表述指出：从目标定位看，"文革"之前，培养"劳动者"是最权威的表述；20世纪80年代，培养"人才"成为普遍提法；20世纪90年代至今，培养"建设者和接班人"成为正式官方用语。我国教育目的实际上是基于社会的需求而提出的，大致属于社会本位论。从培养人的质量规格看，由最初的培养"德智体几方面发展的人"到"'四有'社会主义建设者和接班人"，再到"德智体美等方面全面发展的社会主义建设者和接班人"，时至今日基本固定在"德智体美劳全面发展的社会主义建设者和接班人"。以上表述大致属于个体本位的教育目的观，但由于过于强调人的全面发展，进而使人们产生一种误识，即社会本位论的隐晦表达，会在教育实践中形成"千校一样、万人一面"的局面。从教育的功能看，现阶段教育目的观的目标定位过于重视教育的社会功能，而忽视了教育的本体功能，在一定程度上割裂了个体与社会的关系，进而导致教育功能的功利化与片面化，压抑了人的自由、个性发展，最终造成人发展的片面化和畸形化。实践表明，现阶段我国教育目的观已难以对高考改革、特色学校发展，以及学生核心素养的培育提供指引。在理论上，不仅与马克思主义关于"人的全面发展学说"的基本内涵存在某些偏差，同时也是对多元智能理论认识不足的反映。基于此，现阶段我国教育目的观亟须从以下方向进行改进：明确提出个性发展，将全面发展与个性发展置于同等地位，正确处理社会与个人发展之间的关系［周常稳，周霖，2017］。也有论者梳理了自 1986 年《中华人民共和国义务教育法》首次明确提出教育目的后政策法规中教育目的表述的流变，认为，我国的教育目的过多地注重教育的集体或社会价值目的，而忽略教育的角色目的，导致教育目的缺乏具体性和明确的层次性。目前的教育目的过于概括，基本上从国家全局发展战略出发，从总体上指引教育方向，缺乏具体的指导和易操作的方案，出现了教育过程难以遵循教育目的的窘况。现有的教育目的难以真正指导教育实践，教育理论与教育实践有脱离之象。要实现对教育活动的"导航"作用，我国的教育目的需要进行时代性的动态调整，以为构建和谐社会出力献策［张等菊，2011］。

有论者综合教育目的的历史演进与价值追求，对新教育目的观的确立做出了思索，指出了教育目的具体表述需要做出的修正。纵观新中国成立后 60 多年我国教育方针和教育目的变革，除了教育方针的表述有所变化外，如教育为无产阶级政治服务改为为社会主义现代化服务，教育同生产劳动相结合改为同社会实践相结合，对教育目的的内核一直没有作过重要修正，基本沿用了 1958 年毛泽东的表述，其核心思想是促进学生在德智体几方面得到全面发展。这一延续了近 60 年的教育目的观，已经不能满足时代发展和教育改革的迫切需要，急需进行调整。实践也证明，忽视学生个性化发展的教育目的观已经严重影响到当代基础教育和高考改革走出深水区［傅维利，2017］。我国今后的教育改革要想始终不偏离正确的发展方向，必须用正确的教育目的做指引，其中最为重要的是，把促进学生优势潜能和个性化的兴趣和爱好的自主发展明确表述在我国的教育目的中，使其成为我国教育目的的重要组成部分。按照马克思主义人的全面发展学说的基本原理和时代发展的要求，当代我国教育目的应当修订为：培养德智体美等适度全面协调发展，个人优势潜能和兴趣、爱好自主充分发展的社会主义建设者和接班人。为此应坚持：教育与社会实践密切结合；适度全面发展基础上的个性化发展；社会需求与个人发展需求的协调一致［傅维利，2017］。

（二）教育目的的时代转型

教育目的观自身的矛盾、社会需求与时代境遇都推动着当前教育目的的转型。由"终极者"转向"普通人"，由"工具人"转向"公民"，"培养人工智能时代的原住民"是不同论者针对教育目的转型给出的回答。

社会的发展促使教育目的由"终极者"向"普通人"转化。中国教育目的演进遵循了"终极者"的演进路径，虽然各个时期对教育目的的外在表述不同，但实质未变。终极者教育目的观是一种理想的教育蓝图，将人抽象化、工具化，进而盲目拔高教育的功能，形成并维持着社会分化，最终将教育引向封闭，将人的发展固化，使人与社会走向对抗。社会发展使教育目的观的转型渐成必然。教育须从理性化、终极化、固定化的模式中走出，对无法预见的未来持开放态度，重建人与社会的和谐关系。教育目的观应该定位于培养普通人。"普通人"的教育目的观将实现人和社会关系的全面改组，人由个人主体走向类主体，社会成为有机整体，社会融合成为可能。终极者教育观下的"园艺教育"将为普通人视野下促进生命的自我实践、追求生命的自由意志、以构建平等、正义、公平的社会为目标的教育取代。教育目的观卸掉了沉重的光环，实现了"返璞归真"［张运红，冯增俊，2013］。

培养"好公民"成为现代教育目的转型中的一个重要取向。有论者以"微公益"为切入点,阐明了"让培养良好公民成为教育首要目的"的教育目的观[郭九苓,2012]。也有论者从教育转型、人的转型的角度阐述了教育目的的公民转型。公民作为当代转型社会中国人的应然存在状态,作为培养人的教育,理应成为培养合格公民的教育。我国教育目的对培养"什么人"的定位,从"有社会主义觉悟的、有文化的劳动者"到"社会主义事业的建设者和接班人",多属于"人民"的范畴。"人民"通常强调政治立场、社会态度和阶级属性,是一种阶级身份、政治身份。公民更多的是一种个人身份、法律身份。我国教育目的定位在"人民"的范畴,以人民的要求对待每一个社会成员,强化他们的国家认同、社会服从和义务,而容易忽视公民个人的权利。公民既不等同于臣民、私民,也不完全等同于国民、人民。公民教育是当代中国教育转型的新形态,应在这个基础上来建构我们的教育体系,来建构我们的教育内容。只有在整体教育的意义上认识公民教育,才能使我们的教育真正转向培养社会主义的合格公民[冯建军,2012]。在从工具形态的教育学转向人学形态的教育学的过程中教育目的实现着从工具人到公民的转换。教育轴心由社会到人的转换,要求教育目的必须从培养工具人转向培养主体人。当代社会批判个人的主体性,呼唤社会的主体性。社会主体性重在主体间性,蕴涵着个人的主体性,以个人主体性为前提,强调人与人之间的平等,强调社会的整体与和谐。就当代中国社会而言,社会主体就是公民。主体性和公共性是当代中国社会转型对人的要求,也是公民不可缺少的两大特性。中国社会的当代转型,呼唤一个权利和义务相统一、主体性和公共性相统一的当代公民[冯建军,2012]。

人工智能的出现与发展对教育提出了新的要求与挑战,催生了对教育目的变革的思考。首先,与人工智能时代相伴的,是人的价值和尊严可能遭受损失。在人工智能时代,所有的基于自由意志的筹谋都可以经由机器转化为一种"算法",人类所汲汲以求的价值和尊严都可能转化为"算法"支持下的一种生化冲动。现代教育的根基之一——理性精神,在人工智能的冲击下可能变得虚无。以知识学习为核心的现代教育目的也必须重新加以思考。其次,人工智能不仅为"学以成人"提出了要求,而且也为其提供了有利的条件。

人工智能使人的学习从"物化目的"中解放出来成为可能，使尊严、价值和创造成为教育不可避免的追求。人工智能可以提供具有针对性的个性化学习内容、学习路径和学习体验，让学习真正成为个体自我建构的过程。使教育真正成为一个"立德树人"的过程。因此，为适应科技和社会的发展，今天教育最为重要的目的之一，就是要培养信息时代的原住民逐步成为人工智能时代的原住民，培养他们的 AIQ（Artificial Intelligence Quotient），即个体运用人工智能来提升自我能力的水平［于泽元，邹静华，2019］。

（三）当前教育目的实现中存在的问题

教育目的在由理念到实现的过程中面临种种问题，存在着教育目的观异化导致的教育目的定位偏差，教育目的践行过程中的异化等诸多问题，强调"人"成为教育目的的基本理念，而实际上"人"的缺位却随处可见。

1. 教育目的定位的偏差

现代性异化带来了教育目的观的异化。有论者指出，现代性生成之初，旨在通过人类的理性精神呼唤现代社会、现代进步和现代精神的出现，伴随"理性"到"工具理性"的延伸，现代性的根本属性正在逐步异化，现代性犹如一个无穷无尽的、加速的"创造性破坏过程"，在人类的思想和精神上引发了一场战争性的破坏。现代性的异化，带来了教育目的观的异化。在异化的现代性视野下，教育目的的出发点不再是人，而是人之外的物化世界；教育不再仅仅是培养人本身，更是培养社会所需要的人；教育目的不再是培养今天的人，更确切地说是为未来科学世界培养明天的人。遗憾的是，这样一种摒弃"人"的主体价值、强调"人之为未来所用"的工具性教育目的观，却一直为人类所津津乐道并努力追寻。以"未来人""理性人"为前提假设的教育目的，忽视了教育的滞后性与个体存在的鲜活性［王中男，2011］。

实利的追求消解了教育中对生命与灵魂的呵护。有论者指出，在一个讲求实利、崇尚效率的社会，人们似乎更热衷于教育快出人才、多出人才，并期待教育能够为社会解决各种难题。至于教育的目的究竟是什么，培养生命个体、提升生命品质又为何特别重要这一类探索教育本源问题的研究却少有人问津，以至于生命缺乏教育的呵护，教育缺失灵魂的支撑［吴遵民，

2017]。也有论者认为，在发展社会主义市场经济过程中，我国教育事业出现片面追求物质利益，以金钱作为事业成功的判断标准，人才培养突出经济功能等暗潮。教育实践过程中，教育目标存在培养单向度的经济人，教育者的功利主义发展，各类学校存在"公司化"、"逐利化"，受教育者精神空虚、理想信念缺失等不良倾向[蒋明敏，2020]。功利化的追求消解了教育目的对意义的追问与人的存在状态的深切关注。

2. 教育目的规定的模糊

教育目的面临着具体与抽象的矛盾与困境。国家对教育目的做出的明确规定，是对各级各类学校教育进行普遍的指导，具有一定的抽象性，然而，"应然"教育目的的可操作性不强也影响着教育目的在现实中的实现。有论者认为，当前教育目的的笼统、片面，使得教师们无法建立起相应的、理想的受教育者表象，造成实践混乱不堪、各行其是。教育目的应该弃抽象而求直观，整合统一人的社会性、个体性于个性生成之中，从而构建起丰满的、清晰的个性化形象[陶青，2010]。也有论者指出，无论是历史上还是现在我国的教育目的都是一元化的、单层的，具有理想性、概括性、抽象性，利于教育实践者熟悉，但往往容易形成教育目的表述上的笼统性，缺乏操作性，引起人们对于教育目的理解的偏差，从而导致实际教育过程中所达到的结果往往偏离预期教育结果，使得教育目的形同虚设，流于形式。"应然"教育目的的可操作性不强，其表述的完整性与实现过程中的缺憾性相冲突。社会主义教育目的一直强调德育、智育、美育、体育、劳动技术教育全面发展。但是实践中却从来没有达到这一目的。"应然"教育目的没有内化为社会大众的教育目的，成文的"应然"教育目的与社会大众自身的教育目的相冲突。在执行这一教育目的时出现"层层背离"[赵联，孙福平，2010]。

3. 教师的目的观迷失

教师的教育目的观体现着教师对培养人的规格质量的基本价值取向，不仅指导着教师教育活动的实践，也影响着学生的发展。教师教育目的观的迷失不仅会使教育教学活动的方向产生偏离，还可能误导学生的学习目的观与价值观。有论者指出，长期以来，许多教师对其自身的教育目的缺乏清醒的认识，对于是否存在教师主体的教育目的存在疑惑。然而教师的教育目的观或显性或隐性地存在于具体的教育教学活动中，体现出基于工具理性主义、经验主义及无目的观念下的发展状态，影响着教师教育教学活动，影响着学生的发展［魏登尖，廖其发，2011］。不当的教育价值观的影响、教育评估实然和应然的矛盾、教师教育中缺乏理念培养、市场现实需求诱惑，使部分教师迷失了教育目的，分辨不清教育真正追寻的方向。基于教师价值追求存在的个体差异以及关注学生发展阶段长短的不同，将教师教育目的观分为"鼠目寸光"型、"指日可待"型、"高瞻远瞩"型三种。"鼠目寸光"型教育目的观是教师以眼前利益为导向，有意或无意地忽略学生升学后、毕业后的发展，仅根据学生短期的成绩，来评判其学习的质量。"指日可待"型教育目的观即教师关注学生较长期的发展成效，以学生的就业情况判断学生学习的质量。"高瞻远瞩"型教育目的观指教师以远大的眼光看待未来的发展与生长，帮助学生追求尊严、幸福与自由［夏小书，2017］。教师对教育目的的坚守与迷失，影响着教育实践活动的进行。

4. 教育目的在实践中的异化

教育目的倾向于勾勒理想的状态，当超越性的人格预设与社会现实相遇，教育目的在实践中面临着异化风险。有论者指出，教育的最终目的是为了实现人的发展，包括了个人幸福和公共利益两方面。从理念上来讲，教育目的的这两个方面是一致的。然而在实际的教育中，教育的这两个目的都被异化了，将个体的幸福等同于物质享受，以群体利益代替公共福祉，违背了作为理想的教育所应该具有的终极目标，从而使得公共利益与个体利益充满张力，难以兼容［翟楠，2011］。也有论者指出，教育目的在实施中的异化是多方面的。教育的根本目的是促进人的全面发展和精神世界的提升。然而教育目的在实施中不可避免地伴随着异化现象，主要表现为教育的发展性不足、教育追求的片面性、过度重视精英教育、忽视学生发展的个性与多样性等诸多方面［石兰月，2010］。

在教育实践过程中，具体的人被抽象的人遮蔽，工具性的外在目的不断扩张，指向人的发展的内在追求失落。有论者指出，教育的目的是促进人的发展，教育研究的核心问题是对"人"的认识与理解。人既是教育的对象，也是教育的资源，更是教育的终极指向。基础教育中人的迷失依旧如顽疾一样缠绕着教育的发展。基础教育教学活动被降为"物化"活动，体现在教育目标的外在化与内在化的失调，立足于升学、就业的目标多，关注学生生活、成人方面的目标少；知识化、外显化目标多，情感与价值性目标、内化目标少［朱仲敏，2017］。

总之，在2010至2020的十年间，教育目的与全面发展教育的研究有序开展，取得了一定的成果。研究视野的扩展与理论探讨的深入促进着理念的优化，认识的深化与实践意识的驱动也使研究彰显出对现实的关照与实践的关怀。但研究中仍然存在诸多问题，有待进一步完善。

在教育目的的研究中，一方面，对教育目的的共识需要进一步深化。培养什么样的人始终是教育目的要回答的首要问题，关注人、以人为本成为教育目的价值取向的共同追求，然而，人的发展的复杂性、研究视角的多样性意味着对教育目的中人的理解的多元性。教育目的"关注人"只表征着一种浅层的共识，进一步追问"教育目的关注人的什么"是必要的。对教育目的中的"人"进行深入的理解，澄清多元目的中核心、首要的要素，促进对教育目的的认识形成更深入的共识。为新时代树立适切的教育目的观，确立具体的教育目的规范提供智慧。另一方面，对实然的教育目的的关注有待加强。已有的研究更多地着眼于追求与建构一种理想的教育目的，而相对忽视教育目的的实然存在状态。对实然教育目的的关注不意味着对正式的教育目的表述的文本分析，而是对作用于教育实践活动的目的的剖析。探寻隐含在教育行动中的可能是尚未被意识到的目的，分析其合理性与存在的偏差，使合理的教育目的观指导教育实践成为可能。

全面发展教育的研究需要进一步深化与不断创新。在当前的时代背景下，全面发展教育追求学生哪些方面素质的发展，以何种方法促进人的全面发展，五育融合何以可能、如何实现等诸多问题都需要进一步做出符合时代特征、具有时代意蕴的解答。另外，马克思主义关于人的全面发展的学说为全面发展教育提供了重要的理论依据，但不应成为解读全面发展教育的唯一理论基础。德智体美劳不应成为解读全面发展教育的唯一框架，应打破固有的思维模式，为全面发展教育的理论研究与实践探索注入新的活力。

当前，在教育基本理论中推进教育目的与全面发展教育的研究，机遇与挑战并存。一方面，近年来，实践哲学、身体哲学等相关理论的发展与走入教育研究为研究教育目的与全面发展教育提供了新的理论资源。另一方面，相关教育政策的出台与落实，使更多的研究目光聚焦于教育目的与全面发展教育，也使当前的部分研究呈现出明显的政策导向。如何在研究中协调政策导向与问题导向，使研究基于真实的问题，避免对相关政策与论述的简单附会，实现学术研究与政策规范的相互促进，成为需要关注的问题。在教育目的与全面发展教育的研究中追求学术逻辑、实践逻辑、历史逻辑的统一，对论者的素养提出了更高的要求。

本章主要参考文献

［1］蔡中宏，麻艳香：培养人：教育发展的根本目的和使命——文化哲学视角下的教师专业化发展，甘肃社会科学，2012（01）.

［2］陈雄辉：教育信息化：人的全面发展何以可能，电化教育研究，2012（06）.

［3］陈志光：城市家长教育目的分化及影响因素研究，兰州学刊，2013（08）.

［4］陈超：赫尔巴特与怀特海教育目的观之比较，教育探索，2016（12）.

［5］陈琳：人的全面发展：提升社会质量的根本途径，人民论坛·学术前沿，2020（04）.

［6］程从柱：劳动教育何以促进人的自由全面发展——基于马克思主义劳动观和人的发展观的考察，南京师大学报（社会科学版），2020（03）.

［7］丁奕，何土凤：求美时代：青少年美育的现状与创新研究，中国青年研究，2016（10）.

［8］段丽梅等：何为学校体育之身体教育？体育科学，2016（11）.

［9］冯建军：促使人的转型：教育转型的核心，上海教育科研，2011（09）.

［10］冯建军：教育转型·人的转型·公民教育，高等教育研究，2012

（04）.

[11] 冯建军：教育转型与教育学转型——基于新中国教育的考察，河南大学学报（社会科学版），2012（03）.

[12] 冯建军：回到"人"——世纪之交教育基本理论研究的共同主题，基础教育，2013（01）.

[13] 冯建军：构建立德树人的系统化落实机制，国家教育行政学院学报，2019（04）.

[14] 冯建军：构建德智体美劳全面培养的教育体系：理据与策略，西北师大学报（社会科学版），2020（03）.

[15] 冯刚：论青年全面发展与青年教育，国家教育行政学院学报，2018（02）.

[16] 范勇，田汉族：我国教育目的人本内涵的诠释与演化，教育理论与实践，2017（05）.

[17] 傅维利：正确"目的"与"规律"观照下的教育改革与发展，教育研究与实验，2017（04）.

[18] 顾相伟：论教育发展与人的全面发展，教育探索，2010（06）.

[19] 高闰青："以人为本"：确立教育目标的终极依据，河南师范大学学报（哲学社会科学版），2011（05）.

[20] 郭九苓：让培养良好公民成为教育首要目的，中国教育报，2012（04）.

[21] 郭良菁：解读杜威"教育无目的论"的文本依据辨析——兼论"教育目的"概念的拟人化使用问题，华东师范大学学报（教育科学版），2013（03）.

[22] 郭长义：人的全面发展视域下的新时代高校劳动教育研究，辽宁大学学报（哲学社会科学版），2019（04）.

[23] 郝清杰：完善人格：日本教育目的之考察与启示，中国党政干部论坛，2012（09）.

[24] 郝清杰：日本教育目的之评析，高校理论战线，2012（11）.

[25] 黄友泉，谢美华：胡先骕的教育目的观及其启示，教育探索，2013

（07）.

[26] 胡进：体育在促进学生全面发展中的重要作用，教育理论与实践，2015（06）.

[27] 胡定荣：全面发展·综合素质·核心素养，新疆师范大学学报（哲学社会科学版），2018（06）.

[28] 户晓坤，林滨：开显生命的本真与自觉：当代教育目的论的澄明与复归，伦理学研究，2015（04）.

[29] 侯红梅，顾建军：我国小学劳动教育课程的时代意蕴与建构，课程·教材·教法，2020（02）.

[30] 怀特海：教育的目的，徐汝舟，译．生活·读书·新知三联书店，2014.

[31] 霍洪田：关于小学生全面发展教育研究，中国社会科学出版社，2015.

[32] 蒋雅俊：儿童是目的：教育的伦理基础，南京师大学报（社会科学版），2015（04）.

[33] 蒋明敏：人才培养回归本位：新时代教育目的和功能再思考，毛泽东邓小平理论研究，2020（06）.

[34] 简成熙：彼得斯对教育内在性目的之论证及其相关评析，教育学术月刊，2019（01）.

[35] 简成熙：重构自主性作为教育目的：中西耻感取向的积极意义，湖南师范大学教育科学学报，2020（02）.

[36] 纪东琪：美育视阈下学生美育素养提升路径探究，中国教育学刊，2019（07）.

[37] 克莱恩·索迪安，王远达：扩展我们的教育质量观：重新发现教育目的，比较教育研究，2012（03）.

[38] 凯瑟琳·埃尔金，李雁冰：教育的目的，教育发展研究，2016（09）.

[39] 李政涛，文娟："五育融合"与新时代"教育新体系"的构建，中国电化教育，2020（03）.

[40] 李政涛："五育融合"推动基础教育高质量发展，人民教育，2020（10）.

[41] 李润洲：完整的人及其教育意蕴，教育研究，2020（04）.

[42] 李润洲：生成的人及其教育意蕴，南京社会科学，2020（03）.

[43] 李桢：从"类哲学"看人的全面发展与个性发展，社会科学战线，2013（09）.

[44] 李松林：全面发展教育的关键在于整合，教育科学研究，2019（06）.

[45] 李全生等：泛体育教育观——基于全面发展教育理论的学生体质问题研究，北京体育大学学报，2016（04）.

[46] 黎军，宋亚峰：社会本位论与个人本位论教育目的之再审视，教育理论与实践，2017（10）.

[47] 刘旭东："无立场"的教育认识与人的全面发展，西北师大学报（社会科学版），2010（02）.

[48] 刘磊：教育正义："人的全面而自由发展"合规律和合目的的统一——兼与吴元发博士、徐洁硕士商榷，广州大学学报（社会科学版），2016（12）.

[49] 刘雄：教育目的：基于"过程—结果"关系的思考，首都师范大学学报（社会科学版），2017（01）.

[50] 刘璐，温恒福：建设性后现代教育目的观及其启示，教育科学，2017（03）.

[51] 刘铁芳：培养担当民族复兴大任的时代新人——论新时代我国教育目的的蕴含，教育学报，2018（05）.

[52] 刘铁芳，罗明：人的全面发展之社会性及其培育，教育发展研究，2020（08）.

[53] 刘敏等：人的自由全面发展：青少年体育教育的价值依归——基于当代中国马克思主义思想的分析，体育与科学，2019（03）.

[54] 李祖红：全面发展的人与全面发展的教育，学术论坛，2010（04）.

[55] 李黎：论促进人的全面而自由发展，教育研究与实验，2010（05）.

［56］李培根：让学生自由发展——也谈教育的目的，高等教育研究，2010（11）.

［57］李传永：教育目的与手段：一对统一的关系，教学与管理，2011（03）.

［58］刘登珲，李华："五育融合"的内涵、框架与实现，中国教育科学（中英文），2020（05）.

［59］刘娟：重审周秦变局下的《学记》教育目的论，教育研究，2020（11）.

［60］刘维兰：人的全面发展视阈中马克思哲学的人文意蕴及其当代启示，广西社会科学，2014（07）.

［61］罗祖兵，杨娥："过度学习"的危害及其救赎——兼谈如何建立"全面而有个性地发展"的教育制度体系，全球教育展望，2013（05）.

［62］罗祖兵："全面而自由的发展"的教育及其制度建构，中国教育学刊，2014（09）.

［63］卢俊勇，陶青：杜威"教育无目的论"及其当代价值，教育科学研究，2019（05）.

［64］龙静云，崔晋文：审美教育的实质及其对大学生的教育价值，学校党建与思想教育，2019（12）.

［65］毛红芳：从素质教育到核心素养：全面发展教育的中国实践与理论发展，国家教育行政学院学报，2018（03）.

［66］孟万金等：新时代德智体美劳"五育"并举学校课程建设研究，课程·教材·教法，2020（12）.

［67］宁本涛："五育融合"与中国基础教育生态重建，中国电化教育，2020（05）.

［68］彭道林：教育的目的是改善人——论赫钦斯的自由教育观，现代大学教育，2011（02）.

［69］平章起，郭威：审美教育与人的自由全面发展——基于马尔库塞与马克思审美教育思想的比较分析，学术论坛，2012（08）.

［70］潘希武：教育首要问题和根本任务的新时代内涵，教育学术月刊，

2019 (06).

[71] 阮成武：新中国 70 年培养新人的教育进路，教育研究，2019 (08).

[72] 石中英："培养什么人"问题的 70 年探索，中国教育学刊，2019 (01).

[73] 石中英：推进新时代普通高中育人方式改革要处理好三个关系，中国教育学刊，2019 (09).

[74] 石兰月：对我国教育目的及其在实施中异化的思考，郑州大学学报（哲学社会科学版），2010 (01).

[75] 时龙：追问"人的全面发展"，教育科学研究，2010 (05).

[76] 时龙：全面发展需要全面的教育，教育科学研究，2010 (10).

[77] 沙金，高鹏：论全面发展视域中的体育与学校体育，沈阳体育学院学报，2015 (02).

[78] 尚洪波：论理想人格与教育目的的"国民性"之维——近代"国民性改造"思潮的伦理学省察，江苏社会科学，2015 (04).

[79] 上官剑：有序之道：论人的"整全"及其教育，高等教育研究，2020 (12).

[80] 苏明，陈·巴特尔：人工智能教育伦理的多维审视——基于马克思技术批判和人的全面发展理论，西南民族大学学报（人文社科版），2019 (11).

[81] 孙振东：教育人性化思潮论略，教育学报，2010 (04).

[82] 檀传宝：何谓"教育与生产劳动相结合"——经典论述的时代诠释，课程·教材·教法，2020 (01).

[83] 陶青：教育新解："人之形象"与教育目的——论教育目的的"直观性"，教育理论与实践，2010 (07).

[84] 汤广全：教育目的异化的辩证——基于高中与大学衔接的视角，教育探索，2017 (06).

[85] 王策三：恢复全面发展教育的权威——三评"由'应试教育'向素质教育转轨"提法的讨论，当代教师教育，2017 (01).

[86] 王策三：恢复全面发展教育权威，人民教育出版社，2018.

[87] 王毓珣：从孔门弟子走向看孔子的教育目的，教育学术月刊，2010（07）.

[88] 王中男：现代性视域下的教育异化与回归，教育科学研究，2011（07）.

[89] 王威等：基于"实践作为价值本体"教育目的之分析，学术交流，2013（01）.

[90] 王天琪：杜威"教育无目的论"的理论诠释与价值意蕴，国家教育行政学院学报，2014（03）.

[91] 王莹：新时代育人目标的丰富和拓展——从"德智体美"到"德智体美劳"的解读，学校党建与思想教育，2020（07）.

[92] 吴遵民："教育是什么"的中国式应答，中国教育学刊，2017（06）.

[93] 吴遵民："五育"并举背景下劳动教育新视野——基于"三教融合"的视角，现代远距离教育，2020（02）.

[94] 吴亚林，王学：追寻人格的健全与价值的整全——基础教育目标制导的反思与建构，教育研究与实验，2020（02）.

[95] 吴小玮："接班人"培养的教育困境与优化路径，毛泽东邓小平理论研究，2020（11）.

[96] 魏登尖，廖其发：中小学教师的教育目的观反思与建构，基础教育研究，2011（05）.

[97] 魏兆锋，杜成宪：做人·做中国人·做世界人——钱穆论中国教育目的，广州大学学报（社会科学版），2012（11）.

[98] 肖光华：全面发展教育的历史演变，现代教育科学，2010（10）.

[99] 肖微闻：论审美教育与人的全面发展——以社会主义核心价值体系为基础，学术探索，2012（06）.

[100] 项贤明：论教育目的的公平转型，华东师范大学学报（教育科学版），2017（02）.

[101] 夏小书：教师的教育目的观之迷失与回归，教学与管理，2017（09）.

[102] 杨建朝：教育目的实现基点：儿童的具体生命——兼论教育个人本位与社会本位的统一，教育理论与实践，2012（07）.

[103] 杨道宇：走向实践智慧的课程目的——实践哲学视野下的教育目的观，教育理论与实践，2012（09）.

[104] 杨玲：教育的本源目的：儿童幸福，教育理论与实践，2014（06）.

[105] 杨天平：习近平论人的全面发展，国家教育行政学院学报，2018（03）.

[106] 杨少雄，李静亚：体美劳协同推进新时代育人的实现路径，毛泽东邓小平理论研究，2019（11）.

[107] 袁川，董泽芳：再谈社会转型期高等教育目的的价值取向，高校教育管理，2013（01）.

[108] 袁川，董泽芳：人的和谐发展：再谈社会转型期高等教育目的的价值取向，教育探索，2013（02）.

[109] 袁国，贾丽彬：人的全面发展：教育改革的基本价值标准，教育理论与实践，2018（07）.

[110] 于世华：论教育目标的选择，教育理论与实践，2014（12）.

[111] 于泽元，邹静华：人工智能视野下的教学重构，现代远程教育研究，2019（04）.

[112] 于超，于建福：五育并举　知行合一——黄济先生劳动教育思想的精神特质，教育研究，2020（08）.

[113] 于忠海：教育目的转型：从终极者到普通人基于人性视角的研究，中央编译出版社，2010.

[114] 余小茅，刘文婷：培育实践人格：从王阳明"知行合一"看当代教育目的的实践取向，湖南师范大学教育科学学报，2017（03）.

[115] 余文森，殷世东：新时代中小学劳动教育的内涵、类型与实施策略，全球教育展望，2020（10）.

[116] 闫闯：培养受教的公众：麦金太尔的教育目的，外国教育研究，2017（02）.

[117] 姚建军，师蔷薇：审美教育与人的全面发展，理论视野，2015 (01).

[118] 赵联，孙福平：试论我国的教育目的及其完善，江西社会科学，2010 (08).

[119] 张等菊：比较视野中的教育目的追踪与思考，现代教育科学，2011 (02).

[120] 张秀芳，沙金：论体育对教育的背离与复归，山东体育学院学报，2011 (04).

[121] 张楚廷：人的固有性、可能性和现实性——兼论教育目的，大学教育科学，2011 (05).

[122] 张玉能：实践转向与审美教育——创美美育与人的自由全面发展，甘肃社会科学，2012 (06).

[123] 张运红，冯增俊：中国教育目的观的转型，现代教育管理，2013 (01).

[124] 张玉能：实践转向与审美教育——审美教育作为审美创造实践转向社会，河北师范大学学报（哲学社会科学版），2013 (05).

[125] 张淑妹，李萍：杜威"教育无目的"概念的澄清，现代大学教育，2018 (06).

[126] 张国霖：全面发展教育的新时代，基础教育，2019 (03).

[127] 张磊，倪胜利：身体视域下的劳动教育：文化内涵、价值意蕴与实践路向，国家教育行政学院学报，2019 (10).

[128] 张世豪，罗建文：论劳动教育与新时代人的全面发展，思想理论教育导刊，2019 (11).

[129] 张胜男：从马克思主义视角看劳动教育如何立德树人，人民论坛，2020 (01).

[130] 张国霖：对全面发展教育的一点理解，基础教育，2020 (06).

[131] 张学敏，周杰：技术变革下"个人全面发展"的教育选择——新时代马克思核心教育思想再认识，清华大学教育研究，2020 (06).

[132] 翟楠：现代教育目的的异化：批判与反思，教育学术月刊，2011

（06）.

[133] 赵南：对学校教育目的与功能的新构想——基于儿童自我意识发展的视角，教育研究与实验，2012（04）.

[134] 赵强：试论教育目的的失衡性，教育探索，2013（03）.

[135] 赵茜，方志军：论作为美育的学校体育：内涵、诉求及价值表征，北京体育大学学报，2015（09）.

[136] 赵显通：再谈教育目的——约翰·怀特教授访谈录，高等教育研究，2016（02）.

[137] 郑新蓉：教育公共性：基于儿童保护和全面发展，中国教育学刊，2012（05）.

[138] 赵建芬：论新时代加强劳动教育的战略意义与推进策略，思想理论教育，2020（06）.

[139] 朱仲敏：基础教育中人的迷失与回归，探索与争鸣，2017（05）.

[140] 周光礼：培养理性的行动者——高等教育目的再思考，高等工程教育研究，2015（03）.

[141] 周常稳，周霖：论现阶段我国教育目的观的局限及改进，教育理论与实践，2017（10）.

[142] 周兴国，曹荣荣：论劳动的育人价值及其实现条件，南京师大学报（社会科学版），2020（06）.

[143] 邹红军等：论以实现"人的全面发展"为核心的新教育公平，广西社会科学，2019（10）.

[144] 朱丽，赵汉华：论教育的自成目的性，教育理论与实践，2012（12）.

[145] 朱丰良：教育目的的历史考察与现实思索，江苏高教，2014（04）.

[146] 朱春楠：人的自由而全面发展视域下的创新创业教育研究，江汉论坛，2019（06）.

第四章　核心素养与育人方式变革

"核心素养"是近年来我国乃至国际教育界一个热门的研究主题。20 世纪中后期，为进一步增强本国竞争实力、提升人才培养质量，世界各主要发达国家和经合组织、欧盟、联合国教科文组织等国际组织纷纷开展核心素养的相关研究，从"素养"层面描绘国民教育及人才培养的目标，并进一步将研究成熟的核心素养模型融入课程体系之中，实现了从传统的重学科知识体系完备性、重知识结构轻能力培养的教育模式，向提升学生能力水平、促进其全面发展的新模式的转变［辛涛，2016］。可以说，从"知识本位"时代走向"核心素养"时代俨然成为全球性的教育趋势，"学生核心素养"也因此成为了世界性的研究课题。

自 2013 年起，国内论者纷纷围绕"核心素养"展开广泛而深入的探讨。2016 年，"核心素养"迅速成为了教育界最热门的话题或研究内容之一，此方面的研究成果颇为丰富。在学术著作方面，有林崇德的《21 世纪学生发展核心素养研究》、余文森的《核心素养导向的课堂教学》，以及由华东师范大学出版的系列丛书《聚焦学科核心素养的课堂教学》《核心素养的中国表达》《21 世纪学生发展核心素养研究（修订版）》《核心素养研究》《以概念为本的课程与教学》《核心素养与教学改革》等。在学术论文方面，相关成果更是层出不穷。本书以中国知网（CNKI）学术期刊网络出版总库为数据源，检索了 2013—2020 年以"核心素养"为研究主题的相关论文，并结合这些研究的分布特点，将综述内容囊括为两大部分：一部分主要涉及有关核心素养的一般性的理论研究（如核心素养的内涵、实施，以及核心素养与素质教育、课程目标乃至三维目标等的关系探讨）；另一部分主要聚焦指向"核心素养"的教育教学改革，涉及指向核心素养的课程、教学、评价等方面。

一、核心素养的研究背景

核心素养是人们为了更好地应对 21 世纪信息技术与知识经济的快速发展需要而建构出来的能力与素养体系。对核心素养的研究肇始于经济合作与发展组织（OECD）1997 年启动的"国际学生评定计划"（Programme for International Student Assessment，PISA）。该计划认为，学生在完成基础教育后应该获得成功参与社会所需的核心知识与能力。为了客观评定各成员国学生的知识与能力水平并为之提供适切的评价框架，OECD 还进一步启动了"素养的鉴定与遴选"项目（Definition and Selection of Competencies：Theoretical and Conceptual Foundations，简称 DeSeCo），该报告于 2005 年公布在其官方网站上［师曼等，2016］。

2006 年，参照 OECD 研制的核心素养框架，欧盟在教育与培训领域推出了引领终身学习的核心素养框架，提出了"八项核心素养"指标。2007 年，美国"21 世纪技能合作组织（简称 P21）"也发布了引领 21 世纪技能融入中小学教育的"21 世纪学习框架"，指出在核心知识学习的背景下，学生必须学习在当今世界获得成功必备的一些技能，如批判性思维、问题解决能力、交流与合作能力［车丽娜，徐继存，2017］。此外，其他一些发达国家（地区），如加拿大、澳大利亚、新西兰、新加坡、日本等以及我国台湾地区也纷纷开展了基于培养核心素养的学校教育研究与实践，并建构了基于培养学生核心素养的课程体系和课程标准。比如：联合国教科文组织（UNESCO）提出了"21 世纪社会公民必备的基本素质"——终身学习的"五大支柱"；法国根据"八项核心素养"确立了本国的教育共同基础——"七项核心素养"［何玉海，2016］。

由于国际组织制定框架的初衷和服务对象各有不同，经济体的社会经济发展阶段与文化特征也有差异，以上所提的核心素养框架在具体目标的阐述上也略有不同。有的框架旨在帮助公民实现成功生活并发展健全社会，如OECD（2005）；有的以培养学习能力为目标，指向终身学习，如：欧盟（2006）、联合国教科文组织（LMTF，2013）与中国台湾地区（台湾，2004）等；有的以培养创造力和创业精神为导向，关注21世纪职场需要，如美国P21（U. S. Department of Labor，1991）、APEC（APEC，2008）与加拿大（C21 Canada，2012）等；有的突显核心价值观，培养有责任感的合格公民，如新加坡（Singapore Ministry of Education，1998）、中国香港（香港课程发展议会，1996）、中国大陆（中华人民共和国教育部，2001；2014）与韩国（姜英敏，2008；朴顺景，2014）等；还有的重视公民日常生活和文化休闲质量，如俄罗斯（Ministry of Education and Science of the Russian Federation，2002）等[师曼等，2016]。

学生核心素养的发展与培养不仅成为国际社会的共识和21世纪学校教育的基本任务与发展趋势，对世界基础教育课程与教学实践产生了重大影响，也对我国正在进行的课程改革提出了最本质的要求和长远的指引[石鸥，张文，2016]。2013年，我国即启动了"基础教育和高等教育阶段学生核心素养总体框架研究"项目。受教育部委托，北京师范大学林崇德教授领衔组织研究团队，联合山东师范大学、辽宁师范大学、华南师范大学、河南师范大学等多所高校近百位专家，对中国学生发展核心素养展开专项研究[林崇德，2016]。

2014年，教育部颁布《关于全面深化课程改革落实立德树人根本任务的意见》，首次以官方文件的形式提出要"研究制订学生发展核心素养体系"，要求通过研制学生发展核心素养体系来调整和修正课程方案和课程标准，改善与优化中小学相关学科教材，并提炼出基于不同学科的核心素养。这一文件不仅将核心素养置于深化课程改革、落实立德树人目标的基础地位，也揭开了深化基础教育课程改革的序幕，标志着我国课程改革开始进入"核心素养"时代[徐洁，2020]。是年，教育部正式启动普通高中课程标准的修订工作，旨在贯彻落实立德树人根本任务，通过研制我国核心素养体系，将基于核心素养的学业质量标准融入课程标准，引导和促进学习方式和育人模式的根本转型，从而实质性推动和深化我国基础教育课程改革。

2016年9月，中国学生发展核心素养研究成果发布。其以培养"全面发展的人"为核心，将核心素养分为文化基础、自主发展、社会参与3个方面，综合表现为人文底蕴、科学精神、学会学习、健康生活、责任担当、实践创新等六大素养，并具体细化为国家认同等18个基本要点。这成为进一步深化基础教育改革，推进课程建设与教学改革的切入点［车丽娜，徐继存，2017］。

在此影响下，有关核心素养的研究总体上包含了三大板块的内容：一是围绕"核心素养是什么"进行的正统性的理论研究，这主要集中在2015—2016年；二是对核心素养教育基本问题的研究。亦即以中国学生发展核心素养作为课程设计出发点，针对学生年龄特点，研究基于核心素养发展的评价，以及各学段、各学科的育人目标和任务；三是基于学科，研究不同学科的核心素养及如何培养。

二、关于核心素养的理论探讨

面对21世纪日益复杂的时代变化和加速度的科技革新，个体应该具备怎样的素养以回应个人生活和社会运作所提出的种种挑战？对此，经济合作与发展组织（OECD）启动的"素养的界定和选择"（Definition and Selection of Competencies，简称DeSeCo）这一项目提出，素养不限于个体未来的职业发展前景，即所谓的职业可雇佣性（employability），而是指向个人生活的成功以及社会的良好运作。从这个角度出发，OECD（2005）给出了确定核心素养需要满足的三个条件：（1）要对社会和个体产生有价值的结果；（2）帮助个体在多样化情境中满足重要需要；（3）不仅对具体领域专家是重要的，而且对所有人都是重要的［杨向东，2020］。这亦给后来的研究提供了重要参考。

（一）核心素养的内涵

OECD曾提出，核心素养是在知识社会中每个人发展自我、融入社会及胜任工作所必需的一系列知识、技能和态度的集合。这一界定不仅突出了核心素养的大众教育性质，而且强调核心素养的发展对于个体应对复杂现实情境、理解和应对当下或未来世界的意义和价值［杨向东，2020］。受此启发，国内论者围绕核心素养展开的研究与讨论，一定意义上也延续了这一认识。比如，一些论者指出，核心素养具有综合性，是学生知识、技能、情感、态度、价值观等多方面要求的结合体，亦是外显素质与内隐素质的融合［辛涛，姜宇，林崇德，等，2016；罗祖兵，2017］。还有论者指出，核心素养的核心既不是单纯的知识技能，也不是单纯的兴趣、动机、态度，而在于重视运用知识技能、解决现实课题所必需的思考力、判断力与表达力及其人格品性。核心素养既包括问题解决、探究能力、批判性思维等认知性素养，又包括自我管理、组织能力、人际交往等非认知性素养［钟启泉，2016；施久铭，2014］。

2014 年，教育部颁布《关于全面深化课程改革落实立德树人根本任务的意见》，将"核心素养"确定为学生应具备的适应终身发展和社会发展需要的必备品格和关键能力。这进一步明确了我国学生发展核心素养的基本内涵。此后，国内论者对核心素养内涵的界定多围绕此丰富与展开。比如，一些论者提出，核心素养是学生在接受相应学段教育的过程中，逐步形成起来的适应个人终身发展与社会发展的人格品质与关键能力［林崇德，2016；辛涛，姜宇，林崇德，等，2016；石鸥，2016］。还有论者指出，核心素养是"同职业上的实力与人生的成功直接相关地涵盖了社会技能与动机、人格特征在内的统整的能力"［钟启泉，2016］。

结合国内外对核心素养内涵的界定，可以看出，目前国内外关于核心素养的特点基本上具有以下共识：

（1）核心素养具有整体性和综合性。核心素养包括知识、技能和态度等要素，但并非它们的简单叠加，而是这些要素在个体发展过程中整合后的结果［辛涛，姜宇，林崇德，师保国，刘霞，2016；褚宏启，2016］。

（2）核心素养具有发展性。素养并非与生俱来，是后天通过有利的学习环境习得的，具有可教性、可塑性和发展性，它的形成过程是个人与社会协同作用下的渐进过程，它的获得是一个持续的、终身的学习过程，且能够运用于新的情境或未来发展。个体可以通过不同的终身教育学习阶段，有效培养并提升自身的核心素养。核心素养关注学生在其培养过程中的体悟而非结果导向［林崇德，2016；辛涛，姜宇，林崇德，等，2016］。

（3）核心素养具有共同性。它是个体获得成功生活、适应个人终身发展和社会发展都需要的、不可或缺的共同素养，其解决的问题是"如何从学生学习结果的角度来回答未来社会所需要的人才是什么样的"［辛涛，2013；崔允漷，2016；辛涛，姜宇，林崇德，师保国，刘霞，2016］。

（二）核心素养的本质

以上关于"核心素养"的表达是从学生学习结果的角度描述未来社会所需要的人才样态。换言之，对新时代所需人才形象的刻画与描述是界定核心素养的逻辑起点。如果说以往的研究对于核心素养是"学生在接受相应学段的教育过程中，逐步形成的适应个人终身发展和社会发展需要的必备品格和关键能力"这一论断尚无异议的话，那么在认识、理解核心素养的性质或结构方面却存在着众多看法。目前，关于核心素养的本质，主要存在以下三种观点：

1. 高级能力说

作为一种能力与品格的构成，核心素养是否仅指向某些高层次的能力？抑或它是个体应对新世纪挑战、新发展诉求所必备的基本素养呢？对此，一些论者从"核心"和"关键"着手指出，核心素养是关键素养而不是全面素养，是高级素养而不是低级素养，甚至也不是基础素养。它是人们适应21世纪个人和社会发展需求、解决复杂问题、适应不确定情境的关键少数的高级能力，是每个人在21世纪都应该具有的少数几个高水平的"做事本领"［褚宏启，2016；张华，2016］。核心素养区别于记忆能力、知识技能熟练等低层次能力，它是一种以批判性思维、创造性思维和复杂交往能力为核心的高层次能力，属于诸多高层次能力中的少数关键性能力，或者说是世界共同追求的协作、交往、批判性思维与创造性等能力［张华，2016；褚宏启，2016］。

2. 基础性素养说

与"高级能力说"不同，一些论者指出，核心素养应该是个体发展与完善自我、融入社会及胜任工作所需的基础性素养。它是在基础教育领域且针对基础教育提出的，是个体应具有的起基础和支撑作用的素养。从这一意义上看，核心素养具有基础性和基本性，是人进一步成长的基础和可能［石鸥，2016；余文森，2016］。核心素养之"核心"应当是基础，是起奠基作用的品格和能力［成尚荣，2015］。尽管如此，持有该类观点的研究也分流为三种认识：

一种观点指出，核心素养不同于传统的"基础素养"，也不是一般意义的全面素养，它具有新的时代内涵，位于基础素养发展的高级阶段。核心素养是囊括关键能力、核心素养、21世纪能力等在内的"真实性学力"［钟启泉，2016］。也有论者指出，核心素养并非恒定。一方面，它的内涵应根据社会发展和个体成长的需求而不断充实新的内容，甚至也会因人们对理想人的价值诉求的变化，而发生改变［李润洲，2016］。也有论者将核心素养喻为立体性的结构体，认为核心素养具有三层架构：位于底层的为"双基指向"，位于中间层的是"问题解决指向"，最上层的是"科学（广义）思维指向"［李艺，钟柏昌，2015］。

第二种认识指出，核心素养是基础素养中的"关键少数"。它是学生为适应信息时代和知识社会的需要，解决复杂问题和适应不可预测情境的必不可少的关键性的能力和道德［余文森，2016；张华，2016］。还有论者指出，核心素养是教育对究竟什么因素和素养对儿童和青少年学生的终身发展最重要的基本假设，它的建设应该更加突出和强调学生道德等基本素养［谢维和，2016］。尽管如此，研究也指出，核心素养不能作为教育目标的全部，核心素养只是教育目标的重要组成部分。基础教育的目标是"基础素养＋核心素养"。基础教育一定要为学生高级素养的形成奠定一个坚实的基础，"基础教育的基础性"需要被大力强调，需要在核心素养的视角下被重新认识［褚宏启，2016］。

第三种认识则指出，核心素养是每个人获得成功生活、适应个人终身发展和社会发展都需要的、不可或缺的共同素养。它综合表现为知识、技能、情感、态度、价值观等多个方面。它应该是基础中的基础，是普通学生都能够获得的，是未来生活与发展必需的［林崇德，2016；褚宏启，2016］。也有论者进一步指出，核心素养虽然属于个体适应21世纪生存与发展需要的必备素养，但这一素养中既有共同性成分，也有特殊性成分。核心素养并非仅仅是人类存在的适应性品质，也是人性卓越的超越性品质，即人之为人应该具有的品格和能力。从现有核心素养框架来看，核心素养包含了领域素养和通用素养两个维度，这两个维度共同构成了人的现代性尺度，而通用素养，在人的认识能力、个人成长和社会性发展等维度上，则是超越时代需求的教育之永恒追求［高伟，2017］。

（三）核心素养与素质教育的关系

在根本价值取向上，"核心素养"这一提法与我国上世纪80年代以来倡导的"素质教育"有着内在的一致性，是对素质教育在新时期的深化。上世纪80年代末提出的素质教育旨在改变当时过分强调"智育唯一、分数至上"的"应试教育"弊病，促进育人模式的转型。然而，论者指出，以提高人的素质为根本宗旨的"素质教育"与中文中的"素质"在语意上却存在偏差。汉语中的"素质"仅局限于对个人的生理学与心理学维度的理解，这一定位至多是教育的前提和条件，而非教育的结果。正是如此，作为中国基础教育近30年改革的关键概念，"素质教育"在其概念内涵与实践外延上却陷入目标模糊、观念混杂、内涵多样的尴尬境遇中［刘云杉，2017］。而"核心素养"之所谓"素养"，作为一个合成词组（"素质"＋"养成"），则解除了"素质"的概念困扰，凸显了先天素质与后天教养的化合作用。近30年来作为教育口号的"素质教育"，借助"核心素养"的躯壳，从批判的武器真正落实为培养的目标、教学的内容与评价的标准，引导学校教育从知识教育走向能力教育，进而走向素养教育［柳夕浪，2014］。就此看来，"核心素养"虽于"素质教育"而言有一定的继承性，但却存在质的超越。

从素养和素质之间的联系看，有论者指出，素质教育是相对于应试教育提出的、具有宏观指导性质的教育思想。核心素养是对素质教育的内涵解读与具体化［陈兵，2015；辛涛，姜宇，林崇德，师保国，刘霞，2016］。从素质教育改革的角度来看，学生发展核心素养研究体现了以"学生发展"为核心的教育视角的变化，对于全面推进素质教育具有重要意义。核心素养的提出让素质教育有了可操作的载体与内容［陈兵，2015；辛涛，姜宇，林崇德，师保国，刘霞，2016]。有的研究甚至指出，素质要素是核心素养的构成单位。一种核心素养是由顺利、高质量完成当代社会情境中的某种实际活动所需要的各种素质要素集合而成[陈佑清，2016]。

从素养和素质之间的差异看，有论者指出，目前所提"素养"概念不同于以往沿用的"素质"提法。具体体现为：（1）"素质"指的是个体先天禀赋和后天环境（教育）交互作用在个体身上所体现出来的结果。而"素养"更多的指向后天习得的，通过教育可以培养的，可以更加凸显教育的价值[陈佑清，2016]。（2）"素质"对应的主体是"教育"，"素养"对应的主体是"人"或"学生"。核心素养概念着力从人适应当代社会发展所形成的复杂的生活情境的角度，描述人的身心发展应达到什么样的素养状态[杨向东，2016；陈兵，2015]。（3）核心素养与素质在刻画、描述人的身心特征（特质）时所使用的单位的大小或综合程度存在不同。核心素养突出了素质（素养）在当代社会背景下的情境适应性、综合性、复杂性等特征。当我们在教育中规划如何培养人的核心素养以及怎样评价人的核心素养时，必然会进一步分析每种核心素养所包含的素质要素，并从这些素质要素出发，规划核心素养之培养的过程和评价的标准[陈佑清，2016]。

（四）核心素养与学科核心素养

从教育实践的角度谈及核心素养的落实问题，往往会涉及核心素养与学科的关系处理，甚至也会牵涉出"学科核心素养"这一概念。在此问题上，研究便不免会就核心素养能不能（以及如何）融入具体学科、"学科核心素养"这一概念是否成立等产生争议。

1. 核心素养的学科角色

对于该问题，目前主要存在两种认识：第一种观点提到，核心素养是相对于教育教学中的学科本位提出的，强调学生素养发展的跨学科性和整合性。核心素养不是只适用于特定情境、特定学科或特定人群的特殊素养，而是适用于一切情境和所有人的普遍素养，这就是"核心"的含义[杨向东，2016；陈兵，2015；施久铭，2014]。

第二种观点则指出，核心素养应该是学科素养与跨学科素养的统合，它应该由跨学科核心素养和学科核心素养所构成。核心素养并不指向某一学科知识,并不针对具体领域的具体问题,而是强调个体能够积极主动并且具备一定的方法获得知识和技能,从人的成长发展与适应未来社会的角度出发,跨学科跨情境地规定了对每一个人都具有重要意义的素养［张华,2016;辛涛,姜宇,刘霞,2013］。

2. 核心素养与学科(核心)素养

核心素养某种意义上是对时代新人发展的一种蓝图式的勾勒,各门学科则是支撑这幅蓝图得以实现的"构件"。为了沟通学生发展核心素养与学科教学之间的联系,国内论者独创了"学科核心素养"这一概念。不仅如此,过去的几年间,国家层面在讨论和修改学生发展核心素养的内容与框架的同时,也在普通高中课程方案和课程标准修订过程中研究各个学科自身的核心素养(或称学科素养)。对学生发展核心素养和学科素养的研究可以说是并行开展的。这便也牵引出两个基本问题的探讨:学科(核心)素养这一概念究竟在何种意义上成立?学生发展核心素养和学科(核心)素养内在的对应关系是什么?

对此,一些论者指出,依托学科发展学生的核心素养不能简单说成是"学科核心素养"。理由如下:

第一,核心素养指向人本身,它不能衡量或修饰学科。有论者指出,唯有人才可以用素质与涵养—素养—及其程度或水平来衡量。学科以知识、概念、原理体系来表征,学科可以达成某些核心素养,但不能说学科具有哪些核心素养。泛泛的"学科核心素养"一说,只能看作日常说法,是非科学的不严谨的说法,不足以成为学术话语［石鸥,张文,2016］。从这一意义上讲,"学科核心素养"这一概念表述并不准确。

第二,各门学科之间的边界不应当是刚性的、僵化的,而是软性的、互通的。有论者指出,在核心素养牵引下的"学科素养"界定的需要有三个视点——学科素养的独特性、层级性与学科群三个视点的交集。而简单意义上提"学科核心素养"却容易造成"多核心",而"多核心"无异于"无核心"。倘若允许各门学科自立门户,张扬各自所谓的"学科核心素养",那就无异于允许这两个自相矛盾的说辞同时成立,在逻辑上便不具整合性。因此,在

"核心素养"的前提下强调"学科素养"是天经地义的。但超越了这个底线,便无异于否定了"核心素养"本身,丧失了灵魂。一个严重的后果是容易导致分科主义思潮泛滥[钟启泉,2016]。

第三,"核心素养"的界定应当具有唯一性、渗透性、整合性,它与学科素养之间的关系是全局与局部、共性与特性、抽象与具象的关系。因此,即便"学科核心素养"这个概念成立,所谓学科核心素养也不等同于核心素养。学科虽然在促进学生核心素养的发展上意义重大,但任何核心素养都不是一门单独的学科可以完成的。任何学科都有其对于核心素养发展的共性贡献与个性贡献[石鸥,张文,2016]。学生发展核心素养和学科(核心)素养内在的关系,如果处理得不好,可能会强化各学科的特色,造成学科和学科之间更清晰的分离,违背国际上学科之间融合渗透的趋势,将学生发展核心素养变成抽象的言词,而非撬动课程改革深化的杠杆[辛涛,2016]。

正因如此,有论者指出,"学科核心素养"应被理解为培养"核心素养"的路径。"学科核心素养"这一概念搭建起了"学科"和"核心素养"之间的桥梁[周平艳,魏锐,刘晟,师曼,陈有义,2016]。只有明晰本学科在特定核心素养形成和提升上的教育意义,揭示学科与核心素养的内在关联,才能发现学科独特的育人价值[石鸥,张文,2016]。

(五)核心素养与教育方针、教育目的、课程目标的关系

当前,在我国,能够找到对应文本依据的教育目标表现为三个层次:相关法律、党的教育方针及国家宏观教育政策中所体现的"教育总目标",各级各类课程标准中体现的"课程目标",以及教科书、教师用教学参考资料及教师教学设计方案中体现的"单元教学目标"及"课时教学目标"。作为"国家教育总目标的具体体现",核心素养在教育目标系统的层次结构中居于高度抽象概括的国家教育总目标与相对具体的课程目标之间,具有"承上启下"的枢纽作用。其在教育目标层级结构中居于较高层次,但在内容方面又是相对具体的,因此被认为是国家教育总目标的具体体现[刘新阳,2017]。可以说,"核心素养"已成为描述新的教育目标与课程目标的概念工具,成为21世纪人才培养的基本要求。正因如此,一些研究围绕核心素养与教育方针、

教育目的、课程目标、素质教育等之间的关系辨析，剖析核心素养这一概念的来龙去脉及其背后的观念体系与价值立场。

就核心素养与教育方针的关系，有论者指出，核心素养是对教育方针中所确定的教育培养目标的具体化和细化，是连接宏观教育理念、培养目标与具体教育教学实践的中间环节［林崇德，2016］。在此意义上，核心素养便凸显了学校教育的根本目的和课程教学的改革方向。

就核心素养与教育目的的关系，论者指出，核心素养是教育目的与学习结果的重要中介。它既是教育目的的逻辑必然，也是课程与评价设计、实施的技术诉求［钟启泉，2016；何玉海，2016］。没有核心素养，教育目的将是一种抽象的理论构念、一种纯粹的美好愿望，而课程与评价的设计、实施将会失去有目的的方向［崔允漷，2016］。

就核心素养与课程目标的关系，有论者指出，课程目标是实施核心素养的方式、手段与途径。培育学生的核心素养离不开具体的学科课程或综合课程，核心素养是这些课程目标的来源。这种来源从逻辑上讲，存在如下三种关系：一是分离关系。即通常所说的"两张皮"。进一步说，核心素养是上浮的、高高挂起，但未落下。二是交集关系。即核心素养与课程目标存在着部分交集。三是包含关系，其中有两种情况：一种是核心素养过于抽象的情况，此时核心素养包含了课程目标；另一种是核心素养过于具体的情况，此时核心素养停留在知识、技能或一般能力层面，课程目标包含或等同核心素养［崔允漷，2017］。

还有论者指出，从课程目标的系统建构来说，核心素养与课程目标在外延上应该是相当的，只是在抽象程度上不一样。核心素养相对抽象，课程目标是用学科的话语陈述核心素养，相对具体一些。就一门课程而言，核心素养与该门课程目标的关系逻辑上存在两种对应关系：全部对应和部分对应关系。从核心素养到学科核心素养、课程标准，再到单元或课时目标，构成了完整的课程目标层级体系［崔允漷，2017］。

（六）核心素养与"双基""三维目标"的关系

"核心素养"的提法是对我国改革开放以来基础教育改革成果和经验的继

承和发展。改革开放以来，我国基础教育领域的课程改革大体上经历了三个阶段：在第一个阶段，课程目标主要强调培养学生的基础知识和基本技能，称之为"双基"；在第二个阶段，课改目标发展为"三维目标"，强调培养学生的情感、态度、价值观等；在第三个阶段，课程改革的目标则进一步发展为核心素养。三类目标中，"双基"是从学科知识体系本身出发来考虑课程改革的目标；"三维目标"则把学科内容、学生发展诉求结合了起来；"核心素养"则强调，任何学科均为促进学生全面发展的载体或者素材，真正的教育目标是提高学生的基本核心素养［辛涛，姜宇，2017］。由于这一变化，相关研究中便较多涉及了核心素养的定位问题，尤其是从课程改革的角度探讨新时期强化核心素养的意义。"核心素养"带来的变化，正如有论者指出的，它使课程标准的形态从教学大纲（双基）、内容标准（三维目标）走向了成就标准（核心素养），即以学生应该达到的素养（成就）作为课程标准的纲领［余文森，2016］。这也揭示了一点：核心素养与"双基""三维目标"不是完全割裂的，它存在一定的继承性，但更是有了较明显地超越性。核心素养指引下的课程与教学根本上更加关切、契合学生的发展诉求，甚至是以此为基点的。

1. 核心素养与"双基"的关系

我国传统教育素来重视"双基"，即基础知识与基本技能。当核心素养成为新的教育目标之后，核心素养与"双基"是怎样的关系？对于这一问题，存在三种典型观点：第一种观点认为，核心素养的基础是"双基"，只要"双基"熟练掌握，自然生成核心素养，二者无对立和冲突，本质上是相同的；第二种观点认为，"双基"对发展核心素养的基础地位以及我国教育重视"双基"的特点和优势必须坚持，但是随着时代的发展，"双基"应当与时俱进，在数量上增加，如把"双基"增加为"四基"；第三种观点认为，核心素养与"双基"存在根本区别，二者没有实质性联系。"双基"是外在的、立足于学科的，是从学科的视角来刻画课程与教学的内容和要求。核心素养是内在的，是从人的视角来界定课程与教学的内容和要求。另外，核心素养既不依赖特定知识或技能，又可适用于任何知识、技能或情境［张华，2016；罗祖兵，2017］。

实践中,究竟怎样处理核心素养与"双基"的关系呢?研究提出如下两点:第一,转变课程知识观。每一门学科都要基于"少而精"的原则选择最有价值的学科知识,从零散的"知识点"走向拥有内在联系的学科核心观念。将学科探究与实践视为学科知识的有机构成。将学科探究与实践基于学生的年龄和个性特征进行转化,由此成为具有发展连续性的课程内容。学生在真实情景中亲自探究与实践学科核心观念,由此形成学科核心素养;第二,将知识创造过程变成教学和学习过程。以"问题解决教学"和"协作教学"为核心,通过让学生经历真实的探究、创造、协作与问题解决,发展学生的核心素养。在此过程中,一切基础知识、基本技能均成为学生探究的对象和使用的工具,其目的是产生学生自己的思想和理解[张华,2016]。

2. 核心素养与"三维目标"的关系

进入20世纪90年代,为了更好地适应"知识经济"与社会发展要求,许多国家或地区加大了教育改革,特别是课程改革的步伐,与此同时加大了对课程标准的制定工作。2001年6月教育部颁布《基础教育课程改革纲要(试行)》,自此启动了新一轮的课程改革。此次课程改革的一个基本标志就是从"双基"走向"知识与技能、过程与方法、情感态度与价值观"的"三维"课程目标。然而,有论者指出,由于理论和现实中的种种原因,"三维目标"在实际教学实践中演变成只剩"知识与技能","过程与方法"未能充分落实,"情感态度与价值观"被形式化和虚化[杨向东,2016]。核心素养的提出则有助于重新审视"三维目标"的整合问题。

对于核心素养与三维目标的联系,有论者指出:(1)核心素养在本质上是应对和解决复杂的、不确定的现实生活情境的综合性品质。这一过程离不开个体能否综合运用相关的知识技能、思维模式或探究技能以及态度和价值观等在内的动力系统。在这个意义上,核心素养是"三维目标"的整合。这种整合发生在具体的、特定的任务情境中[杨向东,2016];(2)"三维目标"与"核心素养"共享了人们对教育培养全面发展之人的期待,二者存在一脉相承的继承关系。"三维目标"与"核心素养"因二者皆要消除"单纯追求分数和升学率、重智轻德,学生的创新精神、实践能力与社会责任感较为薄弱"等应试教育之弊端而具有共通性,进而使"核心素养"与"三维目标"呈现出继承性［李润洲，2016］。

对于核心素养与三维目标的区别，有论者指出：（1）在价值旨趣上，"三维目标"作为课程目标或教学目标，只是将学生的全面发展作为其话语展开的前提，却并未直接回答全面发展的学生是什么样的；而"核心素养"则紧紧围绕着"面向未来应该培养什么样的人"这一问题，不仅回答了教育要培养全面发展之人，而且回答了全面发展之人是什么样的，即具有哪些核心素养；（2）相对于全面发展之人的培养，"三维目标"只是培养全面发展之人的手段，回答了"怎样培养全面发展之人"的问题，其不仅缺乏对教育内在性、人本性、整体性和终极性的关注，也缺乏对人的发展内涵，特别是关键的素质要求进行清晰的描述和科学的界定。而"核心素养"则是全面发展之人培养本身，直接回答了"全面发展之人是什么样的"。它让我们真正从人的角度来思考教育、定位教育，素养导向的教育更能体现以人为本的思想。从这个意义上说，"核心素养"是"三维目标"的上位概念，是对"三维目标"的超越。从"双基"到"三维目标"再到核心素养，其变迁基本上体现了从学科本位到以人为本的转变［李润洲，2016；余文森，2016］；（3）从文字表述上看，核心素养的"必备品格"与"三维目标"的"情感态度与价值观"有相通之处，是对"情感态度与价值观"的提升与完善；而核心素养的"关键能力"与"三维目标"的"知识与技能、过程与方法"也拥有共同的追求，是对"知识与技能、过程与方法"的综合与概括［李润洲，2016］。

综合已有观点，可将核心素养实现的"超越性"表述如下：与上一阶段课程改革强调的"三维目标"相比，核心素养既有传承的一面又有超越的一面。从形成机制看，核心素养来自三维目标，是三维目标的进一步提炼与整合，是通过系统的学科学习之后而获得的；从表现形态看，核心素养高于三维目标，是个体在知识经济和信息化时代，面对复杂的、不确定的情境时，综合应用学科的知识、观念与方法解决现实问题所表现出来的关键能力与必备品格［余文森，2016］。

三、指向核心素养的育人方式改革

建立学生核心素养旨在推进教育教学改革。然而，究竟如何将核心素养从一套理论框架或者育人目标体系，落实、推行到具体的教育和社会活动中去，进而真正实现其育人功能与价值，这成为教育领域面临的重大问题。有论者指出，学校改革的核心环节是课程改革，课程改革的核心环节是课堂改革，课堂改革的保障是教师专业发展。因此，基于学生发展核心素养的育人方式改革便不免要将核心素养融入课程标准，并基于此改进课程实施，推进教师培训，指导考试评价，渗透到教学改革的各个环节中去，将国家对于教育的顶层设计——学科核心素养——转化为学生实实在在的能力与品质［钟启泉，2016；姜宇，辛涛，刘霞，林崇德，2016］。如今，教育界对"核心素养是什么"的回答虽已有足够的共识，但在"如何落实核心素养的培育"上，即指向核心素养的课程、教学与评价等的一系列表述或做法上还存在比较大的差异［崔允漷，2017］。因此，关于此方面的研究还有更多的空间去探索和深化。

（一）核心素养的具体化

所谓核心素养的"具体化"指的是将核心素养作为目标性、引领性的内容转化到课程、融入到教育教学实践中。论者指出，学生发展核心素养是一套经过系统设计的育人目标框架，其落实需要从整体上推动各教育环节的变革，最终形成以学生发展为核心的完整育人体系。具体而言，主要有三个方面的途径：

一是具体到不同的学段中。把学生发展核心素养作为课程设计的依据和出发点，进一步明确各学段、各学科具体的育人目标和任务。基于核心素养指标体系，确定各学段的核心素养及其表现特点，从学生发展的角度做好不同学段核心素养的纵向衔接，以及各学科课程的横向配合［施久铭，2014］。

二是与学科或学习领域建立关联。有论者指出，尽管不同的学科都承担着培养核心素养的任务，但对于某一具体的核心素养而言，不同学科的贡献和贡献方式不一样［罗祖兵，2017］。因此，对于核心素养结构是如何形成的以及课程发展立足内容还是素养这两种逻辑如何协调需要澄清。论者还进一步指出，指向核心素养的课程发展要求从作为学生发展标志的、相对抽象的核心素养，到学科或学习领域层面的素养要求（课程标准），仅只是体现了立足于学科内容的立场，还无法落实核心素养的培育。其还需要进一步转化为教学层面的目标，以此形成一个完整的、一致的体系，进而超越学科内容立场。只要求核心素养与学科或学习领域建立关联，并不能揭示出核心素养与学科内容的内在关系［崔允漷，2017］。

三是转化到课程、教学中。核心素养的教学转化是一个系统工程，需要从未来新人的形象，到学科课程标准、评价标准，再到教学层面逐级落实下来。这包含三个重要环节：首先，要从培养核心素养的角度来重新审视、修订培养目标、课程目标、教学目标；其次，要从培养核心素养的角度来审视、修订、完善各科课程；最后，还要将核心素养渗透在学生学业评价标准中［罗祖兵，2017］。有论者指出，任何缺乏这样层级性的"如何培养人"的体系，是无法实现"培养什么人"的核心素养的理想的［崔允漷，2017］。

在教育评价层面，核心素养的具体化还意味着，建立基于核心素养的学业质量标准，明确学生完成不同学段、不同年级、不同学科学习内容后应该达到的程度要求，把学习的内容要求和质量要求结合起来［林崇德，2016］。

(二) 指向核心素养的课程变革

1. 指向核心素养的课程建设

课程建设包含课程的规划设计和课程实施。在突出核心素养的思想指导下，核心素养为课程内容的确定、教材编写、课程设计、课程实施等提供了重要依据。不仅如此，课程内容的确定与教材编写等，也需从单纯以学科知识体系为依据的路径，转向兼顾以促进学生核心素养的形成依据的路径。

有论者指出，素养是知识、能力和态度三个层面的整合，涉及个体的认知因素和非认知因素。因此，学生核心素养的培育必须借助知识的内化过程，将学习到的知识、技能经由适当的态度、情感、价值观的转化，最终升级为素养［蒋永贵，2017］。核心素养的培育不能限于掌握知识、形成技能［闫守轩，郭超华，2017］。还有论者指出，只有更新教育理念，将课程内容的确定依据从知识在学科中的意义，转向知识在核心素养培养中的意义上来，也即转向能够最大程度促进和提升核心素养的那些知识，才能解决有限与无限的矛盾，解决内容精选的问题［石鸥，2016］。

如何将核心素养转化为学校课程呢？对该问题的回应，目前主要存在以下两种说法：

一是"整体支配观"。该类观点认为，核心素养是课程发展与设计的DNA，它是一个连续整体，是通过各种内容的学习活动持续、综合性实现的。核心素养要想不被虚化，需在教育目的与学生学习结果之间确立层级化的目标，即教育目的、学科目标与教学目标［钟启泉，2016；崔允漷，2016］。这意味着，核心素养是课程体系的基质、纲领或源头，层层支配着课程的转化。因此，核心素养的课程转化是一个由理念到实际、由抽象到具体、由共同到分殊，环环相扣、层层支配的过程，其强调彼此呼应、双向互动［郭晓明，2016］。还有论者指出，要想把核心素养作为课程目标并发挥目标的功能，核心素养还需要采用专业的技术路径，如分学段或学科或时间或类型，在教育目的与学生学习结果之间设置一定的层级，并对每一层级的目标作出可理解、可传播、可实施、可评价的陈述［崔允漷，2016］。

二是"部分渗透观"。考虑到核心素养是学生应具备的"关键素养"（而非全部素养），一些论者提出，核心素养在课程中的具体化，最重要的关注点，不是学生素养的完整性、全面性，而是时代性和针对性。课程发展不在于如何由核心素养推演出下位的课程目标和课程内容，以及各层之间的衔接，而是要分析各领域及各科目与核心素养是否存在关联性，将关键素养以渗透的方式融入课程［郭晓明，2016］。因此，具体学科内容对核心素养的落实应该有所侧重，不同内容应该有不同的核心素养的培养重点。这亦被概括为核心素养转化的"部分渗透模式"。在这样的模式中，由于核心素养不起整体支配作用，这便能够给学科层面的课程发展预留很大的自主空间，有助于突出不同科目的特点［石鸥，张文，2016］。

总体上，"整体支配观"与"部分渗透观"在课程发展的思路的选择上，以及对于核心素养的内涵及其在课程发展中地位的理解均存在很大差异。"整体支配观"指引下的课程发展路径,以逐级规范、层层转化为特征,要求以核心素养统领各学段、各领域以及各科目的框架和内容,是一个系统"发育"的过程。其能够保证课程理念和课程思维的一致性以及课程体系的整体性。与之相对,"部分渗透观"却认为,核心素养很难涵盖所有科目的子目标和具体内容,其最大的难题在于学科层面的素养如何与上位的素养框架对接。换言之,核心素养必须具备"发育"为整个课程体系的能力。因此其强调,核心素养的转化、渗透不能破坏各教育阶段、各领域及各科目的基本框架,主张尊重学科的特殊性,以渗透的方式将未来世界学生须具备的重要素养落实在相应的学习领域及科目中。

2. 指向核心素养的大概念

在核心素养时代,谈及如何培育学生的核心素养,很多研究将西方借助于"大概念"整合课程从而落实核心素养的做法引进国内,希望通过对其本土化后能够促进课程变革深入推进。如今,在教育领域,大概念正被广泛接受并成为指导当下核心素养课程变革的重要理念。

大概念的英文是 big idea,但也有论者将其译为大观念(big concept)。有论者指出,"观念"可以是概念,也可能不是概念,如命题、理论等。当 big idea 用于课程目标时,更多的是指看法或思想,因此在课程领域应使用"大观念"[李学书,2020;崔允漷,2015]。

在我国,基于大概念的主题单元教学设计是核心素养教育背景下提出的新理念和新策略。上海市教研室于 2018 年编著"学科单元教学设计指南丛书",旨在改变"知识点的灌输式教学",指导教师深度思考整个课程内容与要求的结构逻辑,围绕学科大概念,从单元教学的设计出发,把课标、学科素养分解到单元,把单元再落实到课时,为组织结构化教学提供新思路,彰显学科育人价值,逐步走向学生价值观念、必备品格和核心能力的培养[李学书,2020]。

(三)基于核心素养的课堂教学转型

核心素养概念的提出具有认识论的价值和意义,它反映了教学观念的变革,为课程改革指明了方向。但从理想的课程转化为实践的课程离不开教师日常教学实践的支持。有论者指出，指向核心素养的教学，前提是教师理解核心素养是什么，通晓如何通过教学路径达成，只有在这两个基本问题解决的基础上，教师的教学变革才有可能实现［杨玉琴，倪娟，2017］。依照中国学生发展核心素养的框架性方案，同时考察国际学生核心素养的培养途径，基于学生发展核心素养的教学变革便包含课程、教学和评价三个方面，其涉及教学主体的思维转型、单元设计、学科活动设计等方面。

1. 从学生发展看基于核心素养的课堂教学转型

教育要关注学生发展，这并不是什么新提法。在不同的时期、不同的研究中，学生发展一直有着正面、积极的阐释，其较多时候会被理解为个性发展、全面发展。只是在实践中，单纯追求学生分数、成绩提高和学校名利的思想占主导地位，学生发展的任务得不到有效的落实。正是如此，有论者指出，学生发展核心素养的提出意义不在于重申教育教学要关注学生发展的任务，而是要明确教学要关注发展学生的什么［胡定荣，2017］。核心素养的属性决定了它的习得必然依赖于深度学习过程，鼓励学生通过深度学习发展批判性思维、问题解决能力和创造性，使学生在深度学习中体验、习得学科思维［李润洲，2020］。此外，遵循学习思路的依学定教就要学会逆向教学设计。逆向教学设计是从"终点"（学生的学习结果）出发，逆推教学活动，一直逆推到学生已有的学习经验；而通常的教学设计则是从"起点"（教材分析、学情分析）出发，然后设计教学活动，最后通过作业或单元测验进行检测［李润洲，2020；杨玉琴，倪娟，2017］。

2. 从教师之教看基于核心素养的课堂教学转型

核心素养这一概念蕴含了学习方式和教学模式的变革。有论者指出，"核心素养"不是直接由教师教出来的，而是在问题情境中借助问题解决的实践培育起来的。它要求教师能够创设与现实生活紧密关联的、真实性的问题情境，让学生通过基于问题或项目的活动方式，开展体验式的、合作的、探究的或建构式的学习［钟启泉，2016］。随着嵌入核心素养的普通高中课程标准的制定与实施，教学目标已从"三维目标"提升为学科核心素养。因此，指向学科核心素养的教学势必先要进行指向学科核心素养的教学设计，需要借助单元设计的创造，把握单元或课时教学目标与学科素养以及核心素养之间的逻辑关系，使得每节课或每个单元的教学都成为达成核心素养目标的阶梯。当教学目标指向学科核心素养时，教师之教就是学生通过学科学习学会像学科专家那样思考、解决问题［李润洲，2018；杨玉琴，倪娟，2017］。

3. 从课程设计看基于核心素养的课堂教学转型

教学的"三维目标"往往是跨课时乃至跨学期、学年的，不可能在一节课时里面得到实现。在"核心素养—课程标准—单元设计—学习评价"这一环环相扣的基本链环中，单元设计处于关键的地位。有论者指出，"单元"（学习的流程）是课程设计与教学实施的基础单位，学科、课程的开发一旦离开"单元"，便可能纠缠于"课时主义"，难以避免碎片化的知识点教学。这也意味着，课程内容要遵循"少而精"的原则，在原来的基础上进行整合、重构。整合课程是反分科的，其逻辑起点不是学科知识，而是基于儿童认知发展水平或社会对儿童发展的要求而选择的问题、主题或议题来组织的，它会以跨学科课程或超学科课程的形态出现［崔允漷，2017］。还有论者指出，在设计教学活动之前，先思考如何展开评估，而不是在一个单元学习后才进行评估，就能最大限度地保证预期的学习结果与教学活动之间的一致性。这种逆向教学设计的一般思路是运用任务分析进行逆推，即从预期的学习结果（学科核心素养，如科学探究）这一终点目标出发提问：若要实现预期的学习结果，学生需要预先达成哪些子目标。通过这样的反复追问与回答，直到从终点分析到学生学习的起点能力为止［李润洲，2018］。

（四）指向核心素养的教育评价

核心素养的本质是对未来人才培养质量的一种期待，而这种期待能否转变为现实，需要一系列因素的综合作用，教育评价便是影响核心素养实现的一个重要因素。在一些研究中，核心素养被认为是从学习结果界定未来人才形象的类概念［崔允漷，2016］。因此，学习结果、能力绩效便成为核心素养中重要的维度，可评估、可显现、可测验也使过去虚空的素质教育有了落地的根基和行动的抓手。

一些论者指出，基于核心素养的课程改革，需要构建更平衡、更综合的评价体系。这样的评价体系应当能很好地体现核心素养所描绘的学习结果，尤其是那些高阶思维、复杂的认知能力以及在新的情境中解决问题的能力等关键学习结果。其必须从去情境化的纸笔测验转向基于问题情境的真实性评价,采用并丰富"能检测学生的认知思维和推理能力以及运用知识去解决真实的、有意义的问题的能力"的表现性评价,设计聚焦核心概念的表现性任务,通过专业的程序和机制确保表现性评价实施的质量[肖磊,2017;胡定荣,2017;周文叶,陈铭洲,2017]。

对于此类观点,也有一些研究者提出了不同的看法。认为从"结果"的角度衡量所谓"素养",根本上考量的是个体在工作中所表现出来的完成任务的能力,是一个职业世界对工作者的能力评估工具。然而,教育所面对的只能是人,是另一维度的概念与价值。素养所评估的学习结果将诱使学习者的策略是"可视性"——即被评估之眼看见。但在教育场域,外显与内隐有复杂的关系,既可以是量与质,又可以是行动与价值;手与脑,有的部分可评估,有的难评估;而心灵与人格部分,多数是不能评估的。素养教育善用评估,也要知道评估的边界,更要理解与尊重不可评估的"禁区"[刘云杉,2017]。

总之,"核心素养"的提出具有认识论的价值和意义,它反映了教学观念的变革,为课程改革指明了方向。如果说"核心素养"的提出是对我国改革开放以来基础教育改革成果和经验的继承和发展,那么与前两个阶段的基础教育课程改革相比,核心素养的提出不仅强化了对于学生发展诉求的关注,更是使得过去教学赖以运转的学科教材变为了促进学生全面发展的载体之一。这种变化,使课程标准的形态走向了成就标准,即以学生应该达到的成就作为了课程标准的纲领。如今,从概念上看,"核心素养"已被国内学校所熟知,全面性的素养培育也已成为学校教育无法回避的问题。然而,"知行分离"的习惯还未根本上消除这样一些现象:比如,一些学校虽然观念上知道哪些素养对学生重要,然而实践中却局限于少部分素养的养成,或者仅限于素养的表层化培育。有些学校自认为提高了学生某些方面的素养,然而这些所谓的已经形成的素养并没有在学生实际的学习、行为中展现出来,成为学生个人能力结构中的有机组成。

反观核心素养的提出背景,可以说,"核心素养"在国内的兴起,某种意义上也源自新世纪以来全球已然开始的对于学生核心素养培育的关切。这种世界范围内的普遍关切使得核心素养的培育成为了全球教育发展不可阻挡的趋势。之所以如此，一个原因在于，核心素养培育尤其是某些核心素养培育在教育中的长期缺位，使其变得尤为迫切；另外一个原因则是全球发展使某些素养变得尤为重要，进而对核心素养的关切更多的需要通过教育实践的转变来给予足够有力的回应。从这一意义上说，即便如今的教育研究已对核心素养的基本理论问题进行了很深的挖掘，然而这也仅仅表明我们在认识层面的进步。即便是在认识论层面，我们还需要澄清核心素养的主体是什么，是学科、课程，还是学生？学科核心素养、课程核心素养的说法是否合适？但对于核心素养来说，最根本的问题还是实践中如何培育核心素养？核心素养究竟如何落地？依然会在很长的时间内牵制学校办学实践，成为实践需要攻破的难题。这些努力，根本上指向学校育人方式的转变，具体层面则需要有日常教学实践的支持、教育评价方式的转变等等。

正因如此，相关研究便有必要思考以下问题：

一是"共性"诉求如何在学校办学实践中有效嵌入。作为学生品格、能力应具备的基本方面，所谓"核心素养"的培育既要有底线性的要求，也应有个性化、特色化的目标追求。后者通常应该因学校自身的办学理念、可利用的资源、条件，以及本校学生兴趣、专长和发展需求等的差别而体现出一定的差异。正是如此，相关研究便需要彰显"融合"思维，从学校个性、特色、高质量办学等多个角度，结合新的教育改革趋向，思考和定位学生核心素养培育。结合学校"特色"创建，针对性探讨学校教学、管理的动态生成策略；在学生基本素养、个人亮点与学校特色之间建立有机的联结。

二是如何做好承继与创新。自2014年教育部正式发文、组织国内专家力量研究、制定学生发展核心素养，以及自此以后国内研究领域掀起研究核心素养、学科核心素养的热潮后，学校也曾陷入摇摆、迷惑之境中。今日，再看这些问题，我们会发现，如何面对核心素养的挑战以及如何抓住"核心素养热"这一趋向，调整学校办学方向，似乎正随着"核心素养"的降温，而不再显得那么棘手了。且不说每一项改革的发生前后及其与同时代其他领域（或方面）的改革彼此间存在这样那样的联系，它们的出现若联系起来看，其实也会反映出一个时代在教育观念、办学理念上的根本转变。这种转变将变得不可逆转。因此，也就意味着，相关研究需抓住每项改革其内在的核心精神，分析其由来、其提出的意义、其内在旨向，以此帮助学校及时调整办学思路与办学方向。从这一意义上看，专注于某个时期某项政策具体的改革要求与举措，反倒容易将学校带入混乱之境中。"核心素养"的提出及其在一段时间内激起的盲目的跟踪热潮便值得深思。

本章主要参考文献

[1] 安桂清：基于核心素养的课程整合：特征、形态与维度. 课程·教材·教法, 2018 (09).

[2] 车丽娜，徐继存：核心素养之于教学的价值反思. 全球教育展望, 2017 (10).

[3] 褚宏启：核心素养是"行为能力"而非纸上功夫. 中小学管理, 2016 (11).

[4] 褚宏启：核心素养的概念与本质. 华东师范大学学报（教育科学版）, 2016 (01).

[5] 褚宏启：只讲"核心素养"是不够的. 中小学管理, 2016 (09).

[6] 崔允漷：追问"核心素养". 全球教育展望, 2016 (05).

[7] 成尚荣：基础性：学生核心素养之"核心". 人民教育, 2015 (07).

[8] 陈兵：在全面深化课程改革中把党的教育方针落实、落细、落小：访教育部基础教育二司副司长申继亮. 中小学教材教学, 2015 (01).

[9] 陈佑清："核心素养"研究：新意及意义何在？——基于与"素质教育"比较的分析. 课程·教材·教法, 2016 (12).

[10] 陈柳：危机与转向：对核心素养学科化还原论倾向的反思. 中国教育学刊, 2020 (02).

[11] 蔡清田：国际视野下核心素养教育理念之研究及其实现. 当代教育科学, 2019 (03).

[12] 崔允漷：大观念及其课程意义. 上海课程教学研究, 2015 (10).

[13] 顾明远：核心素养：课程改革的原动力．人民教育，2015（13）．

[14] 高伟：论"核心素养"的证成方式．教育研究，2017（07）．

[15] 何玉海：培养学生核心素养需要修正"三维课程目标"．湖南师范大学教育科学学报，2016（05）．

[16] 核心素养研究课题组：中国学生发展核心素养．中国教育学刊，2016（10）．

[17] 胡定荣：学生发展核心素养的发展观及其教学变革．课程·教材·教法，2017（10）．

[18] 胡定荣：全面发展·综合素质·核心素养．新疆师范大学学报（哲学社会科学版），2018（06）．

[19] 蒋永贵：指向核心素养的学习目标研制．课程·教材·教法，2017（09）．

[20] 纪德奎，郭子超：学科核心素养培育中课堂教学目标转换的困境与突破．中国教育学刊，2020（02）．

[21] 林崇德：中国学生发展核心素养：深入回答"立什么德、树什么人"．人民教育，2016（19）．

[22] 林崇德：学生发展核心素养：面向未来应该培养怎样的人？中国教育学刊，2016（06）．

[23] 罗祖兵：深度教学："核心素养"时代教学变革的方向．课程·教材·教法，2017（04）．

[24] 李艺，钟柏昌：谈"核心素养"．教育研究，2015（09）．

[25] 李润洲：指向学科核心素养的教学样式．当代教育科学，2020（12）．

[26] 李润洲：学科核心素养的遴选及其关系辨析——一种知识结构的视角．南京社会科学，2019（04）．

[27] 李润洲：继承与超越——"三维目标"与"核心素养"的异同辨析．当代教育科学，2016（22）．

[28] 李学书：指向核心素养培育的大概念：课程意蕴及其价值．教育研究与实验，2020（04）．

[29] 李颜如：核心素养内涵的人性基础建构．南通大学学报（社会科学版），2019（05）．

[30] 李松林：学科核心素养的发展机制与培育路径．课程·教材·教法，2018（03）．

[31] 李煜晖，郑国民：核心素养视域下的中小学课堂教学变革．教育研究，2018（02）．

[32] 雷浩，崔允漷：核心素养评价的质量标准：背景、内容与应用．中国教育学刊，2020（03）．

[33] 刘云杉："核心素养"的局限：兼论教育目标的古今之变．全球教育展望，2017（01）．

[34] 刘新阳：教育目标系统变革视角下的核心素养．全球教育展望，2017（10）．

[35] 刘文芳，张金运：从核心知识到核心素养：高效课堂的时代转向．黑龙江高教研究，2018（09）．

[36] 柳夕浪：从"素质"到"核心素养"——关于"培养什么样的人"的进一步追问．教育科学研究，2014（03）．

[37] 马骎：基于核心素养的教学设计改革．教育理论与实践，2018（17）．

[38] 马健生，李洋：核心素养的边界与限度——一种比较分析．北京师范大学学报（社会科学版），2018（03）．

[39] 师曼，刘晟，刘霞，周平艳，陈有义：21世纪核心素养的框架及要素研究．华东师范大学学报（教育科学版），2016（03）．

[40] 石鸥，张文：学生核心素养培养呼唤基于核心素养的教科书．课程·教材·教法，2016（09）．

[41] 石鸥：核心素养的课程与教学价值．华东师范大学学报（教育科学版），2016（01）．

[42] 石中英：关于中国学生发展核心素养的哲学思考．课程·教材·教法，2018（09）．

[43] 施久铭：核心素养：为了培养"全面发展的人"．人民教育，2014

(10).

[44] 沈章明，许营营："核心素养"的生成逻辑与发展方向：基于相关政策文本的分析. 外国教育研究，2019 (11).

[45] 邵朝友，韩文杰：学科核心素养与核心素养的关系辨析——基于学科核心素养逻辑起点的考察. 教育发展研究，2019 (06).

[46] 唐智松，徐竹君，杨士连："核心素养"概念的混沌与厘定. 课程·教材·教法，2018 (08).

[47] 王牧华，刘玲：面向学生核心素养的课程经历：理论内涵、分析框架与实践路径. 课程·教材·教法，2020 (07).

[48] 王卫华：普通高中学科核心素养与学生发展核心素养的对接探析. 课程·教材·教法，2018 (06).

[49] 汪明：基于核心素养的基础教育改革：顶层设计与社会支持. 教育科学研究，2017 (07).

[50] 吴芳，吴才鑫：核心素养到学科核心素养的协调与转化. 教育理论与实践，2019 (11).

[51] 辛涛：学生发展核心素养研究应注意几个问题. 华东师范大学学报（教育科学版），2016 (01).

[52] 辛涛，姜宇，林崇德，师保国，刘霞：论学生发展核心素养的内涵特征及框架定位 [J]. 中国教育学刊，2016 (06).

[53] 辛涛，姜宇，刘霞：我国义务教育阶段学生核心素养模型的构建. 北京师范大学学报（社会科学版），2013 (01).

[54] 辛涛，姜宇：基于核心素养的基础教育评价改革. 中国教育学刊，2017 (04).

[55] 肖磊：论核心素养、综合素质评价与人的全面发展. 河北师范大学学报（教育科学版），2017 (03).

[56] 徐洁：迈向"核心素养"：新中国成立 70 年基础教育课程改革的逻辑旨归. 教育科学研究，2020 (01).

[57] 徐彬，刘志军：指向核心素养的课程评价探析. 课程·教材·教法，2019 (07).

[58] 许祎玮，刘霞：基于核心素养的课程教学改革——基本模式、国际经验及启示. 北京师范大学学报（社会科学版），2017（05）.

[59] 谢维和：谈核心素养的"资格". 中国教育学刊，2016（05）.

[60] 夏永庚，彭波，贺晓珍：核心素养理念"落地"之困及其支撑. 大学教育科学，2019（03）.

[61] 杨向东：关于核心素养若干概念和命题的辨析. 华东师范大学学报（教育科学版），2020（10）.

[62] 杨玉琴，倪娟：深度学习：指向核心素养的教学变革. 当代教育科学，2017（08）.

[63] 余文森：从三维目标走向核心素养. 华东师范大学学报（教育科学版），2016（01）.

[64] 余文森：论学科核心素养的课程论意义. 教育研究，2018（03）.

[65] 余文森：从"双基"到三维目标再到核心素养——改革开放40年我国课程教学改革的三个阶段. 课程·教材·教法，2019（09）.

[66] 闫守轩，郭超华：抓住核心了吗："核心素养热"的冷思考. 课程·教材·教法，2017（04）.

[67] 喻平：发展学生学科核心素养的教学目标与策略. 课程·教材·教法，2017（01）.

[68] 钟启泉：基于核心素养的课程发展：挑战与课题. 全球教育展望，2016（01）.

[69] 钟启泉："核心素养"赋予基础教育以新时代的内涵. 上海教育科研，2016（02）.

[70] 张华：正确处理核心素养与"双基"的关系. 人民教育，2016（19）.

[71] 张华：论核心素养的内涵. 全球教育展望，2016（04）.

[72] 张华：核心素养与我国基础教育课程改革"再出发". 华东师范大学学报（教育科学版），2016（01）.

[73] 张良，靳玉乐：核心素养的发展需要怎样的教学认识论？——基于情境认知理论的勾画. 教育研究与实验，2019（10）.

［74］张良：核心素养的生成：以知识观重建为路径．教育研究，2019（09）．

［75］张建桥：培养学生核心素养亟待教学转型．中国教育学刊，2017（02）．

［76］周文叶，陈铭洲：指向核心素养的表现性评价．课程·教材·教法，2017（09）．

［77］周平艳，魏锐，刘晟，师曼，陈有义：提出21世纪核心素养的驱动力研究．华东师范大学学报（教育科学版），2016（03）．

［78］周海涛，付亮：旁观、参与和共在——论课堂教学的三种形态与学生核心素养发展的关系．当代教育科学，2019（03）．

［79］朱立明，马云鹏：核心素养：敢问路在何方．全球教育展望，2019（03）．

第五章　教育与社会发展

教育与社会是教育基本理论的两大主题之一，也是教育基本理论的经典命题。严格来说，教育本身属于社会，教育与社会无法并列。这里所说的"教育与社会"，其实是教育与教育之外其他社会子系统的关系，包括政治、经济、文化、人口，等等。教育与政治、经济、文化、人口等多为教育学教科书所阐述，相对成熟，这些年少有新的进展。但社会是发展的，社会的因素和问题不断出现，教育必须回应新的社会发展与问题，因此，本章选择了新时期凸显的社会要素，包括传统文化、生态文明、国家安全、人类命运共同体等，阐述教育与它们之间的关系。

一、教育与传统文化

2013年11月，党的十八届三中全会指出，要"完善中华优秀传统文化教育，形成爱学习、爱劳动、爱祖国活动的有效机制和长效机制，增强学生社会责任感、创新精神、实践能力"，"提高学生审美和人文素养"。2014年4月，为贯彻落实党的十八届三中全会关于完善中华优秀传统文化教育的精神，落实立德树人根本任务，进一步加强新形势下中华优秀传统文化教育，教育部出台了《完善中华优秀传统文化教育指导纲要》（下文简称《纲要》），为推动大中小学优秀传统文化教育作出了全面部署。《纲要》指出，中华优秀传统文化是中华民族语言习惯、文化传统、思想观念、情感认同的集中体现，凝聚着中华民族普遍认同和广泛接受的道德规范、思想品格和价值取向，具有极为丰富的思想内涵。这标志着中国传统文化教育活动终于有了明确的指导方针、有力的政策保障和具体的行动指南［杨丽萍，2015］。对2010—2020年关于中华优秀传统文化教育的相关研究文献进行梳理与分析，呈现近十年来中华优秀传统文化教育研究的核心主题，在总结经验的基础上，提出值得思考的问题，为新时代传统文化的继承和弘扬提供学理支撑。

（一）传统文化、传统文化教育的研究主题

本研究以"CNKI"数据总库为检索源，以"教育＋传统文化"为关键词，以2010年至2020年为检索日期，通过检索获得CSSCI文献993篇。经过筛选，得到符合研究主题的文献共计752篇。基于筛选后的文献，运用CiteSpace工具对其进行知识图谱的可视化分析，以呈现传统文化教育研究的变化趋势。

从排在前二十的关键词使用频次来看，"传统文化"（关键词频次159）和"中华优秀传统文化"（关键词频次93）使用频次位居前二，且两者占比之和达到近百分之六十；"思想政治教育"（关键词频次63）是教育与传统文化教育的载体；"文化自信"（关键词频次25）、"传承"（关键词频次19）、"文化传承"（关键词频次17）是传统文化教育的手段；"大学生"（关键词频次44）是传统文化教育研究关注的重点对象（见下表）。

表　教育与传统文化研究关键词分布

序号	关键词	频次	中心性	年度	序号	关键词	频次	中心性	年度
1	传统文化	159	0.38	2010	11	中华优秀传统文化教育	22	0.07	2014
2	中华优秀传统文化	93	0.19	2014	12	传承	19	0.06	2010
3	思想政治教育	63	0.1	2010	13	道德教育	18	0.06	2010

续表

序号	关键词	频次	中心性	年度	序号	关键词	频次	中心性	年度
4	传统文化教育	57	0.13	2010	14	文化传承	17	0.07	2013
5	大学生	44	0.11	2010	15	中华传统文化	17	0.1	2010
6	中国传统文化	39	0.19	2010	16	高校	17	0.05	2012
7	优秀传统文化	39	0.15	2011	17	大学生思想政治教育	12	0.04	2016
8	社会主义核心价值观	29	0.11	2014	18	立德树人	11	0.03	2017
9	文化自信	26	0.09	2016	19	高校思想政治教育	11	0.03	2018
10	教育	25	0.05	2010	20	青少年	10	0.04	2011

1. 中华传统文化教育的阐释维度研究

中国拥有五千年的悠久历史，经过五千年沉淀的中国优秀传统文化，是中华民族历史的精彩浓缩，是中华民族的魂和根，是中华民族赖以生存和发展的精神支撑。为了充分发挥传统文化的育人作用，首先应该明确中华优秀传统文化教育的主要内容。《纲要》指出，中华优秀传统文化教育主要内容包括以天下兴亡、匹夫有责为重点的家国情怀教育，以仁爱共济、立己达人为重点的社会关爱教育，以正心笃志、崇德弘毅为重点的人格修养教育。《纲要》从国家、社会、个人三个层面论述了应该做一个什么样的中国人。因此，有论者提出，我们的优秀传统文化可以从立国、处世、为人这三个维度进行挖掘。立国处理的是个体与共同体的关系；处世处理的是自我与他人的关系；为人是作为个体应该具有哪些精神品质。从立国、处世、为人三个维度阐释传统文化的内涵，有利于科学设计教育内容，有序推进中华优秀传统文化教育，培养具有民族情怀、时代精神、世界视野的现代中国人［高国希，

2014]。还有论者认为，文化包含物质文化与精神文化，完善与加强中华优秀传统文化教育，主要应从精神文化着手，即中华传统的思维方式、价值取向、伦理观念与理想人格等，而这些内容可以归纳为自强不息的民族精神、修齐治平的家国情怀、崇德向善的道德追求和"内圣外王"的人格修养。这些是中华优秀传统文化中最精华的部分，是传统文化教育最需要完善和加强的内容［于春海，杨昊，2014］。

2. 中华传统文化的教育困境研究

加强中华优秀传统文化教育，是培育和践行社会主义核心价值观，落实立德树人根本任务的重要基础。然而，在中华优秀传统文化教育过程中，也面临着一系列困难和挑战。首先是在传统文化传承的教育认识上，我国主要存在三种误识：将教育的传统文化传承片面狭同于学校教育的传统文化传承；将原本分别侧重于行为、知识、价值系统的家庭、学校、大众传媒教育传统文化传承机械混同于三者各自传统文化的全纳传承；将教育的传统文化传承不力仅归因于中微观的家庭、学校、大众传媒而无视国家宏观教育决策对传统文化传承的忽视［容中逵，2010］。其次，在具体实施传统文化教育的过程中也面临理论难题和现实困境。如学科理论方法与师资队伍的薄弱、"优秀"传统文化内涵与外延边界的模糊、当前我国功利化教育文化逻辑的制衡等［杨丽萍，2015］。还有另一个不容忽视的现实困境是外来思想和价值观念对学生思想和行为方式的冲击，导致学生疏离传统文化。有论者认为，造成大学生疏离传统文化的原因有：一是传统文化的重要地位还有历史上对传统文化认识和继承的种种失误导致传统文化的继承出现断层；二是外来文化涌入造成的文化多样性；三是当今高等教育过分重视专业技能而忽视学生的文化素质，导致传统文化教育遭遇冷落；四是随着社会的高速发展，传统教育模式越来越无法适应塑造和维系大学生对传统优秀文化认同的需要，环境的变迁、教育体系的乏力、榜样的示范力量与教育者人格力量的削弱，使传统文化在多元文化的冲击之下节节败退［朱萌，张立成，2011］。

3. 中华传统文化的功能研究

博大精深的中国传统文化，蕴含着丰富的教育资源，在教育中起着重要的作用，具体可以分为提升文化自信、加强思想政治教育两方面。2013年底，在主持中央政治局第十二次集体学习时，习近平总书记强调，要加强对中国人民和中华民族的优秀文化和光荣历史的宣传教育，引导我国人民树立和坚持正确的历史观、民族观、国家观、文化观，增强做中国人的骨气和底气。在文化方面所具有的"骨气和底气"，亦即文化自信。2014年2月，在主持中央政治局第十三次集体学习时，习近平总书记再次提出，要讲清楚中华优秀传统文化的历史渊源、发展脉络、基本走向，讲清楚中华文化的独特创造、价值理念、鲜明特色，增强文化自信和价值观自信。传统文化蕴含着思想政治教育所需的文化资源、为思想政治教育提供了坚实的思想基础，同时也是思想政治教育的精神命脉、创新源泉［岳宗德，2016］。有论者指出，传统文化乃是当代青年发展之根基，有助于青年树立崇高远大的人生理想，培养民族责任感和使命感，塑造健全高尚的道德品格和获得底蕴丰厚的人文素养［金锐，2011］。有论者将传统文化的思想政治功能细化为两个层面：一是个体层面，表现为提高个人思想道德素质，具体分为提高个人道德品质和平衡个人义和利矛盾；二是国家层面，表现为提高国家软实力，具体分为激发爱国主义精神和凝聚民族精神、增强民族自尊心和自信心。同时，他们指出，实现传统文化的思想政治教育功能，需要从两方面努力：科学全面的认识、利用传统文化；把弘扬传统文化与培育社会主义核心价值体系相结合［赵瑞华、孔君英，2011］。

4. 中华优秀传统文化融入教育的路径研究

有论者指出，推进传统文化教育应从三方面发力：一是发挥政府的主导作用，从国家层面大力推进传统文化教育；二是设计科学的实施方案，创新传统文化教育的内容和途径；三是开展深入的比较研究，积极借鉴其他国家和地区的先进经验［孙正林，2014］。有论者认为，加强中华传统优秀文化教育要从"两个课堂"入手。首先要抓好课堂教学，充分发挥第一课堂的主渠道作用。具体可从完善课程体系、完善教学内容、改进教学方法入手。在第一课堂的教学中，要使思想政治课程和教材、教学成为主课堂。小学阶段，重点考虑加强道德情感的启蒙；初中阶段，加强活动性实践和自主思考的体验，强化学生做社会主义建设者和接班人的思想意识和志向；高中阶段是打牢常识性知识基础的学习阶段，要在提升政治素养上下功夫，通过理论与实践的相互印证，引导学生形成做社会主义建设者和接班人的政治认同。其次要构建活动体系，有效发挥第二课堂的辅助作用。具体可从加强校园文化建设、积极开展社会实践活动，将传统文化教育融入到实践活动中、精心设计主题教育活动入手［岳宗德，2016］。有论者从传播媒介和传统文化的载体、传统文化的传播主体出发，提出了在信息传播日益发达的背景下，应该重视传统文化传播的社会大环境，通过大众传媒等载体大力传播传统文化，通过公益广告展示传统文化，形成全社会都重视传承和弘扬优秀传统文化的风气［张阳，2015］。有论者认为，教师是实现大学生思想政治教育与传统文化融合的重要一环，应该注重教师的师范和榜样的力量。因为教师作为神圣的职业，担负着学生学业和品质的培养。因此，必须注重教师自身优秀人格的培养和示范作用，才能在学生中做好榜样，引领学生自身品质的提升［欧阳九根，傅洪健，2013］。有论者认为，中华优秀传统文化融入教育的过程中，除了应该关注教师这个主体，还应该关注另外两个群体：一个群体是传统文化的民间爱好者，私塾、书院的兴办者与参与者，因为这些人士率先感受到传统文化的优势与潜力，很多人不仅从传统文化中获得信仰和精神食粮，而且已经把传统文化教育与自身的工作和生活紧密相连。因此，传统文化教育的复兴将首先改善他们的文化话语权和工作生活境遇。他们可能摆脱以往封闭和边缘化的尴尬地位，获得融入体制内的机会以及获得合法的教学或办学资质。另一个群体是有志于成为未来教师的在读本科生和研究生。因为这是未来传统文化教育中的中坚力量，也是完善中华优秀传统文化教育最需要关注的一个群体［刘峻杉，2017］。

（二）中华传统文化教育的进一步研究方向

近十年中华优秀传统文化教育取得了一些成绩，但在新时代新形势下仍存在亟待改进的地方。一是中华优秀传统文化教育研究较为关注"理论探讨"，缺乏鲜活的实践案例。从现有研究成果来看，论者们提出的大都是中华优秀传统文化教育的理论思考、路径探究，而对教学一线开展的具体的中华优秀传统文化教育活动记录较少。马克思曾说，实践是检验真理的唯一标准。只有论者深耕教育实践，才能促进理论的更新，从而更好地指导实践。二是中华优秀传统文化教育政策"文本解读"较多,政策实施"效果监测"研究欠缺。是否分学段有序推进中华优秀传统文化教育,是否打造了中华优秀传统文化教育骨干队伍,是否增强了中华优秀传统文化教育的多元支撑,对这些问题的回答能真正促进中华优秀传统文化教育实践。为推进中华传统文化教育进程,探寻新时代中华传统文化教育路径,笔者认为中华传统文化教育应进一步加强理论探索,深入探讨实践问题,开展以下主题研究。

(1) 深入开展新时代中华传统文化教育思想研究

基于中国丰富的传统文化资源,结合中华传统文化教育发展历程和经验,积极总结当下实践创新成果,努力构建具有新时代特征的中华传统文化教育思想,推进教育现代化、实现文化自信和文化传承。特别是以习近平新时代中国特色社会主义思想为指导,以爱国主义教育为核心,深入挖掘中华优秀传统文化中蕴含的丰富思想教育资源,进一步丰富中小学德育课和高校思想政治理论课的教学内容,创新教学方法和手段,提升教学效果。

(2) 重视中华传统文化政策制定与推进研究

政策的制定将有助于促进中华优秀传统文化教育的实施。因此,在以后的研究中,应该制定中华优秀传统文化教育的评价标准,将中华优秀传统文化教育作为教育现代化监测评价指标体系的重要内容。增加中华优秀传统文化内容在中考、高考升学考试中的比重。将中华优秀传统文化教育纳入课程实施和教材使用的督导范围,定期开展评估和督导工作。

(3) 开展"互联网+中华传统优秀文化"创新实践模式研究

随着5G时代的到来,互联网对教育的影响日益加深。把握网络文化发展的趋势、形成具有新时代特色的"互联网+中华传统优秀文化"理论体系就显得尤为重要。通过强化校园网络服务功能,积极开展网络主题日、网络道德问题辩论等形式为载体的网络传统文化教育活动,吸引和凝聚大学生,把传统的文化知识转化为学生的精神追求,促进大学生文化自觉与自信,增强对西方腐朽文化渗透和低俗文化的免疫力,有效化解大学生文化认同危机[鲁全信,杨绍安,2014]。

二、教育与生态文明

生态文明建设是关系到中华民族永续发展的根本大计。党的十八大报告指出："必须更加自觉地把全面协调可持续作为深入贯彻落实科学发展观的基本要求，全面落实经济建设、政治建设、文化建设、社会建设、生态文明建设'五位一体'总体布局，促进现代化建设各方面相协调，促进生产关系与生产力、上层建筑与经济基础相协调，不断开拓生产发展、生活富裕、生态良好的文明发展道路。""五位一体"总布局把生态文明建设提升到了与经济建设、政治建设、文化建设、社会建设一样的战略高度，还把生态文明纳入了建设中国特色社会主义道路中。党的十九大把建设生态文明作为"中华民族永续发展的千年大计"。教育是解决生态问题的重要途径，是推动生态文明建设的力量源泉，建设生态文明社会，必须要进行生态文明教育。

回顾 2010—2020 年这十年间的教育与生态文明的研究，立项的课题有岳伟的《教育在生态文明建设中的作用及实现保障研究》，朱国芬的《环境道德教育与生态文明建设互动机制研究》，刘霞的《中小学生态道德培育机制研究》，丁金霞的《幼儿生态素养培育的多元联动模式研究》等；围绕生态文明教育，召开的学术会议有：2014 年 4 月，美国中美后现代发展研究院、中国生态文明研究与促进会、中共中央编译局、中国自然辩证法研究会等单位共同举办的第八届生态文明国际论坛，主题是"为了生态文明的教育"；2017 年颁布的《中小学德育工作指南》，将生态文明教育列为五类德育内容之一；2018 年 10 月 13—14 日，中国教育学会中青年理论工作者年会在杭州师大召开了以"生态文明建设：教育的探索"为主题的第 27 届学术年会，会议讨论了教育生态化作为生态文明建设的重要内容、生态公民及其培育路径等；2019 年成立了中国高等教育学会生态文明教育分会，专门讨论生态文明教育理论基础和实践路径。

以"生态"＋"教育"为组合关键词，时间跨度为 2010—2020 年，在知网上搜索，不少是关于生态学、生态普及宣传教育的，关于生态文明教育的理论研究非常少。这些文章的主题和作者也较为分散，主要是卢风、周国文、刘湘溶、王治河等专门研究生态哲学、生态伦理道德的论者，教育学研究生态文明教育的论者不多。就研究状态来看，可以说，对生态文明教育的理论研究、范式研究、实践研究等还不充分，正在逐渐推进。

（一）生态文明教育内涵、价值、内容研究

文明是一个属于人类社会的范畴。生态文明与其他文明一样，其建设的根本目标也解决人的生存和发展问题。生态文明是针对全球日益严重的生态危机提出的新型文明形态。生态危机的根本是人的危机，生态文明建设关键在人。人离不开教育的培养，因而培养出具有生态化人格的现代公民，这既是生态文明建设的前提，亦是它的归属［刘湘溶，2015］。生态文明建设和生态文明教育的逻辑起点都是"人"。当下，要通过生态文明教育全面塑造人的价值理念与提升人的行为品质，培养出与生态文明社会建设相匹配的人［徐洁，2016］。所以，生态文明教育应贯穿于人的整个生命过程和实践过程之中，成为全程教育和终身教育［杨灿，2010］。

不少论者从多种角度深入论证了教育在生态文明建设中的作用。有论者认为，教育在生态文明建设中的基础作用表现在：教育能提高认识，增进人们关于生态文明建设复杂性的理解；教育能促进观念转变，引导人们树立正确的生态价值观；增强创新驱动力，加快经济增长方式的转变；培育生态人格，转变人们的生活方式；促进社会公正，为生态文明建设创建良性的竞争机制；营造文化氛围，提升人们参与生态文明建设的自觉性［刘贵华，岳伟，2013；黄娟，2019；胡金木，2019；徐洁，2016］。

教育究竟如何才能促进生态文明建设，哪些生态文明的理念、教育理念需要贯穿到生态文明教育的全过程呢？这关系到生态文明教育的人性假设问题。有论者指出，生态文明建设需要教育对人的价值定位与教育的外部生态环境一起协同进化。因为在建设生态文明的过程中，传统教育所赋予的"机械人"与"市场人"的人学范式定位已经不能满足新形势的需要［孙伦轩，孙铁成，2013］。生态文明建设中教育语境的转换，需要教育使"人"走向以自然、社会和个体的生态性存在为主要内容的"生态人"。生态人是生态文明建设中人的教育价值身份，是与生态文明建设相对应的一种新的人性假设，

其目的在于冲破传统理念对人性的桎梏，从人与自然的根本上去阐释人的本质，从而找到一条适合人性回归的真理性认识，以实现人的全面发展，达到人与自然真正的和谐共处［刘湘溶，2015］。有论者认为，生态文明的教育使命是培养生态人格。因为生态危机的本质是人格危机，生态文明建设需要以生态人格作为其人格基础。生态人格是对人与自身、人与他人以及人与自然之间和谐关系的深刻阐释，它体现了对"自性开悟"精神境域的充分觉解，对"生产性的爱"所表达的共情性关怀的人道追求，对"敬畏生命"所彰显出的生命休戚与共的伦理向往。培育生态人格要求树立人与自然和谐共存的教育理念，坚持以培植生态自觉的人格主体为目标指向，拓展和完善生态教育内容，利用生态体验方法唤醒受教育者对生态美的追求［岳伟，徐洁，2015］。还有论者认为，与工业文明的专才教育不同，生态文明呼唤一种后现代的通人教育。这种教育侧重培养学生融会贯通的能力、转化事物的能力以及联结学问与生命的能力。通人教育的"通"包括与自然通、与社会通、与实践通、与他人通。在这个意义上，通人教育是一种深度教育，它所要培养的是融会贯通之人、通情达理之人、有感通能力之人、"有感觉之人"［王治河，陈静，樊美筠，2018］。

生态文明作为人类社会发展的未来方向，是培育新型人才的教育所需，因而在内容上需要体现生态教育观。有论者认为，生态文明建设是中国共产党人依据马克思主义生态文明观和我国基本国情，正面回应了社会现实、人们的需求和期待而提出的马克思主义生态文明观中国化的最新成果。教育是生态文明建设的根本，因而马克思生态文明教育内容包括两方面：一是马克思恩格斯的自然观、实践观和社会形态观中蕴含的生态思想及马克思主义中国化过程中产生的生态思想与中国传统自然观。二是在马克思主义生态观指导下马克思主义生态文明教育的具体内容，包括生态文明知识教育、生态文明意识和行为教育、生态道德和生态法制教育、生态文化教育。有论者认为，生态文明教育的生态教育观具体体现为三种相互关联的培养场域，即培养归属感的"热土教育"、培养文化认同感的"有根教育"、培养公民道德感的"成人（仁）教育"。培养具有全面而自由发展的人，指向生态教育培养什么人的问题［齐秀强，屈朝霞，2015；高淮微，樊美筠，2015］。

(二) 生态文明教育范式研究

生态文明建设需要与之匹配的生态文明教育范式，因而有论者研究提出，生态文明教育不能仅仅停留在内容上，而应该是"为了生态文明的教育"。生态文明教育要对各级各类教育模式在生态文明建设的背景下进行升华，将服务于整个生态系统的共同福祉作为目标，洞悉现代教育范式的缺陷，从现代教育范式向生态文明教育范式转换［杨志华，2015］。

关于现代教育范式如何转向生态文明教育的范式，有论者从社会生态学的视角对此进行研究，认为教育系统作为社会系统的有机组成部分，所面对的教育对象是处于一定社会生态中的人。因此，教育对人的价值定位要与教育的外部生态环境一起协同进化。传统教育所赋予的"机械人"与"市场人"的人学范式定位，已经不能满足新形势的需要。生态文明建设中教育语境的转换，需要教育使"人"走向以自然、社会和个体的生态性存在为主要内容的"生态人"。生态主义指导下的教育人学范式转变，不仅仅意味着把生态学当作一门课程"碎片化"地教授给学生，而是要彻底使用生态哲学为指导原则来再塑教育系统的方方面面［孙伦轩，孙铁成，2013］。有论者认为，生态文明建设作为重大战略部署，来源于对生态危机的反思，而占有性个人主体性是生态危机的根源。走出生态危机，建设生态文明，必须超越占有性个人主体性，走向类主体。教育促进生态文明建设，根本在于培养类主体，促进人的全面而自由发展。类主体教育超越了以往环境教育、可持续发展教育和生态人教育，全面实现人与自然、人与社会、人与自我的统一［冯建军，2019］。有的论者明确提出，生态文明教育要积极开展生态审美教育，引导学生从审美的角度认识、体悟人与自然之间的和谐关系，从而加深对大自然的热爱与向往。具体而言，教师要引导学生带着平和的心态和宽广的胸怀去体验、欣赏和感悟这种天地之大美、自然之大美，使他们对大自然的理解不仅仅停留在外在的颜色和形貌等直观的感性层面，而是要深入到蕴含着人与自然和谐统一的道德意识和伦理精神中去。也有论者认为，唤醒审美意识，实施生态美育，激发审美移情有利于培养学生的生态观念［胡金木，2019］。

有论者关注了生态文明教育语言范式的转换。研究认为，学校的生态文明教育必须破解语言制约。因为，当下学校教育语言实践在构筑学生思维世界与精神生命的过程中阻碍了生态文明教育的发展。究其原因，主要在于教育语言的城市导向消解了学生对乡土的情感归属，教育语言的思维隐喻阻滞了学生生态世界观的确立，教育语言的价值预设晦蔽了学生对生物生命内在价值的认知，教育语言的伦理限度桎梏了学生对自然的道德关怀。因而，学校的生态文明教育需要规范教师语言，克服教师话语实践中的城市价值倾向；修订学校教材，强化教材语言对万物生命的伦理关怀；加大语言监管，为消解机械论世界观构筑坚实保障［徐洁，2016］。

（三）生态文明教育的发展历程

1. 生态文明教育与环境教育、可持续发展教育

生态文明教育与环境教育、可持续发展教育有着非常密切的关系，三者之间既有历史继承性，又有内涵的提升。不少论者通过考察三者之间的关系，厘清了生态文明教育的时代意义和内涵特征。

（1）生态文明教育与环境教育

环境教育、可持续发展教育等都是为解决环境问题提出的生态观念，对治理环境问题非常必要。从时间上，生态文明教育的提出要迟于环境教育，但由于其教育目标具有相似性，因而不少论者在使用中没有进行区分，而是冠以"生态环境教育"的笼统称呼。但也有论者对两者之间的关系从更深入的角度进行了研究。对于生态文明教育与环境教育、可持续发展教育的关系研究，主要包括以下观点：第一种观点认为，环境教育必须上升为生态文明教育。有论者认为，站在文明的高度看，环境教育、可持续发展教育还是有局限的，需要进一步提升到生态文明教育的高度［卢风，2016］。有论者认为，基于环境教育是教给环境保护的知识与技能，其教育目的是为了更好地保护环境，生态文明教育不同于指向生态环境保护的环境教育，而是指向"生态人"的培养［冯建军，2018］。有论者对我国环境教育四十年发展历程进行考察，认为我国四十年环境教育实现了从"为了环境的教育"、"可持续发展教育"向"生态文明教育"的递进。这些研究是将生态文明教育看作是环境教育的提升和进阶［王忠祥，2013］。

第二种观点认为，环境教育包含生态文明教育。这种观点将环境教育定为广义的环境教育。有论者认为，环境教育不仅注重环境知识与技能的传授，而且注重对环境之价值、态度和信念的重构，以及对环境的体验与情感，强调通过贴近自然去了解环境、理解环境、关心环境和保护环境。因而，环境教育作为素质教育必须把具有生态化人格现代公民的培养当成自己的宗旨与目标，并对生态化人格作出确当的把握。在这个意义上讲，生态教育是新时代的环境教育，是环境教育内涵的进一步深化和丰富[刘湘溶，2015]。有论者认为，生态文明时代，环境教育不能偏于强调"关于环境的教育"，而应该在生态文明价值引导下具有真善美相结合的理念。环境教育通过环境意识之真、环境正义之善、环境感受之美教育，将使主体人真正形成自觉、自律、自由的类意识，使主体人树立以人为本的环境价值观，最终促成环境正义德性的养成[张斌，2010]。从最初的环境保护知识和技能的学习，到环境正义的养成，是环境教育的深入，这也是生态文明教育的核心思想。还有论者引进国外环境教育的最新理念，强调"环境教育的本质是环境价值观教育"[张雷生，2014]。总之，这些对环境教育内涵、功能和实施路径的探索，已经超越了传统的环境教育，更加强调价值观、情感和责任教育，与生态文明教育的内涵、目标高度相关。

（2）生态文明教育与可持续发展教育

可持续发展教育在两层意思上使用，一个是面向可持续发展理念的教育，一个是教育的可持续发展，这里讨论的是前者。针对日益严峻的环境问题，1987年的联合国大会出台了《我们共同的未来》的报告。报告着重强调："可持续发展需要改变人们对环境和发展——实际上是对社会和对在家庭、农场和工厂工作的价值观和态度。世界各种信仰能够对新价值观提供指导和动力，这种新价值观强调个人和集体对环境以及在促进人类与环境的协调关系中应负的责任。"1992年的联合国环境教育发展大会，明确教育对形成可持续发展价值观的重要意义，认为教育是促进可持续发展和提高人们解决环境与发展问题的关键，从而提出可持续发展教育的概念。可持续发展、生态文明都属于发展范畴的概念：可持续发展主要指发展过程，而生态文明则指向发展目标。教育有着促进可持续发展的功能，也是生态文明达成的重要途径，因而，可持续发展教育与生态文明教育有非常紧密的联系和较高的相关性。

不少论者将可持续发展作为价值理念,并由此来研究可持续发展教育。如有论者认为可持续发展教育是价值教育的下位概念。可持续发展教育价值的本质,就是可持续发展教育活动在满足受教育者个体与社会的可持续发展需要所表现出的有用性[田道勇,2013]。有论者研究了法国中小学的环境教育,发现可持续发展教育是环境教育发展到一定阶段的理论支撑,是环境教育外延的扩展。有论者认为,面向可持续发展的环境教育,更有效地将可持续发展与教育相结合,将可持续发展的主题与问题,如代际平等、消除贫困等纳入环境教育的范围,扩大了环境教育的外延[李默妍,祝怀新,2019]。有论者通过文献梳理认为,环境教育是可持续发展教育的一部分,两者关系是互动的,环境教育需要面向可持续发展重新定向,可持续发展教育有着环境教育无法实现的功能[王民,2016]。从可持续发展作为环境代价公正的角度看,可持续发展教育和生态文明教育的相同之处在于都是为了提升受教育者的综合环境素养、培养合格的生态公民。可持续发展更偏向于理念和理论层面,是一种价值教育,而生态文明教育则既包括生态文明的理念教育,也关注生态文明行为方式教育等。

(3) 生态文明教育与生态道德教育

指向生态觉悟和生态价值观的生态文明教育,与生态道德教育有许多交叉重叠的地方。建设生态文明需要来自道德层面的有力支撑,道德力量需要成为生态文明建设的重要精神力量。生态文明教育的根本目的是要形成可持续发展的道德准则,形成尊重自然、合乎自然的道德自觉。因而,生态道德教育应该是促进生态文明持续深入推进的重要途径。需要通过生态道德观念的确立,生态道德行为准则的约束,促进生态文明建设。

有论者研究生态文明视域下的生态道德教育,从道德发展的历史维度分析认为,人类社会的传统道德观念以人类中心主义为尺度,将道德范畴限制在人与人及人与社会的关系,而忽略了人与自然的关系。生态道德以更为宽阔的道德视野,将传统的人与人之间的道德规范向自然界延伸,重新确立人与自然间的道德行为规范,同时也修正人与人之间的传统的道德行为规范,把人类行为的道德评价置于社会和自然的系统之中[包红梅,2014]。生态文明教育的核心是摆正人在生态中的位置，强调人与自然的和谐相处。有论者研究生态道德的逻辑起点，认为生态道德的逻辑起点就是对人进行正确定位，摆正人在宇宙中的位置，促进人向自然的生成，从而促进人类发展［刘经纬，董前程，2015］。从这个意义上讲，生态道德是生态文明教育的核心要旨。有论者将生态文明建设看做一个系统工程，生态道德建设是与政治、经济、文化等同样重要的生态文明建设的系统工程。"生态道德建设要与生态文明建设有机统一，共同推进，在道德视角上，生态文明建设也是道德建设的重要领域，道德也必须涉足生态文明建设中各种道德关系的调整"［马永庆，2012］。总之，生态道德教育的提出，强调了生态文明新时期的道德关系，扩展了人的道德范畴，强调人与人，人与社会之间的道德调节，要扩充到自然和生态，这对促进生态文明建设，形成保护生态的道德自觉具有重要意义。而生态文明教育，也一定要超越传统的环境保护教育、环境知识和技能教育，走向价值和道德层面，强调生态道德自觉，才能真正形成保护生态的自觉行为。

三、教育与国家安全

中共中央政治局 2016 年 12 月 9 日召开会议，审议通过《关于加强国家安全工作的意见》。会议认为，国家安全是国家生存发展的前提、人民幸福安康的基础、中国特色社会主义事业的重要保障。随着国家安全领域的拓展以及教育理论实践的发展，教育与国家安全的关系越发紧密。

本研究以"中国知网"中的"中国学术期刊网络出版总库"为资源平台，运用文献检索方法，选择"教育"并含"国家安全"作为目标文献主题的检索词，检索结果表明，从 2010—2020 年，共有期刊论文 378 篇。从发表年度趋势看，呈现出整体波动上升的趋势，相关研究在 2014 年总体国家安全观提出后出现了一个高峰；在研究主题上，我国国家安全研究先后聚焦于国家安全战略研究、全球化背景下的中国国家安全研究、国家安全委员会制度研究，以及总体国家安全观研究等四个研究主题，在教育方面则聚焦在非传统安全、文化安全、校园安全、人才安全、语言文字安全、意识形态安全等主题，较为分散。

(一) 国家安全的内涵

国际关系范畴的"安全"是国际政治中最常见的一个术语,也是使用最广泛、最不确定的概念之一。近年来,越来越多的西方论者关注"人类安全",认为国家不再是安全保障的主体,而是产生问题的根源,人类安全比国家安全更重要,国家只是安全的手段而非最终目的。事实上,在现阶段主权国家仍是国际体系中主要行为主体的情况下,国家安全还是所有安全的基础,离开国家安全去谈论人类安全是不现实的。[1]

国内外论者对"国家安全"概念进行了较为丰富的探讨,主要有三种界定形式——"国家安全状态说"、"国家安全能力说"、"国家安全状态能力说"。2015年,《中华人民共和国国家安全法》的颁布,对"国家安全"进行了界定:"国家安全是指国家政权、主权、统一和领土完整、人民福祉、经济社会可持续发展和国家其他重大利益相对处于没有危险和不受内外威胁的状态,以及保障持续安全状态的能力。"[2] 可见,《中华人民共和国国家安全法》把国家安全看作是中国国家利益,特别是核心利益和重大利益处于没有危险和不受内外威胁的状态和保障这种安全状态的能力的总和,这种概念界定既避免了僵化地审视安全状态,又避免了过分强调安全能力的弊端[李文良,2020]。

另外,国家安全与国家安全观、国家安全意识并不完全相同。国家安全相对的是一种客观状态,而国家安全观是指对国家安全问题的根本态度和观点,是系统化、理论化的国家安全观念。[3] 而国家安全意识作为国家存在和发展环境状态的反映,是对"什么是国家安全、怎样维护国家安全"等重要问题的认识和回答[王永友,孟鹏斐,2020]。

1. 传统安全与非传统安全

---

[1] 谢雪屏. 国家安全及若干相关概念的学术梳理 [J]. 福建师范大学学报(哲学社会科学版), 2007, (05).

[2] 《中华人民共和国国家安全法》, 中央人民政府网站, http://www.gov.cn/xinwen/2015—07/01/content_2888316.htm.

[3] 张学明. 冷战后国家安全观的变化 [M]. 北京: 国防大学出版社, 2003: 19.

近年来国内学界对"非传统安全"的兴趣不断增强，论者们普遍认为安全已不仅仅是以军事安全为主体的国家安全，即便是国家安全问题，也涉及国家制度、经济、环境、生态、资源、网络和信息，以及社会中人的安全等方方面面。非传统安全概念的确立，是因为它提出并建立了不同于以往安全研究的问题领域，并发展出了不同的研究方法和解释性理论。非传统安全与传统安全的提法反映了安全研究的术语更新，是国际安全理论与实践不断丰富发展的产物。①

2. 总体国家安全观

总体国家安全观是党的历史上第一个被确立为国家安全工作指导思想的重大战略思想，是马克思主义国家安全观的新形态。

有论者基于国家对总体国家安全观的相关论述，将其内涵概括为：六个总体设计新思路、一条中国特色国家安全道路、五个既重视又重视、十二个国家安全要素、四个国际安全理念。"六个总体设计新思路"指设立国家安全委员会；制定实施国家安全战略；推进国家安全法治建设；制定国家安全工作方针政策；研究解决国家安全工作中的重大问题；坚持总体国家安全观。"一条中国特色国家安全道路"指以人民安全为宗旨，以政治安全为根本，以经济安全为基础，以军事、文化、社会安全为保障，以促进国际安全为依托。"五个既重视又重视"指既重视外部安全，又重视内部安全；既重视国土安全，又重视国民安全；既重视传统安全，又重视非传统安全；既重视发展问题，又重视安全问题；既重视自身安全，又重视共同安全。"十二个国家安全要素"包括国民安全、政治安全、国土安全、军事安全、经济安全、文化安全、社会安全、科技安全、信息安全、生态安全、资源安全、核安全。"四个国际安全理念"是指习近平主席在亚信会议第四次峰会上提出的亚洲安全观所包括的共同安全、综合安全、合作安全、可持续安全［张日培，2018］。还有论者对于总体国家安全观的核心要旨进行了概括，认为总体国家安全观是一种全面安全观、系统整体安全观。统筹协调了外部安全与内部安全、国土安全与国民安全、传统安全与非传统安全、发展问题与安全问题、自身安全

---

① 朱锋. "非传统安全"解析［J］. 中国社会科学，2004，(04)：139-146.

与共同安全的关系,以全面性、系统性、整体性把中国共产党人的国家安全理念推进到时代新高度［何怀远,2017］。

(二) 教育与国家安全的关系

如前所述,新时代国家安全体系取得了长足的发展,但同时仍面临着巨大的威胁和挑战。对于教育论者来说,我们应该考虑的是,基于总体国家安全观,教育与国家安全是一种怎样的关系样态? 教育能为国家安全贡献怎样的力量?

1. 国家安全学学科建构

国家安全概念和国家安全问题的提出为国家安全理论和国家安全学学科的构建奠定了基础,但直到20世纪90年代才出现"国家安全学"这一称谓。2018年4月教育部印发《关于加强大中小学国家安全教育的实施意见》,明确要"设立国家安全学一级学科"。由此,国家安全学一级学科的构建与讨论因时而生、循势而起,众多论者提出了各种理论构想、学术理念、政策主张。然而,对其学科构建基本要件的讨论却尚未形成系统共识,出现概念体系、核心观点、建构路径不同程度的差异［杨华锋,2020］。如,有论者主张国家安全学一级学科应设在法学门类下,与公安学并立;有论者主张将其设在管理学门类下,兼及情报学之内容;也有论者主张将其放在军事学门类下。还有论者认为,"国家安全学是安全科学发展的必然产物……国家安全学在安全科学中处于核心地位"［王秉,吴超,陈长坤,2019］。亦有"激进者"认为跳过一级学科设置的藩篱,直接将国家安全学设为一个新的学科门类［刘跃进,2019］。这些争论还只是涉及学科归类,倘若再细述对二级学科或专业方向的设置,更是蔚为大观。

还有论者剖析了国家安全问题的内在逻辑,认为国家安全学学科以危险和威胁为临界点和边界与其他众多学科领域交叉时,形成了一个独特的横切延伸断面,该横切延伸断面构成国家安全学学科独特的研究领域。为此,当政治、经济、文化、社会和信息等问题分别对该领域造成危险和威胁时,就意味着它们分别转化为政治安全问题、经济安全问题、文化安全问题、社会安全问题和信息安全问题。作为一门新兴学科,国家安全学学科的这个横切延伸断面就是国家安全学学科的研究领域（参见下图）。

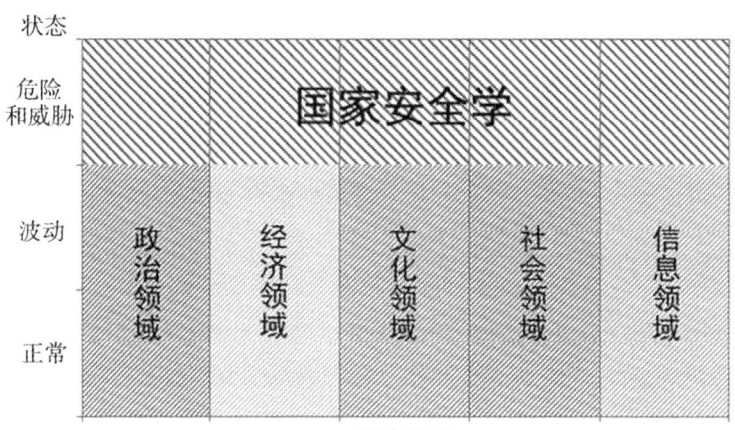

由于国家安全这个"横切延伸断面"研究对象本身所固有的综合性、开放性和动态性，决定了国家安全学学科是一门内容丰富的学科，是一门边界宽广、横切延伸的学科。它是把众多其他学科的概念和方法应用到国家安全体系之内，并对其内涵和外延加以丰富和发展所形成的综合性学科。国家安全学学科与其他学科是有机整体，密不可分。实际上，它是把其他学科的应用落实到国家安全领域并加以发展的新学科，它解决其他学科独自难以解决的许多综合性的安全问题。国家安全学学科是一门具有典型兼容性的、应用性的、跨学科的、交叉性的新兴的独立学科［李文良，2020］。

2. 教育安全：国家安全的组成部分

在对国家安全的关注中，长期以来被忽略的一种最重要的"安全"就是"教育安全"。因为人们所说的各类"安全"问题，归根结底还是人的"安全"，而要解决"人的安全"问题，最关键的是教育问题。当然，研究教育与国家安全的关系，不仅仅是基于教育政治学的视角。有论者提出，有关"教育安全"问题的研究并不是旨在描述某一专门领域中教育的具体问题，而是包含政治学、经济学、社会学、人力资源理论、教育发展战略等研究领域的带有综合性特点的问题研究。而且，由于教育事业所涉及的领域和层次范围日益广泛，所以，在国家安全的总问题之下，教育安全也必然会与其他"安全"发生各式各样的关联。在国家安全的总体框架之下，教育安全既需要各方面的支持,同样也是各方面的保障。教育安全问题既属于国家安全问题,也属于教育问题,它关系到教育自身的发展和国家对教育安全的维护。①

有论者进一步总结提炼了教育安全的概念、特点和意义。认为教育安全是指安全主体的教育权、教育制度、教育传统以及自身教育发展等,能够经受来自外部或内部环境的各种威胁、干涉、侵蚀和挑战,并能够有效维护主体安全,保障安全主体教育功能得以充分实现的一种可持续发展的运行状态。教育安全呈现出假设性与现实性并存、内潜性与外显性同在、动态性与发展性相织、长期性与突发性相连四大特点[王凌,李官,2014]。

也有论者提出,全球化背景下国家教育安全问题日渐彰显其价值和紧迫性,随着教育安全研究主体的拓展,需要突破原有研究视角的束缚。随着教育安全研究内容的丰富,呼唤构建教育安全研究的多维视角。宏观研究视角可以从教育安全与全球化、区域或国家发展的关系来考察;中观研究视角将教育放在社会系统中来考察;微观研究视角从教育自身出发,考察教育自身及其内部要素的安全问题[王凌,宋南争,2015]。

3. 国家安全教育:国家安全在教育领域内的实施

国家安全教育是指根据维护国家安全的目标要求,通过对全体国民进行观念与战略、形势与政策等内容的教育,旨在提高公民的国家安全意识,增强维护国家安全的能力[赵庆寺,2019]。在总体国家安全观思想指导下,依据《中华人民共和国国家安全法》的要求,2018年4月,教育部印发《关于加强大中小学国家安全教育的实施意见》,提出"将国家安全教育纳入国民教育体系",从8个重点工作推进国家安全教育,即构建完善国家安全教育内容体系,研究开发国家安全教育教材,推动国家安全学学科建设,改进国家安全教育教学活动,推进国家安全教育实践基地建设,丰富国家安全教育资源,加强国家安全教育师资队伍建设,建立健全国家安全教育教学评价机制。②

有论者认为,加强国家安全观教育是贯彻落实总体国家安全观的必然要

---

① 程方平. 教育:国家安全的基础——关于"教育安全"的思考[J]. 教育科学,2006,(03):1—5.

② 教育部. 教育部关于加强大中小学国家安全教育的实施意见[EB/OL]. [2018-04-20]. http://www.moe.gov.cn/srcsite/A12/s7060/201804/t20180412_332965.html.

求，它符合当前国家安全形势的迫切需要，能够为推进国家安全能力建设积蓄力量，是夯实国家安全群众基础的有效路径，是增强青少年国家认同、政治认同的重要环节，是立德树人的重要内容。国家安全教育以总体国家安全观为遵循，准确把握总体国家安全观内涵，充分发挥学校育人主阵地作用，积极构建国家安全教育共同体，大力推动国家安全教育大中小一体化有机衔接，不断促进国家安全教育的常规化、日常化，切实提高国家安全教育实效［马乔恩，吴玉军，2019］。

有论者研究大学生国家安全教育，总结其主要观点，有三个方面：一是提升大学生国家安全意识是作为做好国家安全观教育的一项重要内容，要求建立和健全大学生国家安全领导组织机制、长效落实机制、特色教育机制、自我教育机制和独立体系教育机制［吕国辉，2010］；二是提出政府、高校和大学生等各个层面应该各司其职，开展好国家安全教育学习［吴娱，2018］；三是面对网络时代的新挑战，高校应该坚持正确的网络舆论导向，加强网络法律法规教育，发挥网络在高校国家安全教育中的重要作用［唐金权，2013］。

（三）教育与国家安全的议题

十年来，论者针对教育与国家安全进行了许多专题研究，形成了一系列的重要议题，比如"教育与文化安全""教育与人才安全""教育与语言安全""教育与意识形态安全""教育与公共安全"等，它们分别从不同侧面反映了教育与国家安全的深度交融。

1. 教育与文化安全

文化作为整合一个民族和国家资源的根本力量，无论在何种情况下，以何种形式遭受到损害都将危及一个民族国家的生存安全［于雪丽，2011］。当前，我国的国家文化安全正面临全球化、文化帝国主义以及文化分裂主义的严峻挑战与威胁。而教育在培养青少年一代文化认同，促进他们成为国家合格公民方面起着主导性的作用。新世纪的学校教育应该意识到日益开放的中国社会所面临的巨大文化挑战，应该认真反思近代以来中国社会所遭遇的文化危机及学校教育的文化价值取向，自觉承担起传承主流文化价值观念，维护国家文化安全的重任,为中华民族的伟大复兴作出贡献。[1]

教育对于文化安全的两大重要抓手体现在民族教育和思想政治教育上。对于民族地区而言,教育作为培育和提升国家文化安全素养的关键环节,是应对跨境民族地区国家文化安全挑战的最根本途径。面对国家主流文化、民族文化和境外文化实现的生活化与常态化的碰撞,教育共同体需要通过"育人共同体"的构筑,形成以提升跨境民族国家文化安全素养为核心,由国家、学校和社会三大构成要件在协同育人的实践活动中所结成的宏观教育组织形态[柳翔浩,2020]。对于思想政治教育来说,从某种意义上讲,思想政治教育就是培养青年学生人生观、价值观及文化归属感的过程。思想政治教育折射出的是社会的主流文化、意识形态和价值观,体现着维系和谐社会的凝聚因素,关系到文化安全与民族教育的未来发展,无论是在理论上还是在实践中都将影响深远[吕青,2012]。

2. 教育与人才安全

人才安全问题主要体现在国际教育交流当中。人才流动频繁,人才的国际化和本土化竞争激烈,致使我国人才流失严重,人才安全面临着严峻的挑战。故此,有论者提出,构建"中国留学安全战略"是应对这种趋势的必要措施,是保障我国出国留学事业健康有序发展的重要选择。需要我们不断强化留学安全战略观念,着力营造良好的留学安全环境;积极深化留学安全的教育体制改革,科学合理地布局和配置各级各类留学安全教育体系;不断促进国家高层次留学人才队伍的建设;完善留学安全服务与管理机制,建立健全国家级人才安全预警机制;尽快建立涉及留学安全的法律法规体系,不断完善具有中国特色和时代特征并切实可行的留学安全法律法规制度,织就一张科学严密的留学安全防范网[李光贞,苗丹国,覃云云,2012]。

3. 教育与语言安全

语言安全的内容相当丰富,涉及方面较广。从本国语与外语的关系上看,在全球化背景下,外语教育规划往往受制于国际形势的变化,同时,外语教

---

[1] 石中英. 论国家文化安全[J]. 北京师范大学学报(社会科学版),2004,(03):5-14.

育规划必须服务于国家安全。目前我国外语教育规划存在外语语种不足,语种结构失衡和跨境语言教育滞后三个方面的问题[苏琪,2015]。从少数民族语言与国家通用语的关系上看,在民族地区推广普及国家通用语言文字,并不会对少数民族语言文字的使用和少数民族文化权利保护造成损害,并且是对铸牢中华民族共同体意识的经济基础、社会基础、文化心理基础之夯实,是维护国家主权、国家安全、法治统一的必然要求。①

4. 教育与意识形态安全

意识形态安全是指一个国家的指导思想、国家认同、理想信念和主流价值观等处于不受威胁、相对稳定的状态[崔榕,2017]。进入新时代以来,从总体国家安全观的视角,立足国家安全发展,强化主流意识形态的价值认同已成为重要的国家战略[寇鹏飞,陈宪良,2020]。

文化和教育逐步开放导致我国社会中多元文化共存、复杂思潮泛起,高校作为人才培养的基地,是各种思潮交汇的主战场,多元的思想文化相互激荡,是意识形态工作的前沿阵地和不同意识形态争夺的焦点所在。因此,作为国家主导意识形态建设和维护的重要载体和渠道,思想政治教育要抓住机遇,顺势而为,不断创新发展,维护国家意识形态安全。第一,强化顶层设计,制定意识形态安全战略规划。第二,加强内涵研究,夯实主导意识形态的结构要素。第三,扩大对话交流,提升主导意识形态的社会认同。第四,掌握话语权力,提高主导意识形态的整体效能[李辽宁,2014]。另外,边疆民族地区的意识形态安全具有极端重要性。由于民族地区的独特性、安全形势的敏感性和民族学校的特殊性以及民族学校与民族地区安全稳定局势的关联性等因素[杨胜才,2016],跨境民族青少年国家认同学校教育面临着时代挑战与现实困难。跨境民族青少年国家认同学校教育实践路径应将总体国家安全观作为重要指导思想,构建以培育中华民族共同体意识为统摄的教育内容体系[李芳,2020]。

5. 教育与公共安全

---

① 常安. 论国家通用语言文字在民族地区的推广和普及——从权利保障到国家建设[J]. 西南民族大学学报(人文社会科学版),2021(1):1-10.

公共安全教育是民众对突发事件进行有效应对和防控的保障，特别是新冠肺炎疫情的暴发，如何有效应对突发事件成为社会各界普遍关注的热点问题［于扬，王本余，李志兵，2020］。

应急教育在安全管理系统中发挥着重要而不可替代的作用，通过应急教育可以全面提升民众的安全意识、对危险和隐患的感知和预判能力，有效应对突发事件。因此，在国家治理能力现代化的视角下构建全民应急教育体系的框架无疑具有重要的理论和实践意义，即能够使应急教育制度化、规范化和长效化，丰富国家治理的理念和手段，促使其成为国民教育体系的基本框架之一和国家公共安全保障的重要基础。我国应当以社区应急教育体系、干部职工应急教育体系、国民教育体系为基本框架，以全民应急意识的养成、应急知识的普及、应急能力的养成为基本内容，统筹规划，多措并举，构建完整的全民应急教育体系［王精忠，2017］。

四、教育与人类命运共同体

世界多极化、经济全球化、信息普及化、文化多样化、危机多发化是当今世界的时代特征。作为一种关乎人类命运的时代理念，"人类命运共同体"的提出可谓恰逢其时，而中国对事关人类最基本问题的这一响亮回答离不开教育领域的发声。

本研究以"中国知网"中的"中国学术期刊网络出版总库"为资源平台，运用文献检索方法，选择"教育"并含"人类命运共同体"作为目标文献主题的检索词，检索结果表明，从 2010—2020 年，共有期刊论文 152 篇。从发表年度看，相关研究从 2016 年才开始，但一经开始便受到了学界的广泛关注，发文数量整体大幅上升；在主要主题分布上，更多地围绕人类命运共同体的性质进行阐释，具体在教育方面则聚焦在思想政治教育、国际理解教育、职业教育国际化、大学治理、课程思政、价值观教育等内容，主题较为分散。

（一）人类命运共同体思想

何为"人类命运共同体"？有论者指出，人类没有哪种理论是凭空而生的，同样，"人类命运共同体"思想的形成，有其深厚的理论依据和现实思考。在理论维度上，它以马克思主义、中国特色社会主义、中国传统文化哲学以及国外共同体思想等为主要思想来源，可谓中西思想文化的交流与互鉴。在现实维度上，它以人类生存发展的根本问题为主题，聚焦于人类当今世界经济、政治、文化、社会、生态等方面所提出的共同问题［邵发军，2017］，是回应世界格局新变化的重要方式［刘社欣，古晓兰，2019；熊杰，石云霞，2019］。

习近平总书记在不同的场合对人类命运共同体做了多维度的阐释。在第七十届联合国大会一般性辩论时的讲话中，习近平总书记提出了"和平、发展、公平、正义、民主、自由"是全人类的共同价值这一基本论断，阐释了人类命运共同体的价值观。在联合国成立70周年系列峰会上，习近平总书记全面阐述打造人类命运共同体的内涵，强调要建立平等相待、互商互谅的伙伴关系，营造公道正义、共建共享的安全格局，谋求开放创新、包容互惠的发展前景，促进和而不同、兼收并蓄的文明交流，构筑尊崇自然、绿色发展的生态体系。

当今世界的关系越来越成为你中有我、我中有你的命运共同体。从时间关系上看，有过去时、现在时和将来时三种情况。从空间关系上看，就是说，国与国之间、各种区域组织和国际组织、国际社会乃至人类都要同心打造人类命运共同体，这甚至也包括构建网络空间命运共同体这一虚拟空间的倡议。这充分体现了习近平主席所阐述的人类命运共同体的全方位时空视域［石云霞，2016］。

习近平总书记对于人类命运共同体的重要论述，既深刻揭示了人类命运共同体的科学内涵，也是打造人类命运共同体的总布局和总路径［石云霞，2016］。按照习近平总书记对人类命运共同体的论述，有论者从"人类命运共同体"的国际主义理论本质出发，将"人类命运共同体"的内涵界定为21世纪初由中国共产党首先提出、倡导并推动的一种具有社会主义性质的国际主义价值理念和具体实践。其核心理念是和平、发展、合作、共赢，其实践归宿是增进世界人民的共同利益、整体利益和长远利益［李爱敏，2016］。有论者从共同体概念的本体论认识角度出发，指出在人类命运共同体的概念中，全人类的超级共同体究其根本是因为价值,即对于全人类同命运共呼吸的共识而形成,以价值共识为纽带的价值共同体[周安平,2018]。也有论者将"人类命运共同体"分为利益共同体、价值共同体和责任共同体、生态共同体、安全共同体等几个层次,并分别论述了其定位、特点和关系[谢文娟,2016;张永红,殷文贵,2017;毕明阳,2019]。

当然,理论界对其内涵构成的界定还存在较大争议。不同的认识也体现了人类命运共同体作为一个系统性整体的多面性和复杂性。但围绕共同安全、共同发展、责任共担,也形成了理论共识:一是人类命运共同体源自人类相互依存关系的发展;二是人类命运共同体涉及人类活动所构成的各个关系领域;三是人类命运共同体孕育着新的全球共同价值[刘传春,2015]。

此外,有论者将人类命运共同体思想的形成过程分为三个阶段:阐释和平发展与人类命运共同体的关系为第一阶段,向世界推介人类命运共同体的理念与思想为第二阶段,把人类命运共同体思想与人类共同价值联系起来为第三阶段[饶世权,林伯海,2016]。还有论者,在上述认识基础上从历史发展的视角将构成人类命运共同体思想发展形成的创新性、贡献性和实践性关键线索作为标准来把握人类命运共同体思想的核心内涵,将人类命运共同体划分为更加清晰、更具说服力、更有学理性的三个发展阶段,以求形成对此话题的统一讨论区间,进一步厘清研究视域[熊杰,石云霞,2019]。

总之,人类命运共同体思想开历史先河、答时代之问、发中国之声、讲中国故事,是科学的理论、伟大的理论、历史的理论三者辩证统一。

(二)教育与人类命运共同体的关系

有论者认为,人类命运共同体与教育是一种引领与助力的关系。在前一方面,人类命运共同体对教育的引领主要体现在人类命运共同体对教育所培养的人的发展的新要求。人类命运共同体中的人,既是作为他自己,又是国家的公民,也是人类命运共同体的一员,三种角色相互制约。教育作为人类的事业、全球的共同利益,必须回应人类命运共同体的要求,培养具有人类命运共同体所需要的意识、价值观和行为方式[冯建军,2018]。在后一方面,在多元文化交织并存的今天,教育在实现国际之间"各美其美,美人之美,美美与共,天下大同"的美好心愿中发挥着至关重要的作用[刘复兴,曹宇新,2019]。教育是文明传承和创新的核心机制和通道。通过教育,人们能更好认识各种文明的价值,并逐步包容他者文明,在发展中不断超越彼此的差异和矛盾,树立人类命运共同体的视野和立场[张权力,杨小微,张良,2017]。

1. 教育缘何能助力人类命运共同体

有论者通过对联合国教科文组织三份报告的分析,指出报告所体现出的人文主义与全球视野为教育促进人类命运共同体构建提供了充分的论证。教育之所以能够助建人类命运共同体,原因在于教育同人类命运共同体有着价值相通、理念相融和实践同行的关系,教育能够发挥其培养人的情感与价值观的社会功能。

价值相通在于教育与"共同体"的构建源远流长。人的生命是双重生命(自然生命和价值生命)的存在,借由教育来实现"个体"的存在,通过"人类命运共同体"来实现"社会人"的存在。由此,两者的价值追求趋于一致,利益共通;理念相融在于教育作为人类命运共同体的子系统,其遵循的教育理念能够为人类命运共同体理论提供具体的视角,丰富人类命运共同体的内涵。现代社会中,先进的教育理念中以人为本、全面发展、素质教育等方面表现出人才培养目的的回归,创造性、个性化、开放性、多样性和系统性表现出教育对全球化现代化世界的积极应对,和谐和公平表现出教育在进行个体与个体、个体与社会间教育利益分配的价值取向。先进的教育理念表现出了对个体、社会与时代的关切,与"人类命运共同体"理念的本质不谋而合,拥有共同的文化渊源;实践同行在于教育实践越来越注重人类共同命运与共同利益的实现。两者均强调人类命运的息息相关,均以实现人类的共同利益为活动指向。这种作用不仅表现在教育所产生的丰富人力资本,还在于教育作为"全球共同利益"所显现出的一种更广泛的社会性功能[袁利平,师嘉欣,2019]。

2. 构建人类命运共同体的教育发展方向

有论者站在教育现代化的角度,指出推进教育现代化首先应考量的原则便是把握教育中的核心关系,关照教育自身,以人类命运共同体的立场和担当,继承自身文明的恒久价值、吸收现代文明的核心价值［张权力,杨小微,张良,2017］。

也有论者认为,人类命运共同体的构建蕴含着丰富的教育理论逻辑。推进教育民主化、培养"完人"、发展终身教育、完善教育体系,在全球、国家、学校和社会等层面倡导新型教育实践活动等是构建人类命运共同体的重要教育发展方向［袁利平,师嘉欣,2019］。

3. 推动构建人类命运共同体的教育路径

人类命运共同体不是全球化自然发展的产物,它需要人类主动地构建。教育的崇高价值、人文理念与广泛实践共同促进人类命运共同体构建。在人类命运共同体的构建历程中,教育应该大有所为,找寻自身独特的实践路径。

有论者从全球共同利益出发,点明了教育推动构建人类命运共同体的三条路径。教育通过唤醒类本性,促进全球公民的责任意识和团结;通过主体间平等的对话与理解,构筑新型的教育交往方式;基于共享发展的理念,开展国际教育合作,实现全球教育共同利益［冯建军,2018］。

有论者重新审视教育的核心概念,立足教育的全球视野,从动态发展的角度,提出未来教育推动构建人类命运共同体的可能路径:树立人文大观念,教育包容人类发展共同利益。实现教师广泛参与,教育满足人类发展广泛需求。构建教育大体系,教育引导人类发展积极变迁。形成学习大格局,教育适应人类发展时代挑战。扩充知识大内涵,教育构建人类发展价值意义。重新审视各类知识,整合各种知识体系［袁利平,师嘉欣,2019］。

综上所述,教育理论、实践和政策,只有充分传达并践行包容性、人类性的思维方式与价值观,才能回归其原点,与人类命运共同体同向而行,助力人类命运共同体的建构［袁利平,师嘉欣,2019］。

(三)人类命运共同体与教育的主要议题

十年来,论者针对教育与人类命运共同体进行了许多专题研究,形成了一系列的重要议题,比如"人类命运共同体与思想政治教育""人类命运共同体与全球公民教育""人类命运共同体与高等教育"等等。它们分别从不同侧面反映了教育与人类命运共同体的深度交融。

1. 人类命运共同体与思想政治教育

在构建"人类命运共同体"的背景下,"全球危机"、极端民族主义的负面影响及"多元文化"交锋中的矛盾冲突等问题均对以民族国家为背景的思想政治教育提出挑战,关注思想政治教育的全球维度显得必要且迫切[曹清燕,彭娇娇,2020]。我们需要加强全局意识和整体思想,从整体性出发来把握世界发展问题、辩证统一地来看待国与国之间相互依存的关系,克服当前思想政治教育价值实践过程中存在的时代弊端[毕明阳,2019]。

"人类命运共同体"的诸多理念为思想政治教育价值定位提供了一个蓝本。在价值观教育上,需要聚焦构建人类命运共同体与青少年价值观教育领域的重大理论和实践命题,构建服务国家需要、体现时代特色、坚守中国立场、彰显国际视野的学科体系、学术体系和话语体系[杨晓慧,2018]。对于人类命运共同体教育的开展,既需要加强主阵地建设,也需要加强主渠道建设。具体来看,需要优化教育理念,完善教育方法,创新教育话语体系[高地,2018]。需要特别指出的是,人类命运共同体的提出并非对思想政治教育国家维度的拒斥和否定。我们应该在人类命运共同体的指导下开展爱国主义教育和民族团结教育。明确创新发展方向,拓展国际视野与世界眼光;面向人类共同价值,开展世界公民教育和责任教育;重塑话语体系,增强主体能动性和阐释力;严守国家主权与利益底线,防止国家安全危机[吴桐,金昕,2019]。通过转变教育理念、传承民族文化、加强民族团结来形塑"中华民族共同体"[陈·巴特尔,陈雪婷,杨英,佟代泉,李双龙,2019]。

2. 人类命运共同体与全球公民教育

为了最广泛地实现全球共同利益,从教育上培养在国际交往中从容应对的"世界公民"成为了全球公民教育的现实需求,着眼全球共同利益开始成为"世界公民"教育的国际研究新趋势[宋强,饶从满,2018]。"世界公民"教育是一种使得国家中的公民具有世界公民意识、掌握世界公民行动能力、肩负世界公民职责的教育[刘宝存,张伟,2018],希冀公民在保证国家认同的同时形成一定的世界认同及相应的知识、能力和价值观,承担"世界公民"的责任和义务,进而促进全人类持续和平健康发展[宋强,饶从满,2018]。

全球公民教育作为培育具有国际视野的中国人的重要载体,受到越来越多的关注。然而，在实践过程中却存在内涵被"窄化"、内容被"泛化"、形式被"异化"的现象，出现了理念混乱、课程冗杂、评价缺失等问题［奚亚英，2020］。另外，"人类命运共同体"作为本土概念，"全球公民教育"作为国际概念，两者之间必然要有一个协调融合的过程，也面临着一些现实挑战［徐辉，陈琴，2020］。

有论者从弥合国家间文化裂痕的目的出发，构建了新型全球公民教育的实施路径，提出通过培养国民互利的利益共同体、互融的文化共同体与互存的命运共同体理念帮助个体养成包容的世界主义情感、助推国家履行国际责任与使命、打造世界范围的人类命运共同体。政府、学校和社会都将成为推进新型世界公民教育不可或缺的重要力量［刘宝存，张伟，2018］。还有论者认为引领重构世界公民教育思潮应聚焦在以下五个方面：引领思潮的公民资格观、引领思潮的公民教育观、引领思潮的主导主体、引领重构思潮的理论基础、引领重构中国引领下的思潮版图［宋强，2018］。

3. 人类命运共同体与高等教育

着眼我国高校的功能与使命，高等教育有着先行先试先成的优势，可以成为推动和实现人类命运共同体思想的重要力量。

（1）人类命运共同体对高等教育的呼唤

有论者从人类命运共同体思维出发，认为中国高等教育要坚持中国特色，坚持党的领导，在文化自信和教育自信的基础上，加强人类命运共同体理论研究，强化国际话语权，诠释中国理念、发出中国声音，要主动研究切实可行的国际传播机制和传播影响因素，引导高校师生参与到人类命运共同体的国家话语体系建设中来［姜斯宪，2017］。

有论者考虑到高等教育内部背景和外部背景的新变化，提出高等教育的两方面需求：一方面是民族国家内部共同体的需求，另一方面是民族国家内外共同体的需求。并认为基于人类命运共同体发展需要的中国高等教育体系构建，基于普及化高等教育时代的多元逻辑、均衡化需要和实践逻辑，一方面需要价值理念的创造性转化，另一方面需要实践路向内外兼顾。其核心问题就是如何达致本土性和世界性的共荣［卢晓中，2019］。

从大学治理的角度，人类命运共同体要求大学治理能够具有超越组织、民族和国家的思维局限，构筑以信任为特征的大学内部治理，构筑以提升大学治理能力为核心的大学外部治理，构筑以人类命运为支点的大学治理全球化［刘益东，祝成林，2020］。有论者进一步论及网络式治理科层模式和市场模式在全球高等教育治理中的"失灵"现状，呼唤高等教育新的治理模式，提出在人类命运共同体的旗帜下，应实现国家、市场与学术三种力量在跨国高等教育中的协同治理［周光礼，2019］。

(2) 高等教育在构建"人类命运共同体"事业中的使命与担当

大学之所以能够成为构建人类命运共同体的中流砥柱，不仅因为时代赋予她责任和使命，根本地在于大学的本性使然。其一，大学的世界性、全球性和国际性，贯通了超越性和普遍主义。这是大学能成为肩负构建人类命运共同体使命，并担当其"中流砥柱"重任的内驱动力。其二，大学肩负文化传承创新、国际交流与合作的职能更加强大，人才培养、科学研究、文化传承创新、国际交流合作等等构成世界大学的统一职能，成为大学推动人类命运共同体建设的现实条件。其三，基础主义和普遍主义恰恰是大学成为构建人类命运共同体之"中流砥柱"的知识土壤和认知基础［汪明义，2019］。由此，大学天然地具有推动人类社会沿着共同的目标前行的基础、条件和实力。同时其本身的特质也决定了大学必须以更开放、更博大、更负责的国际视野、世界胸怀面对未来社会。在构建"人类命运共同体"背景下，大学理应肩负起更大的引领和推进"人类命运共同体"的时代使命和历史责任［杨洋，2019］。

从国际合作的角度，有论者认为高等教育国际合作助力人类命运共同体建设，需要从维护全人类利益的高度出发，构建跨国学术共同体、世界青年共同体和社会责任共同体。其中，学术共同体强调知识特性，是基石；青年共同体强调国际理解，是保障；责任共同体强调实践担当，是引领［周作宇，马佳妮，2017］。

有论者言及构建高等教育新秩序，认为应采取自主发展主导下的合作共赢模式。在构建人类命运共同体的视野中，世界高等教育新秩序的构建需要有与之配套的模式和机制作为保障和支撑。首先，建立健全创新增长的知识生产模式。其次，发展开放合作的高等教育共赢模式。再次，形成平衡公正的高等教育普惠模式。最后，构建公平交流的高等教育治理机制［李立国，2019］。

还有论者专门就中国在人类命运共同体背景下推动高等教育如何做出自己的独特贡献表达了看法，认为中国在高等教育新秩序构建中应积极承担高等教育大国职责，促进跨国高等教育平等交流与互惠合作；增强学术话语权，向世界展示发展中国家的利益和诉求；借鉴学习西方先进理念与实践，发展具有普适性的高等教育理论与经验；转化和重构中国优秀本土文化，供给具有世界意义的现代大学理念与智慧［李立国，2019］。

（3）高等教育对于人类命运共同体构建的价值

有论者认为，大学通过培养具有世界眼光和专业素质的时代新人，可以为构建人类命运共同体提供强有力的人才支撑；大学通过提供科学研究和创新技术支撑，可以为构建人类命运共同体创造强大驱动力；大学通过推进人类文明的传承与创新，可以为构建人类命运共同体筑牢思想根基；大学通过服务经济社会需求，可以为构建人类命运共同体增添新动力；大学通过国际间的交流合作，可以为构建人类命运共同体营造良好氛围［杜玉波，2019］。因此，高等教育可以在以下五个方面贡献于全球共同利益：培养具备国际视野的人才，推动社会发展；探索新知识、扩展知识边界并产出具备全球影响力的科研成果，解决人类社会面临的共同问题并增进人类福祉；开展公共/社会服务，包括公共参与活动及提供政策建议，促进社会的和谐、稳定和可持续发展；文化传承与创新，将宝贵的文化和传统在全球范围内代代相传，在保留自身文化特色的同时，不排斥他国文化，努力构建多元文化氛围；推动社会流动，这正是教育对全球共同利益的独特贡献［田琳，吴燕，2020］。

本章主要参考文献

[1] 包红梅：生态文明视阈下的生态道德教育，内蒙古师范大学学报（教育科学版），2014（04）.

[2] 毕明阳：论"人类命运共同体"视域下思想政治教育的价值维度，学校党建与思想教育，2019（21）.

[3] 陈基伟：生态教育：面向现实与未来的学习，人民教育，2016（19）.

[4] 崔榕：边疆民族地区意识形态安全面临的挑战与对策，中南民族大学学报（人文社会科学版），2017（03）.

[5] 陈·巴特尔，陈雪婷，杨英，佟代泉，李双龙：新时代民族高等教育发展面临的挑战及其应对，民族高等教育研究，2019（06）.

[6] 曹亚雄，王磊：论习近平对中国共产党国家安全思想的继承和发展，中州学刊，2019（07）.

[7] 曹清燕，彭娇娇：构建"人类命运共同体"视域下思想政治教育的全球维度，思想政治教育研究，2020（02）.

[8] 杜玉波：大学在构建人类命运共同体中的使命担当，探索与争鸣，2019（09）.

[9] 冯建军：推动构建人类命运共同体：教育何为，教育研究，2018（02）.

[10] 冯建军：类主体：生态文明教育的人性假设，教育研究，2019（02）.

[11] 冯建军：从环境教育到类主体教育：解决生态问题的教育探索，教育发展研究，2019（12）.

[12] 樊娟：新生代大学生文化认同危机及其应对，中国青年研究，2009（07）.

[13] 高国希：中华优秀传统文化的现代阐释与教育路径，思想理论教育，2014（05）.

［14］高淮微，樊美筠：建设性后现代生态教育：问题与路向，自然辩证法研究，2015（05）.

［15］高地：新时代大学生人类命运共同体教育及其实现路径，中国高等教育，2018（17）.

［16］何怀远：中国特色国家安全道路的新探索，思想理论教育导刊，2017（02）.

［17］胡金木：生态文明教育的价值愿景及目标建构，中国教育学刊，2019（04）.

［18］黄娟：加快推进我国生态文明教育现代化，教育发展研究，2019（12）.

［19］和晓强：建国以来"国家安全观"的历史演进特征分析，情报杂志，2020（02）.

［20］韩震：新编普通高中思想政治教材的理念与特点，课程·教材·教法，2020（01）.

［21］韩震：大中小学德育一体化思路下的德育教材体系建设，教育研究，2020（03）.

［22］金锐：试论中国传统文化与当代青年发展，北京教育，2011（10）.

［23］姜斯宪：推动构建人类命运共同体 努力开创高等教育新时代，中国高教研究，2017（12）.

［24］寇鹏飞，陈宪良：总体安全观视域下的新时代国家意识形态安全的现实考量，思想政治教育研究，2020（06）.

［25］吕国辉：新时期大学生国家安全教育机制探析，中国高教研究，2010（01）.

［26］李大伟：基于传统文化维度的大学生思想政治教育创新探究，江苏高教，2012（02）.

［27］吕青：文化安全视角下的高校思想政治教育，中国成人教育，2012（14）.

［28］李光贞，苗丹国，覃云云：留学安全问题与中国留学安全战略的构建，中国高教研究，2012（08）.

[29] 刘贵华，岳伟：论教育在生态文明建设中的基础作用，教育研究，2013（12）.

[30] 鲁全信，杨绍安：网络文化背景下大学生文化认同危机及其消解路径，学术交流，2014（03）.

[31] 李辽宁：当代中国意识形态安全：挑战与应对，思想理论教育，2014（06）.

[32] 刘经纬，董前程：论生态道德的正当性，晋阳学刊，2015（05）.

[33] 刘湘溶：生态文明视域下的环境教育，湖南师范大学教育科学学报，2015（05）.

[34] 刘传春：人类命运共同体内涵的质疑、争鸣与科学认识，毛泽东邓小平理论研究，2015（11）.

[35] 卢风：论生态伦理、生态哲学与生态文明，桂海论丛，2016（01）.

[36] 李爱敏："人类命运共同体"：理论本质、基本内涵与中国特色，中共福建省委党校学报，2016（02）.

[37] 刘贵华，张伟：生态课堂的实践框架与创新策略，课程·教材·教法，2016（07）.

[38] 刘峻杉：复兴传统文化对教师教育的需求及其应对，教育科学研究，2017（03）.

[39] 刘宝存，张伟：文化冲突与理念弥合——"一带一路"背景下新型世界公民教育刍议，清华大学教育研究，2018（04）.

[40] 刘社欣，古晓兰：论人类命运共同体议题设置，思想教育研究，2019（02）.

[41] 刘跃进：国家安全学学科建设的历程与新思考，北京教育（高教），2019（04）.

[42] 刘复兴，曹宇新：坚持把服务中华民族伟大复兴作为教育的重要使命，中国高等教育，2019（07）.

[43] 李默妍，祝怀新：面向可持续发展：法国中小学环境教育的政策与实践探析，比较教育研究，2019（07）.

[44] 卢晓中：基于人类命运共同体发展需要的高等教育体系构建，探索

与争鸣，2019（09）.

[45] 李立国：构建人类命运共同体视野下的高等教育新秩序，探索与争鸣，2019（09）.

[46] 李芳：跨境民族青少年国家认同学校教育探析——基于总体国家安全观的视角，云南师范大学学报（哲学社会科学版），2020（01）.

[47] 刘益东，祝成林：构筑人类命运共同体：大学治理全球化的中国逻辑，现代教育管理，2020（02）.

[48] 李文良：国家安全：问题、逻辑及其学科建设，国际安全研究，2020（04）.

[49] 刘建军：课程思政：内涵、特点与路径，教育研究，2020（09）.

[50] 刘跃进：论"国家安全学"的门类地位与"情报学"一级学科问题，情报杂志，2020（10）.

[51] 柳翔浩：跨境民族地区国家文化安全的教育应对，中国特殊教育，2020（11）.

[52] 马永庆：生态文明建设的道德思考，伦理学研究，2012（01）.

[53] 马乔恩，吴玉军：总体国家安全观视域下的青少年国家安全教育，思想政治课教学，2019（11）.

[54] 欧阳九根，傅洪健：传统文化视域下高校思想政治教育路径研究，黑龙江高教研究，2013（09）.

[55] 齐秀强，屈朝霞：马克思主义生态文明教育的实践场域与实现路径，求实，2015（04）.

[56] 容中逵：当前我国传统文化传承的三种教育误识，湖南师范大学教育科学学报，2010（02）.

[57] 饶世权，林伯海：习近平的人类命运共同体思想及其时代价值，学校党建与思想教育，2016（07）.

[58] 孙伦轩，孙铁成：生态文明建设与教育人学范式转变，高等农业教育，2013（06）.

[59] 孙正林：论高校传统文化教育自觉，国家教育行政学院学报，2014（08）.

[60] 苏琪：从国家安全视角看外语教育规划，西安外国语大学学报，2015（01）.

[61] 石云霞：习近平人类命运共同体思想研究，学校党建与思想教育，2016（09）.

[62] 沈壮海：担负好涵养文化自信的教育使命，中国高等教育，2016（Z2）.

[63] 邵发军：习近平"人类命运共同体"思想及其当代价值研究，社会主义研究，2017（04）.

[64] 宋婧琳，张华波：国外学者对"人类命运共同体"的研究综述，当代世界与社会主义，2017（05）.

[65] 宋强，饶从满：着眼全球共同利益："世界公民"教育的国际研究新趋势，现代教育管理，2018（02）.

[66] 宋强：新时代"人类命运共同体"理念引领世界公民教育思潮的理路，教育学报，2018（03）.

[67] 史宏波：人类命运共同体的理论意蕴与历史意义，当代世界与社会主义，2018（06）.

[68] 孙熙国：如何理解教育是立德树人的事业，思想理论教育导刊，2020（09）.

[69] 唐金权：网络时代高校国家安全教育面临的新挑战与对策研究，中国成人教育，2013（11）.

[70] 田道勇：可持续发展教育价值探析，教育研究，2013（08）.

[71] 田琳，吴燕：从"公益"到"共益"：全球高等教育理念的转变，清华大学教育研究，2020（01）.

[72] 王忠祥：生态文明建设路径探析，中国人口·资源与环境，2013（S2）.

[73] 王凌，李宜：教育安全：界说、特征与意义，学术探索，2014（07）.

[74] 王泽应：中华家风的核心是塑造、培育与树立正确的价值观，上海师范大学学报（哲学社会科学版），2015（04）.

[75] 王民：对我国环境教育发展历程的思考，环境教育，2016（07）.

[76] 王精忠：我国全民应急教育体系框架构建研究——以国家治理现代化为视角，山东警察学院学报，2017（02）.

[77] 吴娱：关于新形势下大学生国家安全意识教育的思考，江南社会学院学报，2018（03）.

[78] 王治河，陈静，樊美筠：生态文明呼唤一种后现代的通人教育，教育理论与实践，2018（05）.

[79] 王忠宝：中华优秀传统文化在高校思想政治教育中转化与创新探究，黑龙江高教研究，2018（12）.

[80] 王秉，吴超，陈长坤：关于国家安全学的若干思考——来自安全科学派的声音，情报杂志，2019（07）.

[81] 王永友，孟鹏斐：国家意识的科学内涵及其培育，马克思主义研究，2020（01）.

[82] 吴桐，金昕：人类命运共同体与爱国主义教育的创新发展，思想政治教育研究，2019（04）.

[83] 汪明义：大学理应成为构建人类命运共同体的中流砥柱，探索与争鸣，2019（09）.

[84] 习近平：习近平总书记在全国高校思想政治工作会议上的重要讲话，人民日报，2016（12）.

[85] 熊江宁，李勇刚：北京"现代私塾"的现状与出路，北京社会科学，2011（05）.

[86] 谢文娟："人类命运共同体"的历史基础和现实境遇，河南师范大学学报（哲学社会科学版），2016（05）.

[87] 徐洁：论学校生态文明教育的语言限度及其超越，中国教育学刊，2016（06）.

[88] 熊杰，石云霞：论人类命运共同体理念的思想来源、发展逻辑和理论贡献，国际观察，2019（02）.

[89] 徐辉，陈琴：人类命运共同体视域下全球胜任力教育的价值取向与实践路径，比较教育研究，2020（07）.

[90] 奚亚英：以"人类命运共同体"理念审视当前国际理解教育，人民教育，2020（22）.

[91] 杨灿：论生态教育视野下学科发展的内生动力机制，中南林业科技大学学报（社会科学版），2010（06）.

[92] 于雪丽：构建我国文化安全体系的路径选择，学术交流，2011（12）.

[93] 于春海，杨昊：中华优秀传统文化教育的主要内容与体系构建，重庆社会科学，2014（10）.

[94] 杨志华：为了生态文明的教育——中美生态文明教育理论和实践最新动态，现代大学教育，2015（01）.

[95] 岳伟，徐洁：培育生态人格——生态文明建设的教育使命，教育研究与实验，2015（01）.

[96] 杨丽萍：传统文化教育的时代语境与推进路径——基于《完善中华优秀传统文化教育指导纲要》的解读，西南民族大学学报（人文社会科学版），2015（04）.

[97] 岳宗德：在大学生思想政治教育中加强传统文化教育探析，思想教育研究，2016（01）.

[98] 杨胜才：论国家意识形态安全的民族院校责任，学校党建与思想教育，2016（18）.

[99] 杨晓慧：构建人类命运共同体视域下青少年价值观教育的中国特色与国际视野，思想政治教育研究，2018（04）.

[100] 杨洋：大学在推动构建人类命运共同体中的使命与担当——"'基于人类命运共同体发展需要的大学治理使命'高等教育高峰论坛"综述，四川师范大学学报（社会科学版），2019（04）.

[101] 袁利平，师嘉欣：人类命运共同体构建的教育之维——基于联合国教科文组织三份报告的分析，思想政治教育研究，2019（05）.

[102] 杨华锋：论国家安全学科建设与发展的若干问题，情报杂志，2020（07）.

[103] 于扬，王本余，李志兵：关于公共安全教育融入教师教育治理体

系的反思，黑龙江高教研究，2020（08）.

［104］张斌：生态文明视域下环境教育论，湖南师范大学社会科学学报，2010（03）.

［105］赵瑞华，孔君英：论传统文化的思想政治教育功能，理论月刊，2011（07）.

［106］朱萌，张立成：大学生中国优秀传统文化教育探析，思想教育研究，2011（11）.

［107］张雷生：韩国：环境教育的本质是环境价值观教育，人民教育，2014（20）.

［108］张阳：中华优秀传统文化的当代教育价值及其实现，思想政治教育研究，2015（03）.

［109］翟博：树立新时代的家庭教育价值观，教育研究，2016（03）.

［110］周作宇，马佳妮：人类命运共同体：高等教育国际合作的价值坐标，教育研究，2017（12）.

［111］张权力，杨小微，张良：教育现代化的文明本义及多元性特质，教育理论与实践，2017（22）.

［112］周安平：人类命运共同体概念探讨，法学评论，2018（04）.

［113］张日培：国家安全语言规划：总体国家安全观下的范式建构，新疆师范大学学报（哲学社会科学版），2018（06）.

［114］赵庆寺：新时代高校国家安全教育的理念、逻辑与路径，思想理论教育，2019（07）.

［115］周光礼：人类命运共同体与高等教育全球治理，探索与争鸣，2019（09）.

［116］周世旺：学校应加强青少年传统道德教育，中国教育学刊，2020（S2）.

［117］郑泽金，曾智，张林：中华优秀传统文化融入职业教育的探索，学校党建与思想教育，2020（23）.

第六章　教育正义研究

"如果公正和正义沉沦，那么人类就再也不值得在这个世界上生活了。"[①]作为一个亘古常新的议题，正义是人类社会永恒的价值追求，延伸到教育领域则表现为对教育正义的向往。长期以来，教育正义始终是教育研究的关键问题。与以往研究相比，在 2010—2020 年这十年时间里，我国学术界对教育正义问题的相关研究取得了较大进展与突破，研究深度有所加强，研究范式有所转变。具体表现为：一是认识不断深入，研究立场由社会学转向教育学，人的发展成为衡量教育正义的基本依据，教育正义研究由对外部教育正义问题的关注转向对教育内部正义问题的关注；由对教育起点、教育机会平等的关注转向对教育过程、教育结果公正的关注。二是研究视野不断扩展，衍生出了众多新的问题域，"教育分配关系、教育人际关系、教育目的、教育正义与社会正义的关系等领域考察与研究教育正义问题"构成了教育正义研究的问题域［何菊玲，2021］。三是批判性研究不断增多，教育正义研究范式发生了改变，由追求绝对正义转向反对非正义，由一元分配范式主导转向多元复合范式并存。四是教育正义实践问题取得了较大成就，教育优质均衡发展得到了广泛关注。概况来看，十年来，学术界对教育正义问题的相关研究主题包括：一是对教育正义价值的深入认识；二是对教育正义原则的持续探究；

[①] 康德. 法的形而上学原理［M］. 沈叔平，译. 北京：商务印书馆，1991：165.

三是对教育正义哲学基础的深刻剖析；最后是对教育正义实践问题——教育优质均衡发展——的持续关注。

一、教育正义的价值研究

"正义是社会制度的首要价值，正像真理是思想体系的首要价值一样。"①在追求社会进步与繁荣的过程中，正义是处理社会压制和不平等事实的根本理念，是社会变革需要不断唤醒的价值诉求。"教育正义"是"正义"在教育领域的延伸。工业革命伊始，教育正义问题就引起了广泛的关注与讨论。长期以来，探讨教育正义之所以重要，或者说教育正义问题之所以能够引起广泛关注，关键原因在于：教育正义不仅关系到教育事业的健康发展，更关系到人类社会的持续发展，其实现程度是衡量社会发展水平的重要尺度。正如约翰·S. 布鲁贝克所言，教育正义是"实现人类平等的伟大工具，它的作用比任何其他人类发明都要大得多"②。因此，作为社会正义的有机组成部分，教育正义在实现社会正义进程中具有基础性、深远性、全局性等重大意义。如果没有教育正义，社会正义不仅是不完整的，而且会遭到毁坏。受此影响，学术界往往从社会的视角或者说基于社会的立场探讨教育正义问题，以促进社会正义为目的。有论者指出，教育公平是正义社会的理想诉求。教育作为公民基本的发展权，不仅是实现社会正义的基本途径，也是正义社会的必要组成。教育成为社会关切的重要利益，是由于它是有价值的物品。它不仅使人的内在成熟，它的工具性价值还有利于促进人的社会流动（升迁、迁移）以及带来其他社会利益。因此，社会性是教育公平的基本属性。教育公平的实质是确保每个人的自由、平等、全面发展，但在形式上却是社会性、政治性的公共问题。所以，教育公平需要符合社会的主流理念，需要遵循社会的基本制度，需要顾及社会的利益冲突［孙志远，2013］。

---

① 约翰·罗尔斯. 正义论［M］. 何怀宏，译. 北京：中国社会科学出版社，1988：78.
② 约翰·S. 布鲁贝克. 高等教育哲学［M］. 王承绪，等译. 杭州：浙江教育出版社，2002：71.

教育正义是社会正义的基础与重要构成，促进社会正义是教育正义的价值所在。但完全着眼于社会正义探讨教育正义问题，仅仅关注了教育正义的外在价值，忽视了教育本身的价值，忽视了教育自身的目的和特殊性。教育是培养人的活动。"为何培养人、怎样培养人、由谁来培养"等问题理应是教育正义研究的首要问题。一味地关注社会正义的教育正义研究并未触及教育正义的本质与核心问题，从而会遮蔽真正的教育正义问题。所以，有人提出，"只有基于教育立场讨论教育正义问题时，才能真正发现教育领域的正义问题"［何菊玲，2021］。所谓教育立场，就是从教育的本意目的出发研究教育问题。

教育是一种通过不断提高个人认识世界和改造世界的能力来提升其作为主体的人的本质力量的活动，其根本目的是为了培养儿童的健全的人格、自由的能力、理性的精神、卓越的德行、独特的个性等，从而使其成为本质意义上的"人"。发展教育的直接目的应在于保障每个人的自由发展，而非控制个人的发展以达成其他目的。在某种意义上，教育学的立场就是人的立场[①]。因此，教育正义与人的发展息息相关。一种真正公平的教育，不是根据外在于人的需要而把某种发展目标强加给个人，而是通过承认天然的人身平等，在教育过程中将每一个人的自由发展视作教育的目的，尊重和支持每个人的自由发展来更好地实现人类社会的发展目标。"个人自由发展的优先原则一旦遭到破坏，教育公平也就失去了最根本的前提条件"［项贤明，2017］。根据马克思主义人的发展理论也可以看出，从人发展需要的高度，研究教育理念、配置教育资源、设计教育课程等，由此而建构的教育政策、教育管理制度，是有助于人的发展，是正义的教育［舒志定，2018］。因此，人的发展是评判教育正义的重要依据。

从关注社会发展转向关注"人"的发展，学术界对教育正义的价值的认识发生了重大转变。有论者指出，教育正义确定教育保障人的基本权利（包括自由权利）的形式原则，确定教育利益包括教育机会、教育资源以及其他教育基本好事物的分配原则，它同时也规定教育如何道德地对待人的行动原

---

① 冯建军. 教育的人学视野［M］. 合肥：安徽教育出版社，2008.

则。教育正义还确定受教育者充分利用教育自由和机会的限度，确定儿童享用教育和获得正当对待的教育原则［金生鈜，2011］。教育正义保障每一个受教育者理性的发展、德性的养成、个性的成长的基本条件与机会。每个受教育者都可通过正义的教育获得公正的教育机会、资源和教益，获得创造生活前景的能力，获得实现人格价值的尊严。教育正义符合教育的本质，是平等地保证每个人通过正义的教育而获得美善生活的根本条件［金生鈜，2011］。

"人"是教育正义的核心。"真正的以人为本"有三个标准：第一个是真正的以学生为本，而不是以教育政绩、教育 GDP 和升学率为本；第二个是以每一个学生为本，而不是以少数学生为本，也不是以高分学生为本；第三个是以每一个学生的全面发展和终生幸福为本，而不是以每一个学生的升学率为本。[1] 教育面向所有人，"让每一位学生得到'教育的应得'，为学生的自由全面发展奠定品性、知识、能力基础，是正义教育的题中之意"［舒志定，2015］。教育正义面向每一位学生，不是强调学生接受教育的权利，而是强调人人平等，要尊重和关怀每一位学生，让每一位学生在学校中感受快乐、温暖、健康成长。这种以"人"为核心评估域的教育公平观不仅关涉显性、物质等公共资源配置方面的平等、均衡或差距缩小，也涵盖诸如尊严、幸福、精神等隐性的"教育系统内部"的教育公平，要求致力解决教育系统内部普遍存在的不平等、不民主以及等级化、边缘化、排斥、欺侮等现象［石中英，2015］。

"回到人"，教育正义面向所有人。人不是物，每一个人都是特殊的，每一个人的教育也是独一无二的，实质性的教育公平就要求教育要适合每一个不同的人，即关注个体间的差异以及基于个体差异的教育公平。因此，在教育公平这个问题上，不仅教育质量的高低（低质量的教育或高质量的教育）会导致不同的教育公平，公平的类别的区分（象征性公平或实质性公平）也会呈现不同的教育公平。所以，教育公平应在教育平等的基础上，以"高质量的教育"与"实质性的公平"为两翼，致力于让每一个人都享有适合自己

---

[1] 杨东平. 教育改革正在路上［EB/OL］. http://learning.sohu.com/20141222/n407172506.shtml.

的优质教育［王建华，2017］。

还有论者指出，教育正义是关于教育的正义性问题，是对教育合法性的价值判断［何菊玲，2020］。这意味着正义的教育要满足三个条件：首先，教育关系的公正性，即合法性。教育在本质上是一种关系性的存在。教育是教育者与受教育者因教育行为而形成的教育关系，包括教育资源分配关系和教育人际关系。教育正义首先要求在教育资源分配和人际关系上要公正地对待每一位受教育者。教育关系的公正性意味着教育的合法性。其次，教育正义要求教育关系不仅具有合法性，还要具有正当性与合目的性，即教育关系不仅是公正的，还要是好的、合目的的。与一般的分配关系和人际关系不同，教育关系承载着教育目的与使命。教育者肩负着对受教育者进行教育的使命，教育关系建立的目的最终是要实现教育目的的。教育的正义性，即合目的性要求任何教育行为都必须与教育目的联系起来［何菊玲，2021］。总之，与之前相比，这一时期，"人"回到了研究视野，学术界追根溯源，转变立场，对教育正义及其价值问题的认识不断走向升华。

二、教育正义的原则研究

教育正义是教育主体对复杂甚至矛盾关系中的根本性教育价值的合理性追求，包括教育平等和公平正义、教育质量和效率正义、教育扶智扶志和扶教育之贫的超越公平的德性正义。追求教育正义必须坚守互利公平正义与超越公平德性正义互为基础、相互持续促进的全面正义，以互利公平正义为基本规范保证，大力培育和弘扬德性及其德心、德信、德行正义，不断追求卓越，为民族复兴和人民幸福，全面提高全民素质，培养更多的高质量人才［郝文武，2019］。以育人质量为中心的教育正义观，注重从现实中的人的生存与发展角度谈论正义，关心的重点是怎样促进受教育者的全面而自由发展。因此，促进人的发展、尊重人的尊严是评判教育正义的基本依据。

人是复杂的。现实中的人有两种属性：一是作为社会人的属性，二是作为个体人的属性。作为社会人，每个人都是完全平等的；作为个体人，每个人又都是有差异的。教育既要面对社会人，又要面对个体人。面对社会人的教育公平是教育中的社会公平，它强调人与人之间的平等公平；面对个体人的教育公平是教育中的个体公平，它强调人与人之间的差异公平。前者遵循的是"同等情况同等对待"的平等性原则；后者遵循的是"不同情况不同对待"的差异性原则［冯建军，2017］。具体到学校教育实践来看，有论者指出，实现学校内部公平的前提是对学生基本受教育权利的尊重，实质是教育资源和学习机会的平等享有。学校内部公平的原则包括：一是对所有的儿童平等对待。即在教育过程中，无论家庭贫富、阶层如何、父母身份如何，儿童都应该平等地享受获得发展资源与机会的权利，其对应传统教育理念中的"有教无类"。二是对不同的儿童差别对待。即在教育过程中，应根据儿童的兴趣、能力的不同，为儿童提供不同数量、不同层次、不同方面的资源与机会，适应儿童发展的差异性需求，其对应传统教育理念中的"因材施教"。三是对有特殊需求的儿童特别对待。即在教育过程中，对于具有特殊需求的儿童提供特殊对待，其对应传统教育理念中"各得其所"。这里"具有特殊需求的儿童"是指在某一方面低于或者高于平均水平的儿童，比如智力上的"低常儿童"与"超常儿童"［杨小微，李学良，2016］。

历时性地来看，实现教育公平依次经历的三个阶段分别为：起点公平、过程公平和结果公平。起点公平强调学生平等的就学权利和机会，过程公平关注学生在教育过程中是否受到公平的对待，结果公平追求学生达到相对平等的发展水平［龙安邦，黄甫全，2019］。在这一过程中，每个学生是否都能"得其应得"，发展成为最好的自己是衡量教育公平与否的重要标准，而教育权利、教育机会、教育资源的获得是学生个体发展的基本保障。因此，探讨教育权利、教育机会、教育资源的分配是研究教育正义的重要维度。

罗尔斯在《正义论》中提出，"社会基本善"的分配具体表现为两个原则：第一个原则——"每个人对与所有人所拥有的最广泛平等的基本自由体系相容的类似自由体系都应有一种平等的权利"；第二个原则——"社会与经济的不平等应这样安排，使它们：①在与正义的储存原则一致的情况下，适合于最少受惠者的最大利益；并且②依系于在机会公平平等的条件下职务和地位向所有人开放"。① 依据这一观点，不少论者将教育正义的原则概况为"平等原则"、"差别原则"和"补偿原则"，即保证所有人在自由、权利与尊严方面一律平等；对不同的人进行不同的对待；并对处于不利地位的人进行补偿对待，补偿是分配中的矫正正义，目的是克服分配中的"不应得的不平等"，实现结果的实质平等。

有论者通过对政治哲学领域的自由至上主义的程序正义论、古典功利主义的最大化原则、罗尔斯的正义论，以及以德沃金为代表的运气均等主义进行梳理后总结道，教育分配正义的原则包括：（1）教育权利平等原则，即人人都有受教育的权利，不因其个人特征或其国籍、社会出身而被区别、排斥、限制或特惠，取消或损害教育上的待遇平等。（2）应当允许自由交换在私人教育物品领域发挥作用。这不仅是一种一般的权利，也能带来效率。这是自由至上主义者所坚持的。（3）教育的分配应重视结果的福利。在不违反权利平等的基础上，最大限度地增进教育机会和福利，也是人类社会所重视的价值目标。（4）关注弱势群体的教育福利。罗尔斯的正义论指出，在无知之幕下，差别原则被选择，因此在坚持教育权利平等和机会平等的基础上，教育的分配应利于处境最不利者的福利。（5）应当区别对待"原生运气"和"选择运气"产生的教育不平等结果。运气均等主义者指出，一个正义的社会应尽量消除属于集体责任范畴的不平等结果，而归于人们个人责任的不平等结果则应当被允许［周金燕，2014］。

有论者认为，与教育机会、教育资源等问题相比，"教育利益"是更为上位的概念。教育公平应该是关于教育利益分配正当性的价值判断。因此，论者将教育利益分为竞争性利益和普惠性利益，并指出，竞争性利益的分配结果必然是不平等的，教育公平原则要对此不平等结果的公平性与否做出判断。教育公平有三个原则，即平等原则、补偿原则和差异原则，每一种原则在竞争性利益分配和普惠性利益分配中具有不同的含义。竞争性利益分配的主导原则是差异原则，强调基于能力的自由竞争。这一原则正视教育结果不平等

---

① 约翰·罗尔斯. 正义论［M］. 何怀宏，等，译. 北京：中国社会科学出版社，1988：302.

问题，但前提是，结果不平等的竞争性利益的分配。首先要做到程序公平，即要能够保障人人参与竞争的机会平等，否则结果不平等就是不公平的；其次是制度公平，即导致竞争性利益不平等分配的制度是公平的，其衡量标准在于制度效果利于社会整体利益和弱势群体利益。而普惠性利益分配的主导原则是平等原则。在普惠性利益分配中，平等原则有三点要求。教育机会平等是平等原则首先强调的，是指学生平等地享有接受学校教育的机会，包括起点平等和过程平等。（1）起点平等，即入学平等，都进入同样质量的学校。（2）过程平等，在教育过程中，学生都受到同样的对待。平等强调的就是同样、一样。平等原则并不要求学生发展水平的"结果平等"，这是不可能的也是没必要的。但是，从国际上看，平等原则越来越对教育结果和教育质量提出更高的要求，要求提高教育结果、教育质量的基本标准，并要求所有的学生都达到这一基准。（3）基准平等，尽管学生的学习结果、发展水平千差万别，但是要让所有学生在发展水平上都达到基准，这样才能真正为其将来在升学、就业、晋升等方面提供参与竞争的实质机会。此外，由于普惠性利益具有普惠性与平等性特征，所以，在普惠性利益分配中，教育公平的平等补偿原则与差异原则是辅助性的，是为平等原则服务的。在这里，教育公平的三原则在竞争性利益分配中得到了新的应用，在普惠性利益分配中得到了新的解释，使得教育公平原则的立体化重构成为可能，同时也说明，教育公平不是绝对完全平等的，在某种情况下，不平等的教育恰恰是公平的教育［褚宏启，2020］。

还有论者认为，教育公正是分配正义的基本议题。并且从分配的性质来看，教育分配是一种再分配。教育分配的基本价值包括权利应得与资本积累。教育过程有没有给学生以其"应得"？这是评价教育公正的基本依据与视角。从绝对应得来看，只要个人获得了受教育机会，就可以看做已得其应得，而从比较应得看，教育是否使学生成为了其所可能成为的人，而这也是其应得。在此意义上，教育公正的实质在于促进个体潜能的最大限度的发展。教育中实质公正的获致需要分配公正与关系公正同时良性运行。在具体实施过程中，教育公正的分配原则包括补偿原则、需要原则和贡献原则等，而且每一项原则都是某一类教育政策的主导正义原则［蔡春，2010］。

还有论者认为，教育的目的是人，教育正义就是在"每个人的全面而自由发展"的人类终极目的的追求下，基于特定的历史和现实将合规律与合目的最大化的法则和行为。因此，"实现人的全面而自由发展"是教育正义的根本性原则。"人的全面而自由发展"存在着两种状态，这两种状态也是学界对于这一命题的两种不同理解：作为全体人类的整体"类"发展和作为个体的个人"属"发展。人类的整体"类"发展着眼于整体人类的发展，个体的个人"属"发展着眼于具体个人的发展。"每个人的全面而自由的发展"实际上就是指全体人类的整体"类"发展。作为全体人类的整体"类"发展是作为个体的个人"属"发展的最终发展目标，作为全体人类的整体"类"发展为作为个体的个人"属"发展的实现提供充分的条件；作为个体的个人"属"发展是作为全体人类的整体"类"发展的要素支撑和实现手段。全人类的全面而自由发展是正义的终极目标，个人的全面而自由发展最终是为了实现全人类的全面而自由发展。因此，正义的教育既要促进每个个体人的全面自由发展，也要促进全人类的全面自由发展。具体来看，"实现人的全面而自由发展"应秉持的教育正义原则包括：永恒性和多元性原则、按劳分配原则和差别性原则、整体性原则和可持续性原则。其中，"永恒性和多元性原则"是确立教育正义具体原则的依据性原则，处于最优先的位置；"按劳分配和差别性原则"是衡量其他原则遵守与否的标准性原则，在优先性上处于其次的位置；"整体性和可持续性原则"是判断教育正义合目的的首要依据，其优先性处于第三的位置［刘磊，2016］。

三、教育正义的哲学基础研究

"正义"是涉及伦理、政治、经济、教育、社会等广泛领域的重要原则和范畴。不同时期、不同社会以及不同思想家都会产生不同的正义理念。长期以来，我国学术界痴迷于研究教育分配正义理论，尤其是罗尔斯分配正义理论得到了广泛、持久关注。然而，近十年来，不断有论者开始批判反思教育分配正义，着眼于研究教育承认正义、关系正义、比较正义等。

(一) 教育分配正义及其批判

现代正义研究话语分析中，常将罗尔斯视为分配正义的主要代表。但事实上，早在梭伦改革时期，为改变雅典贫富差距过大，缓解穷人与富人的矛盾，梭伦就提出，在富人与穷人之间做到"不偏不倚"，就必须要在人人平等自由的前提下，根据每个人的劳动，得其应得的财产。"得其应得"是梭伦赋予正义的最初含义，这为早期分配正义奠定了基础。后来，古希腊的思想家把正义视为美德，尤其是政治生活中的美德。政治生活中的美德需要处理人与人的社会关系，因此，正义在亚里士多德那里又作为分配正义提了出来。亚里士多德在探讨正义问题时，将"守法"作为普遍的正义，把"得其应得"作为具体的正义，提出了分配正义和矫正正义。分配正义是对社会公共财富和公共权力的分配平等，遵循的原则是数量相等和比值相等。"'数量相等'的意义是你所得的相同事物在数目上和容量上与他人所得的相等；'比值相等'的意义是根据各人的真价值，按比例分配与之相衡称的事物"。[①] 比例平等不是平均，它把相等的东西给予相同的人，把不相等的东西给予不相同的人，因此，是一种差异平等。但若把相等的东西分配给不同的人或是把不相等的东西分配给相同的人，又都是不正义的表现，为此，须对分配中的不正义进行矫正。矫正正义是对分配正义中的不公正问题进行实质化的调整，最终实现分配正义。显然，矫正正义是分配正义的补充和完善，分配正义先于矫正正义。之所以需要矫正正义，是为了实现结果的公正分配。

随着近代思想家对权利、自由、平等的追求，20世纪80年代，罗尔斯提出，分配正义的两个前提是资源的中度匮乏和人性的私己性。正因为物质资源存在着中等程度的匮乏，人性又有着私己的欲望，才有对资源公正分配的渴求。所以，分配正义指向社会匮乏资源的不平等分配，致力于对匮乏资源的公平（平等）分配。从政治哲学的视角出发，罗尔斯认为，正义的主题是"社会的基本结构"，即社会制度，通过恰当的制度安排来确保社会资源在成员之间的公平分配。一方面，社会资源的分配需要按照权利平等和机会均等

---

① 亚里士多德. 政治学 [M]. 吴寿彭，译. 北京：商务印书馆，1965：234-235.

的原则；另一方面，为了平等地对待所有人，提供真正的同等机会，社会必须更多地关注那些弱势群体，实施弱势补偿，使他们的利益最大化。罗尔斯分配正义理论在教育公平领域中的应用主要表现在两个方面：一是平等对待每个受教育者，保障人人享有平等的受教育权，提供平等的受教育机会，保证对教育资源进行平等的分配等；二是补偿对待弱势群体，克服平等分配过程中的"不应得的不平等"，目的在于实现弱势群体学生的利益最大化。

罗尔斯正义理论一经问世便得到了广泛关注，很长一段时间以来，始终居于宰制性的地位。正如有论者所言："在教育正义问题的大讨论中，许多论者青睐于反复引用、评述罗尔斯对正义理念的相关设想与论证，以其正义观为启示来研究当前的教育正义问题，试图从中发现关于教育正义问题的'真理'"[刘同舫，2012]。但罗尔斯分配正义理念并非完美，有其内在缺陷。因此，德沃金（Dworkin）、诺齐克（Nozick）、沃尔泽（Micheal Walzer）等人对罗尔斯正义理念进行了质疑、批判，丰富和完善了分配正义理念。

德沃金、诺齐克、罗尔斯同属自由主义阵营，但与罗尔斯不同，在资源分配过程中，德沃金认为，"一方面是规定一种成功的生活是什么样的信念和态度，理想（即资源平等权的理想）将此归因于个人的志向，另一方面是为这种成功提供途径或设置障碍的身体、精神或个性的特征，理性将此归因于个人的环境"。① 所以，在资源分配过程中，德沃金主张资源分配既要考虑人的自然禀赋和社会境况，平等待人，但也要关注人的"志向"，允许发展个人的志向，给予个体充分发展的空间。而在诺齐克看来，正义应该像罗尔斯所主张的那样，坚持"基本自由及其优先的原则"，但"个人权利神圣而不容侵犯"，正义的分配不应该体现在分配结果上的平等，因此，诺齐克坚决反对罗尔斯"补偿"正义原则。

与自由主义关注个人权利不同，社群主义批判了"个人""自我"，提倡"社群"的意义。作为社群主义的代表，沃尔泽提出了多元正义理念。多元正义理论主张正义问题的解决应该在考察社会多元化因素的基础上实现，正义

---

① R. Dworkin, "What is Equality", Philosophy and public Affairs 10, 1981. 参见顾肃：《自由主义基本理念》，中央编译出版社 2005 年版，第 351 页。

原则的应用应该对应相应的适用范围［张秀，2010］。在《正义诸领域——为多元主义与平等一辩》一书中，沃尔泽探讨了社会物品的多样性，认为"从来不存在一个适用于所有分配的单一标准或一套相互联系的标准。"① 所以，无论是政治地位、社会声望，还是教育资源，都能够构成独立的分配领域，都拥有自己独立的分配规则。基于沃尔泽多元分配正义理念的影响，有论者指出，教育领域的分配原则，应该是一个描述性的研究问题，而不能作为规范性研究问题［丁道勇，2012］。

在我国教育学研究领域，有论者从方法论的视角反思了罗尔斯正义论的局限。刘同舫教授认为，罗尔斯立足于自身正义论的理论脚本之上的教育公正观作为一种方法论原则，存在不可克服的理论困境。他的理论前提是建立在对人及人性纯粹的唯心主义假设和理解的基础上，是抽象的；他的理论视角是在统一尺度的规定下促进所有人的公平、平等，是片面的；他的理论归宿是以平均主义倾向追求分配上获得最大共识的真理性公正，是乌托邦的。我们应当以批判性的眼光看待罗尔斯的教育公正理论，警惕陷入罗尔斯教育公正理论情结，以防盲目地信仰其理论而做出与现实不相符的判断［刘同舫，2012］。

还有论者指出，教育分配正义的局限体现在三个方面：首先，分配正义在内容上限于可分配的善。教育领域"善品"表现为非物质形态的平等参与教育的机会和权利，以及物质形态的教育资源。它们有的可以被成员平等占有，而有的则不能够在成员中间平等分配。但无论是否可以平等的分配，用来分配的社会善，首先必须是可以在不同成员之间进行分配的，对于不可分配的事物（如个体的尊严），分配正义也就表现出无能为力。其次，分配正义的主题是宏观层面的教育基本结构和主要的教育制度安排。其目标在于通过恰当的制度安排而实现教育资源，尤其是稀缺的教育资源在所有人之间的合理配置，但对微观教育活动和教育过程中的不正义现象却不具备固有的效力。最后，分配正义主要调节不同的群体和阶层在资源占有之间的矛盾和利益冲

---

① 迈克尔·沃尔泽. 正义诸领域——为多元主义与平等一辩［M］. 褚松燕，译. 南京：译林出版社，2002：2.

突。分配正义的功能主要在于对稀缺性教育资源在有着竞争性追求的群体之间进行合理的配置和有效的调节，以化解教育资源占有上的利益冲突，所以分配正义很大程度上将自身局限于群体与阶层之间的有着竞争性诉求的教育资源之上，而对于人与人之间的交往关系中非竞争性的内在诉求无能为力［吕寿伟，2014］。

还有论者指出，教育正义关注教育权利、机会和教育资源的分配无疑是重要的，因为教育权利是前提，没有相应的教育权利，平等的教育机会即奢谈。教育资源是教育的物质基础，没有相应的教育资源，"平等"只能是一个肥皂泡。因此，指向权利、机会和资源的教育分配正义具有合理性、正当性和优先性。对于教育来说，教育权利和机会是首要的，在社会政治制度提供平等的教育权利和机会后，教育资源便成为必要的外在保障。但必须意识到，教育资源不等于教育的全部，也不是教育的根本。对于教育来说，物质资源只是教育的外部保障，真正的教育是人与人心灵的沟通与交流，关怀、自尊、人格、心理影响等是教育的内部资源，而分配正义恰恰对教育的内部资源无能为力。因此，教育分配正义的局限性表现为：教育分配正义只限于可分配的物质资源，对其他资源的分配则无能为力。同时，分配正义诉诸宏观社会制度，而社会制度面向宏观的教育系统，无法关照微观领域的课堂生活、班级活动和师生交往。所以，教育分配正义的局限性还表现为：教育分配正义无法真正深入微观的教育活动中，无法关注教育对每个儿童的社会—心理与道德影响［冯建军，2016］。

(二) 教育关系正义理念研究

正义不但是有关程序和分配领域的问题，而且还是有关社会关系的本质和排序的问题。分配正义关注的是社会物品的分配方式，但仅仅从资源分配的角度思考正义问题，真正的正义也是难以实现的。西方论者扬（Young I. M.）就指出，"分配正义让我们聚焦于'每个人拥有什么？拥有多少？与他人相比总量如何？'而不是促使我们思考'人们正在做什么？依据机构的规则，他们所做和所有如何构成他们的地位？他们所做如何集中发挥影响？'这种范式不仅忽视了决定物质分配的制度背景，而且无法处理非物质物品和资源的问题。"① 所以，关系正义论者提出要从关系的角度去理解社会公平。按照关系正义论代表者扬的说法，当代社会不公现象的典型形式是优势群体对弱势群体的"支配（domination）"和"压迫（oppression）"，主要表现在剥削、边缘化、无权、文化帝国主义和暴力五个方面。有论者将其运用到教育领域，分析了教育领域存在着的关系非正义问题。具体如下表1所示。

表1 教育领域关系非正义的表现②

	表 现
"剥削"	优势群体对弱势群体的剥削（如男性对女性的剥削；重点校对弱势校的剥削；老教师对新教师的剥削；优秀生、条件优越生对弱势生、条件差的学生的剥削等）
"边缘化"	弱势群体（少数民族、身体缺陷、能力不足、成绩不好的学生）被剥夺发展机会，处于边缘地位
"无权"	下层人民父母在子女教育方面无作为；弱势学生、学校、地区丧失话语权无权参与决策内部事务，只能被动地执行优势群体的命令
"文化帝国主义"	重视上层阶级（阶层）、城市学校（城乡）、优质学校（校际）的文化，作为主流文化推广，成为教育的主要内容；忽视下层人民、农村学校、薄弱学校的声音，其文化被标签为不正常或次要
"暴力"	显性暴力：打架斗殴事件多发，常以弱势群体学生（如女生、少数民族等）为针对对象； 隐形暴力：教师、学生对弱势群体忽视、瞧不起甚至侮辱等

反思教育领域明显的关系不正义问题，关系正义理念在分析解决实际教育不公平问题中有着至关重要的作用。因此，有论者提出，探讨教育公平的视角要从分配正义走向关系正义，仅仅从分配的领域来看待不公平问题是远远不够的，事实上，只有意识到对关系不公平存在的严重性，才能最终为教

---

① Young I. M. Justice and the Politics of Difference [M]. New Jersey: Princeton University Press, 1990.
② 转引自：吴煌. 教育正义：走向多元综合的范式 [J]. 湖南师范大学教育科学学报, 2017（02）：85.

育不公平问题的解决找到出路［钟景迅，曾荣光，2009］。有论者指出，实现教育正义需要借鉴关系正义的基本主张，减少和消除各种意义上的对最不利者的歧视、羞辱、边缘化、贬低、排斥等新"压迫"现象，使每所学校和每个学生都能实现基于自身实际和需要的最佳发展［杨建朝，2017］。还有论者将罗尔斯"分配正义"理论在教育领域的套用视为传统教育正义研究范式，通过重建理论基础、重构从正义到教育正义的演绎路径，确立了走向以"关系正义"为起点的新教育正义研究范式［孙霄兵，谷昆鹏，2015］。但值得思考的是，绝对肯定关系正义理念，全面否定分配正义理念，这到底会不会从根本上解决教育正义问题。

（三）教育承认正义理念研究

分配正义着眼于社会资源的分配，目的是平等地享有社会资源，它诉诸的是社会制度，关注的是资源配置方式。与分配正义不同，20世纪90年代，法兰克福学派第三代领军人物霍耐特（Axel Honneth）、弗雷泽（Nancy Fraser）等论者开始从人格羞辱、尊严蔑视等方面讨论正义问题，提出了"承认正义理论"。所谓"承认"，即指个体与个体之间、个体与共同体之间、不同的共同体之间在平等基础上的相互认可、认同或确认。[①] 正如黑格尔所言，"在承认中，自我已不复成其为个体。它在承认中合法地存在，即他不再直接地存在。被承认的人，通过他的存在得到直接考虑因而得到承认，可是这种存在本身却产生于'承认'这一概念。它是一个被承认的存在。人必然地被承认，也必须给他人以承认。这种必然性是他本身所固有的。"[②] 所以，承认指明了主体间一种理想的相互关系，其中一个主体视另一个主体为平等者。这种平等不是物质上的平等，而是人格尊严上的平等。在霍耐特看来，"人类

[①] 南茜·弗雷泽，阿克赛尔·霍耐特. 再分配，还是承认？——一个政治哲学对话［M］. 周德明，译. 上海：上海人民出版社，2009：3.
[②] 阿克塞尔·霍耐特. 为承认而斗争［M］. 胡继华，译. 上海：上海人民出版社，2005：49.

尊严的承认构成了社会正义的中心原则"，[①] 没有承认就没有正义。因此，承认正义理论以"承认"为核心范畴，以个体的主体间实现为旨归，它不仅关涉个体自我同一性的建构，同时由于承认的复数性特征，正义必然涵盖原始关系、法权关系以及共同体等领域［周萍，2019］。

以尊严为核心，霍耐特论述了承认的三种形式：爱的承认、法权的承认和成就的承认，提出了承认正义的三个原则：需要原则、平等原则和成就原则。近十几年，随着教育"非正义"问题的增多，很多论者开始援引承认正义理念分析教育公平问题，寻求如何让学生有尊严地生活在教育共同体之中。有论者审视了教育现场存在的反叛承认的蔑视现象造成的"非正义"问题。如"人格"的"形式承认"让儿童感受到爱的情感流失的"非正义"，"权利"的"规避承认"让儿童遭遇了教育权利遮蔽的"非正义"，"身份"的"差等承认"强化着个体价值失衡的"非正义"［崔振成，2015］。有论者分析了三种承认形式在教育中的否定性表现，即强暴、剥夺权利和侮辱，其积极的表现形式包括爱的关怀、平等的尊重、成就的赞许［冯建军，2016］。有论者指出，实现以人为本的教育公平，在于使每一个人感到"承认"的公平，每一个人在这种教育公平观中能够体会到爱、平等和社会尊重［程天君，2017］。

还有论者对比分析了分配正义、承认正义两种正义理念。如下表2所示，有论者总结概括了分配正义与承认正义两种理论的不同，并指出"任何一种正义的范式都不可能通过简单的化约而成为另一种正义范式的替代方案，它们有着各自不同的问题指向和预期目标"［吕寿伟，2014］。还有论者指出，分配正义着眼于社会资源的分配，目的是平等地享有社会资源，它诉诸的是社会制度，关注的是资源配置方式。关系正义同样诉诸社会规则或制度，但其制度不是分配资源，而是调节群体或阶层间的社会关系，关注的是群体或阶层间的社会互动关系。承认正义指向的是群体内部的个体，诉诸的是个体间的伦理关系，指向人与人人格上的平等与尊重，人与人都是作为平等的主体而存在［冯建军，2016］。

[①] 阿克塞尔·霍耐特. 为承认而斗争［M］. 胡继华，译. 上海：上海人民出版社，2005：32.

表 2 两种正义范式的根本区别[①]

	分配正义	承认正义
不正义的形式	羞辱和蔑视	教育资源的不平等占有
正义的原则	自由平等原则 机会平等原则 差别原则	需要原则（对情感的需要） 平等原则（成员资格的平等赋予） 成就原则（依儿童的特殊性给予价值重视）
正义的目标	消除不正义的教育资源配置	避免羞辱和蔑视以使每个学生都获得有尊严的教育生活
正义的主题	宏观教育基本结构和主要的教育制度安排	微观教育活动中主体之间的交往关系和教育生活
正义的内容	可分配的一切教育资源	不可分配的人格尊严

此外，在教育正义理论研究进程中，针对罗尔斯分配正义理念潜在的缺陷，学术界对阿马蒂亚·森（Amartya Sen）提出的"比较正义理念"也有所研究。比较正义理念反对通过建构"绝对公正的制度"来实现正义，提倡着眼于改进现实中的"明显不正义"问题，关注人的可行能力，主张正义在于重视现实各种可能选择的比较，而不是瞄准最合理最正确的方案。运用比较正义理念，有论者提出，一种恰当的教育正义论的本质维度是生活指标的建立，内容维度是实质自由的确立，目的维度则是提升人的可行能力［高伟，2016］。还有论者着眼于具体教育正义实践问题，提出教育优质均衡发展应该充分考量现实复杂性，扬弃罗尔斯平等加补偿的普适正义实现路径，着眼于现实具体的教育不均衡，在宽泛理性基础上，以提升教育主体的可行能力为基础、强调保障教育主体实质自由［杨建朝，2017］。还有论者提出，可行能力是自由在选择时呈现的本质状态。可行能力视域下的教育公平侧重人的发展，将"享有平等受教育权"作为其基本要义，"追求美好生活"作为其终极

[①] 转引自：吕寿伟. 分配还是承认——一种复合的教育正义观［J］. 教育学报，2014（02）：33.

指向,"实现个人价值"作为其深层意义。它倡导为教育者提供适切的教育,保障受教育者的自由发展,以及促进受教育者全面立体式发展。这样才能拓展受教育者的可行能力,实现其"各种可能的功能性活动组合的实质自由",最终帮助人们过上美好的生活[李响,2020]。

由此可见,这一时期,教育正义的哲学基础不断走向多元,打破了分配范式对教育正义研究的主导地位。虽然每种正义理念都有其不可克服的缺陷所在,但教育正义哲学基础的多元化更有利于我们深入认识教育正义问题的复杂性,也有利于消除教育实践中的"非正义问题"。

四、教育正义的实践研究

如何实现教育正义是我国教育改革基本的价值诉求。当前,我国教育改革已迈入"深水区",如何看待教育发展差异,破解非正义教育发展难题是我国当前教育改革的重中之重。作为一种"兜底"的教育,义务教育均衡发展是实现教育正义发展的关键。近十年内,义务教育由均衡发展逐渐迈向优质均衡发展。学术界对"义务教育优质均衡发展"相关理论问题进行了广泛讨论。

义务教育均衡发展是缩小教育差距、实现教育正义的关键举措。义务教育均衡发展是复杂的动态发展体系。义务教育均衡发展的"三维度"均衡结构包括全要素、全过程和全方位三个维度。"全要素"指向的核心要素维呈现配置性均衡,"全过程"指向的发展过程维呈现受益性均衡,"全方位"指向的空间推进维呈现一体化均衡。义务教育均衡发展的"三向度"价值关系表现为:公平与利益是配置性均衡向度的价值考量,均等与效率是受益性均衡向度的价值考量,均衡与效益是一体化均衡向度的价值考量。义务教育均衡发展的"三层级"均衡水平分别是:公平与正义是义务教育初始均衡水平的价值表征,质量与品质是义务教育均衡化水平的发展旨归,个性与卓越是义务教育后均衡水平的核心诉求。在义务教育均衡发展的"三维度"均衡结构、"三层级"均衡水平和"三向度"均衡关系的基础上,立体化推进义务教育的均衡发展,更有利于实现义务教育优质均衡发展[徐小容,朱德全,2017]。

优质均衡是在资源配置均衡的基础上实现质量的均衡发展，是教育均衡发展的高级阶段，也称为"高位教育均衡"。义务教育优质均衡发展是义务教育发展方式的一次重大转变，意味着义务教育从外延发展转向内涵发展。深入地看，优质均衡发展也是义务教育价值取向的一次重大调整。相较于以"资源配置"为核心的均衡发展，优质均衡从偏重教育的外在价值到关注教育的内在价值，着眼于"人的发展"。一方面，优质均衡发展着眼于"所有人"的发展。它要实现"全覆盖"，让所有人都能接受义务教育，特别要关注那些被过去教育所遗漏、忽视、排斥儿童的教育机会。另一方面，优质均衡发展着眼于所有人的"所有可能方面"的发展［陈学军，2012］。

从根本上说，义务教育是一种"兜底"的教育，不仅要实现"人人都能有学上"，而且还要保障"人人都能上好学"。而教育中普遍存在着鼓励"拔高"、追求卓越的取向。这种单向度关注优质选择造成了教育中的被优质群体和被薄弱群体，也诱导了学生褊狭越界发展和不搭界发展的误区。很多情况下，"被薄弱群体"无辜地成了褊狭"拔高"教育的陪衬人，还不得不因此忍受歧视和羞辱，人格尊严备受伤害。事实上，这种选择忽视了一个问题，即鼓励"拔高"有可能失落"兜底"，追求卓越有可能失落平常，因此，它必然造成优质教育资源集中，同时也造成教育资源短缺问题，不可能实现义务教育的均衡发展。推进义务教育可持续的优质均衡发展就要转向以"兜底"为重心，优先考虑均衡、优先考虑一切学生、优先考虑被薄弱群体、优先考虑国民基础素质目标。在"兜底"的义务教育中，那些与考试竞争暂时无缘的学生不仅可以有尊严地学习，也可以张扬自己的兴趣和热爱，真正优秀起来并且脱颖而出。这有望直接帮助被薄弱群体走出不搭界发展的误区，也深层关怀被优质群体摆脱褊狭越界发展的困扰［杨启亮，2011］。

义务教育优质均衡发展强调人的发展，着眼于教育生活中明显不公正、不均衡、不合理问题的解决，着眼于每个学校的实际处境和每个学生的发展需求。它不是要千校一面、平均发展、同步调前进，而是要充分创造条件鼓励不同学校结合自身实际，创造性地探索让学生自由成长、自我实现的发展道路，最终实现特色发展、健全发展、整体提升，让教育中的生命个体幸福自由地栖居在学校中。人的多样化个性成长和发展才是教育的核心和根本追求。教育优质均衡能否实现，最终依赖于受过教育的人的发展质量状况及自主发展理想的达成，而不限于各类可以考评和量化的数字和成绩的"优质"化。因此，教育优质均衡发展在于"尊重关怀共同体中每一个成员"，在不同学校以及学校内部之间构建和谐正义、尊重差异、生态导向的主体间关系。在关系正义视域中，实现每一个人的个性化发展，需要抵制教育中的排斥、羞辱、压迫、控制、贬低等非正义现象，尊重学生个体"独特的形态"，尊重具体个体生命的独特性、完整性［杨建朝，2011］。

就其内涵而言，优质均衡是优质和均衡的结合，是在资源均衡基础上追求教育质量的提升，旨在实现教育质量的均衡。教育质量体现在教育输入、教育过程与教育结果三个方面，教育质量均衡也因此包括教育输入的质量均衡、教育过程的质量均衡和教育结果的质量均衡。义务教育优质均衡是底线均衡基础上的差异均衡，其发展是注重质量提升的内涵发展，是基本质量标准基础上的特色发展。促进义务教育均衡发展，必须把基本质量标准与多元特色发展结合起来，以学校为主体，通过深化学校内部的变革，促进教育质量的提升［冯建军，2013］。

教育优质均衡发展是解决"择校热""学区房热"等问题的关键举措，最初的目的是通过学校间资源的合理配置和学校的内涵发展来促进学校间的均衡发展。就校际发展差异而言，义务教育均衡发展不是平均发展，更不是静态的同一，而是一个动态的发展过程。均衡的动态过程是通过差异表现出来的，没有差异的均衡不是均衡，是单一；没有均衡的差异不是差异，而是差距。因此，学校间的均衡发展不是追求学校发展的绝对同一，它首先要承认学校发展的特殊性和差异性，在教学过程和育人结果上实现有差异的特色均衡。学校间要实现优质均衡发展不能只是根据教育的结果的比较来确定目标的实现程度，而是要在学校的育人过程来看待均衡发展。学校的优质均衡发展不是扁平的均衡发展，而是立体的均衡发展。扁平的发展是指以某种单一的学校发展指数对学校作出评鉴，区分高下；立体的发展则是以学校的文化特色为核心，通过多方位的文化特色形成学校的内涵式均衡发展。文化均衡是基础教育学校均衡发展的一条合理路径。优质学校文化的建设要走课程与教学文化的变革之路，变革可以借助外部的力量，但有效的变革还是来自学校的内部，外因只是变革的外部条件。学校的优质发展不必一味地走模仿的道路，而要根据学校自身实际进行适合自身条件的课程与教学变革，走出自己的创新发展道路［吴亮奎，2010］。

义务教育均衡发展的关键是缩小薄弱学校与优质学校之间的差距。在义务教育均衡发展改革中，集团化办学得到了广泛的青睐。实践表明，集团化办学虽然激发了办学活力，体现了办学形式的创新，通过品牌教育资源的输出，缓解"择校热"，暂时满足了人民群众对优质教育资源的需求。但集团化办学也不可避免地暴露出一些弊端，如成员学校原有文化的丢失，逐渐失去了学校的个性和特色等。因此，集团化办学尚未突破义务教育均衡发展瓶颈。有论者指出，义务教育均衡发展的核心路径在于学校内生发展。内生发展在促使薄弱学校发生改变的同时不会失去自己原有的文化。内生发展符合义务教育均衡发展"尊重区域文化的'多元性'和学校文化的'多样性'"的根本宗旨。培育学校自身发展力需要通过管理变革，构建学校内生发展机制；强化认同，唤醒师生内在发展动力；区域联动，形成学校优质均衡发展生态群，以彰显学校内生发展价值，培育学校自我发展力，让每所学校成为最好的自己［舒惠，张新平，2017］。

此外，在实现义务教育优质均衡发展上，学术界试图通过指标体系的建构，寻求一把科学合理的"标尺"，以量化的方式对义务教育发展均衡状况及其程度进行判断分析。如有论者从教育学理论的视角，选取教师、学生、教育保障系统三个层面15个关键因素，结合县域内城乡之间、乡镇之间、校际之间、中小学之间四个维度，构建了由60个观测点组成的县域义务教育均衡发展监测指标矩阵［董世华，范先佐，2011］。有论者认为，校际均衡评价指标体系的建立是有效地监控和评价县级政府对教育均衡发展努力程度的有效工具。制订义务教育县域内校际均衡发展评价指标体系，应遵循资源配置均等原则、财政中立原则、弱势补偿原则、数据可得性原则。指标体系包括入学规则均衡指标、资源配置均衡指标和学校教育产出均衡指标［王善迈，董俊燕，赵佳音，2013］。有人认为，义务教育阶段发展的均衡尺度的测量需要采取总体参数和差异参数两个方面的指标，即效率指标和递进指标。义务教育均衡发展的效率指标体现在效率与公平关系、投入与产出之比率、学校效率和总体效率等方面；递进指标设置的起点、递进及背后的理据都离不开对阶段与终极的关系意义的分析［杨小微，2013］。

总之，这十年间，无论是教育正义的理论研究，还是教育优质均衡发展的实践推进，都取得了不小的成绩，但也存在着问题，需要进一步深化和拓展。

1. 根植传统，创建本土教育正义理论

教育正义是教育研究领域持续关注的一个"老话题"。我国学术界对教育正义相关问题的研究是随着西方对"公正""正义"理论的译介、消化而演绎的，鲜见本土的、个人的、创新的"教育公正观"。在近十年研究中，虽然研究立场发生了改变，但研究路径在很大程度上依然依赖于西方理论移植，缺乏创建本土理论意识。

教育正义是世界各国教育发展共同的价值取向，对于每个国家、民族，教育正义及其影响因素都有着鲜明的地域特色和文化差异。但现阶段，我国教育正义研究"套路"已根深蒂固，一种是介绍外来概念，更新教育正义理念，另一种是介绍发达地区教育经验，简单模仿别国发展经验。教育正义研究需要不断创新理论，但理论创新并不意味着不断"移植、复制"其他外来理论，这种亦步亦趋的理论创新不能满足本土教育正义发展实践的需要。所以，此类走马灯似的研究既缺乏想象的力度，也无益于发掘我国教育正义问题的特殊性与深刻性。因此，教育正义研究要扎根国情，紧密结合我国政治、经济、社会发展现状，观照现实教育正义问题，在不断分析和解决我国自身的教育公正问题中创生和发展教育正义研究。

对于论者而言，创建本土教育正义理论要积极转变思维方式，改变研究"惯习"，以批判性思维审视西方正义理念，走出西方理论"万能论"的认识局限，直面本土教育发展真问题，创设本土教育正义的真思想。事实上，中国文化源远流长，关于教育正义的理念、实现教育正义的经验并不是一片空白的。所以，今后教育正义研究也要重视对我国传统文化中公正思想资源的挖掘和整理。根植传统，创建有中国特色的教育正义研究。

2. 增强问题意识，促进教育正义内涵式发展

教育正义的核心在于促进每个个体的全面而自由的发展。在这里，人是

不同的，人的发展也是不同的。教育正义研究不仅要对实现不同人的不同发展的合理性给予论证，更要对如何实现人的发展进行科学性探究。但当前学术界对人的发展的研究多表现为一种论证性研究，即试图阐明教育面向人的发展的依据、重要性等问题，而未深入到对实现人的全面发展的核心问题的研究，具体表现为：关于学校教育正义问题、课堂教育正义问题、课程正义、教师行为正义等问题的研究相对较少。或者说，当前学术界对教育正义问题的研究虽然发生了改变，从关注"物"转向关注"人"，但大部分研究仍停滞于理论层面，缺乏对微观教育正义实践问题的探讨。这无疑会忽略众多微观教育不正义问题，阻碍教育正义发展。

"人人生而不同"。关注学生个性化自由发展，为每个学生提供"适合的教育"是教育正义的本质要求。教育正义研究不仅要关注人的发展的外部保障条件，更要关注人的发展的内在需求。因此，今后教育正义研究要增强问题意识，从学校管理、课程实施、课堂教学、师生交往等方面探究人的发展问题，真正将为"每个孩子提供'合适的教育'的教育理念"落地生根，并开花结果，促进个体个性自由发展。

3. 转变研究方法，拓展教育正义研究视角

在教育正义研究方法上，思辨性研究始终占据主导地位。尽管以理论演绎的方式能够深层次地阐明教育正义的本质，但教育正义不仅是一个理论问题，更是一个实践问题。教育正义之所以重要，关键原因还在于教育中存在着众多非正义问题，威胁着或阻碍着个体个性自由发展。

"没有调查就没有发言权"。对教育正义问题的研究必须要立足于教育实践中客观存在着的非正义问题。因此，在今后相关研究中，我们要转变研究方法，加强实证性研究，"用事实说话"，推进教育正义实践变革。当前，已有部分论者开始意识到认清实际问题、把握现实情况的重要性，试图通过建立指标体系的方法探究教育正义问题。但教育正义是一个主观性的范畴，不同的人有不同的理解，仅仅依靠量化的监测数据并不能完全洞悉非正义教育问题。对教育正义问题研究要想有所突破，还需要结合人类学的人种志研究方法、教育叙事、扎根理论等质性研究方法。随着研究方法的多元化，教育正义研究也会出现更多新的视角，取得更多新的成果。

本章主要参考文献

[1] 蔡春：分配正义与教育公正，教育研究，2010（10）.

[2] 陈学军：义务教育优质均衡发展究竟是什么？教育发展研究，2012（22）.

[3] 崔振成："承认"的教育正义价值，中国教育学刊，2015（03）.

[4] 程亮：何种正义？谁之责任？——现代学校过程的正当性探寻，教育发展研究，2015（02）.

[5] 程天君：以人为核心评估域：新教育公平理论的基石——兼论新时期教育公平的转型，华东师范大学学报（教育科学版），2019（01）.

[6] 褚宏启：教育公平升级换代：更加关注结果公平与教育质量，中小学管理，2019（11）.

[7] 褚宏启：新时代需要什么样的教育公平：研究问题域与政策工具箱，教育研究，2020（02）.

[8] 褚宏启：教育公平的原则重构与制度重组——兼论什么样的教育不平等是公平的，教育学报，2020（05）.

[9] 董世华，范先佐：我国县域义务教育均衡发展监测指标体系的构建——基于教育学理论的视角，教育发展研究，2011（09）.

[10] 丁道勇：基于多元正义原则的教育公平观，教育科学，2012（03）.

[11] 冯建军：优质均衡：义务教育均衡发展的新目标，教育发展研究，2011（06）.

[12] 冯建军：优质均衡视域中的基础教育模式的改革，教育科学研究，2012（08）.

[13] 冯建军：义务教育优质均衡发展的理论研究，全球教育展望，2013（01）.

[14] 冯建军：承认正义：正派社会教育制度的价值基础，南京社会科学，2015（11）.

[15] 冯建军：后均衡化时代的教育正义：从关注"分配"到关注"承

认",教育研究,2016(04).

[16] 高伟:从追求绝对正义到反对非正义——教育正义论的范式转换,教育研究,2016(08).

[17] 高伟:良知正义论的重建——现代教育正义论的中国话语,华东师范大学学报(教育科学版),2018(04).

[18] 郝文武:教育公平与社会公平相互促进的关系状态和基本意义,北京师范大学学报(社会科学版),2011(04).

[19] 胡友志:多维正义观视角下的教育政策正义性反思——兼及教育正义的三重维度和两种进路,基础教育,2015(01).

[20] 何菊玲:因材施教原则的教育正义之意蕴,华东师范大学学报(教育科学版),2018(02).

[21] 胡金木:教育正义与学校良善生活的构建,高等教育研究,2019(11).

[22] 郝文武:教育的公平正义与超公平正义,教育研究,2019(12).

[23] 何菊玲:教育正义:对教育合法性的价值判断,教育研究,2020(11).

[24] 何菊玲:教育正义研究的教育立场及其问题域,山西大学学报(哲学社会科学版),2021(01).

[25] 金生鈜:教育正义:教育制度建构的奠基性价值,陕西师范大学学报(哲学社会科学版),2011(02).

[26] 金生鈜:教育不平等:社会不能承受之殇,探索与争鸣,2012(06).

[27] 贾玉超:罗尔斯与作为公平的教育正义理论,教育理论与实践,2013(19).

[28] 金生鈜:教育基本善事物及其意义——基于教育正义的思考,陕西师范大学学报(哲学社会科学版),2015(01).

[29] 鞠玉翠:正义·责任与教育——全国教育哲学第十七届学术年会综述,教育研究,2015(01).

[30] 刘同舫:罗尔斯教育公正理论情结及方法论原则批判,教育研究,

2012（01）．

[31] 李宜江，朱家存：均衡发展义务教育的理论内涵及实践意蕴，教育研究，2013（06）．

[32] 吕寿伟：分配，还是承认——一种复合的教育正义观，教育学报，2014（02）．

[33] 刘磊：教育正义："人的全面而自由发展"合规律和合目的的统一——兼与吴元发博士、徐洁硕士商榷，广州大学学报（社会科学版），2016（12）．

[34] 吕寿伟：论教育正义的"善制"与"善治"，湖南师范大学教育科学学报，2017（04）．

[35] 吕伟：权利正义还是价值正义：教育正义的矛盾与选择，教育科学，2018（03）．

[36] 龙安邦，黄甫全：教育过程公平的三重进路，全球教育展望，2019（08）．

[37] 李响：可行能力视域下教育公平的意蕴与实现，安徽师范大学学报（人文社会科学版），2020（04）．

[38] 马和民：理性辨析教育公平及其相关概念，南京社会科学，2012（12）．

[39] 糜海波：论教育伦理视域下的教育公正，高等教育研究，2017（02）．

[40] 舒志定：论马克思人的教育思想的旨趣，教育学报，2012（03）．

[41] 孙志远：论社会正义视野中的教育公平，四川师范大学学报（社会科学版），2013（03）．

[42] 孙阳，杨小微，徐冬青：中国教育公平指标体系研究之探讨，教育研究，2013（10）．

[43] 孙霄兵，谷昆鹏：论教育正义的研究范式，国家教育行政学院学报，2015（02）．

[44] 舒志定：马克思正义批判语境中的教育正义，教育研究，2015（07）．

[45] 石中英：教育公平政策终极价值指向反思，探索与争鸣，2015 (05).

[46] 舒惠，张新平：优质均衡愿景下的学校内生发展之路，中国教育学刊，2017 (06).

[47] 舒志定：马克思对教育正义理论构建思路的变革，华东师范大学学报（教育科学版），2018 (06).

[48] 桑志坚：教育不正义的社会结构过程及责任追问，教育研究与实验，2019 (04).

[49] 唐小俊：分配正义导向下我国义务教育的均衡发展，教育学术月刊，2019 (05).

[50] 吴亮奎：优质均衡发展：现实矛盾及理论思考，教育发展研究，2010 (18).

[51] 王善迈，董俊燕，赵佳音：义务教育县域内校际均衡发展评价指标体系，教育研究，2013 (02).

[52] 吴元发：教育正义：现代社会的"高贵"谎言——教育正义的"古今之变"与"古今之争"，复旦教育论坛，2015 (02).

[53] 王正平：论教育公正，伦理学研究，2016 (06).

[54] 王建华：教育公平的两种概念，教育研究与实验，2016 (06).

[55] 王建华：新教育公平的旨趣，教育发展研究，2017 (02).

[56] 吴煌：教育正义：走向多元综合的范式，湖南师范大学教育科学学报，2017 (02).

[57] 项贤明：论教育目的的公平转型，华东师范大学学报（教育科学版），2017 (02).

[58] 熊进：国家主导下的教育分配正义实践：批判与检省，教育发展研究，2017 (06).

[59] 徐小容，朱德全：义务教育均衡发展的推进逻辑与价值旨归，教育研究，2017 (10).

[60] 杨启亮：转向"兜底"：义务教育优质均衡发展的重心，教育研究，2011 (04).

［61］杨建朝：关系正义视域下教育优质均衡的发展图景，教育发展研究，2011（12）.

［62］杨小微：公平取向下义务教育发展的评价指标探究，华中师范大学学报（人文社会科学版），2013（04）.

［63］杨小微，李学良：关注学校内部公平的指数研究，教育科学研究，2016（11）.

［64］杨建朝：教育均衡发展的双重正义视域：重释与新析，教育研究与实验，2017（05）.

［65］杨建朝：教育优质均衡发展的比较正义进路，教育学报，2017（05）.

［66］叶飞：基于人类命运共同体理念的生态伦理教育，教育科学，2020（06）.

［67］钟景迅，曾荣光：从分配正义到关系正义——西方教育公平探讨的新视角，清华大学教育研究，2009（05）.

［68］张洪高：正义及相关概念辨析，大学教育科学，2011（06）.

［69］钟震颖，余沁芳：教育公正与个体发展相互融合的可能性及其实现途径，武汉理工大学学报（社会科学版），2014（03）.

［70］张秀：多元正义理论的建构及其困境，湖北社会科学，2010（10）.

［71］周金燕：教育分配正义的理论述评，教育科学，2014（03）.

［72］周萍：承认与正义：对霍耐特多元正义构想的理论解析，江苏行政学院学报，2019（03）.

第七章　教育现代化研究

在我国，现代化和教育现代化是强劲的公共政策话语，是国家宏观政策与战略的重要议题。"教育现代化"作为公共政策话语肇始于 1983 年邓小平提出的"三个面向"。1985 年《中共中央关于教育体制改革的决定》明确要求，教育必须面向现代化、面向世界、面向未来。2010 年《国家中长期教育改革和发展规划纲要（2010—2020）》把 2020 年我国教育发展的首要战略目标确定为"基本实现教育现代化"。2019 年，中共中央、国务院印发了《中国教育现代化 2035》。在此背景下，教育现代化的相关研究陡然增加。

一、教育现代化的内涵研究

从基本理论的角度看，2010—2020 年教育现代化研究关注的主题有教育现代化的内涵研究、教育现代化的本质研究、教育现代化的外延研究、教育现代化的目标研究、教育现代化的评价指标体系研究、教育现代化的推进路径与实现机制研究等等。

（一）在澄清与现代化的关系中理解教育现代化

现代是西方历史分期的结果，按照西方的标准，历史分为古代（ancient）、中世纪（medieval）和现代（modern），而现代化（modernization)一词便意味着"转变为现代"(to make modern)。① "现代化"研究横跨经济学、政治学、社会学、文化学等诸多学科,成为一个特定的研究领域。然而,对"现代化"的定义,至今学界也未能取得一致意见。

回顾西方现代化研究历程,现代化作为研究思潮始于 20 世纪 50 年代,当时研究人员从发展经济学、发展社会学和发展政治学等角度提出现代化问题。因此,从本源上讲,现代化理论是诸发展理论的分支之一。现代化理论在发展过程中形成很多流派,主要有经典现代化理论、后现代理论和二次现代化理论。其中,经典现代化理论认为现代化包括政治现代化、经济现代化、社会现代化、人的现代化、文化现代化等不同领域。② 美国密歇根大学教授殷格哈特提出后现代化理论,把 1970 年以来先进工业国家发生的变化称为后现代化。后现代化的核心社会目标是增加人类幸福,提高生活质量。③ 二次现代化理论认为,第一次现代化是农业文明向工业文明转变的过程;第二次现代化是工业文明向知识文明的转变过程。④

国内论者对现代化的定义也是众说纷纭。有论者认为对现代化的理解应该有三个层面:首先是指科学技术作为第一生产力在社会经济生活中大量运用;其次是指拥有与工业生产相类似的社会组织形式(专业化和科层制等),社会组织的建立与发展依赖制度创新;最后,现代化是指人的思想观念、行为方式符合理性原则,社会趋向多元、开放与创新。⑤ 有论者认为,现代化是指文艺复兴以来特别是工业革命以来人类社会所发生的整体性的、走向现代社会的变迁过程。从时间维度上看,这个变迁过程有起点没有终点,现代化进程不会终结于一个具体的历史时段。从空间上看,现代化席卷全球,没有任何一个国家在现代化浪潮中能够置身事外,现代化先行国家也面临继续现代化的问题。从内容上看,现代化涉及经济、政治、文化、教育等多个层面,

---

① 褚宏启. 教育现代化的路径 [M]. 北京:教育科学出版社,2000:4.
② (转引)胡卫等. 中国教育现代化进程研究 [M]. 北京:教育科学出版社,2010:6.
③ Inglehart,R..(1997) Modernization and Post modernization:Cultural,Economic,and Political Change in 43 Societies. Princeton University Press.
④ 何传启. 东方复兴:现代化的三条道路 [M]. 北京:商务印书馆,2003:91.
⑤ 胡卫等. 中国教育现代化进程研究 [M]. 北京:教育科学出版社,2010:5.

是一个诸因素交互作用的、极其复杂的社会运动。从发展模式来看，现代化根本没有固定的、单一的、线性的发展模式，不仅发达国家与发展中国家不同、西方与东方不同，而且西方诸国也不同，现代化模式具有多样性和差异性，那种单一模式论、西方论观点是片面的［褚宏启，2013］。

现代化既是发展的过程，也时时体现为结果。在不同的时间区间或不同的地域空间，现代化的内涵都有差异。从根本上说，现代化的本质是现代性生长的过程和结果，而现代性是指与现代社会相联系的精神气质、思想态度与行为方式。它集中体现了现代社会不同于古代社会、传统社会的一组特征：理性、自由、世俗化，以及建立在这三者之上的"主体性"的觉醒与弘扬。这些内在精神的外化，就表现为现代社会的外在有形特征，如市场经济、民主政治、科技发展等，而这些外在有形特征，就是我们一般所言的现代化［褚宏启，2013］。

（二）在超越二元对立中理解教育现代化的文明属性

1. "落后—发达"的教育现代化理解方式

有人认为，将教育现代化视为一个从教育落后状态转化为教育先进状态的过程，而所谓教育先进状态的判断标准则是借鉴已有的"发达国家"和"先进国家"，其中大部分指向于西方国家。这种定义方式优点在于操作性较强，具有直接和具体的可借鉴标准，但容易忽略具体的条件和局限，甚至走入盲目西方化的误区。因此，应以平等的眼光看待发达国家和发展中国家，也没有必要对前者高看一眼，对后者持蔑视态度［褚宏启，2013］。

2. "传统—现代"的教育现代化理解方式

有论者认为，教育现代化是"从与传统的封闭的农业社会相适应的教育向与现代的开放的工业社会以及信息社会相适应的教育转化过程"，包括"教育思想的现代化、教育制度的现代化、教育内容的现代化、教育设备和手段的现代化、教育方法的现代化、教育管理的现代化"［顾明远，2012］。有论者指出，这种理解方式认为现代教育和传统教育之间存在显著差别。事实上，传统与现代既存在对立关系也存在传承关系；全面否定传统，割裂历史发展的连续性；传统不是一成不变的，而是具有可转换性［褚宏启，2013］。教育现代化并非从教育发展的落后状态直接转变为先进状态，从传统教育直接过渡到现代教育的线性过程。教育现代化既要从教育传统中汲取力量，也要在适当时候去变革教育传统。其中缘由是教育现代化依附于自身文明面临外来文明挑战的压力下的应激反应方式［张权力，杨小微，2017］。毫无疑问，这种反应带有被动性。在此背景下，无论是现代化的启动，还是教育现代化的启动，都具有追赶心态。这也没有必要刻意回避。真正的困境在于，完成追赶任务之后继续发展的目标和动力是否还存在。因此，要深刻把握教育现代化的文明属性，将现代化和教育现代化看作是文明互动的过程，是不同文明相互学习同时又保持自身特色的过程［张权力，杨小微，张良，2017］。

（三）在对现代化的特征观察中深化对教育现代化特征的理解

相关论者在论述教育现代化的特征时，基本沿着两个路径展开，首先是"现代（化的）教育"的特征，其次是作为过程的"教育现代化"的特征。

1. 从现代教育的视角演绎教育现代化的特征

从某种程度上说，作为教育现代化结果的现代教育，并非教育现代化研究领域中的独特问题。现代教育最先进入比较教育研究领域，一些比较教育论者试图总结世界各国教育发展的经验和阙失，尤其是二战以后一些西方先进国家的经验。这些经验的总结、升华，便成为"现代教育"的基本特征。

1981年，在"三个面向"仍未提出时，有论者指出，战后世界教育的基本发展趋势为教育的普及化、教育结构的多样化、教育内容的现代化、加强生产技术教育和学校与企业的联系、教育方法的改革和现代化教育手段的应用等［顾明远，1981］。值得注意的是，这些现代教育的特征，并非是一成不变的。2012年，有论者指出教育现代化的特征表现为：教育的民主性和公平性、教育的终身性和全时空性、教育的生产性和社会性、教育的个性和创造性、教育的多样性和差异性、教育的信息化和创新性、教育的国际性和开放性、教育的科学性和法制性［顾明远，2012］。

2. 从过程视角理解教育现代化的过程特征

对教育现代化的分析可以从时间维度和价值维度两方面来思考。时间维度的教育现代化可以理解为：动态的持续发展过程；教育整体转化的运动或教育形态的变迁过程；对传统教育的批判、继承和发展的过程；全球性的历史演进过程；人自身现代化的实践活动过程。价值维度的教育现代化可以理解为：实现人的现代化为根本目的；教育与生产劳动相结合；教育的民主性；教育的科学性；教育的开放性。褚宏启教授认为，教育现代化是指与教育形态的变迁相伴的教育现代性不断增长和实现的过程，是一个革命的、复杂的、系统的、长期的、有阶段的、趋向同质化的、不可逆的、进步的过程。其最显著的特征就是教育系统在现代化过程中随着社会利益分化和整合，要经历一系列的分化和整合；教育现代化对社会其他领域的现代化具有依附性［褚宏启，2013］。

有论者指出，中国教育的现代化过程表现为：依附性，整个教育系统皆受制于政权的监督和管控，并依附于国家和政府而发展；独立性，学校是探索学术的场所，通过学校教育传播真理，有其自身的规律，独立自由的办学、治学；开放与创新性，在追寻学校教育的独立和自主权过程，表现出开放和创新；人本性，教育现代化的价值取向随不同政治、经济、社会环境的发展而逐渐回归到以人的现代化为根本［张伊桐，2020］。

综上所述，若将现代化视为朝向特定目标转换的结果，显然从现代教育特征理解教育现代化更为合适；若将现代化视为现代性的价值积累的历史过程，那么显然教育现代化的过程性理解更为合适；若将教育现代化视为教育主体改进现实和战略实践的过程，那么从地区经验，特别是从主体自身的相关经验着手理解特征，则更为妥帖。

二、教育现代化的本质研究

现代性是现代化的内涵，现代化的过程是不断提升现代性的过程。对于教育现代化而言，是现代性的增长。但教育是培养人的活动，教育的根本在于促进人的现代化，人的现代化即人的现代性的增长。教育提升现代性，就是要提升人的现代性，这是理解教育现代化的关键。

（一）教育现代性

有论者认为，现代性是对现代化的精神指向、行为规定和价值反思［吴结，2014］。教育现代性首先是一种观念，指社会现代化进程中教育所表现出的价值理念和文化精神，其核心是崇尚科学、理性、主体自由以及求新意识。其次，它描述的是教育由古典向现代转换过程中，在教育思想、理念、制度、模式等方面所表现出的一些新的性质和特征，这些特征主要有：注重对整个教育运作制度化的安排；注重发展人的理性和主体性，崇尚人的独立人格；注重对教育过程进行有效控制，追求教学效率以及教育的世俗化和大众化；等等［金业文，刘志军，2014］。

有论者认为，教育现代性表征着一种与传统教育不同的教育文化精神，如果说传统教育文化价值取向是整体主义的，共同体的利益是出发点，那么现代教育文化价值取向就是个体主义的，个体权利至上。现代性教育的典型特征是赋予个体权利，现代教育制度建构在个体权利的基础之上［侯素芳，2013］。

有论者认为，现代性亦是由进步和破坏等多重因素混合而成的复杂性矛盾统一体。教育现代化面临现代性危机，主要表现在生态意识薄弱产生的生存风险、传统传承颠覆引起的历史断裂、工具理性霸权导致的功利取向和价值理性漠视带来的精神道德困境等方面。推进教育现代化的现代性理路，要以观念现代化为先导，祛除现代教育的思想迷雾；以技术现代化为手段，促进现代教育的发展水平；以人的现代化为根本，超越现代教育的人格困境；以制度现代化为举措，规避现代教育的潜在问题；以环境现代化为依托，保障现代教育的育人空间等［袁利平，2020］。

（二）人的现代化

关于教育现代化的本质和内涵的讨论，一直存在着社会取向和人本取向的争论。有论者认为，从人本角度来确定教育现代化的价值取向，更能体现教育现代化的本质，凸显其人文意蕴［刘小龙，2010］。有论者强调，教育现代化的核心要义不只是办学条件的现代化，更重要的是"人的现代化"，即教育管理者、教师、学生的素质现代化才是教育现代化的本质要求［何石明，2019］。有论者认为，"教育现代化在根本上指向人，提升人的现代性，培育其现代人格；现代化由农业社会向工业社会转变，必须确立个人主义、主体性和技术理性的现代性理念；现代教育是以培养人为手段，促进社会的现代化。我国作为后发外生型的现代化国家，既要发展现代性，也面临现代性的危机。因此，现阶段中国教育现代化，一方面以提升人的现代性为当务之急，另一方面又要防止现代性的泛滥，以传统性和后现代性匡正和重构现代性"［冯建军，2019］。

教育现代化落脚在人的现代化逐渐成为共识。但讨论人的现代化，有必要回顾该主题研究脉络。"人的现代化"（Individual Modernization），即个体的现代化，其在20世纪60年代被明确提出。

美国社会学家英格尔斯认为，"传统人"与"现代人"具有典型的特征差异。传统人具有10个特征：害怕和恐惧革新与社会变革；不信任乃至敌视新的生产方式、新的思想观念；被动地接受命运；盲目地服从和信赖传统的权威；缺乏效率和个人效能感；顺从谦卑的道德，缺乏突破陈旧方式的创造性想象和行为；头脑狭窄，对不同意见和观点严加防范迫害；凡事总以古人、圣人等传统尺度来衡量评断；对待公共事务漠不关心，与外界孤立隔绝，妄自尊大；不重视与眼前利益无明显关系的教育、学术研究等。"现代人"具有12个特征：乐于接受新的生活经验、新的思想观念和新的行为方式；接受社会的改革和变化；思路开阔，头脑开放，尊重并愿意考虑各方面的不同意见、看法；注重现在与未来，守时惜时；强烈的个人效能感，对人和社会的能力充满信心，办事讲求效率；重视有计划的生活和工作；尊重知识；可依赖性和信任感；重视专门技术；对教育的内容和传统智慧敢于提出挑战；相互了解、尊重和自尊；了解生产和过程。[①] 美国社会学教授瓦尔马从历史对比的角度提出了个人现代性的五个评判标准：（1）合理性；（2）个人主义；（3）现世主义（非宗教主义）；（4）用科学原理推进社会进步和个人目标的实现；

---

① ［美］英格尔斯. 人的现代化［M］. 殷陆君，译. 成都：四川人民出版社，1985.

(5) 平等。①

综上所述，在不同的文化背景下，由于现代化所对应的所谓"传统"的基点不同，那么基于传统—现代的视角研究人的现代化，从方法论的视角来看是有缺陷的。这种研究视角所得出的结论偏重静态地观看现代人的共性而容易忽视不同文化背景下人的现代化起点差异和过程差异。事实上，在真实的历史情境下，人的现代化的起点、过程甚至终极指向都不相同，因此，寻求统一的人的现代化内涵及实现模式就比较困难。

（三）教育生活方式的现代文明化

有论者认为，研究作为宏观战略的教育现代化，需要一种深度视域把握其内在特质。"文明"超越并包容"教育"和"现代化"的研究域。文明由内而外依次由"形而上体系""意义和价值体系""技术体系""产品体系"四个要素构成同心圆。文明的本义是用人类所寻求的"形而上之光"或"意义和价值之光"，去唤醒和促进人类个体和群体走出自我中心的藩篱，走向人类命运共同体的思维境界。在文明本义中，教育是文明传承和创新的核心通道；现代化的本质是文明之间的互动、交流与共同发展［张权力，杨小微，张良，2017］。教育现代化指向文明内部和不同文明之间持续不断的交流状态。中华文明作为人类命运共同体的重要成员之一，不仅承担着自身文明传承和创新的使命，还承担着世界文明之间交流、合作、共同繁荣的使命。学校教育作为文明传承、创新的主要通道，文明之间交流、合作的载体，不仅要培养文明中活的载体——文明人，还要培育文明传承、创新、交流、合作的精神内核、核心使命、动力机制、运行模式等。在此意义上，文明关联"教育"和"现代化"两者的本质；教育现代化的根本宗旨不是宽泛地说"人的现代化"，而是视野、使命、立意等远远优于"人的现代化"的"人的（现代）文明化"。在教育现代化过程中，更为关键的是"达至（现代）文明状态"的机制或效应，即教育自身的文明效应和教育体制的（现代）文明化［张权力，

---

① ［美］瓦尔马著，周忠德，严焖新，编译. 现代化问题探索［M］. 北京：知识出版社，1983：6-9.

2017]。

三、教育现代化的外延研究

从外延上看,学校现代化包括学校物质现代化、学校制度现代化、教育观念现代化、教育内容现代化、教育手段现代化等等。这10年,教育现代化除了继续关注学校教育这些因素的现代化外,重点关注教育治理现代化,关注农村教育现代化。

(一) 教育治理现代化

教育治理现代化是运用现代化的治理理念和技术,实现教育治理关键要素现代化的过程[王运武,洪俐,陈祎雯,王宇茹,2020]。有论者认为,教育治理现代化作为国家治理现代化的重要组成部分,涵括教育治理体系现代化与教育治理能力现代化,主旨为解决教育发展过程中所遇到的制度障碍、利益冲突、权力矛盾等。教育治理现代化的核心理论特质是新时代中国特色的教育政治学;依据教育规律和国情的顶层设计与实践探索,是新时代中国特色的教育治理模式[孙杰远,2020]。有论者认为,教育治理体系与治理能力现代化的本质是从传统教育治理观向现代教育治理观的转变过程;教育治理体系现代化的重点是引入社会参与治理机制以突破行政中心主义桎梏;教育治理能力现代化的重点是激发社会参与治理热情,提升治理的有效性[王洪才,2020]。有论者指出,对治理的认识与实践受本国历史传统、社会文化情境、政治制度等多方面因素的形塑,在中国的实践场域中,市民社会不够健全、市场经济体系还需完善的情况下,"政府主导"的治理体系应该是最佳选择[张爽,2020]。政府作为教育治理体系的核心主体,其能力的正确施展是推动教育治理现代化不可或缺的重要力量。然而,政府在施展能力的同时,往往造成政府能力陷阱,主要表现在单一行政性教育治理手段的沿袭、教育决策集权性治理方式的倚重、教育公共服务参与的单中心倾向以及教育治理风格上管理与服务关系的失衡[陈良雨,2015]。

有论者认为,现代教育治理分两个层次,第一层是从乱象到秩序,第二层是从秩序到善治。从乱象到秩序恢复主要依靠制度的理解和执行，从秩序到善治则需要盘活治理主体的活力［邵志豪，2020］。教育治理现代化的过程就是教育治理法治化的过程，就是依良法而善治的过程。教育治理现代化需要依良法而治，教育良法不仅意味着在立法的过程中坚持民主、公平与社会正义，还意味着教育立法应遵循教育规律和社会发展规律，形成科学、合理的法律法规体系。教育治理现代化需要建设法治政府，政府的教育治理权力和教育治理行为必须受法律支配、依法律而展开［蒲蕊，2018］。

有论者认为，社会参与教育治理是实现教育善治的重要保证，其实质是将社会权力引入教育领域的权力场域中，构建基于政府权力、学校自主权、市场权力和社会权力的四维空间的教育治理权力新秩序。由于教育治理中权力失衡，社会参与正面临着社会主体参与协同性薄弱、社会参与制度保障缺失、社会参与机制循环闭塞等现实困境。未来我国应建立社会力量参与决策制度和中介组织参与制度，完善社会监督和教育问责机制等［林靖云，刘亚敏，2020］。

有论者认为，区域教育治理现代化在支撑国家重大决策、提升区域教育整体质量、均衡分配区域教育资源、满足区域人民多元化教育需求等方面具有自身独特的价值。推进区域教育治理现代化要立足区域教育发展的现实需求，坚持多元参与、确保公平高效、维护公平正义，不断提升区域教育治理的科学性和合理性。在实践行动中，应充分发挥地方政府在区域教育治理现代化中的主导作用，强化区域社会组织的支持作用，明确区域学校的主体作用，构建完善的区域教育治理现代化体系［李作章，2020］。

有论者对农村教育现代化进行了研究。研究认为，农村教育治理现代化是农村教育发展的重要变革，主要包含农村教育治理体系现代化和农村教育治理能力现代化。与传统的农村教育管理相比，农村教育治理现代化的治理目的由"管理本位"转向"服务本位"，治理主体由"一元独治"转向"多元共治"，治理向度由"单向管理"转向"网格化治理"，治理机制由"集权垄断"转向"分权制衡"，治理文化由"权威至上"转向"法治为先"。推进农村教育治理现代化，一方面要加强理论建设，发挥理论引导作用；另一方面要充分发挥政府、学校、社会等责任主体的作用，同时还需借助大数据平台，多途径推进农村教育治理现代化[赵垣可，刘善槐，2019]。

有论者认为，教育管办评分离改革是教育治理体系与治理能力现代化的重要路径。教育治理的价值基础是基于"善治"构建基于合作的政府—学校—社会关系；教育管办评分离改革的关键在政府，政府通过清单管理，简政放权，向学校和社会组织放权和授权，同时加强事中、事后监管；教育管办评分离改革的着力点在学校，学校在依据章程厘清办学权责的情况下，依法自主办学，深化学校内部治理结构改革，建构依法办学、自主管理、民主监督、社会参与的现代学校制度；社会组织是参与和支持教育事业发展的重要力量，需要积极培育和扶持教育类社会组织，规范社会组织参与教育治理的机制，提高第三方教育评估的独立性与专业性[范国睿，2017]。

有论者参考世界治理指数等国际国内治理指标体系，建立起了教育治理现代化监测指标框架，对全国31个省、自治区、直辖市，15个副省级城市，其他非副省级省会城市17个，再加上江苏苏州市作为发达的非省会城市和河南平顶山市作为发展转型城市代表，共计65个监测对象进行教育治理现代化监测。监测结果表明，全国总体水平达到及格；我国教育治理现代化进程中的主要优势与成效是"相对较清廉、公平、公开、效率较高、有质量，第三方评价和社会监督快速发展"；主要短板与差距是教育决策的科学化、民主化水平不高，教育法规建设数量不足质量不高，教育规划、计划实施的随意性较强，信息公开不到位[秦建平，邓森碧，张小慧，2018]。

表1 全国教育治理现代化监测指标框架

评价维度	权重	关键指标
A1 教育决策科学民主指数	16%	B1 教育决策咨询制度建设
		B2 教育政策法规公开征求意见
		B3 教育决策对公众和利益相关人意见的采纳与沟通
A2 教育法治指数	20%	B4 教育行政主要依据
		B5 教育法规和规范性文件合法性
		B6 教育法律法规规范性文件的操作性（文件质量）

续表

评价维度	权重	关键指标
		B7 教育法律法规的贯彻执行
		B8 教育行政执法机制
		B9 学校章程和配套制度建设
A3 教育公共事务透明指数	16%	B10 公开地方教育法规、规范性文件和学校章程、制度
		B11 公开地方教育规划、学校发展规划、年度工作计划及其执行情况
		B12 公开教育统计信息
		B13 公开教育资金、人事信息
		B14 公开教育政策的实施情况,公开学校招生政策及其实施情况
		B15 公开教育行政许可事项办事指南
A4 教育政务效能指数	16%	B16 教育规划实施效能
		B17 年度工作计划实施效能
		B18 教育改革实施进程效能
		B19 教育公平程度
		B20 教育质量水平
A5 教育监督质量指数	16%	B21 教育督导实效
		B22 第三方机构参与评价和监督
		B23 公众监督
		B24 问责制度
A6 教育清廉指数	16%	B25 教育腐败预防机制
		B26 教育腐败事件和主观感受
		B27 权力清单实施情况

在技术不断发展的背景下,教育治理现代化的政治基础、法治基础、制度基础、技术基础、平台基础作为系统整体,需要不断进行更加深入的研究。

有论者提出，未来教育治理体系现代化就是要构建一个互联互通的矩阵式治理结构，而教育治理能力现代化则是要构建一种良性的治理文化，实现评价体系的多元化［王洪才，2020］。大数据时代，教育治理应实施制度优化工程、数据素养提升工程、基础平台建设工程、研究引领工程、治理模式改革工程等五大工程，切实推进和实现数据驱动的教育治理现代化［杨现民等，2020］。

（二）学校教育现代化

教育现代化宏观上以国家全域或区域教育现代战略化为依托，推进域内学校教育的现代化进程。微观层面上，具体单个学校是无法推进教育现代化战略的。但是，学校的教育现代化程度和作为教育现代化战略的最基层实施主体或行动者之一的行动策略，相关的研究成果也在持续产出。

有论者认为，学校教育现代化是校长办学思想的现代化和管理理念的现代化，是教师教育理念的现代化和教育方法的现代化，是学生学习理念和学习方法的现代化［郭太生，2020］。学校现代化发展的基本特征，主要表现为精神或观念层面的科学、民主、公平、开放与可持续发展，制度或形态层面的学校治理体系及相关治理能力的现代化，物质或技术层面的条件、装备与教育信息技术的现代化。学校教育现代化发展的关键在于学生的现代化发展，无论是教育现代化的问题提出、目标指向，还是教育现代化的最终目的、基本任务等，都指向学生本身，学生现代化发展是学校教育现代化发展的核心［刘祥海，2020］。公平、效能、赋权、生态和优质为学校现代化的基本尺度［杨小微，2020］。

（三）农村教育现代化

现代化理论天然与城市关联，教育现代化也不例外。一般意义上的教育现代化，默认为城市教育的现代化，只是在需要特别指出农村地区的教育现代化时才以"农村教育现代化"为关键词加以凸显。因此，以城市教育现代化为关键词搜索文献，相关文献并不多见。有研究以副省级城市为例，按照代表性原则、引领性原则、可获得性原则、可比性原则、定性与定量相结合原则，确立了由教育普及水平指数、教育公平指数、教育质量指数、教育服务贡献指数、教育条件保障指数和教育治理现代化指数等 6 个一级指标、27 个二级指标、76 个三级指标组成的城市教育现代化监测评价指标体系；并从指数化、赋权、数据获得、达成度与进步度评价、因素分析、分项排名等方面，分析了监测评价指标体系的运用与评价分析技术与策略［杨银付，2015］。

农村教育现代化区别于城市教育现代化的乡土特征日益得到论者的重视。有论者认为，农村教育现代化既是教育现代化的重点又是难点；目前农村教育现代化发展过程中出现了漠视乡土知识、相关利益群体缺席、政策执行缺乏相关国家政策支持和缺失法律保障与执法软弱等问题；农村教育现代化应尽量避免只注重经费投入、办学条件改善、向城市看齐和外部援助的误区［陈国华，张旭，2015］。认真落实乡村振兴战略、农村教育优先发展战略，积极推进农村和乡村教育治理现代化、农村和乡村学校教师队伍建设、城乡教育融合和一体化均衡发展是推进农村教育现代化的关键［郝文武，2020］。

有论者认为，从"五四"至今，中国农村教育的现代化发展存在两种价值取向：农本主义价值观和城市主义价值观。在这两种价值取向的影响下，农村教育现代化走了两条不同的道路。一是 20 世纪 30 年代实施的以农本主义价值观为依托的农村教育中心化的现代化道路，二是改革开放以来以城市主义价值观为依托的农村教育边缘化的现代化道路。这两种农村教育现代化之路均有其不可避免的弊端。因此，中国农村教育现代化应该走第三条道路，即和而不同。"和"就是要求在保障农村教育和城市教育平等性的前提下，采用与城市教育相同的资源、水准发展农村教育，"不同"就是要求农村教育不能简单地复制城市教育，应该从农村实际出发，尊重农村教育特性、规律，考虑到农民心理和意愿来发展农村教育［马磊，2017］。

农村教师队伍培养的本土化策略受到实践推崇。有论者认为，步入"后扶贫时代"，乡村教育现代化建设应以乡土性、全面性与共融性价值作为逻辑起点，秉持守望乡土文化、构筑生命共同体、形塑治理生态圈的实践逻辑；努力打造招得来、留得住、干得好、发展快的高素质乡村教师队伍是实现乡村教育高质量发展的关键。乡村教育现代化愿景的实现，应统筹规划乡村教师队伍建设与城乡教育一体化发展的乡村教育治理现代化布局,以培育乡村教师的乡土情怀、传承乡土文化等方式来实现乡村学校与乡村社会的和谐共生,从而解决乡村学校在发展中陷入的"割裂、疏离和悬浮"困境。树立本土化培养的治理目标,增强实用性培养的治理内容和深化协同性培养的治理方式有利于实现乡村教师队伍治理现代化[于发友,任胜洪等,2020]。

在中国现代化发展的进程中,当前农村教育现代化明显动力不足,还存在教学设施落后、教育理念陈旧、优质生源流失、师资力量薄弱等困境[于杉杉,胡恒钊,2020]。农村教育究竟需要什么样的现代化?在现代化与可持续发展之间我们该做何选择?当下我们该如何去探寻农村教育现代化的可行路径?有论者提出,在农村教育现代化的追求与其可持续发展的理想之间,应秉持一种深度的融合的视角[杨小微,2019],应当通过更新教育理念、重塑城乡教育关系、传承农村文明香火和创新农村教育治理体系等路径,走中国特色乡村教育振兴、城乡教育融合发展、乡村文化兴盛和乡村教育信息化之路[于杉杉,胡恒钊,2020]。在路径选择方面,既需要宏观层面自上而下的顶层架构、学校布局以及政策的制度性保障,又需要中微观层面自下而上的多样化的路径探索[杨小微,2019]。

四、教育现代化评价指标体系的研究

教育现代化评价指标体系可以看做教育现代化内涵的具体化、显性化,并使教育现代化发展水平可视化,教育现代化战略的推进可操作化。同时,其也可作为分析教育现代化诸问题的一个框架。

(一) 教育现代化评价指标体系

考察世界范围内教育发展的指标体系,可以发现:一般而言,相关指标首先结合本国教育发展程度,对教育现代化的目标进行分解,使之系统化、结构化;然后,将教育现代化总目标分解为不同的子目标,使内涵体现更为全面。因此,可以说教育现代化并没有绝对的指标体系,即使存在某些指标体系,也只是相对的。但教育现代化作为后发型国家发展的战略目标之一,一国在借鉴国际通行的教育发展评价指标后提出本国教育现代化的评价体系，也是可以的。

教育现代化指标设计要以教育发展要素的分解为基础。有论者认为，教育发展要素可分为资本、劳动、学生身心条件、课程、教育技术、教育技能、教育结构、制度等。其中，资本是指物质资本，具体指教育经费投入与办学条件；劳动是指投放到教育中的劳动力数量或者劳动时间量；学生身心条件类似于经济发展影响因素中的自然资源，由于教育是人的再生产，学生已有的身心条件就成为教育生产的原材料、初级产品或者半成品；课程指的是学校中传授给学生的知识；教育技术是指教育知识，包括教育教学知识、教育管理知识、教育技术知识以及各种知识物化后的形态如技术设备与手段；教育技能是指教育从业人员现实拥有的专业知识与技能，如教师的教学技能、教育管理人员的管理技能等，本质上是教育人力资本；教育结构即教育体系结构；制度是指约束或者激励教育行为的规则体系。在设计教育现代化指标体系时，要注意以下几个问题：第一，指标的重点与非重点。与教育现代性关系越直接，越密切，就是越重要的教育现代化指标。学生的民主素养、科学素养、人文素养、法治素养等结果性指标就成为衡量教育现代化的重要指标。教育教学过程中科学设计课程、尊重学生身心发展规律、师生关系民主平等、运用现代教学方法、促进学生自主发展等也属于比较重要的教育现代化指标。教育行政管理和学校决策管理过程中，科学管理、民主管理、依法管理、决策理性化与民主化等是重要的教育现代化指标。教育支持方面，建设具有现代精神的教师队伍、提供能支撑现代教育的经费投入、提供先进的信息技术手段等属于相对从属性的指标。第二，指标的多与少。指标不是多多益善，也不是越少越好。应该根据教育现代性的内在要求和距离教育现代性的远近程度，提出指标细目并进行重要性排序，确定最终指标体系。三级指标体系以 20—30 个为宜，关键是突出重点。第三，指标的软与硬。在教育现代化指标开发中，不仅要重视一些硬指标，如各种升学率，因为这些容易测量，一些软指标如学生的民主素养、教育管理的民主化与法治化等因为难以测量，往往被省略和忽略［褚宏启，2013］。

有论者从教育理念、体系建设、投入保障、管理制度、教育普及、教育质量、教育公平及服务贡献等 8 个方面，设计开发了面向国家、区域、省份或特大城市的教育现代化监测评价指标体系［董焱，王秀军，张珏，2012］。其中教育理念的二级指标包括：教育优先发展、实施素质教育、促进终身学习、推进科学决策。教育公平的二级指标包括：义务教育均衡协调度、困难和特殊人群教育保障水平。教育质量二级指标包括：提高中小学学生综合素养、毕业生职业能力及就业水平、教育信息化水平。教育保障二级指标包括：经费投入水平、师资配置水平、办学条件水平、科学配置资源机制。教育体系评价二级指标包括：学校教育内部衔接沟通、教育开放程度、学科专业结构适应性、继续教育便利性。教育管理制度评价二级指标包括：政府职能转变的创新成效、现代学校制度建设及其有效性、教育法律法规的健全程度及政策执行力以及贯通教育与社会及企业的联系等。教育普及评价二级指标包括：教育综合普及水平、义务教育巩固水平、学前教育发展水平。教育服务贡献二级指标包括：人力资源贡献、经济贡献、科技创新与服务贡献。

有论者构建了包括背景、输入、过程与成果评价 4 个维度、16 个指标的教育现代化评估核心指标体系［钟佳容，韦义平，2020］。

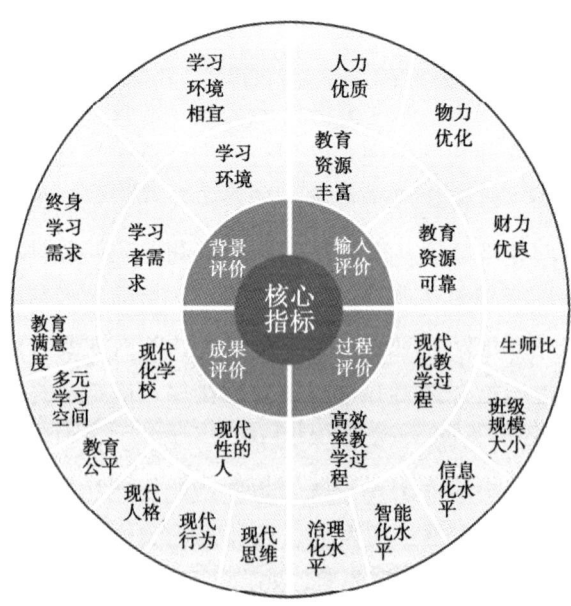

图 1　我国教育现代化评估核心指标体系

有论者认为，机会普及化是教育现代化的基本要求、投入优先化是教育现代化的首要条件、质量优质化是教育现代化的核心内容、发展公平化是教育现代化的根本宗旨，并在参考国内外相关研究成果并分析教育发展目标的基础上，根据现有可得的统计数据，建构我国教育现代化评价指标体系［高丙成，2019］。

表2 中国教育现代化的评价指标体系

一级指标	二级指标	监测点	每个监测点的权重
机会普及化	入学率	小学新生中接受过学前教育的比例、小学净入学率、义务教育巩固率	2.5
	升学率	小学、初中、高中、大学的升学率	2.5
	职业培训参与率	成人参加岗位证书培训的比例、成人参加中等教育培训的比例、成人参加高等教育培训的比例	2.5
投入优先化	生师比	幼儿园、小学、初中、高中、大学的生师比	1.5
	生均教育经费	幼儿园、小学、初中、高中、大学的生均教育经费	2
	生均建筑面积	幼儿园、小学、初中、高中、大学的生均建筑面积	1.5
质量优质化	人力资源水平	成人识字率、6岁以上人口平均受教育年限、每百万人高等教育人口数	3
	教师学历合格率	幼儿园、小学、初中、高中、大学的教师学历合格率	2
	科学研究成果	专利受理量、图书发行量、期刊发行量	2
发展公平化	升学率的城乡差异	幼儿园、小学、初中升学率的城乡差异	3
	生均教育经费的城乡差异	幼儿园、小学、初中、高中生均教育经费的城乡差异	2
	教师学历合格率的城乡差异	幼儿园、小学、初中、高中教师学历合格率的城乡差异	2

有论者以苏南地区为例，构建了区域教育现代化监测评价指标体系。该指标体系包括5个常规指标、1个"特色成果指标"及其下设的30个指标监测点。5个常规指标分别为"基础指标"、"投入指标"、"治理指标"、"发展指标"与"产出指标"，分别关注区域教育现代化的基础层面、投入层面、过程层面（治理指标、发展指标）、产出层面。"常规指标"（A1—A5）的目的在于补足短板、促进发展，保证各级各类教育的正常发展；"特色成果指标"（A6）的目的在于保证指标体系的弹性，力求切合不同层次测评对象的实际情况，在监测评价层面为教育创新预留空间，鼓励教育实践中的创新行为［李学良，冉华，王晴，2020］。

表3 苏南地区教育现代化监测评价指标体系

一级指标	二级指标	指标方向	数据性质
A1 基础指标	B1 普惠幼儿园比例	正	量
	B2 特殊教育师生比	正	量
	B3 普职学生比例	反	量
	B4 残障儿童入学率	反	量
A2 投入指标	B5 特殊教育生均经费	正	量
	B6 职业教育生均经费	正	量
	B7 职业学校"双师型"教师占比	正	量
	B8 义务教育学校音、体、美学科师生比	反	量
	B9 区域共享网络数据库	正	量
A3 治理指标	B10 义务段非营利民办学校所占比例	正	量
	B11 政府购买第三方服务经费款	正	量
	B12 教育督导中第三方评价的参与度	正	量
	B13 学校管理中的第三方专业参与度	正	量
	B14 现代学校法律法规的完善度	正	质
	B15 学校发展规划合理性	正	质
	B16 校长或园长办学自主权	正	质

续表

一级指标	二级指标	指标方向	数据性质
A4 发展指标	B17 教师专业发展经费占学校公用经费的比例	正	量
	B18 教师年培训进修课时	正	量
	B19 教育管理的信息化程度	正	量
	B20 管理与教育活动中的信息化技术运用效度	正	质
	B21 普通高中学生选修课质量	正	质
	B22 职高学生企业实践课占总课时数	正	量
	B23 公平投诉事件年度次数	反	量
A5 产出指标	B24 初中生毕业考试平均成绩标准差	正	量
	B25 毕业生学生综合素质优良率	正	量
	B26 重大学校责任和群体性事件年度次数	反	量
A6 特色成果指标	B27 自设 1	正	质
	B28 自设 2	正	质
	B29 自设 3	正	质
	B30 自设 4	正	质

注：一级指标中，A1—A5 为必选指标；A6 为"特色成果指标"，测评对象可根据情况至少填报 4 项进入评估体系。

（二）教育现代化指标评价的反思研究

教育现代化指标确立的初衷，是为了能够为现代化的推进制定一些可供参考的依据。但是这些指标面临的最大困难在于如何将特定的理念转化为可供操作的具体指标，诸如民主化、国际化、多元性等理念性特征，往往很难用具体的指标来进行确定。同时在中国，这些指标体系的构建，还面临着数据来源的问题，现有教育统计数字，更多地倾向于从物质的角度界定现代化，而其具体统计口径也和国际标准存在差异，这更加增加了进行指标制定的困难［杨小微，2017］。

因此，在教育现代化评价指标及其实施上需要凝练出关键指标、分层分类分域施评、加大指标弹性、侧重现代化内涵发展、破解柔性指标的技术难题，加强评价过程的协商性和结果使用的建设性［杨小微，2017］。

五、教育现代化实现路径的研究

教育现代化实现路径研究，实质是教育发展的机制和策略研究。但教育现代化与一般教育发展政策也有不同，教育现代化战略的实现需要系统的教育政策支撑，这一政策系统不仅强调时间上的连续性，同时强调区域空间的协调性。

有论者提出，提高教育现代化动态监测能力，创新教育现代化监测方法与技术，加强监测长效机制建设，完善国家教育现代化监测体系网络，推动监测结果有效运用于教育政策调适等是教育现代化的实现路径之一［陈国良，张曦琳，2020］。

有论者提出，在推进教育现代化的路径选择上可尝试：总体布局下的"示范区引领"、多方参与的"体制机制创新"（如学区化、集团化、多校区办学）、旨在推动城乡一体化发展的"整体综合路径"等有效路径与策略［杨小微，2017］。具体而言，从制度建设切入，打破壁垒，开创多方参与的教育体制；"示范区引领"，总结典型经验，逐步推广；建立科学有效的监测系统，"以评促建"等［李学良，杨小微，2017］。

有论者认为，我国正在大力推进的教育现代化是内涵式的教育现代化。教育现代化从"外延式"转向"内涵式"的关键在于制度的现代化。基于此，提出教育现代化的推进机制如下：以分层分类的评价指标推进不同层面不同类型的教育现代化；以体制机制创新鼓励社会力量参与办学，增进教育系统活力；以特惠政策补短扬长、促进不同类型教育的均衡发展；以示范区建设引领更大范围的区域教育现代化推进；宏观微观双管齐下，为教师专业发展营造出良好的大环境和小氛围［杨小微，冉华，李学良，高娅敏，2016］。

教育现代化实现路径并不是唯一的，但在这一过程中需明确实现主体责任和使命。实现教育现代化的第一主体是现代民族国家，最关键主体是政府，诸如中央政府和地方政府。现代国家（或地方政府）的竞争与发展是实现教育现代化的动力。诸如强有力的国家参与，将教育现代化上升为国家意志（形成法律条文、形成国家政策等）。其次是个体。个体的现代化才是一切现代化的目的，个人意识的觉醒、个人理性的培养和个体自主性的形成是教育现代化最伟大的使命。因此，无论是在政治、经济或文化教育等活动中，对个人权力和利益的尊重，使个体承担起自身现代化的主要责任，社会的现代化也水到渠成。国家和个体两个主体的现代化责任的尊重和确立，是实现教育现代化的两个主要原则。

在教育发展的宏观战略层面，教育现代化的实现需要相关推进系统作为支撑。总的而言，在实施教育现代化战略中，政府占据绝对主导的地位，政府制定相关教育政策推动教育体制机制改革，激活教育现代化实现主体的活力，并加大教育投入，加强教育质量监测和评估。另外，教育现代化评价指标体系的构建，需要建立在既有政策的系统性评估以及教育发展状况评估基础之上，同时，对一些路径选择本身，也需要对其风险、成本、效果进行系统的评估。

随着基本实现教育现代化战略目标的达成，教育现代化的相关研究逐渐进入到新的时期，中微观层面的教育现代化攻坚克难逐渐进入政策视野，相关研究也将继续成为研究热点，诸如农村地区教育现代化的实现、教育治理现代化中的治理主体参与机制、区市教育现代化的特色凝练和经验推广等。

然而，从教育基本理论研究的视角来看，为提升教育现代化研究的理论秉性和实现教育现代化的行动理性，需要对教育现代化进行系统的综合研究，诸如确立新的研究领域、树立问题导向的研究思维、选择理论思辨和实证研究相结合的混合研究方法。

具体而言，新的研究问题和领域如下：

从国际比较的视角，中国教育现代化发展的宏观状况及其路径和政策的独特性、侧重点及核心价值是什么？基于此，应加强教育现代化（发展水平）及其评价的比较研究并提出合适的中国现代化评价模型。合适的评价模型不仅强调该评价模型具有统一的区域适用性，同时应兼顾区域之间的经济、文化、社会等诸多差异。

如何准确把握中国区域教育发展的现状、问题、经验和差异，以及不同区域教育现代化的实现状况？在中国省际统筹的教育行政体系下，区域是衡量中国教育发展状况的重要单位。教育现代化不是仅存在于理论或政策的文本之中，而是体现在国家、区域、学校等具体的社会场景之中。基于此，应加强教育现代化的区域样本分析，在区域层面上加强教育现代化样本的深度描写。

什么是中国教育未来发展的核心议题和行动？这些核心议题和行动需要何种程度的资源、成本以及政策变革？基于此，应加强教育现代化战略和政策保障研究。在明确教育现代化发展主题的背景下，需要制定并配套相应的政策体系，并在实施过程中对相关政策进行监测、评估和调整。

最后，后续研究要采用综合的研究方法和分析方法。系统的教育现代化研究属于综合研究，单一的研究方法难以支撑从理论研究、数据处理、系统评价到政策保障等复杂过程。前期研究需要对涉及的研究论文、著作、研究报告、政策文本、相关数据进行基础研究，中期研究诸如形成评价体系、试用评价体系过程中需要运用专家工作坊等专家咨询方法。另外由于教育现代化涉及的主体具有多元性，专家意见很难反映全部利益群体，因而研究过程应加入公共调查。

本章主要参考文献

[1] 陈国华，张旭：农村教育现代化的误区、现实问题与发展策略，现代教育论丛，2015（06）.

[2] 陈国良，张曦琳：教育现代化动态监测：理念、方法与机制，人大复印报刊资料《教育学》，2020（03）.

[3] 陈良雨：教育治理现代化视阈下政府能力陷阱研究，教育发展研究，2015（12）.

[4] 褚宏启：教育现代化的本质与评价——我们需要什么样的教育现代化，教育研究，2013（11）.

[5] 褚宏启：教育现代化的路径：现代教育导论，教育科学出版

社，2013.

［6］董焱，王秀军，张珏：教育现代化发展评价指标体系研究，教育发展研究，2012，(21).

［7］范国睿：教育管办评分离改革：理论假设与实践路径，教育科学研究，2017（05）.

［8］冯建军：超越"现代性"的中国教育现代化：人的现代化视角，南京社会科学，2019（09）.

［9］高丙成：我国教育现代化评价指标体系的构建与应用，教育科学研究，2019（07）.

［10］顾明远：现代生产与现代教育，外国教育动态，1981（01）.

［11］顾明远：试论教育现代化的基本特征，教育研究，2012（09）.

［12］郭太生：用爱和智慧推进学校教育现代化，中小学校长，2020（01）.

［13］郝文武：中国农村教育现代化的历史进程和现实举措，当代教师教育，2020，（02）.

［14］何传启：东方复兴：现代化的三条道路，商务印书馆，2003.

［15］何石明：教育现代化不是设备和技术的现代化，北京教育（普教版），2019（04）.

［16］侯素芳：个体权利：构建中国教育现代性的前提——以政治哲学为视角，武汉科技大学学报（社会科学版），2013（05）.

［17］胡卫等著：中国教育现代化进程研究，教育科学出版社，2010.

［18］金耀基：从传统到现代补篇，法律出版社，2010.

［19］金业文，刘志军：教育现代性研究的进展及其阐释空间的拓展，现代大学教育，2014（02）.

［20］李洪修：人工智能背景下学校教育现代化的可能与实现，社会科学战线，2020（01）.

［21］李学良，冉华，王晴：区域教育现代化监测评价指标体系的构建与实施研究——以苏南地区为例，教育发展研究，2020（02）.

［22］李学良，杨小微：论基础教育现代化2030的前景展望与路径选择，

河北师范大学学报（教育科学版），2017（05）.

［23］李泳梅：人的现代化意义和特征——兼论素质教育的现实目标，现代教育科学，2006（03）.

［24］李作章：区域教育治理现代化：价值、要点与体系构建，国家教育行政学院学报，2020（03）.

［25］林靖云，刘亚敏：我国教育治理中的社会参与：困境与出路，现代教育管理，2020（11）.

［26］刘冬冬，张新平：教育治理现代化：科学内涵、价值维度、实践路径，现代教育管理，2017（07）.

［27］刘鹏照：以法治推动区域教育治理现代化，国家教育行政学院学报，2019（01）.

［28］刘孙渊，车双龙，王路路：民族地区教育治理现代化：发展特征、现实挑战与变革路径，民族教育研究，2020（05）.

［29］刘祥海：学生现代化发展：学校教育现代化发展的核心，教育理论与实践，2020（23）.

［30］刘小龙：试论我国教育现代化价值取向的困惑及其人本回归，教育探索，2010（11）.

［31］马磊：农村教育现代化的价值取向与路径选择，继续教育研究，2017（04）.

［32］蒲蕊：法治视角下的教育治理现代化，中国教育学刊，2018（11）.

［33］秦建平，邓森碧，张小慧：全国教育治理现代化监测实证研究，中国教育学刊，2018（08）.

［34］任胜洪，白莹：农村教育治理现代化推进农村教育现代化的多重逻辑及实现机制，现代教育管理，2020（11）.

［35］阮成武：我国基本实现教育现代化的路径选择，教育发展研究，2012（17）.

［36］邵志豪：中学校长视角下的教育治理现代化，中国教育学刊，2020（12）.

［37］舒永久，李林玲：高等教育治理体系现代化：逻辑、困境及路径，

现代教育管理，2020（06）.

[38] 眭依凡：转向大学内部治理体系创新：高等教育治理体系现代化的紧要议程，教育研究，2020（12）.

[39] 孙杰远：教育治理现代化的本质、逻辑与基本问题，复旦教育论坛，2020（01）.

[40] 王洪才：教育治理体系与治理能力现代化论略，复旦教育论坛，2020（01）.

[41] 王奇，上海市教育委员会：上海教育现代化指标体系研究，上海教育出版社，2009.

[42] 王运武，洪俐，陈祎雯，王宇茹：教育应急治理及教育治理现代化的困境、挑战与对策，中国电化教育，2020（12）.

[43] 邬志辉：教育现代化的代价意识与合理选择，教育发展研究，2000（12）.

[44] 吴结：我国高职教育现代性演进及增长路径，职业技术教育，2014（07）.

[45] 杨小微，冉华，李学良，高娅敏：评价导引下中国教育现代化路径求索——基于苏南五市和重庆的教育现代化调研，教育研究与实验，2016（04）.

[46] 杨小微："教育现代化评价体系及推进路径研究"话题，职业技术教育，2017（34）.

[47] 杨小微：从优质到现代化：学校发展的目标与评价，中国教育学刊，2020（11）.

[48] 杨小微：走向城乡一体化：农村教育现代化的价值定位与路径选择，当代教师教育，2019（02）.

[49] 杨晓奇：从"制度优势"到"治理效能"：教师队伍的国家主义"善治"及其现代化提升，国家教育行政学院学报，2020（11）.

[50] 杨银付：城市教育现代化监测评价的思路、指标与方法：以副省级城市为例，教育发展研究，2015（01）.

[51] 姚荣：从政策思维走向法治思维：我国高等教育治理现代化的核心

要义，重庆高教研究，2019（03）.

[52] 于发友，任胜洪，林智慧，马焕灵，李春玲：新时代推进我国乡村教育现代化的几个面向（笔谈），吉首大学学报（社会科学版），2020（06）.

[53] 于杉杉，胡恒钊：乡村振兴战略引领我国农村教育现代化研究，内蒙古电大学刊，2020（01）.

[54] 袁利平：教育现代化的现代性向度及其超越，陕西师范大学学报（哲学社会科学版），2020（01）.

[55] 张权力，杨小微，张良：教育现代化的文明本义及多元性特质，教育理论与实践，2017（22）.

[56] 张权力，杨小微：教育现代化的陷阱、挑战及其应对，高教发展与评估，2017（04）.

[57] 张权力：用文明视域把握教育现代化的整体性和多元性，农村教育研究，2017（03）.

[58] 张爽：教育治理现代化视阈下基础教育集团化办学的中国道路，中国教育学刊，2020（11）.

[59] 张伊桐：新中国成立以来的教育现代化：演进、特征与路径，黑龙江教育（理论与实践），2020（12）.

[60] 赵鑫，涂梦雪：乡村教育现代化进程中国家能力的历史演进与优化路径，当代教育与文化，2021（01）.

[61] 赵垣可，刘善槐：农村教育治理现代化：科学内涵、形态变迁及实践路径，教育学术月刊，2019（11）.

[62] 郑新蓉，王国明：教育公共性的嬗变——也谈我国农村教育兴衰，妇女研究论丛，2019（01）.

[63] 钟佳容，韦义平：我国教育现代化评估核心指标体系建构，中国教育科学（中英文），2020（05）.

第八章　公民教育与价值教育

　　近十年来，公民教育和价值教育成为教育理论和实践关注的重要领域，日益成为研究的热点。以"中国知网"为检索平台，以"公民教育"为关键词，对2010—2020之间的文献进行检索，得到文献记录为1761篇。以"价值教育"为关键词，对2010—2020之间的文献进行检索，得到文献记录为224篇。这些文章研究主题分布广泛，以理论分析和比较借鉴的数量居多，实证调查的文献数量相对较少。虽然主题涉及广泛，但是也有关注度较高的研究方向，即围绕着本土化与国际化、全球化与民族化、传统化与时代化等进行探讨。在"公民教育"与"价值教育"关系上，存在着二者边界厘定的交叉甚至交融，有的将公民教育作为价值教育的目的，有的将价值教育作为公民教育的内容，有的在宽泛意义将二者等同，但是在"公民"与"价值"不同的内涵以及侧重点上，二者的研究还是具有一定的分野。中国社会的转型、全球化发展的背景、多元化发展的冲突，成为了教育发展的时代处境。这一时期，无论是公民教育研究，还是价值教育研究，都需要直面时代发展的新挑战和新使命。理论研究与实践研究并进，立足于中国的教育现实和时代状况，吸收转化世界范围内前沿的教育理论思想，并与中国问题、中国需要、中国特色相结合，寻找传统与现代、本土与国际之间融会贯通的契合点，构建更为完善的理论体系，探寻更为适宜的实践路径，多切面、多层次且深入地推进中国教育研究。

一、公民教育研究

十年间,公民教育研究在蓬勃发展的基础上呈现向纵深方向推进的趋势,研究领域不断深耕,研究脉络更加清晰,用国际理论和经验为本土研究提供镜鉴,引入国外相关研究成果,也成为一大研究热点。系统梳理公民教育研究十年的发展历程,理性反思已有研究的问题与不足,前瞻预测公民教育研究的发展方向,具有重要的理论意义与现实价值。

(一)公民教育的本土探索与他国镜鉴

学界对于公民教育的研究,立足于本土,从"公民"与"臣民"、"私民"的区别来厘清公民基本概念与内涵,进而明确公民教育的内容,探索公民教育的实践路径与方式。

1. 公民教育的本土探索

公民教育首先需要厘清公民的内涵。公民不是臣民,就在于他是一个权利主体;公民不是私民,就在于他参与公共生活。不同时代公民公共生活性质和范围不同,当代公民不仅生活在民族国家内,还生活在公民社会和全球社会中,因此,当代公民应当是权利公民、国家公民、社会公民和世界公民四重身份的统一。公民教育应该在个人生活、国家生活、社会生活、国际生活中培养具有公民知识、能力、德行、能力的复合型公民 [冯建军,2011]。公民内涵的确立,是与"臣民"和"私民"相区别的,由臣民意识向公民意识转变,是中国近现代政治观念发展中的一个基本问题,同时也是一个极为复杂和困难的过程 [李图强,李家福,2011]。与"臣民"相区别,重在强调公民的主体性,公民具有主体意识和独立人格,公民教育就是要培育具有主体性的公民和公民的主体人格。权利和义务是公民主体性的外在表现,人格是公民主体性的内在特征,也是公民主体性的根本,包括主体意识、权利意识、义务意识和自由意识 [冯建军,2020]。与"私民"相区别,重在强调公民的公共性。公民的生活实践具有公共生活的维度。公共生活是追求公共福祉、维护公共利益的实践。支撑公共生活的公共价值是由文明社会的公共福祉所定义，是公民个人促进公共福祉的道德实践的普遍原则和标准。公共价值是公民在共同生活中共享的、在理性上共同认可的价值。公民的公共生活的实践必须选择和认同公共价值。在一定意义上说，公共价值的认同和实践是公民的道德实践的内容［金生鈜，2010］。现代公民的成长及公共社会的发育依赖公共精神的培育和生长。公共精神与公民的"公共"本性具有内在一致性，公共精神是公共生活及公共社会的基本属性与内在规定，公共精神是引领公共生活及公共社会发展的价值指南［戚万学，2017］。学校公民教育应回到原点，重新培植公民教育的理念，以公共生活开启个体的公民教育，对个体实施在公共事务中践行自我德性的公民教育，使个体在学校生活中养成公民意识，把个体造就成明日公民；培养个体的公民实践品格，使个体在公共空间彰显公民的实践品格，积极地生活［刘铁芳，2014］。但是，"公民"和"公民教育"概念均非一成不变的固定范畴，其内涵的演变可以从历史变迁和社会文化差异两个方面予以说明。公民概念具有历史特殊性和文化特殊性，同时公民身份、公民教育内涵的普适性也是毋庸置疑的。公民教育只能是造就积极的现代公民的教育［檀传宝，2010］。

在课程探索方面，公民教育课程是学校实施公民教育的主要形式。公民教育课程是帮助学生认识公民自身的权利、义务，以及公民与他人、社会、国家和全球关系，使他们成为一个负责任公民的课程领域，具有综合性、价值性、生活性和实践性。依据公民的多元身份——个体公民、国家公民、社会公民和全球公民，确立公民教育的目标和公民教育的内容，并以学科课程、活动课程和生活隐性课程三种形式进行公民教育课程的设计［冯建军，2015］。在建构中小学生公民素养教育课程内容体系的过程中，必须注重从我国公民素养教育的历史发展、当前现状以及国外经验中汲取养分和经验，遵循形式结构的多维性原则和价值内涵的动态平衡原则。中小学公民素养课程内容的框架体系应是一个包含公民知识教育、公民能力教育、公民情感教育和公民行为教育四个部分的有机整体［张家军，陈玲，2017］。也有论者通过分析品德课程、历史与社会、综合实践活动三类课程的政策文本，认为公民教育在我国义务教育阶段已有广泛而深入的发展，虽然在有些方面还需要平衡和衔接，但难能可贵的是我国已形成立体课程依存与支撑结构。这种在正式课程间建立关联是我国实践公民教育的一次课程创新，它顺应了现代公民教育的发展趋势，并形成了独特的"课程群模式"，同时为当下的非正式课程发展提供公民教育方面的经验［李敏，2017］。

在生活实践探索方面，需要发挥学校生活的影响，为学生构建一个公共生活的空间，通过公共生活的交互性平台来培养学生的公民品质和公共精神。当代社会在生活方式上已经逐渐从传统的"私己生活"向现代的"公共生活"转型，这为学校公民教育提供了生活实践的基础。学校公民教育应当依托于这种生活方式的转型，为学生建构出公共生活的实践平台。在具体的教育策略上，学校公民教育可以通过一系列的公共生活策略，主要包括学校领域内的民主管理策略、社团自治策略，以及学校领域之外的"小社区"和"大社会"生活策略等，培育和锻炼学生的公民品质和公民行动能力，提升学校公民教育的质量和效果［叶飞，2012］。除了发挥生活实践的影响之外，也需要构建公正、德性的学校制度，因为公正的、德性的学校制度本身就是一种隐性的公民教育机制，它为公民品质的培育提供了生活基础、教育资源以及教育过程的保障，促进着青少年的公民品质和公共精神的发展。学校公民教育必须重视制度的育人功能，通过构建优良的制度生活来实现公民教育的目标。从当前的社会转型以及教育改革背景出发，优良学校制度的构建应增强学校制度的"刚性"，通过依法治校来提升师生的法治精神；应凸显学校制度的实质合理性，培育民主平等的公民品质；应保障学生的个体权利，增进学生的公民参与意识，最终促进公民人格的健全发展［叶飞，2017］。

2. 公民教育的他国镜鉴

有论者梳理了美国公民教育课程的三次较大变革：第一次变革的标志是社会科的初创和确立，也是美国公民教育从分科走向综合化的开始；第二次变革出现在 20 世纪 60 年代，即所谓"新社会科教育运动"；第三次变革开始于 20 世纪 90 年代的课程标准运动并延续至今［任京民，2013］。纵观美国公民教育的历史进程，在其历史发展的背后具有以下特点：一是不断演进的公民资格观是影响其公民教育的关键要素；二是对民族认同教育的重视和捍卫是公民教育一以贯之的首要内容，且在现代化进程中居于绝对位置；三是对民主参与的积极培育是公民教育长期坚持的重要目标，在其现代化进程中居于相对位置［苏守波，饶从满，2013］。面对新的时代挑战，在全球化、信息化浪潮迅猛推进的时代背景下，美国公民教育日益呈现出新的发展趋势，在目标定位维度，突出强化公民教育的政治性特征；在内容建构维度，呈现出系统化的显著特点；在方法创新维度，特别强调实践活动的教育价值；在路径选择维度，日益突出网络发展的现实需要［郑敬斌，李一楠，2017］。通过对美国公民教育的系统研究，从历史与现实维度概括出美国公民教育的理论困境与实践局限。在理论层面的困境，包括基于事实与传导价值两分而难以统一，公民教育与道德教育、政治教育存在藩篱而无法突破，重权利教育轻义务教育而无法取得平衡；在实践层面的局限，包括政治参与中对变革社会的乏力，社群参与中隐藏对现实政治的遮蔽，少数异议中造成对社会治理的挑战［于希勇，2018］。近年来，美国公民教育学界和教育实践者倡导一种新的体验式公民教育策略——"公民行动"，它集合了公民教育中的积极青年发展、社会—情感学习、服务学习等思想，基于以"变革"为核心的理论，聚焦观点表达、专业技能、集体行动、反思意识等四个核心要素，旨在推动一种"以学生为中心的、基于项目的、高质量的"公民教育。在实践层面，这种教育模式被纳入到美国国家和各州的课程标准，并依托相关"公民行动"项目，逐渐成为美国学校公民教育的主流模式［李潇君，2020］。

有论者分析了加拿大的魁北克的独特公民教育理念——文化间性主义。指出法语教育、历史教育和文化间性教育成为学校中公民教育实施的主要途径。面对复杂的民族关系，魁北克试图实现多元文化社会中的公民整合与民族建构［范微微，饶从满，2010］。有论者研究了加拿大公民教育的发展演变，指出在不同的历史时期和社会发展需求下，加拿大公民教育的价值取向与公民资格观演变动态呼应，体现出国家认同和多元文化认同相协调、尊重公民权利向倡导责任公民转变的基本特征［魏海苓，2015］。还有论者分析了加拿大"服务—学习"的教育模式，涉及在培养主动公民的过程中有独特的培养目标、内容框架、课程形式和实施步骤［杨婕，2016］。

有论者研究英国的"全球公民教育"，指出英国政府将全球公民教育纳入其公民教育体系当中，以培养英国青少年的全球公民意识和技能。同时，在全球公民教育领域中，英国非政府组织非常活跃在推动全球公民教育发展方面发挥着一定的作用［杨小翠，2013］。有论者分析了澳大利亚的多元文化公民教育，认为多元文化主义政策的有效实施需要公民教育在促进文化整合、加强社会团结和完善公民身份方面给以积极应对，澳大利亚公民教育积极培养学生的跨文化理解能力［韩芳，2010］。还有论者分析了韩国中小学教育中"全球公民教育"的实施背景、发展过程、内容体系和特征，探讨韩国"全球公民教育"的本质，并分析它与"合格国民教育"之间的张力［姜英敏，2013］。有论者研究新加坡公民教育的课程标准，指出为了应对全球化挑战，新加坡于2014年颁布了新修订的品格与公民教育课程标准，该标准秉持"学生为本，价值导向"的设计理念，对品格教育与公民教育的目标、课程结构与核心概念进行了明确界定，并提供了具体的实施原则与教学方法［夏惠贤，陈鹏，2017］。有论者研究法国的一体化公民教育，指出为保障教育过程的连续性和融合性，法国将学生学习的"共同基础"、心理逻辑和学科知识相统一，建立起一体化的公民道德课程培养结构、教学目标与课程内容。在此框架下，法国以拓展教学手段、提升教师教学能力、完善评估方式、丰富校外活动等为抓手，确保公民道德课程一体化的有效实施和高质量推进［张梦琦，高萌，2020］。有论者研究意大利公民教育的特色与经验，指出意大利公民教育在整体上呈现出发展方向由"非正规化"到"政策化"、教育主体由"单一的学校课程"到"多元化主体参与"、教育方法由"训练式"到"体验式"的三大特征，并积累了重视政府主导、调动多元教育主体、开发"体验式"教育资源等经验［安阳朝，贾利帅，2020］。有论者综合对各个国家的公民教育的类型进行划分，指出英国的主动公民、美国的多元价值、德国的政治教养、法国的共和人权、韩国的国民伦理、日本的"好公民"培养体系，代表了参与型、权利型、责任型等公民身份教育实践模式的基本类型［王小飞，2015］。

（二）公民教育的历史逻辑与时代发展

对于公民教育历史发展进程的梳理和历史发展逻辑的揭示，是公民教育研究保持反思自觉性的表现。时间演化性反思，既包括对研究历程的反思，也包括对时代挑战的应对。在新的时代背景下，公民教育需要在民族性与全球性、民主性与多样性之间保持适当的张力与整合。

1. 公民教育的历史逻辑

有论者对公民教育的历史发展进程进行阶段的划分,认为我国当代公民教育的发展分别经历了"公民素质取向"、"公民道德取向"以及"公民意识取向"等三个阶段。在这三个发展阶段中,我国公民教育分别强调了公民素质教育、公民道德教育和公民意识教育的目标追求与取向[王英杰,臧宏,2012]。在价值取向上,公民教育价值取向先后经历了"政治—义务"本位(1949—1978年)、"义务—道德"本位(1979—1989年)、"义务—道德—功利"本位(1990—2000年)以及"义务—道德—权利"本位(2001年至今)四个阶段,我国公民教育所追求的目标应是在注重"义务—道德"取向的同时,发展公民"权利"观念,从而达到"义务—道德—权利"取向的相互统一和地位平等[张晓阳,2014]。就历史发展时段特征而言,民国初期以来,公民观念和公民教育理念已在中国社会获得了一定程度的认同。但是,人们对于公民身份的认同一度出现了偏离,这导致公民教育理念也产生了偏离。在民国初期,公民身份认同偏向于"国民"身份,从而形成了以"国民伦理"为核心的公民教育理念。建国以后直到"文革"时期,公民身份又偏向了"人民"身份,学校公民教育也逐渐"异化"为革命伦理教育。直至20世纪90年代以后,随着经济体制的转型以及公民社会的兴起,公民身份认同才逐渐获得了现代性的特征,公民教育理念也转向以公共伦理为核心,致力于培养具有主体性、权利性和公共性的现代公民[叶飞,2011]。

对公民教育发展的逻辑理路进行梳理,则发现公民资格的法理确认是公民教育的现实基础,公民资格的理想践行是公民教育的内在诉求。公民资格内涵中存在的内外、权责、统分三种内在的张力,决定了一国公民教育的重心必然随着时间和空间的变化而不断调整。在我国百余年的公民教育历史中,由于特定的历史与国情,近代以来中国的公民教育具有浓厚的现实主义传统、道德精英主义取向以及整体主义情结,体现出对"外"、"责"和"统"这一维度的格外重视[李艳霞,2011]。公民教育既是永恒范畴也是历史范畴,它与公民身份之间具有互构性。以此视角和方法来省察中国由"臣民"向"公民"的嬗变史,可以发现:外在线索上,中国近代公民教育呈现出鲜明的现实主义传统和民族主义取向；内在逻辑方面，呈现出浓重的本土特色［陈炳，2012］。从文化传统来看，中西方社会和文化语境中的"公"并不相同：中国的"公"主要是连带的"公"，而西方的"公"主要是领域的"公"，由此导致中华文明的价值与现代西方主流价值的差异，前者强调社会共同的善、社会责任和有益于和谐的美德，后者则强调个人主义的权利和自由优先，它们分别代表了两种不同的伦理学语言和立场［邱昆树，阎亚军，2017］。

2. 公民教育的时代发展

21世纪，无论是从国家角度，还是在国际层面，人们均开始对公民教育产生新的兴趣。

公民发展的时代意义在于：公民教育是全球化时代重建国家认同的重要方式；公民教育是发展民主政治的有效途径；公民教育是促进社会平等和谐的积极因素；公民教育是加快教育改革的推动力量［顾成敏，2010］。公民教育并非只有工具性的一面，就目的性而言，它乃是全部现代教育的终极目标。公民教育目标的确认具有中国社会与教育转型的历史必然性和现实必要性。公民教育实际上应该是，也必须是全部教育的转型乃至整体社会的改造［檀传宝，2010］。现代民族国家需要公民教育的整合功能，以强化公民的情感联结；现代民主国家需要公民教育的民主化功能，以实现公民素质和能力的提高。因此，现代国家必须找到一条与它们的新角色相一致的社会团结和凝聚的新途径和基础［范微微，赵明玉，饶从满，2012］。社会主义公民价值观塑造具有鲜明的时代特征，其生发结构包含认知的和实践的两种形态，通过公民教育与公民实践这两条路径来培育和践行公民的核心价值观建设，并由此分析在核心价值观指导下塑造"知行合一"的参与型公民则更具有现实意义与价值［盛凌振，2013］。

在中国公民社会的成长过程中，教育或者说公民道德教育既是公民社会的重要构成，又是公民社会成长的重要推动力，因为公民社会的生长在根本上依赖于良善公民的呵护和捍卫，而良善公民的养成则依赖良好的教育。就当下的公民道德教育而言，若要担负起推动中国公民社会健康成长的使命，需要它在反思自身的基础上培育公民的边界意识、义务意识和良好的行为举止［戚万学，2015］。社会主义核心价值观的培育和践行是国民精神改造的系统工程，这一重大历史任务的完成需要社会各界的共同努力、公民个体的普遍认同和积极参与。公民教育因其特殊的性质和功能理应成为促进社会主义核心价值观认同、培育和践行的有效手段［张宜海，2017］。

公民教育面临着时代性的新命题，公民的当代境遇面临下列三个基本问题："个体"与"共同体"的立场选择；"权利优先"与"责任优先"的价值选择；"国家"与"世界"的归属选择。当代公民教育的发展路向，应以强势民主的共同体为逻辑起点，进行基于个人权利的责任教育，培养世界历史性的国家公民［冯建军，2012］。在多元文化的背景下以及社会转型期，公民身份研究的核心是如何建构我国公民身份认同的过程。公民身份认同可以分为公民自我角色意识的认同、公民社会行为的认同和公民制度的认同，公民在建构自身身份认同的同时完成了国家认同，并通过履行公民行为促进社会制度的完善和发展。从建构公民身份认同的角度出发，公民教育应该是在基于公民身份的教育制度中，去建构积极公民身份认同的教育［石艳，2014］。随着各种媒体深度嵌入现代社会经济政治生活，公民媒介素养教育迫在眉睫。基于媒介素养教育发端并成熟于西方，有论者通过梳理概括媒介素养教育发展历程中的四种范式，提炼媒介素养教育的三种基本内涵，以期探寻适合中国国情的可能路径［张蕊，高宁，2018］。

（三）公民教育的全球视野与国家认同

随着全球化的推进，"全球公民教育"是各国公民教育中备受关注的话题。各个国家也对全球公民的培养进行了探索。全球化时代，传统国家概念框架下的公民教育模式面临挑战，在世界范围内，公民教育领域普遍存在全球主义与国家主义之间难以调和的矛盾和分歧。

1. 公民教育的全球视野

随着全球化趋势的增强以及全球相互依存理论的兴起，原有的以民族国家为背景的现代公民教育理论不断受到挑战。全球公民教育思想在这样的背景下受到了广泛的关注。这一思想在发达国家的教育实践中已经有所体现，许多论者投入对其研究中，从而逐渐形成一股思潮［陈以藏，2010］。全球化是历史发展的必然结果，作为现代性的当代状态，全球化不仅是人类历史上一个新的发展阶段,更是人类用以思考问题的一种新方式。全球化时代的到来,要求我们站在人类的高度上,从"现代性"出发,自觉地用人类文明的普遍标准来思考中国公民教育[王啸,2010]。全球化时代产生全球公民社会,全球公民社会需要全球公民。全球公民不仅生活在全球化时代,更要具有全球意识和人类关怀,并愿意为世界的和平与人类的发展、全球的公平与正义、人与自然的可持续发展采取积极的行动。培养负责任的全球公民,是全球化时代赋予公民教育的新使命。全球公民教育,就是培养具有全球意识并愿意为全球和人类的发展而积极行动的负责任的公民的教育,包括人权和人道主义教育、全球意识和全球责任教育、环境和可持续发展教育、国际理解教育与多元文化教育[冯建军,2014]。

对于全球公民教育的探讨不能回避"全球公民教育如何可能"这一前提性问题。"全球公民"身份推衍困境、"在地实施"的"异化"后果让全球公民教育实施的可能性成为问题。环境问题既是一个"全球共同利益"问题,也是各国政府关心的问题,为解答"全球公民教育何以可能"提供了较好的切入点。国际环境政治解释了全球环境治理中发展中国家与发达国家的不合作与不平等状况。以全球环境问题及其治理作为教育内容,全球公民教育具有批判性。批判的生态教育学成为全球公民教育的重要实践形态。在既有的国家边界限制下,批判的生态教育学通过全球与在地的混合行动,让全球公民教育获得了一种新的可能性[郑富兴,2017]。虽然,全球公民教育的实施具有可能性,但是,关于全球公民教育的内涵、价值和途径等全球公民教育的核心问题却存在着广泛的争论。在全球公民教育的内涵上,存在能力导向和价值导向的争论;在全球公民教育的价值上,存在爱国主义和世界主义的争论、国家利益和全球利益的争论、全球教育和公民教育的争论、文化统一和文化多样的争论;在全球公民教育的途径上,存在世界研究和发展教育研究的争论、认知教学和实践教学的争论[李健,刘宝存,2019]。

对于如何培养全球公民,有论者认为一方面以民主主义引领、提升民族主义;另一方面又必须立足中国现实,在生成具有权利意识的中国公民的基础上培养具有人类视野的世界公民[王啸,2010]。新时代"人类命运共同体"理念已逐渐成为被世界广泛接受和认同的理念,而要将这一理念传播和传递下去需要通过教育。需要以"人类命运共同体"理念为指引，引领与重构世界公民教育思潮的公民资格观、公民教育观、主导主体、理论基础和思潮版图，使其成为中国融入世界、展现开放包容的思想武器［宋强，2018］。我国公民教育要加强社会主义"国家公民"教育中的国家认同；培养社会主义"世界公民"，提升国际话语权；寻求人类共同利益，构建"人类命运共同体"［宋强，饶从满，2018］。

2. 公民教育的国家认同

随着全球化的推进，国家认同成了每个国家都要面对的棘手问题，这也给国家的公民教育提出了许多新的挑战和任务。为了维护国家的统一，我们必须加强国家认同，把公民教育"放在首位"，培育公民的共同性和"我们感"。伴随着工业化高速发展以及城镇化和人口的集中，借助公民教育可以消除狭隘的根深蒂固的地域身份认同和族群认同观念，从而奠基并巩固作为国家民族的中华民族［韩震，2010］。国家认同是现代国家的合法性基础，是维系国家团结统一的重要纽带。公民教育是建构和提升国家认同的重要方式。公民教育强化公民的身份认同及国家归属感，这是建构和提升公民国家认同的前提和基础；公民教育促进公民对国家制度的认同，这是建构和提升公民国家认同的关键；公民教育促进公民对国家核心价值的认同，这是建构和提升公民国家认同的核心；公民教育培养公民的国家责任感，这是建构和提升公民国家认同的根本［顾成敏，2011］。多民族国家应当在承认和包容各民族民族认同的基础上，着力强化各民族的国家认同，打牢各民族团结和谐与国家统一的心理基础。公民教育究其实质来讲，是国家认同教育，通过公民教育培育和强化多民族国家的国家认同意识，是多民族国家维护国家统一和稳定的必然选择［王宗礼，苏丽蓉，2015］。

现代意义上的国家是"民族"与"国家"的融合体。民族意义上的国家认同和政治意义上的国家认同是现代国家认同教育的两个基本维度。前者以民族历史、文化、语言认同为核心，涉及共同血缘、地域、历史等文化价值维度的认同教育；后者以宪法认同为核心，涉及人权、民主、法治等共同政治价值维度的认同教育。两者共存于国家认同教育的建构过程，不是非此即彼，而是良性互动，应有机地统一起来。超越狭隘的民族主义爱国走向宪法爱国是时代发展趋势，民族品格的塑造和民族精神的培育仍然是当代公民教育的重要使命。现代公民教育在两者张力之间培养既有民族品格和民族性精神，又具有现代民主意识的理性爱国公民［曾水兵，2013］。

有论者对于当前国家认同教育的现状进行调查研究，指出中学生在国民身份认同上呈现出高情感认同与相对低的理智评价的矛盾性。随着年龄增长与国民身份认同感略有降低的矛盾性；在政治认同上体现出积极样态，但是存在政治权利和承担义务上不匹配的矛盾性；在文化认同上体现出既有对民族传统文化的继承，又有对西方现代文化的接纳，还有对当代流行文化的包容的多元性。加强中学生国家认同教育，需要在历史和现实的结合中培植中学生的民族与国家责任意识，积极推进社会主义公民教育，强化以中华文化为根基的主流文化认同教育［曾水兵，班建武，张志华，2013］。当前青少年国家认同教育存在的主要问题主要在历史课教学、汉语言教学、学校德育课程教学这三个方面。应该有针对性地从这三个方面进行改进，以加强青少年国家认同教育［苏守波，李涛，2015］。

在国家认同教育的实施方面，有论者提出需要一系列的路径设计来提升公民身份认同，其中包括完善公民教育系统设计，强化自我概念的建构；植入社会主义核心价值观，提升公民权利与责任的认知；拓展参与型公民文化环境，增强社会成员相互包容性；建构多样化协商场域，激励公民在场与发声的动机［张宇，刘伟忠，2014］。有论者认为可以借鉴新西兰的做法，我国有必要在社会类课程标准中体现培育现代公民身份认同的目标，要关注师生的体验课程建设，要加强社会类课程的师资建设［陈效飞，傅敏，2015］。有论者强调制度文化建设和公民个体的自觉。一方面要通过制度化的方式让语言、文化和价值观融入公民教育；另一方面要通过公民个体的自觉，使语言、文化和价值观体现在公民生活方式中［陈高华，2017］。有论者认为中国的国家认同教育应坚持塑同存异，在尊重文化多元性的同时，以铸牢共有价值观为精神纽带，有效调适国家认同统一性与多样性间的矛盾；坚持知行结合，持续加强公民教育以塑造负责任的积极公民；坚持刚柔并济，以多元化的课堂教学与实践改革提高教育的实效性；坚持内外兼修，深刻认识国家认同的核心素养属性，以开放的视野升华对国家认同教育的理解与认识［张利国，郭立强，2020］。

（四）公民教育的视域拓展与研究展望

随着公民教育研究的不断深入，研究视域也在不断扩展，反思以往的研究历程，前瞻预测公民教育研究的发展方向，从而找到该论域新的生长点，以推动公民教育研究的时代新发展。

1. 公民教育的视域拓展

有论者基于心灵教育视域，对于公民教育进行思考。心灵教育既是一种目的论，又是一种方法论。心灵教育将成为提升当前公民教育有效性的重要举措，关注心灵对公民教育具有多重意义，触动人的心灵对公民教育具有行动指导［秦洁，2010］。有论者基于政治哲学的视域，思考和审视由于不同共同体的道德原则与价值取向不同，决定其教育实施不同目标和手段，旨在达到公民与共同体要求和谐一致，从而从内心产生认同和归属，接受和忠诚于自己生活的共同体。从政治哲学视域反思公民教育和认同问题，对于构建中国特色社会主义核心价值观念，促进命运共同体发展具有重要的现实意义［马俊峰，2014］。有论者基于审美之维，凸显了公民教育的审美因素。公民情感首先表现为一种对公共事务或公共事物的情感认同，如国家认同感；培育公民情感认同的途径既有对国家文化的审美体验，也有公民参与实践中的情感联结。公民情感还表现为一种对公共事务或公共事物的情感批判；培育公民情感批判的途径主要为培养公民基于审美正义的审美批判能力［郑富兴，2019］。有论者从后殖民主义视角出发，指出后殖民主义视域下的批判性全球公民教育强调全球公民作为学习者与批判者的双重身份；以全球差异与全球结构为核心的教育议题；注重本地与全球的合理协调［吴希，2020］。

2. 公民教育的研究展望

反思已有的公民教育，"权利优先"与"责任优先"的公民教育取向，各有一定程度的优越性，但同时又都有其局限性。当代公民教育有必要在"权利优先"与"责任优先"之间寻找到一种内在平衡。可能的解决路径是，基于天赋人权、自由平等的公民理念传统，也基于当代中国权利意识淡薄、责任压倒权利的现实状况，建构一种以"权利优先"为基础的公民教育体系，在保障公民基本权利的基础上培育负责任的公民［叶飞，2012］。现代性图景中的公民教育在认识论上存在着三组二律背反，即国家与公民的不和、共和主义与自由主义的不和、国家公民与世界公民的不和。现代公民教育的品质如何在某种意义上也就取决于它有没有超越二律背反的视野与能力。超越二律背反的关键在于现代性中人类存在意义的重塑，即对虚无主义的克服并在人之为人的意义上塑造公民美德。公民教育理念并非是应对当前人类生存危机的权宜之计，而是产生人类可能性的一种努力，是教育的必有之义［高伟，2012］。

人们进入信息时代，同时在传统的现实空间和虚拟的数字空间里生存，享受两种空间带来的权利和便利的同时，也需要受到两种空间的道德规范和行为准则的制约。身为信息时代的数字公民，人们有一套在数字空间里需要遵循的道德规范和行为准则。有论者分析、梳理了有关数字公民的研究与实践，阐述了数字公民教育的标准、要素及其分类，并从数字公民教育的视角对当前我国教育领域综合改革及教育信息化发展中所面临的热点和焦点问题，如教育公平、教育国际化、大数据分析、新兴教学方式等进行了解析，以期对我国的教育领域综合改革、教育信息化创新和数字公民教育发展有所启发［杨浩，徐娟，郑旭东，2016］。随着网络信息时代的到来，在国际学术界，数字公民已成为一个被深入探讨的概念。在全球教育领域，数字公民教育日益成为世界各国教育体系的重要组成部分［周小李，王方舟，2019］。当前，技术的滥用、误用产生了诸如网络诈骗、网络欺凌等社会问题，带来了负面影响和危害。有论者倡议并呼吁重视数字公民素养，结合国情提出基于"三面向"的数字公民素养培养体系［郑云翔，钟金萍，黄柳慧，杨浩，2020］。

二、价值教育研究

价值教育这一国际教育思潮出现在 20 世纪 70 年代，其关注的主题是人类当下及未来的个体和群体的生存与发展状态、方式的终极问题。随着全球化的进程的发展，多元价值的并存与冲突，各个国家更为重视价值教育，以一种新的理论面向价值冲突所带来的挑战，探索价值理念、课堂教学、实践活动等有效途径和方式。价值教育在21世纪初进入我国学界视线并逐步在研究探索与实践中得到发展，近十年我国价值教育相关研究热点主要集中于：价值教育的本土探索与他国镜鉴；价值教育的课堂教学与教师的价值教育能力；价值教育的现实困境与本真回归以及价值教育的视域拓展。

（一）价值教育的本土探索与他国镜鉴

近十年来，学界对于价值教育的基本范畴、理论内涵、维度确认、存在论基础、文化底蕴进行了探讨，厘定价值的概念，深耕价值教育的存在基础，探索价值与文化之间的内在关联。学界在对价值教育进行诠释的同时，也从国际视野出发，关注其他国家价值教育的路径与方法，理性地反思和汲取经验，作为本国价值教育发展的借鉴。

1. 价值教育的本土探索

价值教育概念和范畴的厘定，需要从"价值"词源出发，探讨"价值教育"的概念及内涵，进而厘清"价值"与"价值观"、"道德"，"价值教育"与"价值观教育"、"道德教育"间的差别与联系［石中英，2010］。基于价值本性对价值教育进行诠释，是避免价值教育泛化的重要步骤。价值教育的本质是追求价值之于生命的效用最大化，价值教育的任务是提高受教育者的价值赋予能力、价值发现能力以及价值运用技术，价值教育的现实焦点则是寻求价值欲望与价值资源的有效平衡［罗明星，2011］。价值教育基本范畴的确定，需要明确价值教育中的价值不同于经济学上对价值的理解，从伦理学的视角来看，它指的是满足个体需要的正当性原则。价值教育中的价值是群体应当遵循的正当性原则，价值所具有的特点根据信奉价值"群体"的不同而不同。由于价值的内涵或理解多种多样，所以，其分类的维度也多种多样［魏宏聚，2013］。基于价值的基本内涵，现代学校价值教育核心内容体系的价值主体应该是兼具"社会性"与"个体性"的人，因此现代学校价值教育核心内容体系应该以社会和谐—人生幸福为中心来建设，最终形成包括终极理想层、生活精神层、公共生活层、个人生活层等四个方面的内容体系［余清臣，2013］。

价值教育的起点是"人"。人的存在具有一种禀赋价值自主与教化自觉的

"存在逻辑",即人的存在与价值教育之间具有某种内在的、本体性关联:价值教育因人的存在而发生,人的存在随价值教化得以生长与扩展。人的存在的自觉性、多维性与未成性,使得价值教育得以扬弃人的自然生命、个体生命,实现朝向文化生命、历史生命的超越。奠基于人的存在的"价值本性",价值教育获得了一种内在的确然性基础,人的存在也因与价值教育的相因互成,展现出特有的自我选择、自我教化和自我提升的价值意蕴[王葎,2014]。从中国传统哲学视角切入,人之存在是价值教育的发生前提,伦理人性假设是价值教育的展开基础,人格理想实践是价值教育的路径和归宿,道德价值尺度是价值教育的杠杆。对价值教育哲学基础的深度耕犁,必将进一步推动价值教育的研究和实践[李乾夫,赵金元,2016]。

从文化视角而言,文化哲学的学科特性及价值与文化之间的内在关联使文化哲学成为价值教育研究的必要视角。文化视角需要与人的发展相结合,需要研究作为价值主体的学生的发展规律,借个体的"为我性"引导他们实现"自我超越"与主体性两个向度的统一。学生的自我取向是价值发展的内在动力,学生的成长以自我同一性探索为基调,在变化的学校环境中不断选择和表现其自我定位。引导学生组织起来,开发潜能创造学校文化,在学校文化建设中顺势催化学生的人格发展。这是学校价值教育的主要途径[李晓文,2012]。在文化哲学视域中,价值教育实质上是一场以价值为切入点的文化活动,其目的是复归文化的整体品格和伦理立场,以实现对人存在的意义观照。基于文化哲学视角可以明晰有效价值教育的致思理路:教师的文化自觉是价值教育的态度保证;要抱定宗旨,即价值教育是对人存在的伦理关切;价值教育的内容与目标决定着教师与学生必须践行"内向超越"与"外向超越"的双重实践向度[李义胜,姚本先,2016]。

从价值活动的构成要素而言,价值判断在人们生活中具有重要作用,它既是价值哲学的核心问题,决定着人们的价值选择,也影响着公共价值的创造与社会的良序发展。通过考察可以确定,价值判断是存在于公共生活中的一种关系性判断、正当性判断以及情理共融的关切性判断。基于此,价值教育的任务乃提升学生的价值判断能力,引导学生参与公共事务,思考自我与他者的关系,进行正当的、保全人尊严的价值判断,并在提升学生理性能力的同时创设情感体验［高洁，2018］。理性判断并非是价值活动的全部，道德情感与价值密切相关。道德情感并非完全、简单的非理性和主观情绪，它生发于人类的社会实践过程，道德情感与价值教育在共同面对"整全人"上是一致的，二者相互交融。道德情感在价值教育实践中可以化为内在的道德力量；价值教育在根本上也体现为一种主体道德的评价；道德情感本身更是一种重要的价值教育力量。走向"整全人"的价值教育，对于价值教育实践尤其是社会主义核心价值观培育如何与情感教育融合贯通，具有重要意义［王平，2018］。

2. 价值教育的他国镜鉴

20世纪90年代以来，英国学校价值教育的方法呈现出综合化的发展趋势，英国学校在整合描述性方法和指导性方法的基础上，将直接指导、两难问题讨论、集体礼拜、圆周时间及角色扮演等具体方法综合运用于价值教育实践之中［邱琳，2011］。英国学校的价值教育，不仅力求课堂教学全面涵盖价值性内容，还主张模拟社会氛围创设校园生活，使学校的规章制度、政策声明及环境氛围彰显社会主流价值取向；此外，还主张通过课外活动、精神关怀、学校风气、教师角色和咨询指导等，潜移默化地影响学生的思想和行为，帮助其汲取个人经验，为将来的社会生活做准备［邱琳，2012］。随着世俗化、现代化、全球化的发展，英国学校价值教育始终在世俗与宗教之间谋求平衡，在统一的基础上整合多元文化，在冲突与融合的交替中循序渐进，逐步形成了平衡、整合、渐进的发展模式，并在总体上呈现出宗教性、多样性、融合性特征［邱琳，2013］。

当代美国公立学校价值教育受到来自自由主义与社群主义这两大政治哲学的深刻影响。自由主义以个体权利为中心的基本理念、政治中立的立场、对多元文化价值观的尊重与宽容及对个体自治的强调，深刻地影响着公立学校价值教育的目标定位、基本原则和方法选择。而社群主义为批判地审视自由主义价值观提供了理论参照，重新唤起了对社会价值观和个体的社会责任在学校教育中重要地位的关注。当代美国学校价值教育在自由主义与社群主义之间、在多元政治哲学的重叠共识中，力图淬炼某种更加具有包容性的价值理念［杨威，2014］。当代品格教育作为美国道德教育发展的第三个历史阶段，从 20 世纪 80 年代末延续至今。"发展性品格教育"作为新形态的美国价值教育，对当代品格教育进行完善，重新吸收不同理论精髓，用发展、全面、动态的视角重新建构品格教育，弥补了当代品格教育存在的缺陷，并提出新的实践策略［高洁，2017］。新世纪美国价值教育的发展呈现出一种新趋势，从过去作为一个相对独立且具普遍性的领域转向与公民教育相融合，旨在从传授特定的价值转向培养民主社会的参与式公民。它以对话机制凝聚多元性为内核，重新构建了价值教育的目标、内容和方式，在公民对美国基本政治价值和政治体制的认同方面取得了明显的成效［宋友文，林聪，2018］。

英美两国有三类较为典型的价值教学研究，分别是英国学者霍克斯的整体课堂价值教学研究、美国学者布鲁姆的价值目标评价研究和拉思斯师生交往中的价值澄清理论研究，这三类研究构成了相对完整的学校价值教育网络［魏宏聚，2012］。除了英美的价值教育之外，澳大利亚价值教育的"学生行动团队"形式，也具有一定的借鉴意义。学生以团队的形式组合在一起，针对亟待解决的社区问题开展调查研究，并参与问题的改进，该项目特别注重社区在学生价值形成中的重要作用，引导学生去关注自己、同伴、家人及邻里的日常生活实践。同时，该项目充分发挥研究的作用，一方面在研究中架设实践平台，丰富学生的价值体验；另一方面以研究激发学生的价值思考，牵动抽象价值的展开与具体经验的凝练［王熙，2014］。

（二）价值教育的课堂教学与教师的价值教育能力

价值教育的研究路径一方面对于基本范畴、理论内涵进行深度研究，另一方面则是从抽象的概念辨析、逻辑推演走向活生生的教育实践。课堂教学是价值教育的主要途径，学界对于价值教育实践层面的关注，大多聚焦在课程开发与利用、课堂生活的构建、教学组织与课堂管理等方面。作为教育的主体，教师对价值教育的理解以及教师的价值教育能力，也影响着价值教育的落实。

1. 价值教育的课堂教学

课堂教学中的价值教育是指教师通过教学诸要素及教学环节，在传递知识的过程中，把人们认可的价值原则转化为学生相应价值观的教学活动。教学中实施价值教育有直接与间接两大途径，教学目标可分为预设价值目标与生成价值目标两大类。课堂教学中实施价值教育应强调无痕性与日常性两大特点与要求［魏宏聚，2013］。课堂生活是师生共同构建的一种具有特殊意义的生活，探讨如何将价值教育融入课堂教学过程是一个重要问题。教学过程中价值教育的实施应把价值教育作为教学生活的一部分，改进课堂生活，在教学过程中关注学习共同体的构建，将教师作为学习共同体中价值教育的引领者［黎琼锋，李辉，2013］。教学组织与课堂管理行为蕴藏着大量的价值教育契机，是教师传递价值观的重要方式之一。以选择学生举手发言为例，教师的选择代表其价值偏好，反映其对不同价值的理解。教师需使学生正确理解挑选过程中所体现的公正、自由、民主、友善与同情等价值观，通过对学生行为的引导使学生进行价值体验，形成正确的价值判断与价值观。为此，教师需认清价值教育在教育工作中的地位与作用，正确理解不同价值的内涵并具备反思意识，不断提升价值教育实践智慧［高洁，2015］。就课堂教学的形式而言，课堂讨论是个性化教学的重要形式之一，在发挥知识探究的学术导向作用的同时，其中蕴含的价值教育的实质值得关注。从知识论及心理学的立场来看，课堂讨论在中小学课堂实践中能够打破教师知识绝对性的预设，增强学生学习的主动性，加强学生知识建构的能力，增强学生之间合作的能力。教师要认清知识的确定性与学生的认知发展阶段，把握价值教育的内涵与实践的契机［李春影，2016］。

价值教育本身就是课堂教学的应有之义，但却长期被知识教学遮蔽。正视和讨论课堂教学中的价值教育问题对改进课堂教学现状，发挥课堂教学的育人功能是十分必要的。课堂教学中的价值教育实质是正当性行为原则教育。全面的课堂教学价值取向，价值与知识的同一性关系，以及价值教育与知识教学不可分离的联系都决定了价值教育是课堂教学的应然选择。课堂教学中的价值教育是内容性和过程性要素的统一［岳辉，和学新，钱淼华，2016］。

2. 教师的价值教育能力

教师的价值教育能力是决定学生价值学习的重要影响因素，学生的价值学习是学生发展的基础，它需要通过教师的价值教育来实现，应建构基于学生价值学习的教师价值教育的主要能力，并在此基础上探讨培养教师价值教育能力的途径［朱旭东，2013］。在诸多教师职业角色中，价值教育者是教师的重要角色之一。教师扮演价值教育者角色是教师职业伦理使然。胜任价值教育者这一角色，需要教师在专业发展过程中，重新回归其"传道"本色，针对价值教育的困境与要求，在学校生活以及个人职业发展中，了解价值教育的具体内容、方法和准则，担当起教师在新时代背景下的价值教育的角色与使命［宋兵波，2013］。

教师的价值教育能力不足的主要表现在于：对于价值教育重要性、必要性和紧迫性的认知不够；对于价值教育的理论和实践本身还缺乏明确的认识；自身的价值素养有待提高；价值教育资源开发、教学设计及行动研究的能力不够［石中英，2013］。有论者针对教师价值教育能力的状况进行了分析，指出部分教师职业倦怠比较严重，不重视对学生的价值观教育，价值教育内容窄化，教师缺少价值教育的能力［兰祖军，2013］。对于如何提升教师的价值教育能力，有论者指出应当将教师价值教育能力建设纳入校本教师培训工作当中，从思想上、组织上加以重视，在工作计划中加以安排体现，并指导广大教师开展价值教育的行动研究［石中英，2013］。有论者基于话语实践活动，指出教师应具备一定的话语能力，能够基于对语言"形式—功能"的认识，对宏观与微观情境的理解，以及对何种话语权力的洞察，有策略地在语言及非语言符号的使用中建构有利于学生发声与思考的意义诠释空间，使其服务于价值自觉的培养。在日常教学与管理中，教师要有能力保持自身话语的可协商性，让学生成为价值建构的主体。教师还要善于搭建意义的脚手架，引导学生进行更深入的价值思考［王熙，陈晓晓，2014］。有论者通过对经典教师形象的叙述及分析，展现经典教师的价值教育实践素养：他们深谙教育与人生的关系，深知教育乃人类存在之实现，引导学生思考人之存在的本质；他们将爱作为教育的信念，爱生、敬业、爱自己教授的学科；他们认为对存在意义的思考应贯穿整个教育过程，注重实现师生生命意义的融合［高洁，2015］。

（三）价值教育的现实困境与本真回归

价值教育在西方的兴起与西方现代社会转型所引发的精神、信仰、价值、道德等诸多方面的危机有关，也与学校教育改革带来巨大的挑战和困难有关。价值教育既面临着社会转型和发展中的价值困境，也面临着现行学校教育价值观念的挑战。价值教育的本真回归，才能引领教育走出价值的困境，重建教育的尊严与意义。

1. 价值教育的现实困境

价值教育是对现代西方社会中价值多元主义和价值相对主义所引发的价值取向危机的反思和回应。"价值教育"的兴起对我国学校教育改革的启示在于，它的兴起是对传统德育的拓展和深化，也是我国社会转型时期应对全球化进程中价值多元化挑战的重要举措。"价值教育"的提倡有助于破除以往"应试教育"片面关注智力和分数、忽视学生全面素养和良好品格培养的教育弊端［胡萨，2011］。自现代以来，教育的价值本性随着价值基础的危机而渐趋流失，要遏制现代性价值危机、消解教育的现代性问题，必须还教育以价值本性，通过有意识、有目的的价值教育引领人的价值生存［邱琳，2012］。

从社会环境因素看，传统社会为传统价值教育提供了社会环境，现代社会为现代价值教育提供了社会环境。处于传统社会向现代社会转型的中国社会，传统价值教育因传统社会解体面临困境，现代价值教育因现代社会价值环境支持缺乏而遭逢挑战。转型期中国价值教育，亟须系统反思传统价值教育的传统社会基础弱化和现代价值教育的现代社会根基缺失问题［秦玉友，2013］。中国社会转型变革的过程中出现的价值危机，要求我们必须重视学校价值教育的重要意义，思考价值教育的内容、原则和途径。向学生传授社会核心价值观是学校的重要责任和任务［蒲蕊，2013］。社会转型时期，社会生活中一些价值缺失、迷茫和冲突给每个人的生活带来极大的困扰，也危害着社会公共秩序。在此背景下，加强青少年价值教育，对于其健康成长和未来社会主义公民的培育具有重要意义［石中英，2014］。多元文化为我国价值教育带来了新的矛盾与问题，如何化解深层次的文化危机和价值困惑，选择一条与中国的现代化进程尤其是与社会主义核心价值观相吻合的价值教育路径，是当前我国价值教育研究与实践的重要议题［刘燕楠，王坤庆，2016］。针对目前社会主流价值观和道德体系出现断崖式下滑、社会戾气嚣张、社会矛盾凸显及社会问题层出不穷等问题，亟待从国家层面、社会层面及个人层面实施具有中国特色的"三层一体"的价值普及教育,从而将价值教育理念贯穿到实现经济繁荣、社会稳定、人民幸福的美好社会建设的全过程中,捍卫和保障社会核心价值体系的主导地位,巩固和发展人民群众的共同价值基础,进而提振民族自信心和自豪感,自觉走上中华民族伟大复兴之路[冯朝睿,张韶维,2017]。

现行学校教育价值观陷入一种纷乱相争之中,表现为价值虚无主义、价值相对主义、价值多元主义、价值一元论与怀疑主义的杂糅。其思维方式的核心在于二元对立。这种思维有其合理之处,但却无法提供令人满意的方案。梳理这种思考方式及其在教育上的论争之历史,知晓其复杂的思想根源,对学校价值教育问题的考虑就不再简单、粗暴以及局限于自我观念之藩篱。超越多元主义与一元论,寻求一种思考学校价值教育的合理方式,需要正确面对良善生活的理性分歧,体现理性对话和道德尊重之规范,寻求并坚守一种"最低限度"的共同道德[曹永国,2015]。

2. 价值教育的本真回归

课堂教学中价值教育的提出是教育回归本真的需要。它特指由学校这种专门的社会机构所负责实施的旨在引导、促进、反思和提升人们自身价值素质(价值观念、价值态度与情感、价值理性、价值信念及价值行动能力)的教育实践活动,其最终目的在于教导人们基于确定的价值原则为人处世。价值教育是教学回到原点的基本职能。日常教学中所遇到的价值难题与新课程改革所赋予的价值教育使命使得价值教育成为当前学校教育的必然。寻找教学中实施价值教育的合理途径与教育机制是当前进行价值教育研究的核心问题[魏宏聚,2010]。知识教育与价值教育是教育活动的两个面向。知识教育以知识的传授和技能的培养为内容,旨在心智的训练;价值教育以人类社会或一定社会所共享的价值观和价值负载的问题为内容,旨在灵魂的陶冶。在古代社会,价值教育统领知识教育,近代以降,工具理性对价值理性的僭越,知识教育取得了主导地位,价值教育走向衰落。转型期的特殊境遇加深了价值教育的困境。要走出这一困境,基础教育改革需要"入地",以缝合教育与生活世界的断裂,捍卫教育的完整性,夯实生命成长的价值基础,高等教育改革需要"上天",以实现教育与人类文明脉络的汇通,重塑教育的文化使命

［庞振超，2015］。

（四）价值教育的视域拓展与研究反思

近十年来我国价值教育研究，已经对价值教育的相关基本理论问题进行了思考与探索，面对价值多元化的冲击、人工智能的挑战、人类命运共同体的诉求，价值教育研究视域有所拓展。

1. 价值教育的视域拓展

多元文化为我国价值教育带来了新的矛盾与问题，如何化解深层次的文化危机和价值困惑，选择一条与中国的现代化进程尤其是与社会主义核心价值观相吻合的价值教育路径，是当前我国价值教育研究与实践的重要议题。以多元文化的价值冲突为背景，以社会主义核心价值观为文化价值导向，兼顾人与社会的和谐发展，加强国家认同与国际理解教育，重视道德教育和公民教育，培育当代科学与人文精神，将环境、健康与可持续发展的教育融入价值观教育之中，从而赋予价值教育新的内涵，建立当代中国社会主义核心价值教育的理论体系与实践路径［刘燕楠，王坤庆，2016］。在价值多元的背景下，培养儿童的宽容品质尤为重要。宽容作为一种社会性价值可以从人原初的价值意识中找到它的基础。同情作为人类原初的价值意识可以引发宽容。价值教育可以在激发个体同情的基础上培养儿童的个体宽容意识，可以在社会同情和人类同情教育的基础上培养儿童的超越宽容意识［孙瑞玉，2013］。

从现象学视域出发，基于现象学关于意识的"意向性构成"特性的理解，价值教育意识应当具有的性质特征：先拥有指向价值教育的"意向性"，建构与觉察"价值教育"意义和机会的"能动性"，觉察自身价值教育意识与行为的"自觉性"，以及建构价值教育活动的整体"视域性"。通过这样深入的理论研究，能够更加清晰地把握价值教育意识的特点，并由此揭示价值教育意识对于价值教育实践的重要意义［胡萨，2013］。从生命的视域而言，人是生物生命、社会生命、精神生命"三重生命"叠加而成的生命复合体，"三重生命"间伦理和谐是人的生命完整与健康的根本标识。价值教育关涉了人的上述"三重生命"，必须以人的完整生命作为逻辑与事实原点［崔振成，2018］。

面对人工智能时代的挑战，人类生活价值系统正由物理空间、社会空间拓展到信息空间，人类第一次面对自己创造出的智能"机器人"，人与自我、社会、自然的关系正延伸到人与"机器人"的关系，智能社会到来为人的自由全面发展价值追求提供了现实可能。聚焦人工智能时代人的自由全面发展这一价值新定位，有论者从价值哲学视角出发，对人工智能时代价值教育新挑战、新机遇进行深入分析，对价值教育呈现的新内涵、新样态进行了系统梳理和提炼，同时，为人工智能时代价值伦理问题提供分析框架和教育解决方案［张广斌，2019］。

从人类命运共同体视域而言，构建人类命运共同体，需要人类拥有共同的价值认同。如何通过价值教育促进价值认同，是一个必须认真研究的课题。人类共同价值不是普世价值，也不同于狭隘的国家价值，它以尊重国家、民族价值为基础，是建立在价值多样性基础上的共同性、统一性。人类共同价值教育必须把教育视为全球的共同利益，既要进行人类基本价值教育，又要进行国家、民族价值的多元理解教育，既要进行国与国之间、人与人之间的全球责任意识教育，也要进行人与自然和谐共生的价值教育［冯建军，2018］。

2. 价值教育的研究反思

近十年的研究对价值教育的相关基本理论问题已展开了诸多思考与探讨，其中包含价值教育在我国的内涵探讨、维度确认、哲学本源挖掘与体系建构等。但是，在价值教育的理论研究层面，学界对概念界定与内涵尚未形成相对统一的共识，大多通过对东西方多类价值体系的比较分析、价值教育在中国的兴起与开发实况的总结反思等方式进行具体阐述，由此归纳、解读我国价值教育应当包含的内容。论者对价值教育各有不同的理解，其重心各有偏重。价值教育的理论体系构建总体仍处在缺乏系统的认知与规划的阶段［蔡黎曼，任方芳，2019］，缺乏持续性和系统性，是当前价值教育中理论研究的问题所在。已有研究大多属于"浅尝辄止"或"零星点缀"式的，特别缺乏持续、系统与合力的研究。我们不难发现已有研究文献的丰富性和多样性，但是在各个议题或问题上，很少有人进行持续而深入的研究［韦丽银，刘远杰，2019］。在理论研究路向上，基本理论研究至少可以遵循两种同等重要的路向或方式：一是从理论到理论，通过逻辑推演、概念转化、理论引介等方式实现理论借鉴、生成与创新；二是通过对实践进行实证性、经验性研究而建构价值教育理论，它意味着价值教育的有关概念、内容、原理、实现方式等都源自于实践、是对实践的解释与概括，而当前我们基本都是处于第一种研究路向，第二种研究方向亟须弥补［韦丽银，刘远杰，2019］。

虽然在近十年的研究中，也有关涉实践领域的研究，但是实践领域的研究还比较缺乏，相关研究主要属于理论研究的范式，还缺乏对于具体教育实践（文化、群体、社会、学校等）的深入研究。所以，未来价值教育的研究，一是在理论思辨路向上，从"浅尝辄止""零星点缀"到"持续系统"，创建扎实、系统而富有针对性的理论体系；二是在理论研究上探寻具有"实践感"的第二种路向，通过诊断教育问题、考察教育现象、分析教育事实，进而实现具有实践感的价值教育理论创构；三是面对价值教育实践的新挑战和新使命，要从抽象化的、一般性的理论研究中走出来，多去关注教育实践乃至整个社会实践中各种具体人群与具体活动的道德与价值问题，增强价值教育研究的问题意识、问题发现力和问题解释力，使价值教育研究走向更为丰富多样的教育实践场域。

本章主要参考文献

［1］安阳朝，贾利帅：意大利公民教育发展的历程、实践与思考，比较教育研究，2020（02）.

［2］陈以藏：全球公民教育思潮的兴起与发展，外国教育研究，2010（03）.

［3］陈炳：中国近代公民教育的历史逻辑：基于对公民身份的省察，社会科学战线，2012（03）.

［4］陈效飞，傅敏：新西兰社会研究课程公民身份认同培育及启示，外国教育研究，2015（09）.

［5］陈高华：公民教育与国家认同的自觉，湖南师范大学教育科学学报，2017（05）.

［6］曹永国：超越二元对立论：现时代学校价值教育的思考方式，湖南

师范大学教育科学学报，2015（09）.

[7] 崔振成：价值教育的生命眷顾与伦理庇佑，中国教育学刊，2018（06）.

[8] 蔡黎曼，任方芳：近十年国内价值教育研究述评，现代教育论丛，2019（08）.

[9] 陈琳：英国公民课改革的政治学理论基础和意识形态背景研究，外国教育研究，2019（07）.

[10] 段晓明：国际视野下的公民教育趋向——基于ICCS调查研究的分析，外国中小学教育，2010（02）.

[11] 范微微，饶从满：当代加拿大魁北克公民教育的理念与实施途径探析，教育科学，2010（12）.

[12] 范微微，赵明玉，饶从满：多元文化社会中的国家建构与公民教育，教育学报，2012（10）.

[13] 冯建军：公民的当代境遇与公民教育的路向选择，探索与争鸣，2012（11）.

[14] 冯建军：多元文化主义公民身份与公民教育，比较教育研究，2014（01）.

[15] 冯建军：全球公民社会与全球公民教育，高等教育研究，2014（03）.

[16] 冯建军：公民教育课程及其设计，东北师大学报（哲学社会科学版），2015（01）.

[17] 冯建军：迈向人类命运共同体的价值教育，高等教育研究，2018（01）.

[18] 冯建军：公民主体性及其培育，教育科学，2020（12）.

[19] 冯建军：主体间性与公民主体间性教育，高等教育研究，2022（06）.

[20] 冯建军：公民品格与公共生活，道德与文明，2020（04）.

[21] 高振宇：全球视野下的世界公民教育及对中国的启示，全球教育展望，2010（08）.

[22] 顾成敏：公民教育与国家认同，郑州大学学报（哲学社会科学版），2011（07）.

[23] 高伟：论开放社会的公民教育，陕西师范大学学报（哲学社会科学版），2013（03）.

[24] 高洁：经典教师形象中的价值教育实践素养，中小学管理，2015（05）.

[25] 高洁：课堂教学组织管理行为中蕴含的价值教育及实践——以挑选学生举手发言为例，教育研究，2015（08）.

[26] 高洁：从当代品格教育到发展性品格教育——21世纪美国价值教育的转变与实践，比较教育研究，2017（07）.

[27] 高洁：价值判断的实质内涵及其对价值教育的实践指向，教育研究，2018（06）.

[28] 韩震：全球化时代的公民教育与国家认同及文化认同，社会科学战线，2010（05）.

[29] 黄晓婷，黄崴美：美、英、日三国全球公民教育政策探微，外国教育研究，2010（08）.

[30] 侯小丰："好公民"与和谐社会的政治理念——以公民教育为视角，学术交流，2010（11）.

[31] 韩芳：澳大利亚多元文化主义与公民教育：挑战与应对，外国教育研究，2010（12）.

[32] 胡萨：西方价值教育兴起、原因及启示，中国教育学刊，2011（12）.

[33] 胡萨：现象学视域中的"价值教育意识"，浙江学刊，2013（04）.

[34] 金生鈜：公共价值教育何以必要，华中师范大学学报（人文社会科学版），2010（07）.

[35] 姜英敏：韩国"全球公民教育"的发展及其特征，比较教育研究，2013（10）.

[36] 姜英敏：全球化时代我国国际理解教育的理论体系建构，清华大学教育研究，2017（01）.

[37] 孔锴：试析美国公民教育的实施策略：内容与途径，外国教育研

究，2010（08）.

[38] 刘丹：国际公民教育的视界：主动公民身份再造，比较教育研究，2010（01）.

[39] 李艳霞：公民资格视域下当代中国公民教育的历史与逻辑，浙江社会科学，2010（10）.

[40] 李艳霞：公民资格与我国公民教育的历史逻辑，厦门大学学报（哲学社会科学版），2011（01）.

[41] 刘建良：新加坡中小学公民教育新进展及其启示，外国中小学教育，2014（05）.

[42] 刘铁芳：公共生活与公民教育：学校公民教育的内涵与目标，河南大学学报（社会科学版），2014（05）.

[43] 刘燕楠，王坤庆：多元文化背景下我国价值教育的路向选择，教育研究与实验，2016（12）.

[44] 刘宝存，张伟：文化冲突与理念弥合——"一带一路"背景下新型世界公民教育刍议，清华大学教育研究，2018（08）.

[45] 罗明星：基于价值本性的价值教育诠释，江汉论坛，2011（12）.

[46] 兰祖军：价值教育能力提升教师幸福，中国德育，2013（09）.

[47] 李义胜，姚本先：文化哲学视域中有效价值教育的内涵及理路，中国教育学刊，2016（06）.

[48] 刘燕楠，王坤庆：多元文化背景下我国价值教育的路向选择，教育研究与实验，2016（06）.

[49] 李乾夫，赵金元：论价值教育的哲学基础——基于中国传统哲学之视角，教育理论与实践，2016（08）.

[50] 李春影：课堂讨论在中小学课堂的适用性及其蕴含的价值教育评估——基于知识论与心理学的立场分析，教育理论与实践，2016（12）.

[51] 李敏，Murray Print：现代公民教育在我国义务教育阶段课程中的实现——基于相关学科的课程标准与指导纲要的分析，教育学报，2017（04）.

[52] 李红兰：人生价值引导：一种价值教育课程的内容构建，教育科学

研究，2013（02）.

[53] 李健，刘宝存：西方关于全球公民教育内涵、价值和途径的争论，比较教育研究，2019（07）.

[54] 李潇君：公民行动：美国学校公民教育的新模式，比较教育研究，2020（02）.

[55] 黎琼锋，李辉：改进课堂生活：一种价值教育的思路，教育科学研究，2013（02）.

[56] 闵辉，王耐：公民教育的检视：困境与突围，思想政治教育研究，2014（02）.

[57] 马俊峰：政治哲学视域中公民教育和认同问题探究，当代教育与文化，2014（07）.

[58] 蒲蕊：中国转型变革社会中的价值教育，教育科学研究，2013（04）.

[59] 庞振超：价值教育的失落及其重建，湖南师范大学教育科学学报，2015（09）.

[60] 秦洁：关注心灵——心灵教育视域中的公民教育思考，理论月刊，2010（12）.

[61] 邱昆树，阎亚军：连带的"公"与公民教育的中国理路，教育学报，2017（04）.

[62] 邱琳：英国学校价值教育的方法，比较教育研究，2011（11）.

[63] 邱琳：英国学校价值教育的隐性课程，外国教育研究，2012（05）.

[64] 邱琳：人的存在与价值教育，教育研究，2012（05）.

[65] 邱琳：英国学校价值教育的发展模式和基本特征，比较教育研究，2013（01）.

[66] 秦玉友：价值教育的社会根基缺失与时代命题，探索与争鸣，2013（10）.

[67] 戚万学：中国公民社会的成长和公民道德教育的使命，教育研究，2015（11）.

[68] 戚万学：论公共精神的培育，教育研究，2017（11）.

[69] 任京民：美国学校公民教育课程的三次变革及其启示，外国中小学教育，2013（08）.

[70] 苏守波，饶从满：美国现代化进程中的公民教育特征，2013（01）.

[71] 盛凌振：核心价值观与参与型公民的养成，东南大学学报（哲学社会科学版），2013（10）.

[72] 石艳：公民身份认同与公民教育，教育科学研究，2014（02）.

[73] 苏守波，李涛：国家认同与当代青少年公民意识教育，中国青年研究，2015（08）.

[74] 宋强，饶从满：着眼全球共同利益："世界公民"教育的国际研究新趋势，现代教育管理，2018（02）.

[75] 宋强：新时代"人类命运共同体"理念引领世界公民教育思潮的理路，教育学报，2018（06）.

[76] 石中英：关于当前我国中小学价值教育几个问题的思考，人民教育，2010（08）.

[77] 石中英：教师的价值教育能力现状及改进策略，中国德育，2013（09）.

[78] 石中英：当前加强青少年价值教育的几点建议，中国教育学刊，2014（01）.

[79] 石中英：中小学校开展社会主义核心价值观教育的主要方法，人民教育，2014（19）.

[80] 宋兵波：价值教育者：教师在价值教育中的角色与使命，教育科学研究，2013（02）.

[81] 孙瑞玉：如何面对儿童基于利己功利的宽容——价值教育的视角，教育学报，2013（10）.

[82] 宋友文，林聪：以对话机制凝聚多元性——新世纪美国价值教育发展的新趋势，教学与研究，2018（09）.

[83] 檀传宝：论"公民"概念的特殊性与普适性——兼论公民教育概念的基本内涵，教育研究，2010（05）.

[84] 檀传宝：论公民教育是全部教育的转型——公民教育意义的现代化

视角分析，安徽师范大学学报（人文社会科学版），2010（09）.

[85] 陶志琼：中小学生价值教育的关键内容构成，教育发展研究，2013（08）.

[86] 王啸：论全球化时代中国公民教育的定位，全球教育展望，2010（08）.

[87] 王建梁，陈瑶：英、澳、美、加四国公民教育课程改革影响因素比较研究，外国教育研究，2012（03）.

[88] 王英杰，臧宏：我国公民教育取向发展的现实性，东北师大学报（哲学社会科学版），2012（11）.

[89] 魏宏聚：论课堂教学中的价值教育，教育研究与实验，2010（05）.

[90] 魏宏聚：价值教育在课堂——英美两国有关教学中实施价值教育研究的述评，外国教育研究，2012（03）.

[91] 魏宏聚：何为价值——价值教育中价值的内涵、特征与分类辨析，教育理论与实践，2013（07）.

[92] 魏宏聚：课堂教学中价值教育内涵、途径与目标分类，天津师范大学学报，2013（10）.

[93] 王葎：价值教育的存在论基础，教育研究，2014（03）.

[94] 王熙：澳大利亚中小学价值教育中的"学生行动团队"项目及其启示，外国教育研究，2014（09）.

[95] 王熙，陈晓晓：试论价值教育中教师的话语能力，全球教育展望，2014（09）.

[96] 魏海苓：从权利公民到责任公民：加拿大公民教育的价值演变与实践模式，高教探索，2015（01）.

[97] 王小飞：试论公民身份教育的实践模式——基于六国培养体系的比较研究，教育研究，2015（10）.

[98] 王平：走向"整全人"的价值教育——兼论道德情感与价值的统一关系，教育研究2018（09）.

[99] 韦丽银，刘远杰：我国价值教育研究40年：回顾、反思与展望，教育学术月刊，2019（01）.

[100] 吴希：后殖民主义视域下对全球公民教育的批判与反思，比较教育研究，2020（09）.

[101] 夏惠贤，陈鹏：以核心价值观塑造好公民品格——新加坡品格与公民教育2014课程标准述评，外国中小学教育，2017（05）.

[102] 叶飞：公民身份认同与公民教育理念的嬗变，高等教育研究，2011（03）.

[103] 叶飞：学校公民教育的公共生活策略，湖南师范大学教育科学学报，2012（09）.

[104] 叶飞：以优良的制度培育学生的公民品质，中国教育学刊，2017（01）.

[105] 杨勇：网络社会视域下美国公民教育探析，外国教育研究，2012（11）.

[106] 杨小翠：英国全球公民教育的实施现状与挑战探析，比较教育研究，2013（10）.

[107] 严从根：我国教师的公民教育能力及提升路径，湖南师范大学教育科学学报，2013（11）.

[108] 杨浩，徐娟，郑旭东：信息时代的数字公民教育，中国电化教育，2016（01）.

[109] 叶飞：当代公民教育的价值困境及其对策，高等教育研究，2016（09）.

[110] 杨婕：加拿大主动公民培养模式及其启示，教育科学，2016（10）.

[111] 于希勇：美国公民教育的理论困境与实践局限，比较教育研究，2018（12）.

[112] 杨超：当代西方价值教育思潮的复兴及其原因，外国教育研究，2011（04）.

[113] 余清臣：现代学校价值教育核心内容体系及其教育策略——以社会和谐—人生幸福为中心，教育学报，2013（02）.

[114] 杨威：当代政治哲学对美国公立学校价值教育的影响，外国教育研究，2014（07）.

[115] 曾水兵，班建武，张志华：中学生国家认同现状的调查研究，上海教育科研，2013（08）.

[116] 张晓阳：新中国公民教育价值取向的嬗变，教育理论与实践，2014（08）.

[117] 张宇，刘伟忠：公民身份认同：政策协商对话中的社会粘合基础，贵州社会科学，2014（08）.

[118] 周小勇：西方新自由主义全球公民教育述评，全球教育展望，2016（10）.

[119] 张家军，陈玲：中小学公民素养课程内容体系的建构，课程·教材·教法，2017（03）.

[120] 张宜海：以公民教育促进社会主义核心价值观的培育和践行，道德与文明，2017（07）.

[121] 郑敬斌，李一楠：新世纪以来美国公民教育的发展趋向，思想理论教育，2017（10）.

[122] 张家军：小学生公民素养的调查研究，华东师范大学学报（教育科学版），2017（11）.

[123] 郑富兴：公民教育的审美之维，教育学报，2019（02）.

[124] 周小李，王方舟：数字公民教育：亚太地区的政策与实践，比较教育研究，2019（08）.

[125] 郑云翔，钟金萍，黄柳慧，杨浩：数字公民素养的理论基础与培养体系，中国电化教育，2020（05）.

[126] 张梦琦，高萌：法国公民与道德教育课程一体化：理念、框架与实践路径，比较教育研究，2020（11）.

[127] 朱旭东：基于学生价值学习的教师价值教育能力分析，中国德育，2013（09）.

[128] 张广斌：人工智能时代的价值教育：定位、内涵与样态，南京社会科学，2019（09）.

[129] 张利国，郭立强：美国国家认同教育发展趋势与启示，现代大学教育，2020（03）.

第九章　教育评价改革

教育评价是指按照一定社会的教育性质、教育方针和教育政策所确立的教育目标，对所实施的各种教育活动的过程和效果及学生学习质量和发展水平等方面进行科学判定的过程。教育评价是教育发展的重要手段，事关教育发展方向，有什么样的评价指挥棒，就有什么样的办学导向，而教育评价改革作为世界教育领域公认的几大难题之一其重要性不言而喻。综述教育评价研究中的不同观点，反思有待进一步探讨的问题，对于丰富教育理论研究、推动教育评价改革、树立科学的教育发展观都具有积极意义。

本专题以"教育评价""教育改革""教育评价改革""考试改革"等为主题和关键词，使用中国知网数据库进行初步查询和筛选，共收集到2010—2020年关于本专题文献400余篇（不完全统计）。纵观这十年研究历程，论者们普遍达成了一些研究共识，将研究内容聚焦于教育评价对象的拓展、教育评价体系的建构、教育评价标准的变革以及反思教育评价改革的困境等方面。在这些普遍化研究中，也日渐凸显出了一些热点问题，例如持续推进考试改革、破除"五唯"顽瘴痼疾、提高教育评价专业度等。目前我国教育评价改革呈现出制度设计、理论建构与实践探索相结合的研究态势。教育评价政策指引教育理论研究和教育实践探索的倾向明显，同时各地区、各学段开展的诸多具有自身特色的局部教育评价改革也在反哺教育评价政策，为全面化教育评价改革的推陈出新添砖加瓦。

一、教育评价问题与改革取向

评价是任何时候都存在的，但这种评价是否符合教育的特点，是否符合学生发展的要求，是否能够给教育发展以新的导向，需要反思。研究中，论者们反思了现实教育评价中的问题，为新的评价探路。

（一）教育评价存在的问题

1. 教育评价改革理念与实践的背离

我国教育评价领域的改革活动正处于如火如荼的态势，但梳理相关的文献则会发现，相较于活跃的实践领域，理论界的有关研究却远远不足。

其一，教育评价理论相对滞后、理论体系不足。教育评价自 20 世纪 80 年代传入我国以来，迅速应用于学生学业评价、教师评价、学校评价等教育系统中，但随着教育评价实践的深入，其负面影响也逐渐显现，如"一考定终身""分数成了命根"等，要求进行教育评价改革的呼声日渐增多［张秋硕，蒋美玲，2015］。尤其是伴随着我国综合国力的提升，社会对提高国民素质和培养创新性人才也提出了更高的要求和挑战。现行的教育评价理论体系越来越不适应教育实践发展的需要，与广大人民群众对优质公平教育的美好期盼不相符，与加快实现教育现代化、建设教育强国、实现中华民族伟大复兴的战略需求不一致［石中英，2020］，教育评价理论的革新甚至滞后于各级各类教育主体自发主动进行的实践改革，因此亟须对其加以改革。

其二，教育评价的应然性与实践性博弈失衡。教育评价的过程是评价主体根据设定的标准对教育对象或教育现象进行价值判断的过程，这也意味着该过程的开展是其应然性与实然性之间相互博弈的过程，其博弈的过程又不断促使教育评价改革推陈出新。当前我国教育评价领域存在着评价的实然性与应然性不对等和不平衡的状况，实然性较为强势而应然性则居于弱势地位，具体表现为：第一，教育评价的目的性追求被固化，教育评价之于教育目的具有工具性，教育目的引导着教育评价的走向，教育目的固化的实然情形势必会导致应然的教育评价功能发挥受阻。第二，教育的目的性价值被异化，

"分数决定论"的甚嚣尘上导致教育评价标准逐渐单一化,教育促进人全面发展的应然价值彰显不足。第三,教育改革的理念与实践被分化,教育评价的发展性理念被教育实践导向所遮蔽,使教育评价偏离其应然方向,教育理论与实践的应然联系不够[刘志军,徐彬,2019]。

2. 教育评价价值观功利化导向明显

从教育功能的角度出发,论者认为教育能够促进个人和社会的发展,其本身具有功利意义,但若过分强调教育的功利作用,势必会导致教育功利化。教育功利化主要强调把教育作为追逐利益的手段,并依据功利的原则对教育自身结构进行重新建构,使效益和效率最大化。追求教育的功利性一定程度上能够促进生产力发展,但若一味认同绩效主义,把教育当作绩效增长的手段,教育的其他社会功能则容易被忽视,使教育目标、内容、评价等走向异化,陷入效率的泥潭中[李建民,2019]。当前我国教育实践中功利化导向由来已久,教育评价受其影响颇深,教育评价中的绩效主义和功利化倾向突出,助长了教育评价中工具理性的泛滥,引发了各教育评价对象及主体间的无序竞争,破坏了教育系统内部的团结性,未能体现人的价值这一根本性指标,评价的"弱教育价值"特征明显[石中英,2020]。

3. 教育评价目标狭窄

我国教育正处于由普及基础教育转向着重提高质量的历史转折点上,教育评价的目标关系到教育评价方法的选用、教育评价结果的呈现以及教育评价改革的落实,建立合适的评价目标至关重要。评价目标狭窄是当前我国教育改革中面临的重大问题,有论者指出,尽管当前我国倡导多元化的教育评价标准和评价目标,但现实中以升学和就业为导向的学习目标对教育评价影响颇深,朴素的教育评价通常是指向学校教育的,其涉及的主体主要是教师和学生,方式主要为考试,学校中的教育评价实际的目标指向主要是学生的学业知识,而不是着眼于学生的全面发展[谈松华,2017]。将这一问题进行深入挖掘会发现教育评价目标狭窄的问题实质上是评价目标意义上社会本位需求对人本位需求的僭越,孤立地指向知识和成绩的教育评价目标对教育评价改革的顺利进行有极大的负面影响。

4. 教育评价方法陈旧、标准单一

有论者指出，与教育评价狭窄地指向学生所掌握的知识这一目标相对应，教育评价的方法也很陈旧。说到教育评价往往会想到学生考试的样子和教师评卷的样子，当前社会上对教育领域的评价尤其是学生评价大多通过各种各样的考试来进行［谈松华，2017］。这种单一而陈旧的、以纸笔测验为主的评价方法现已根深蒂固，其应用范围之广，使用时间之久，使得大众对于学生评价甚至是教育评价的想象和认识已形成了固化思维，局限于伏案考试的情境中。

在教育评价标准方面，有论者也对其单一的评价指标提出了批判，表现为我国各级各类教育中还或多或少地存在重智育轻德育、重分数轻素质等片面办学行为。在某些地方的中小学校，升学率成为唯一的考核指标和教育评价标准，甚至与评优评先挂钩，严重影响到了师生的身心健康；在高等院校存在着过度重视论文、经费等量化指标的现象。越来越精致的量化评估的确会带来效率上的提高，但也同样带来了各种负效应甚至潜在风险，量化评估可能会导致评估的价值取向发生扭曲，譬如因为评估的"指标"，现实中指标的"量值"往往成为所评价对象的活动本身，而活动的价值、意义甚至目标反而被遗忘［阎光才，2010］。

5. 教育评价结果存在误区

我国现已进入全面深化教育改革的新阶段，改革必须从实践出发，下一步路怎么走，只有在正确判断现实情况的基础之上才能做出选择。如果说教育评价是教育改革的指挥棒，那么教育评价的结果就在一次次地为这支指挥棒调整方向，因此，教育评价结果的作用至关重要。目前我国教改实践在评价结果方面也存在误差，论者们对其的探讨主要集中在以下方面：

首先，教育评价结果的呈现过于简单。教育评价应因时因地因人制宜，评价结果也不应拘泥于一种呈现形式，但目前我国教育评价尤其是中小学教育评价依据的主要方式仍旧是考试，相应的评价结果也主要以分数的形式呈现［谈松华，2017］。这种将复杂的教育过程归结到一个数字的结果呈现方式未免太过简单化。其次，教育评价结果运用的问题导向不足。教育评价是一个复杂的过程，其中涉及的数据多样而丰富，在运用评价结果时，需要在海量的数据中去粗存精、去伪存真。但目前的教育评价大都缺乏对数据的筛选和提炼，更多的是平面化的结果呈现，在运用教育评价结果时缺乏问题导向，缺少针对区域自身特点和问题的关键影响因素设计、深入数据挖掘、改进措施制订［辛涛，张彩，2018］。再次，教育评价结果的使用功利化突出。教育评价结果使用的高度功利化，是指教育评价结果直接与被评价对象的利益诉求（政绩、声誉、资源分配、职称晋升、获奖、学术权力、升学、就业等）挂钩，决定着评价对象获得可欲求利益的有无或大小，令人欲罢不能。无论是基础教育领域，抑或是高等教育领域，教育结果使用的功利化之分均愈演愈烈［石中英，2020］，这股不正之风对深化教育质量综合评价改革产生了负面影响。

除此之外，论者们还关注到我国教育评价改革存在法律依据薄弱、管理体系有待改革、评价数量繁多、实质性评价不足、评价主体较为单一、对教育多样性重视不够、教育评价改革中涉及的伦理问题亟待重视等问题。

（二）教育评价改革的价值取向

近年来，学界密切关注教育评价改革中出现的诸多问题，企图从教育评价的理论层面指导教育改革实践。教育质量评价的价值取向一直以来都是我国教育界关注的重点，也是教育实践改革的焦点所在。评价究其根源是一个价值判断的过程，价值判断则不可避免地会带有评价主体的主观倾向性，教育评价取向是指教育评价中所体现出的特定价值观。由此可见，教育评价改革中价值取向的重要性不言而喻，其指引着教育评价改革的后续方向，奠定了教育评价改革的整体基调，要探讨教育评价改革，就必然绕不过教育评价取向这座关隘。2010—2020年间国家相继出台关于教育评价改革的政策文件，论者们在教育评价改革的价值取向问题上也发出了不同的声音。这些价值取向间存在着各种二元对立，如个人本位与社会本位、内部评价与外部评价、定性评价与定量评价、工具理性与价值理性、手段价值与目的价值、形成性评价与终结性评价、个体性评价与团队性评价、统一性评价与多样性评价、"唯"与"不唯"、发表与出局（publish-perish），等等［石中英，2020］。

教育学界关于教育评价价值取向的观点则更加丰富，大部分论者均认同教育评价要突出以人为本的价值取向，强调以人的全面发展需要为主来改革教育评价。有论者从生命教育的视角切入，认为教育评价改革应体现生命教育的价值取向。生命教育着重突出以人为本的教育理念，体现生命的价值追求，尊重生命主体的个性发展，关注生命主体的多元发展，关注评价对生命主体的发展性取向。因此，在价值取向上，有论者提倡教育评价改革应回归人本身，关注不同的生命，关注评价对象的差异性，转变评价方法，丰富评价内容，带着理解与信任全面客观地进行评价［薛继红，王爱玲，2017］。还有论者认为当前教育实践中存在着教育目的社会本位论的僭越，这种论点强调以社会的需要为出发点来制定教育目的。学生的全面发展不能简单地等同于社会意义的发展，教育目的意义上的社会需求僭越人本身的发展需求会影响人们对教育质量的判断。因此要促进科学的教育评价取向得以可能，找准教育评价改革的着力点，就必须协调好人的内在价值需求和社会价值需求，制定合理的教育目的，正确把握教育的使命［蒋珍莲，2016］。

习近平总书记在全国教育大会的讲话中强调："扭转不科学的教育评价导向，坚决克服唯分数、唯升学、唯文凭、唯论文、唯帽子的顽瘴痼疾，从根本上解决教育评价指挥棒问题。"有论者从破"五唯"顽瘴痼疾的角度提出教育评价改革要注重多维化、综合化的价值取向。认为教育评价中的"五唯"问题表现在教育领域中，实则关乎社会和文化的改造，大家都明白这样做的危害，却因可能会涉及利益调整问题在错误的道路上越走越远，要解决这一系统性问题，就必须确立系统性的思维和价值取向，用全面的、动态的、发展的眼光进行科学评价［瞿振元，2020］。同时，在反对一种错误倾向的时候，要防止可能掩盖的另一种错误倾向，例如在科研评价工作中，反对为"唯论文"并不是不要论文，而是要反对评价取向的单一化、简单化，不能绝对化、一刀切地反对鼓励教师发表论文，不能采取和"五唯"同样的思想方法和行为方式来"破五唯"。改进教育评价取向时要实事求是，以事实为前提，要针对不同主体、不同学段、不同类型教育的特点进行改革，不能一刀切［秦惠民，2020］。有论者从基础教育体系架构的角度也赞成实施多元化的发展性教育评价，认为建设适合学生的多样化基础教育体系，需要制度、课程、教学和评价等多方面的改革，包括实施择校制度、建立弹性化课程结构、实施差异性教学和多元发展性评价等［冯建军，2012］。

以上教育评价改革的价值取向都蕴涵着要让教育评价走向综合化、多元化的倾向，但针对教育改革中出现的问题，也有论者从反思教育实践的角度出发，指出要反对教育评价改革中片面注重多元化评价的价值取向。现代多元化的教育评价理念已经逐步深入人心，并以政策的形式注入各中小学校，其反对一刀切、绝对化、标准化的价值取向固然不错，但遗憾的是，这种评价方式并没有在教育实践中真正落实，而是存在两种相悖的景观：一是在愿景上认同和追求真空的多元化教育质量评价；二是在教育行动上执拗地追逐以分数论质量的教育质量观［蒋珍莲，2016］。这种教育评价在理想与现实之间的冲突使得"教育评价多元化"沦为一句口号，不可避免地会带有功利性、呆板性、程序性和机械性的价值取向。带着对于破除教育评价误区的思考，有论者认为"促进学习的评价"成为教育评价的主流，新的教育评价文化正在兴起，这些变革与学校教育使命从选拔转向"促进学习"密切相关，"促进学习"成为新的学业评价范式的核心［崔允漷，2010］。教育评价改革的价值取向应以"促进人的发展"为第一要义，协调教育评价理想与现实之间的矛盾，不仅在评价理念上追求多元化，也要在评价实践中落实多元化，具体可体现为和谐的教育、自由的教育和生命的教育［蒋珍莲，2016］。在落实多元化评价的过程中也要把握重点，教育的首要功能是育人，因此教育评价要遵循育人规律，坚持立德树人导向，提高人才培养质量［王战军，2020］。

基于教育资源配置和绩效评价的视角，有论者提出教育评价取向要考虑到利用评价结果改进教育资源配置的目的，评价时要建立与投入、产出相适应的教育评价指标体系。取向的选择必须结合评价的目的，如果是为了将总量一定的教育资源更好地分配到区县的各所学校，那么选择投入取向更为合适，如果在区县内绝大多数学校都达到了必要的资源投入的情况下，那么选择产出取向更为合适［何孟姐，杨涛，2012］。这种关注教育资源投入与产出的理论思考体现了追求资源配置效率的教育评价取向，更偏向定量评价的角度。

教育定量评价有其必要性和合理性，但也会导致教育评价中的绩效主义，正是在这种绩效主义的影响下，目前的一些教育评价实践中"五唯"倾向严重，评价结果使用功利化突出，助长了教育评价中工具理性的泛滥，破坏了教育系统内部的团结性，未能体现人的价值这一根本性指标，评价的"弱教育价值"特征明显。针对以上问题，论者们纷纷强调教育评价改革要从弱功利取向出发，回到教育本身。有论者提到引起教育界内外严重不满的教育评价问题，首先不是技术问题，而是价值问题，因此必须把树立正确的教育价值观放在首要地位，反对在教育评价问题上的各种二元独立，平衡好教育评价中的各种价值取向，努力达成教育评价中的价值共识。如何解决教育评价中的这一根本性问题？部分论者从教育哲学的层面上提出要回到"教育本体"[石中英，2020]，也有论者将现实的教育评价归结为工作性评价、管理性评价和社会性评价三种情形，这三种情形均站在教育过程之外，主要以教育结果对其整体进行判定，这也表明现实的教育评价仅仅与教育有关，而非是对教育自身的评价。据此也有论者从教育哲学的视角对教育评价做出了期望，即教育评价最终能走向对教育自身的评价，认为只有这样的教育评价取向才能引导人们关注教育内在的品质，并称其为弱功利的教育价值取向［刘庆昌，2018］。

基于教育评价的实践视角，也有论者认为价值观念的区别会造成评价标准的分歧，在制定教育评价标准的过程之中，价值观念之间的竞争是显而易见的。因此在制定评价标准时首先要在价值取向上达成一致性，达成价值一致存在三种基本的价值选择路径：第一，强制性的价值选择，这种价值选择倾向以所谓普适的价值观念为依据的评价标准，其所反映的实际上是以政府所代表的个人、群体、阶层的需要为根本的价值取向。第二，竞争性的价值选择，这种路径从个人、群体、阶层的利益能否得到最大限度满足出发去选择评价标准，在社会中处于优势地位的个人、群体、阶层所信奉的价值观念更有望在竞争中胜出，而教育评价标准也自然会反映出这些个人、群体、阶层的基本价值取向。第三，协商性的价值选择，通过协商性的价值选择方式，评价标准最大限度地顾及了参加评价的全体学生的需要，并尽可能减少了不公正现象的发生。在当前价值观念多元的前提条件下，通过不同的价值选择路径达成价值一致，从而制定出相应的评价标准，来引领具体的教育评价实践，在价值追求上实现从"同而不和"到"和而不同"的转变，是教育评价改革的一条崭新的路径[苏启敏，2012]。

二、教育评价改革设计

针对教育评价中的问题，根据教育评价改革方向，就必须对现有的教育评价进行改革。做好改革顶层设计，使教育评价从理念走向现实。论者们主要从宏观层面，探讨了改革设计的政策与思路。

（一）政策引领

教育改革过程始终伴随着制度变革与创新。制度创新不仅必要而且可行。制度可以规约人的行为，人也可采用适当的策略进行制度创新［肖磊，刘志军，2020］。教育政策和制度的颁布指引着教育评价的改革动向，我国致力于建立一套符合中国国情、具有中国特色、能够解决中国实际问题的教育评价体系，国家颁布的关于教育评价改革的各种政策、规划、制度都明确指出要扭转不科学的教育评价导向，从根本上解决教育评价指挥棒问题。自2010年以来，教育实践改革进一步推进，中共中央、国务院陆续出台了一系列相关的改革方案，其中涉及教育评价的改革方案主要有以下几项：

2010年7月，《国家中长期教育改革和发展规划纲要（2010—2020年）》正式发布，这是中国教育改革与发展进程中的又一纲领性文件，它为中国教育事业未来十年的发展指明了方向。《纲要》回应了当前教育评价中存在的主要问题，明确了教育评价的建设方向，提出了系列改革方案和创新举措，其中专门论述要改革教育质量评价和人才评价制度，建立科学、规范的评价制度；在教育评价改革的价值取向上，注重多样性评价；强调要建立科学、多样的评价标准，要探索促进学生发展的多种评价方式；提倡多方参与教育评价，提出"今后教育评价工作要推进专业评价，鼓励专门机构和社会中介机构对高等学校学科、专业、课程等水平和质量进行评估"［邱均平，王姗姗，2011］。

2013年6月，教育部印发了《关于推进中小学教育质量综合评价改革的意见》。《意见》构建了一套中小学教育质量综合评价体系，并提出把教育质量综合评价结果作为完善教育政策措施、加强教育宏观管理的重要参考，作为评价考核学校教育工作的主要依据。这一举措表明"我国将用一套全新的'绿色评价'体系为中小学校'全面体检'",它代表着一种全面、科学的教育评价质量观,且直指以学业成绩作为评价学生发展唯一指标的做法,意味着我国的教育评价取向从分数走向了人的全面发展[施久铭,2013]。

2014年9月,国务院发布《关于深化考试招生制度改革的实施意见》。《意见》指出,改革要坚持立德树人,坚持育人为本,遵循教育规律,把促进学生健康成长成才作为改革的出发点和落脚点,扭转片面应试教育倾向,坚持正确育人导向,践行社会主义核心价值观,深入推进素质教育,规范学生综合素质评价,培养德智体美全面发展的社会主义建设者和接班人。改革目标是"到2020年基本建立中国特色现代教育考试招生制度,形成分类考试、综合评价、多元录取的考试招生模式,健全促进公平、科学选才、监督有力的体制机制,构建衔接沟通各级各类教育、认可多种学习成果的终身学习'立交桥'"[杨天平,何志伟等,2015]。

2019年2月,教育部发布2019年工作要点,把深化教育评价体系改革作为教育改革的重点之一。2019年6月,中共中央、国务院发布《关于深化教育教学改革全面提高义务教育质量的意见》,提出要"健全质量评价监测体系,建立以发展素质教育为导向的科学评价体系,制定县域义务教育质量、学校办学质量和学生发展质量评价标准"。2020年10月,为深入贯彻落实习近平总书记关于教育的重要论述和全国教育大会精神,完善立德树人体制机制,扭转不科学的教育评价导向,中共中央、国务院印发了《深化新时代教育评价改革总体方案》。这一政策文件对新时代教育评价改革的工作目标和重点任务做出详细规定,《方案》指出改革应涉及政府、学校、教师、学生等教育评价的各个主体和系统,要"坚决扭转不科学的教育评价导向,克服唯分数、唯升学、唯文凭、唯论文、唯帽子的顽瘴痼疾",强调要加强教育评价专业化建设,加快推进教育现代化。这一方案是指导深化新时代教育评价改革的纲领性文件,为深化新时代教育评价改革指明了前进方向、提供了根本遵循,对于全面贯彻党的教育方针,完善立德树人体制机制,破除"五唯"顽瘴痼疾,引导全党全社会树立科学的教育发展观、人才成长观、选人用人观具有重大意义,同时也标志着我国教育评价进入总体改革的新阶段。

顺应教育发展现实需求，我国科学而系统地推出了一系列战略举措，教育评价政策顶层设计日臻完善［宣小红，史保杰，2019］。但也有论者从不同角度对该观点提出商榷，认为教育评价制度正经历着严重的"价值悖论"与"身份危机"。在当代中国，由于教育评价的价值判断属性和高利害关系的社会属性，教育评价指挥棒的作用愈演愈烈，引发了"社会达尔文主义"的恶性竞争和各种各样的教育问题。教育的问题并不都是评价惹的祸，评价改革也只是解决中国教育问题的"钥匙"之一。要彻底解决教育问题，真正意义上实现"以评促改"，需要变革评价制度，督促评价后的改进，并在理念、制度、资源等多方面保障教育改革实施［李鹏，2019］。

从国家颁布的一系列有关教育评价改革的政策文件中可以明显看出，2010 年至今，教育评价改革的力度不断增强，形成了比较清晰的改革逻辑链条［涂端午，2020］。也有论者对这种改革现状提出了批驳，认为政府部门对于学校的超强控制，已成为妨碍教育改革深入推进的一个要害性问题。政府部门常常将教育改革的设计者、指导者、管理者、监督者、调控者及评价者等多种角色集于一身，导致学校难以真正成为教育改革的主体；不受限制的权力，是政府部门得以对学校超强控制的主要原因；限制政府部门的权力，乃是有效推进教育改革的必由之路［吴康宁，2012］。

（二）顶层设计

2020 年 6 月 30 日，中央全面深化改革委员会通过的《深化新时代教育评价改革总体方案》明确指出，落实立德树人根本任务，着力破除"五唯"，建立符合时代要求的教育评价机制，要改进结果评价，强化过程评价，探索增值评价，健全综合评价［王战军，2020］。"四个评价"是评价改革与发展的风向标、战略引领。从评价类型、评价聚焦、评价分类等不同评价维度，改革不科学评价体系，形成正确的指挥棒［林梦泉，2020］。

1. 改进结果评价

论者们普遍认同改进结果评价，不是说不要结果评价，而是纠正目前结果评价中出现的相关负面问题［程光旭，2020］。这表明结果评价是重要的评价形式，但不是唯一的评价形式。毫无疑问，分数、升学、学历、文凭、论文、帽子等是教育和学习的结果,但不是全面的、真正的结果,以这种结果来评价教育活动的价值,必定是片面的、狭隘的、功利的和短视的,偏离了教育本质和目的。因此,有论者提出改革结果评价,就是改变以往单纯以外在的分数、升学率为结果标志的评价观,建立完善以人为本的全面发展和全面结果的评价观[刘振天,2020]。

改进结果评价,不仅关注评价对象教育目标的达成度和符合度,更要全面界定教育目标,通过结果评价为学校教育教学或者办学思路及策略调整提供科学依据与信息支撑[钟秉林,2020]。改进结果评价,需要正确认识破"五唯"的内涵,在"破唯"上下功夫。破"五唯",重在反"唯",抑制、铲除滋生"唯"的土壤和机制;要破除的是对"唯"的异化、扭曲使用,而非完全摒弃使用硬性指标。在推动"不唯"的同时,也要防止走向"五不要"的另一个极端[许海霞,王蕊,马陆亭,2020]。

2. 强化过程评价

有论者认为,人对外部世界及其自身的认识与改造,是经过实践—认识—再实践—再认识长期反复的过程实现的。对人对事的评价,也同样经过长期反复的过程,不可能一时一地和一次性完成。结果评价,必须建立在长期反复的过程评价基础上,才能使结果评价具有较为全面而充分的客观性与可靠性。强调过程评价,就是要凸显评价的常规性和长期性,包容和允许学术活动的失败,为学术研究与创新提供良好的制度和文化土壤[刘振天,2020]。

有论者对上述观点表示认同,认为相对于教育"结果"而言,过程性质量是影响结果质量的重要因素。教育是公共服务体系中的重要环节,更需要重视过程质量,强化过程评价。过程性评价可以大大丰富、拓展以结果为导向的终结性评价的诊断性,从而提高评价的科学性和有用性[刘尧,2016]。学生的学习具有过程属性,尊重学习的过程属性,发挥学习的过程价值,客观上要求我们对学生的学习过程质量进行监测与评价[伍远岳,周妍,2018]。过程性评价作为一种与学生学习过程相融合的评价理念,很好地弥补了现行教育评价制度对学生学习经历的忽视。过程性评价发生在课程实施的过程之中,与传统教育评价制度的终结性评价截然不同。过程性评价既在学生学习过程中发生，也在学生学习过程中完成［姜昕，2017］。

3. 探索增值评价

相对于增值评价在我国实践领域的初始探索，国内外学界对增值评价的研究已有半个世纪的历史。有论者追溯了增值评价的历史进程，大约有以官员选拔为重心的科举制度、以教育量化为重心的教育测量、以教育目标为重心的泰勒模式、以教育价值为重心的后泰勒模式［刘尧，2016］。20世纪80年代之后，人们才对教育评价与教育质量的关系有所反思，开启了以教育质量为重心的增值评价探索。20世纪80年代，为解决以学生单次测试成绩衡量教师水平所造成的教育公正问题，美国田纳西州开发了田纳西增值评价系统（Tennessee Value Added Assessment System，简称TVAAS），以学生标准化测试成绩间的进步幅度衡量教师效能。因此，增值评价是教育问责制的要求，对学校教育质量的评价需要根据学生发展或进步来衡量，需要提供有关教育生产力的信息来支持问责制。增值评价正是运用问责驱动学校变革，促进教育公平及改进教育质量的有效路径之一［吴刚，2020］。从当前常见的做法来看，增值评价是指追踪学生在不同时间点上的学业成绩，利用一定的统计分析方法对学业成绩变化情况进行分析，并注意剥离掉学生性别、家庭背景等先赋因素，和教师学历、班级规模、班级条件等短时间无法改变的外部因素对学生成绩的影响［辛涛，2020］。

在我国，近二十年来不断有论者对增值评价的功能、导向、方法等进行研讨。从2012年到现在，我国学界对增值评价的研讨开始进入一个小高峰，其中介绍增值评价在国外的发展史、分析其在实践运用中的经验与教训及其对我国的启示是主流。有论者通过分析国际经验并结合我国实际，认为从整体架构而言，"四个评价"是组合拳，增值评价不宜"异军突起"；从实施导向看，增值评价更是一种评价思想而非技术。只有牢牢把握增值评价对教育"关注点"和"参考系"改变的要义，并深耕教育实际发展及需求，才能真正发挥教育评价应有的引领和保障功能［李凌艳，2020］。

也有论者提出了探索增值评价的一些顾虑所在：增值评价会不会导致应试教育加剧，能不能得到社会认可，会不会持续推进，是否会加重学校负担等。认为化解上述顾虑，需要真正了解增值评价的技术本质和价值理念，明确推行增值评价的意义和价值，了解增值评价的实施路径和方式，在政府、学校和社会达成共识和合力的基础上，持续推进增值评价的探索［马晓强，2010］。

4. 健全综合评价

有论者认为，综合评价正成为教育评价的趋势和导向。综合评价是一种关照被评价对象全方位的思维角度：从评价内容来看，综合评价将引导各级各类学校把提高学生综合素质真正落到实处；从评价主体来看，综合评价鼓励多方评价主体的参与。健全综合评价，首先意味着对完善综合评价机制的要求，强化综合评价对促进学生全面发展的引导作用。健全综合评价的任务体现在对多元评价主体的"到位"要求，是"管办评"改革的进一步深化落实。长期以来，政府在教育评价中占主导地位，学校、学生、家长、社会、企业、行业、第三方评价等外部评价主体的主动性未被充分调动，这就容易造成评价的片面化，难以形成综合评价［周光礼，袁晓萍，2020］。

健全综合评价，不再局限于单一目标或标准的实现程度，而是注重对评价对象进行全面、综合、整体的教育要素的评价，通过设计科学的综合评价指标体系，探索有效的综合评价方法，全面考量和判断评价对象教育目标的达成度［钟秉林，2020］。

有论者从政策落实的角度指出，为落实"四个评价"需要，应该拓展评价内容，注重结果评价的客观性；构建评价思路，强化过程评价的可行性；完善评价方式，提升增值评价的合理性；建立评价监督制度，保障综合评价的公平性［朱立明，宋乃庆等，2020］。

三、教育评价改革难点突破

评价的方向和思路明确了，但在实施中，评价还有很多难以解决的老问题，有的甚至是顽瘴痼疾，需要在改革中破除。习近平总书记在全国教育大会的讲话中明确指出："要健全立德树人落实机制，扭转不科学的教育评价导向。"近年来，围绕着落实立德树人根本任务，论者们针对教育评价的难点进行了深入探讨。

(一) 破除"五唯"弊病

有论者指出,"五唯"的本质是绝对化、片面化、形式化和一刀切［秦惠民,2020］。"五唯"子项之间具有以"唯"为主要特点的共同性以及内在的逻辑关联性,"五唯"的实质是教育评价异化的结果。"五唯"形成的主要原因包括中国文化心理的长期制约、西方实证主义的多方渗透以及社会转型面临的双重困境［高静,李森,2020］。习近平总书记在全国教育大会上明确指出,要深化教育体制改革,健全立德树人落实机制,扭转不科学的教育评价导向,坚决克服唯分数、唯升学、唯文凭、唯论文、唯帽子的顽瘴痼疾,从根本上解决教育评价指挥棒问题,这为继续深化教育评价改革指明了方向,提出了新的要求。论者们也据此对教育评价体制机制变革提出了更多展望。

1. 基础教育领域的"破五唯"

在基础教育领域,各级各类大规模教育考试的成绩被用来作为评价学生、教师和学校教育成果的唯一法宝,"唯分数"是瞻,评价标准单一绝对［谌红桃,2018］。有论者指出,"唯分数"评价的现实症结主要表征为评价育人目的的异化、发展功能的遮蔽化、多维指标的简单化、实施操作的绝对化［刘志军,徐彬,2020］。有论者认为推进教育评价体制机制改革,破除"五唯"顽瘴痼疾,前提是对"为什么要评""评什么""谁来评""怎么评""评了之后结果怎么用"等一系列问题作出回答。结合基础教育领域现状及未来需要,论者们对上述问题作了探讨:第一,以"放管服"为取向,健全完善评价体制;第二,以综合素质评价为核心,作准做实学生评价;第三,以育人成效为主体,大胆创新教师评价;第四,以管理和特色为重点,积极推进学校评价;第五,以质量监测为手段,用好用足结果评价;第六,以履职尽责为主题,拓展完善政府评价［沈沫,2018］。有论者认为,破除"唯分数"评价的关键是综合素质评价。综合素质评价的首要目的在于育人和促进人的发展,辅助目的才是助力中考、高考的使用和改革［刘志军,徐彬,2020］。

作为课堂教学活动的重要组成部分,课堂评价对于教师的教学活动和学生的学习活动具有不可替代的作用。从某种意义上说,确定有效的课堂评价内容,制定合理的课堂评价标准,正确实施课堂评价,合理使用课堂评价的结果,在一定程度上决定着课堂教学的成败[王爱玲,2014]。有论者认为对教学质量的理解是实施课堂教学评价的认识前提,进行课堂教学评价改革则是促进教学质量提升的重要手段。在质量提升要求下,受破除"五唯"评价痼疾的社会需求和教学质量内涵影响,课堂教学评价表现出了多元指标衡量、教学活动全面评价和重视主体素养评价的诉求。但在"唯分数"评价导向下,课堂教学评价却面临着侧重标准划一的量化评价、失落师生主体对非智力因素的价值判断和偏离育人导向的发展旨趣等困境。因此,应通过教学质量的理念诠释导引课堂教学评价改革合理定位,并从师生评价主体承责、"量质"评价方法统整和育人评价环境创设等方面改革课堂教学评价,以促进教学质量提升[李森,郑岚,2019]。

《深化新时代教育评价改革总体方案》的核心是破"五唯"顽瘴痼疾,深化考试招生制度改革是落实《总体方案》的关键[秦春华,姜佳玥,2020]。有论者从深化高考改革的角度进一步阐述自己的观点,认为纠正"五唯"最重要的举措是完善有助于人才全面成长的高考制度,以高考制度改革助推基础教育改革,全面推动发展素质教育,对特定科目提供多次考试机会,形成"双一流"建设高校、其他本科高校和职业院校不同的招生考试方式,建立多元的学生录取标准,运用大数据、区块链、人工智能等信息技术辅助高考改革[鞠光宇,马陆亭,2019]。有论者认为破除"五唯"对深化高考改革提出了新的政治要求,也为深化高考改革提供了新的政治机会。"唯一"的反义词是"众多",任何一种教育评价方式都不能包打天下,多元评价才能对学生的心理建构进行整体刻画。而"众多"的核心是治理,只有加强教育公共治理,才能促进各相关主体步入治理的场域,形成更多的"重叠共识",不断深化高考改革。专业性与程序性,是高考改革的难点,也是"重叠共识"的基础。高校自主招生是高考改革的关键,在改革的复杂关系中处于支配地位[杨九诠,2019]。

2. 高等教育的"破五唯"

大学评价是大学和学科建设的风向标、指挥棒,是检验大学和学科建设成效的重要手段[王战军,2020]。回顾近几年学界对于破除教育评价中"五唯"导向的相关研究,笔者发现,研究重点集中于高等教育领域的成果较多。

有论者系统分析了高校"五唯"的实质、缘起与治理，认为高校"五唯"的实质是一种外部评价，更确切地说是单一化、绝对性的"唯外部评价"。清理高校"五唯"的专项治理，不是要否定外部评价，而是要否定"唯外部评价"。学术评价的正确方向应该是强化内在评价，实现外部评价与内在评价有机结合。要从根本上破解高校"五唯"，需要从以下方面发力：在增强高校法人实体地位的基础上推动学术生产模式的转换；在做好"放管服"的基础上减少政府层面短期学术行为诱导；在不断提升教师待遇的基础上淡化高校层面额外的学术奖励；在坚持创造性与价值性的基础上倡导学术成果的多元化标准；在社会实践验证的基础上确认大学教师不同类型的荣誉称号［付八军，2020］。也有论者认为，"五唯"形成的根本原因是技术、理念与发展阶段的一种历史汇流，其产生的直接原因在于集权化的高等教育管理体制。"五唯"是因为功利主义、简化主义、行政逻辑导致的异化的外部评价，而这种评价最大的弊端在于评价的片面、简化与刚性。超越"五唯"，不仅要准确把握"唯"与"不唯"以及"不唯"与"不要"的辩证关系，也要充分认识"不唯"和"不要"的区别，同时还要避免陷入新的"唯"。超越"五唯"，须从学术评价外在强制的后果逻辑转型至内心认同的正当性逻辑，因此很有必要完善学术共同体、建立学术声誉制度、避免评价结果与物质奖励过度关联［李立国，赵阔等，2020］。

学术工作需要教师的自主和沉潜，但强势管理使得学术工作可见可测［操太圣，2020］。有论者从高校教师管理评价的角度指出，"唯"的问题是指将论文、帽子、职称、学历、奖项等评价要素作为必需的甚至是唯一的指标的现象，这一现象严重违背了教育的本质属性，不符合落实立德树人根本任务的要求［吕途，2020］。有论者进一步针对如何破除高校评价中"唯帽子"的现象进行阐述，认为"帽子"成为"香饽饽"实为好事，人才被"唯帽是从"，通常情况下并不是"帽子"之错，也不全是"人才"出了问题，而是科研资源作为稀缺性、不均衡性的权力配置物在复杂的利益环境与功利诉求驱动下的必然产物。治理"唯"乱象不能就问题谈问题、以政策落实政策。"唯帽"是"四唯""五唯"中的典型，治理"唯帽"可从提高人才帽子遴选评审的公信力、建立人才准入时的前置约束性条件、统一人才帽子价值评价的当量标准以及建立对帽子人才流动中的监管机制等入手［贺武华，娄莹莹，2020］。

我国学术正面临着以反"五唯"为行动纲领的制度批判。"五唯"学术评价为高等教育领域的资源分配提供了一套合法性机制，但它同时也带来深刻的认同危机，对中国这样一个并没有形成自己的学术共同体的非西方社会的发展中国家而言更是如此［罗燕，2020］。有论者从批判的角度指出，国内学术界"唯论文"泛滥的根源不是"论文不重要"，也不是科学家"为发论文而发论文"，而是评价时"唯论文"、唯论文发表期刊的影响因子［程宗明，2019］。在破除"五唯"顽瘴痼疾的同时也要看到"五唯"具有发展阶段特征，看到分数、学历、论文等可量化指标有其合理性的一面。"五唯"的形成起于数量，成于刚性，错在单一，错在偏激、过分。破"五唯"就是要实现从"一"到"多"的"立"。破"五唯"改革其实就是以量化指标为基础，找非量化点突破，以此逐步建立起适应新时代的教育评价体系。即数量指标是基础，"不唯"是扩展，定量与定性相结合［马陆亭，王小梅等，2020］。

（二）高考改革

高考作为联结基础教育与高等教育的桥梁与纽带，对于基础教育的教育教学具有重大的导向功能，对于高等教育则具有重要的基础性作用［刘清华，2010］。改革开放以来，我国的教育改革实践活动已持续了四十多年，教育改革也受到诸多研究者的关注。高考制度改革作为中国的考试招生改革的重中之重，事关教育改革全局，一直是教育学界关注的热点问题之一，2010—2020年间论者们围绕考试改革展开了讨论。

1. 高考改革的难点

高考改革作为教育改革的重点部分，面临的难处与教育改革所面临的难处一脉相承。有论者从整体的视角出发，指出中国教育改革的复杂性、曲折性、长期性世所罕见。理念与利益、文件与文化、前台与后台、官方与民间、中央与地方、城市与农村之间的差异与矛盾是导致中国教育改革步履艰难的重要原因［吴康宁，2010］。还有论者从教育改革面临的阻力视角分析其难点所在，指出基础教育课程改革在推进过程中遭到为数较多的中小学不同程度的反对与抵制［蔡伟，张志坚，2012］。教师阻力是教育改革过程中的主要影响因素，教师个体通过偏离、修改、钝化的方式将抵制行动嵌入到日常教育生活之中，可以减弱个人直接承受变革压力的程度［牛丽华，郑晓坤，2014］。还有论者从教育自身和教育决策两个维度出发，指出教育自身的保守性、依附性和低自觉性使得教育改革难有大的作为；教育决策中利益平衡难度大、预测预警能力弱、决策主体对教育规律把握水平有待提高等使得教育改革难有大的手笔；教育决策执行中知易行难、转化环节多、偏好性强等使得教育改革难有大的动作；教育决策效果具有滞后性难以评估、评价手段方法欠科学等使得教育改革成效的验证变得困难［郑金洲，2019］。此外，还有论者提出，当今教育改革陷入理论的焦虑与实践的困境，其症结在于对人的理解与认识存在误区，陷入国家功利主义和个人浪漫主义两个极端［曾水兵，2012］。我国招生考试改革和高考改革的难点从以上论者们论述的教育改革难点中就可见一斑。

有论者从教育公平的视角分析了高考改革的难点所在。高考改革的难处在于，在地域经济和基础教育发展不均衡、社会利益诉求多元化、高校发展差异化的情况下，如何建立一个相对统一而又不乏弹性、总体公平而又具有效率的考试招生制度，以适合所有学生，也适合所有高校。困难背后更深层次的问题是，人们对于"教育公平"的理解越来越难以达成共识，基于各种视角和出发点的教育理念之间的冲突越来越难以调和［孙启明，2017］。公平选才是社会大众对高考最为关注的一个方面，也是高考制度的基本功能和精神之所在。可以说，公平竞争是高考制度的灵魂和根本［刘海峰，2011］。但也有论者对上述观点提出了商榷。从另一个角度来说，一味地追求公平或许正是高考陷入误区的根源，如果高考改革片面地追求社会意义上的公平而非教育意义上的公平，那么公平就极有可能变为高考的负担。为了追求公平，高考就不得不强化其统一性，强化其监考的技术和手段。其中的强化统一性使应试教育不仅成为可能，而且成为普通教育的常态［王长乐，杜朝晖，2010］。

有论者对2014年以来进行的新一轮高考改革进行分析，认为"新高考"的现实挑战主要来自于"新高考"的制度设计本身、对普通高中的深刻影响以及普通高中的消极应对［尹达，2017］。"新高考"难点在于"一破两立"，即破解"唯分数论"，建立规范的学生综合素质档案，建立健全高校以综合素质评价为录取参考的机制［田学和，2017］。

2. 高考改革路向

高考作为重要的人才选拔手段，对教育教学起着引导作用。但长期以来出现了"以考定教"，考什么就教什么，不考就不教，教师为考试而教，学生为考试而学，教育目标从促进学生全面发展异化为片面追求考试分数。这种做法是典型的应试教育。为了改变这种状况，新高考提出以促进学生全面发展作为出发点和落脚点，坚持素质教育观念为正确的育人导向。有论者就指出，高考改革的起点和着力点，在于如何改变目前的基础教育，尤其是过于强调选拔而形成"应试教育"的育人模式［周彬，2018］。《中国高考评价体系》将"引导教学"与"立德树人""服务选才"一起列为高考的核心功能。新高考改革的出发点在于打破一考定终身的局面，缓解应试教育问题，倡导的价值观是培养全面发展的人才。因此，新高考改革从科目、次数两大形式着手，提出文理不分科、实行"3+3"模式以及同一科目两次考试机会［冯帮，徐慧敏，2020］。有论者将新高考改革归纳为"一体四面"：以学生为本体，以"促进学生健康发展"为根本目标，实行文理融通、推进综合评价、探索过程评价、拓宽选择空间［边新灿，等，2017］。

尽管新高考强调引导学生朝着全面的素质发展，发挥对教学的引导作用。但高考不只是教学的向导，作为国家选拔人才的一项教育制度，高考改革受制于多重社会因素影响，因此，必须全面兼顾国家需要和个体发展之间的关系，突出国家立场，坚持公平公正，促进个性化发展，使人尽其才［张铭凯，靳玉乐，2016］。有论者指出，当前高考改革呈现出注重全面发展、能力本位、综合评价和公平公正的基本价值取向。全面发展是目标，能力本位是根本，综合评价是过程，公平公正是基础［钟秉林，王新凤，2017］。有论者指出，高考的具体形式可以变化，但不变的是高考的本质追求，如坚守公平公正，秉持科学创新，促进个性发展，强化育人功能，提升教育质量，服务社会需求，等等［郑若玲，2017］。

在高考改革的价值取向上，无论是学者的讨论，还是政府的文件，在认识上都没有太多分歧。注重学生发展，促进教育公平公正，是比较公认的高考改革取向。但高考改革涉及多方利益，将价值取向转变为制度，并加以落实，不是一件容易的事情。有论者指出，高考改革要与高等教育普及化发展阶段相适应，建立中国特色的招生考试制度［瞿振元，2017］。2014年9月，国务院出台《关于深化考试招生制度改革的实施意见》。同年，浙江省、上海市公布实施方案，高考综合改革自此拉开帷幕。至2019年4月，在一省一市试点的基础上，全国共有14省（直辖市）分批启动改革。有论者指出，现阶段要建立招考选拔模式多样，综合评价、分类考试、注册入学等方式多元并存的招生考试体系［胡定荣，2017］。有论者强调高考改革的综合性、系统性，要从学生健康发展、科学选拔各类人才和维护社会公平三个方面入手。要以科学的评价理念为先导，改革招生考试制度，建立考试、招生、成长"三位一体"教育评价体系［郑若玲，庞莹，2020］。

新高考改革改变了一考定终身，把综合素质评价纳入高考评价体系之中。2014年9月，国务院出台《关于深化考试招生制度改革的实施意见》，提出"综合素质评价主要反映学生德智体美全面发展情况，是学生毕业和升学的重要参考。建立规范的学生综合素质档案，客观记录学生成长过程中的突出表现，注重社会责任感、创新精神和实践能力，主要包括学生思想品德、学业水平、身心健康、兴趣特长、社会实践等内容"。综合素质评价包括的内容是德（"思想品德"）、智（"学业水平"）、体（"身心健康"）、美（"兴趣特长"中的一部分）。2014年12月，教育部印发《关于加强和改进普通高中学生综合素质评价的意见》，对综合素质的内涵和外延又从思想品德、学业水平、身心健康、艺术素养、社会实践等五个方面做了更加具体的表述。2019年6月颁布的《中共中央国务院关于深化教育教学改革全面提高义务教育质量的意见》，提出要突出考查学生品德发展、学业发展、身心健康、兴趣特长和劳动实践等。上述国家文件，对综合素质考察的内容不断完善，真正体现了德（品德发展、爱国情怀、遵纪守法）、智（学业发展、创新思维）、体（身心健康、体质达标）、美（审美能力）、劳（劳动实践）全面发展的要求。同时，把"兴趣特长"纳入其中，使全面发展成为全面而有个性的发展（冯建军，2020）。有论者提出，要打破教师对学生的单一评价，建立学生综合素质评价主体的多元化评价机制，学生、同学、教师、高校等利益相关者都要参与高中学生综合素质评价。要增强学生自我评价的意识，增强师生信任，高中要详细记录学生的行为表现，高校要建立特色人才选拔体系［刘志军，陈雪纯，2020］。

　　2010—2020这十年间教育评价的理论建构、教育评价的改革路径、中小学考试改革这一系列问题依旧是中国教育学界关注的重点问题，并且整体呈稳中有进的研究趋势。在这些普遍化的研究中，也日渐凸现出了一些热点问题，例如高考改革问题、破除"五唯"顽瘴痼疾、探索增值评价等。中国教育改革的历程具有复杂性、曲折性和长期性，制度规划、理论建构与实践探索齐发力，前进的同时伴随着坎坷与磨难。回顾2010—2020这十年间中国教育评价改革领域的研究发现，我国致力于建立一套符合中国国情、具有中国特色、能够解决中国实际问题的教育评价体系。在理论建构层面，虽然有诸多论者致力于丰富教育评价理论，但截至目前，中国仍未完全形成自己的教育评价理论体系。教育评价的相关研究以学习国外先进经验与分析相关政策制度为主，我国教育评价改革的前进与发展往往以政府政策主导为着力点。

　　2010—2020这十年间中国的教育评价改革正好经历了由起步到深入的发展阶段，是教育评价改革蓄力的十年。2010年发布的《国家中长期教育改革和发展规划纲要（2010—2020年）》为教育评价改革的未来发展指明了方向；2020年发布的《深化新时代教育评价改革总体方案》标志着我国教育评价进入总体改革的新阶段。随着时代的发展与研究的深入，我国教育评价的研究范式逐渐由事实判断逐步过渡到价值判断；评价的方法由单一的量化评价或单一的质性评价走向量质结合；评价的内容由更注重结果评价转向结果评价与过程评价并重；评价方法由单一的测量与考核逐步加入了增值评价，并进一步完善综合评价。这十年间中国教育评价的改革与发展并非总是一帆风顺，也涌现出了一些问题与难点，例如教育评价改革理念与实践的背离、教育评价价值观功利化导向明显、教育评价目标狭窄、教育评价结果的呈现与使用存在误区等。

　　中国的教育评价已进入总体改革的新阶段，新的时代背景亦对这一研究领域提出了新要求。在新的时代背景下，要扭转不科学的教育评价导向，坚决克服唯分数、唯升学、唯文凭、唯论文、唯帽子的顽瘴痼疾。充分发挥教育评价的指挥棒作用，引导确立科学的育人目标，确保教育正确发展方向。坚持问题导向，从问题入手，破立并举，推进教育评价关键领域改革取得实质性突破。坚持科学有效，改进结果评价，强化过程评价，探索增值评价，健全综合评价，充分利用信息技术，提高教育评价的科学性、专业性、客观性。坚持统筹兼顾，针对不同主体和不同学段、不同类型教育特点，分类设计、稳步推进，增强改革的系统性、整体性、协同性。中国教育评价改革研究不可囿于学习国外先进成果，应以外来经验作为基石，致力于创新出一套中国式的教育评价理论体系。应坚持理论研究与实证研究相结合，以研究结果推进教育评价改革实践的发展。从研究范式上看，目前我国的教育评价多采用量化的范式，描述、判断和建构等范式运用较少且多止步于理论层面，未来的教育评价改革研究中应注重多种范式的运用与实践转换以应对时代的发展。在研究方法上，教育评价改革的实践走向是教育评价研究的重中之重，故而研究者应具备前瞻性，可采用实验研究等方法，从源头上针对不同地域、不同主体和不同学段、不同类型教育特点，分类设计、稳步推进，增强改革的系统性、整体性、协同性，为形成富有时代特征、彰显中国特色、体现世界水平的教育评价体系而努力奋斗。

本章主要参考文献

[1] 陈婷，徐萍：西方教育评价的先进理念及其启示，教学与管理，2014（24）.

[2] 边新灿，等：论新高考改革的价值取向与两难抉择，中国高教研究，2017（04）.

[3] 操太圣：为何"案牍劳形"——时间政治视角下的大学教师学术规训，教育研究，2020（06）.

[4] 操太圣："五唯"问题：高校教师评价的后果、根源及解困路向，大学教育科学，2019（01）.

[5] 程宗明：论文的"唯"和"不唯"：谁要"唯"，谁"不要唯"，中国

科学报，2019-04-03.

[6] 程光旭：高等教育领域"四个评价"的实践逻辑，国家教育行政学院学报，2020（11）.

[7] 蔡晓良，庄穆：国外教育评价模式演进及启示，高教发展与评估，2013（02）.

[8] 迟艳杰："进步即质量"：指向学生成长过程的教育质量观与价值追求，教育研究，2019（07）.

[9] 陈如平：以增值评价探索为突破口推进学校改革，中小学管理，2020（08）.

[10] 蔡伟，张志坚：从文化角度看学校对教育改革的抵制，中国教育学刊，2012（03）.

[11] 程天君：教育改革的转型与教育政策的调整——基于新中国教育60年来的基本经验，北京大学教育评论，2012（04）.

[12] 杜瑛：西方教育评价理论发展的社会文化基础探析，教育测量与评价（理论版），2012（10）.

[13] 丁念金：学习过程自主评价的基本思路，教育发展研究，2011（02）.

[14] 邓峰：教育政策演进与教育评估转型——美国提高基础教育质量的经验与启示，北京大学教育评论，2013（01）.

[15] 付八军：高校"五唯"：实质、缘起与治理，浙江社会科学，2020（02）.

[16] 范唯：深化评估分类改革　助力本科教育高质量发展，中国高等教育，2020（22）.

[17] 冯建军：优质均衡视域中的基础教育模式的改革，教育科学研究，2012（08）.

[18] 冯建军：构建德智体美劳全面培养的教育体系：理据与策略，西北师大学报（社科版），2020（03）.

[19] 冯帮，徐慧敏：近五年我国新高考改革研究述评——基于中国知网的统计分析，上海教育科研，2020（03）.

[20] 高静，李森："五唯"教育评价的反思与突破，教育研究与实验，2020（02）.

[21] 高丙成：我国教育现代化评价指标体系的构建与应用，教育科学研究，2019（07）.

[22] 郭光亮，朱德全：教育评价发展的多元路径探析，中国高校科技，2018（11）.

[23] 贺武华，娄莹莹：高校"五唯"评价的形成机理与治理反思——以破"唯帽"评价为例，教育发展研究，2020（09）.

[24] 胡定荣：高中课程自主发展的体制机制分析，教育研究，2017（05）.

[25] 何玉海，夏人青：论教学质量评价的两个根本性转变，教育发展研究，2010（02）.

[26] 鞠光宇，马陆亭：根治"五唯"顽瘴痼疾 完善考试招生制度，中国考试，2019（01）.

[27] 姜昕：我国教育评价制度存在的问题及改进建议，教学与管理，2017（27）.

[28] 教育部印发中小学教育质量综合评价改革的意见，教育发展研究，2013（12）.

[29] 靳玉乐，朴雪涛，赵婷婷，刘小强，司林波：笔谈：新时代教育评价改革与制度创新，大学教育科学，2021（01）.

[30] 李凌艳，李勉：从西方教育评价理论发展的视角看我国学校评估研究，教育理论与实践，2010（04）.

[31] 刘佳：第四代评价理论视阈下高校教学评价制度的反思与重建，教育发展研究，2015（17）.

[32] 李立国，赵阔，王传毅，程哲，陈晓娟，任增元，谭晓斐，杨连生：超越"五唯"：新时代高等教育评价的忧思与展望（笔谈），大学教育科学，2020（06）.

[33] 吕途：关于高校教师管理评价中"唯"问题的初步探讨，中国高等教育，2020（10）.

[34] 罗燕："五唯"学术评价的制度分析——兼论反"五唯"后我国学术评价的制度取向,复旦教育论坛,2020(03).

[35] 李森,郑岚:促进质量提升的课堂教学评价改革,课程·教材·教法,2019(12).

[36] 李鹏:评价改革是解决教育问题的"钥匙"吗?——从教育评价的"指挥棒"效应看如何反对"五唯",教育科学,2019(03).

[37] 李一希,黄毅:价值异化:高等教育评价"五唯"问题探析,高等工程教育研究,2020(04).

[38] 刘振天:教育评价破"五唯"重在立"四新",国家教育行政学院学报,2020(11).

[39] 刘颖:科研评价机制改革是一场持久战,学习时报,2019-03-27.

[40] 刘海峰,李木洲:构建"四位一体"功能互补的教育评价新体系,中国考试,2020(09).

[41] 廖婧茜,靳玉乐,周海涛,程天君,陈恩伦,马健云,陈亮:"新时代学科评估现代化的使命与责任"专家笔谈,现代大学教育,2020(04).

[42] 李凌艳:如何用好教育增值评价?——对"探索增值评价"的主旨与行动的理性思考,中小学管理,2020(10).

[43] 刘尧:教育评价是教育质量的守护神吗?——一个古今教育评价重心变迁的解析视角,中国地质大学学报(社会科学版),2016(06).

[44] 刘志军,徐彬:教育评价:应然性与实然性的博弈及超越,教育研究,2019(05).

[45] 刘志军,徐彬:综合素质评价:破除"唯分数"评价的关键与路径,教育研究,2020(02).

[46] 刘志军,陈雪纯:高中学生综合素质评价主体多元化:问题与思考,中国考试,2020(08).

[47] 刘庆昌:一种弱功利的教育评价哲学,教育发展研究,2018(12).

[48] 刘铁芳:走向整全的人:个体成长与教育的内在秩序,教育研究,2017(05).

[49] 李雁冰:论教育评价专业化,教育研究,2013(10).

[50] 李政涛：把新时代教育评价改革深化到"评价能力"的提升那里去，中国教育学刊，2020（12）.

[51] 刘海峰：高考改革的突破口：自主招生的一个制度设计，中国高等教育，2011（09）.

[52] 刘清华：高考改革规划需要更实事求是，大学教育科学，2010（04）.

[53] 刘盾：新高考改革之现实审思与理论分析——以考试科目、次数及赋分方式为重点，复旦教育论坛，2017（03）.

[54] 刘希伟：高考40年：科目改革探索的历程及反思，华南师范大学学报（社会科学版），2017（05）.

[55] 毛刚，周跃良，何文涛：教育大数据背景下教学评价理论发展的路向，电化教育研究，2020（10）.

[56] 马陆亭，王小梅，刘复兴，周光礼，施晓光：深化新时代教育评价改革研究（笔谈），中国高教研究，2020（11）.

[57] 马晓强：探索增值评价，我们在顾虑什么，中小学管理，2010（10）.

[58] 牛利华，郑晓坤：教育改革中的教师阻力：方式选择、归因及对策，教育理论与实践，2014（19）.

[59] 潘宛莹：克服"五唯"，让大学科研回归本质，人民论坛，2019（11）.

[60] 戚业国，杜瑛：教育价值的多元与教育评价范式的转变，华东师范大学学报（教育科学版），2011（02）.

[61] 齐宇歆：当代教育评价理论及其历史演进过程中的知识观分析，远程教育杂志，2011（05）.

[62] 秦春华，姜佳玥：深化考试招生制度改革 推进新时代教育评价改革，中国考试，2020（12）.

[63] 瞿振元，张炜，陈骏，郝清杰，林梦泉，王战军，秦惠民：深化新时代教育评价改革研究（笔谈），中国高教研究，2020（12）.

[64] 瞿振元：建设中国特色现代考试招生制度，教育研究，2017（10）.

[65] 秦惠民："五唯"的本质是绝对化、片面化、形式化和一刀切，中国高教研究，2020（12）.

[66] 邱均平，王姗姗：中国教育评价改革的着力点——对《国家中长期教育改革和发展规划纲要》的思考，重庆大学学报（社会科学版），2011（03）.

[67] 任玉丹：英国学校增值性评价模式对推进我国教育公平的启示，教育探索，2011（05）.

[68] 谌红桃：高校克服"五唯"顽瘴痼疾的理论依据与实践路径，中国高等教育，2018（24）.

[69] 沈沫：基础教育评价要破解"五唯"顽瘴，人民教育，2018（23）.

[70] 施久铭，邢星，魏倩：教育评价改革的"破"与"立"，人民教育，2019（06）.

[71] 石中英：回归教育本体——当前我国教育评价体系改革刍议，教育研究，2020（09）.

[72] 施久铭：评价"变脸"：从分数走向人的全面发展——《关于推进中小学教育质量综合评价改革的意见》述评，人民教育，2013（17）.

[73] 苏启敏：教育评价改革的价值选择路径探寻，教育理论与实践，2012（04）.

[74] 苏启敏：谁来评价学校：由专业团体到共同体，中国教育学刊，2011（12）.

[75] 孙启明：考试招生制度改革的问题与逻辑，教育学术月刊，2017（03）.

[76] 涂端午：教育评价改革的政策推进、问题与建议——政策文本与实践的"对话"，复旦教育论坛，2020（02）.

[77] 檀勤良：构建潜心育人的高校教师评价体系，中国高等教育，2020（24）.

[78] 谈松华：全面深化教育改革的新动能，人民教育，2020（22）.

[79] 谈松华：关于教育评价制度改革的几点思考，中国教育学刊，2017（04）.

[80] 田学和：新高考改革的重点、难点和关键点分析，教育理论与实践，2017（11）.

[81] 温雪梅，孙俊三：论教育评价范式的历史演变及趋势，现代大学教育，2012（01）.

[82] 吴扬，高凌飚：后现代主义思潮与教育评价观念的演变，教育科学研究，2012（03）.

[83] 王爱玲：试论有效课堂评价体系的构建，教育理论与实践，2014（34）.

[84] 王战军：创新评估范式　引导大学评价，教育发展研究，2020（19）.

[85] 王战军：深化教育评价改革首先要解决思想问题，中国高教研究，2020（12）.

[86] 吴刚：探索增值评价　驱动学校创新，上海教育科研，2020（09）.

[87] 伍远岳，周妍：必要与可能：中小学生学习过程质量监测——来自国际大规模教育评价的启示，教育科学研究，2018（11）.

[88] 王博：抓牢抓好评价改革这个"牛鼻子"，中国教师报，2020-11-18.

[89] 王火生：高考制度改革的道与术——新中国高校招生考试制度改革历程的回顾与思考，教育学术月刊，2018（02）.

[90] 吴康宁：中国教育改革为什么会这么难，华东师范大学学报（教育科学版），2010（04）.

[91] 吴康宁：政府部门超强控制：制约教育改革深入推进的一个要害性问题，南京师大学报（社会科学版），2012（05）.

[92] 王长乐，杜朝晖：追求公平：或许正是高考陷入误区的根源，中国地质大学学报（社会科学版），2010（03）.

[93] 辛涛，乐美玲，张佳慧：教育测量理论新进展及发展趋势，中国考试，2012（05）.

[94] 许海霞，王蕊，马陆亭：教育评价改革的几个关键问题，中国考试，2020（08）.

[95] 辛涛："探索增值评价"的几个关键问题，中小学管理，2020（10）.

第九章 教育评价改革

[96] 徐冰鸥：教育评价与质量改进中的哲学问题——全国教育哲学第十九届学术年会综述，教育研究，2018（09）.

[97] 宣小红，李德刚，谭烨，王静，招斯喆，唐梦影：教育学研究的热点与重点——对 2011 年人大复印报刊资料《教育学》转载论文的分析与展望，教育研究，2012（02）.

[98] 宣小红，史保杰：教育学研究的热点与未来展望——对 2018 年度人大复印报刊资料《教育学》转载论文的分析，教育研究，2019（03）.

[99] 肖磊，刘志军：教育改革中的制度创新：理论阐释与行动框架，高等教育研究，2020（11）.

[100] 杨彩菊，周志刚：西方教育评价思想嬗变历程分析，国家教育行政学院学报，2013（05）.

[101] 杨九诠：破除"五唯" 以多元治理的理念深化高考改革，清华大学教育研究，2019（01）.

[102] 杨九诠：综合素质评价的困境与出路，华东师范大学学报（教育科学版），2013（02）.

[103] 杨小微：多样·优质·均衡：步入高位的教育发展评价尺度，教育发展研究，2013（02）.

[104] 袁建林，刘红云：过程性测量：教育测量的新范式，中国考试，2020（12）.

[105] 阳荣威，张善超，李震声：新时代教育评价改革与制度创新——第七届教育质量与评价高层论坛综述，大学教育科学，2020（06）.

[106] 张长海：构建以发展为导向的教师评价机制，人民教育，2020（22）.

[107] 钟秉林：全面构建新时代立德树人评价制度，中国青年报，2020-10-19（08）.

[108] 朱立明，宋乃庆，罗琳，邹晓东：新时代教育评价改革的思考，中国考试，2020（09）.

[109] 郑确辉：完善教学业绩考核 改革教育评价体制，中国高等教育，2010（10）.

[110] 张楠，宋乃庆，申仁洪：新时代教育评价改革的价值意蕴与实践路径，中国考试，2020（08）.

[111] 张铭凯，靳玉乐：新高考改革的价值取向，河北师范大学学报（教科版），2016（01）.

[112] 周光礼，袁晓萍：聚焦"四个评价"深化教育评价机制改革，中国考试，2020（08）.

[113] 周彬：新高考改革：经验、困境与出路，教育学报，2018（04）.

[114] 张娜：从对教育的评价到促进教育的评价——教育评价国际研究进展综述，基础教育，2017（04）.

[115] 张志勇：推进党委和政府教育工作评价改革的有效路径，人民教育，2020（23）.

[116] 钟秉林：全面构建新时代立德树人评价制度，中国青年报，2020-10-19.

[117] 钟秉林，王新凤：我国高考改革的价值取向变迁与理性选择——基于40年高考招生政策文本分析的视角，教育研究，2017（10）.

[118] 张秋硕，蒋美玲：教育评价改革进程中的科学化问题反思，中国教育学刊，2015（03）.

[119] 郑金洲：教育改革缘何难有"大突破"，河北师范大学学报（教育科学版），2019（04）.

[120] 曾水兵：当今教育改革的症结在哪里——兼论走向"公民"与"公民教育"的当代抉择，教育科学研究，2012（09）.

[121] 中共中央国务院：国家中长期教育改革和发展规划纲要（2010—2020年），人民出版社，2010.

[122] 中共中央国务院关于深化教育教学改革全面提高义务教育质量的意见，人民教育，2019（Z3）.

[123] 中共中央国务院印发深化新时代教育评价改革总体方案，人民日报，2020-10-14（01）.

第十章 教师专业发展与专业伦理

本章以教师专业发展与专业伦理为研究对象,以其及同义词扩展为主题、关键词和篇名,同时限定检索年份为2010—2020年,通过CNKI中国知网、超星系统、万方数据知识服务平台等电子数据库检索相关文献,初步排除关联性较小的文献后,阅读、分析2010—2020十年间关于教师专业发展与专业伦理的研究成果。通过分析发现,相关文献不仅包括理论层面的探讨,还有实证层面的调查研讨。论者们基于时代发展、政策引导、教师需求等,对教师专业发展的内涵阐释有了新的侧重点,依据教师专业发展过程中遇到的问题与挑战,积极提出教师专业发展的途径、教师队伍建设的策略。同时,在过往教师专业伦理研究的基础上,进一步思索、探究教师专业伦理建设的路径。

一、教师专业发展研究

自20世纪90年代后期以来,世界各国纷纷将教师专业发展作为教育事业的重中之重,并为促进教师发展、提高教育质量一直不懈努力着。当前教育改革的侧重点依旧聚焦于教师专业发展,教师的专业化程度影响着教育质量的高低,教师的专业发展是教育质量提升的重要保证。在2010—2020十年之间,研究者们从不同角度、不同学科、不同视野中剖析教师专业发展的相关问题，探究促进教师专业发展的路径，以求实现教师专业发展理论与实践之间的和谐共生。

(一) 教师专业发展内涵及其侧重点

目前，在国内外教育研究领域中，对于"教师专业发展"这一概念，同时包含两种理解，即"教师专业"的发展与教师的"专业发展"。一种是从职业群体的角度入手，教师专业发展是指教师在整个职业层面上逐渐达到专业标准所要具备的条件和达到的目标的这一过程；另一种是从教师个体的角度看，教师专业发展是指教师的内在专业理念、专业知识、专业能力不断发展，从一个成长阶段进入更高成长阶段的过程。从已有的研究视角和成果来看，在中国语境之下，关于"教师专业发展"的定义大都集中在后者，即教师作为个体的"专业发展"。教师职业专业化主要强调教师群体的、外在的、被动的专业性提升，是教师入职之初的要求，而教师个体专业化则是教师个体的、内在的、主动的专业性提高。进一步说，教师个体专业化是教师职业专业化的基础和源泉，是教师专业化的根本方面［商应丽，曲铁华，2018］。

通过检索、阅读2010—2020十年间有关"教师专业发展"的相关文献，笔者发现学者们在界定"教师专业发展"的含义时，除了按照以往对教师个体的专业理念、专业知识、专业能力等方面的发展进行论述，还依据时代的发展和国家对教师的新要求，对"教师专业发展"的内涵有了一些新的侧重点。有论者指出，教师的自主性发展是教师专业发展的实质性内涵。从根本上说，教师专业发展应该是教师专业自主的发展与教师生命意义的焕发和张扬，实践理性和解放理性才是教师专业发展的本质所在［龙安邦，范蔚，2013］。

第二，有论者强调教师在专业发展的过程中，应把目光更多地投向于学生，思考如何从提高个人教学能力转变为促进学生学习能力的发展。教师必须要推进学生学习才能实现自身存在的意义，当下教师定位需要从教的专家向学的专家转变，其专业发展必须要体现这一转向，把促进相应的角色变化作为根本任务［郑辉，2020］。

第三，有论者强调教师专业发展的情感基础，即注重教师专业情感的发展。先前大部分论者关注的多是教师专业理念、专业知识和专业能力的发展，较为忽略教师专业情感的培育。然而目前，无论是"第二代认知科学"对认知机体论的、情境性的、发展变化的以及复杂性系统的新特点的强调，都显示情感对于人的发展具有重要的本体价值［刘胡权，2020］。当下，教师专业情感的发展应成为教师专业发展的侧重点，发挥其在教师专业发展过程中的基础性作用。

第四，论者们主张教师专业发展要适应现代化教育的发展趋势。有论者认为，教育现代化为教师专业发展提供了一个新的场景，教师专业发展也要符合新场景的需求，即适应现代化教育是教师专业发展的内在驱动，提高专业程度是教师专业发展的基本方向，达到卓越水平是教师专业发展的目标导向，全面提升素养是教师专业发展的必然要求［陈文友，2020］。

以上关于教师专业发展内涵，是从专业情感、专业理念、专业道德、专业知识和专业能力等不同角度提出的。值得注意的是，近十年有关教师专业发展内涵的研究，论者们有了新的聚焦点，如教师专业发展从教学学术到学习学术的实践调整、强调情感育人、着重教师核心素养的培育、适应现代化教育的发展等。

（二）教师专业发展的模式与途径

从 2010—2020 这一时期的相关文献来看，教师专业发展的策略与途径可归纳为三种模式：专业自主的教师专业发展模式、学校本位的教师专业发展模式以及校外培训的教师专业发展模式。其实，这三种维度对应着教师专业发展的内生及外控两种方式。内生式发展可以使教师专业发展做到自觉、自律、持续和个性化，外控参与可以为教师专业发展提供路径、平台、条件、评估等方面的便利，内生与外控协同是教师专业发展的基本策略选择［赵雪，冯用军，2019］。

1. 专业自主的教师专业发展模式

有论者认为，教师专业发展的内驱力来自教师个体的自我发展意识。教师只有在内心切实树立了自主发展的意识，才能有效地提升自身的专业性。无论是在教师教育阶段，还是在教育实践阶段，教师都不能一味地充当执行者、被动者和守旧者，而应当成为专业发展的开发者、主动者和创造者［黄友初，2018］。因此，这就需要教师要加强教育实践反思，提升个体的发展力。美国心理学家波斯纳提出了教师成长的公式"成长＝经验＋反思"，将教学反思置于教师实现自我成长的关键性位置上［甄莹，2020］。教师专业发展实际上就是教师不断在实践与反思中积累教育智慧的过程［李树英，2019］。教师专业发展的最终目标就是达到卓越水平，成为卓越教师。反思能力是卓越教师有意识持续性地对个人教学过程、职业理想和职业态度等方面进行理性审视、评价、调控和改进的能力［王后雄，李猛，2020］。教师是反思性实践者，在研究自身经验和改进教育教学行为的过程中实现专业发展［陈威，2017］。

此外，有论者提出教师要积极应对职业倦怠，促进个人的专业化发展。职业倦怠是教师专业发展的进程中一块巨大的绊脚石，会泯灭教师自主性发展的热情，阻碍教师提升自身的专业水平。教师职业倦怠，也称"教师职业高原现象"，"高原期"即教师专业发展过程中一段相对平寂、止步不前的时期［李剑，2013］。身处这一时期时，教师要正视自己的工作，从教学中、从专业发展过程中发现快乐，提升幸福感，寻求自身价值的实现［甄莹，2020］。

2. 学校本位的教师专业发展模式

教师的专业发展离不开学校这个实践场域，在"基于学校、为了学校、在学校中"的"校本"理念下，以学校为本位的教师专业发展模式下，推进教师专业发展的策略和途径主要有以下几点：

第一，学校要重视教师发展过程中的需求，完善对教师的管理评价机制。一方面，教师的成长是由教师自身的需求与经验引发的一种变革［钟启泉，2013］。重视、满足教师发展过程中的需求，是教师专业发展过程中的强大助力。教师专业发展的过程中要倾注人文关怀，学校可以通过精心设计的奖项之类的仪式感提升教师的职业幸福感，尽可能关爱教师的工作、生活中的需求，让教师在不断成长的道路上感受到温暖，成为幸福的教育者。教师专业发展中凸显人文关怀，不仅仅是教师教育的一个重要内容，也是教师个人生活幸福的前提［张妮妮，姚伟，2011］。唯有教师在自我专业发展的过程中，感受到人文关怀，才有利于教师个体内心之中萌发出爱人爱生的能力，迸发专业情感的火苗。另一方面，学校要完善对教师的管理评价机制。在管理方面，自2010年起近十年的有关研究，论者们大多主张学校组织要进行变革，要更多地对教师赋权增能。为了给教师专业发展创设一个良好的学校组织环境，学校组织应进行结构调整和职能转变，并下放权力赋权教师，构建合作的学校组织文化，以满足教师专业发展的诉求［周坤亮，2013］。有论者就提出学校组织要弱化行政化趋向，减少层级关系，给教师增权赋能，让教师有更多参与决策的机会，保持专业发展的活力和创造性，以此提升专业性内涵［张丽文，郭凤敏，曲琳，2020］。在评价方面，2011年《教师教育课程标准（试行）》、2012年《中小学教师专业标准（试行）》的颁布，使得教师专业发展评价研究出现繁荣，并回应了教师专业发展评价研究的时代需求［牟金保，2020］。有论者认为，要充分发挥评价对教师专业发展的促进作用，应坚持评价制度常规化、评价指标规范化、评价方式多样化、评价主体多元化、评价反馈及时化［刘范美，2019］。更有论者进一步提出，在教师专业发展评价过程中，赋权增能理论框架下的评价能够有效地推进教师专业发展评价过程中教师的权力赋予、能力发展与自我效能的提升，从而最终增进教师专业能力的实效，推进教育目标的达成［薛忠英，2014］。教师专业发展的道路上，需要学校组织和评价机制的融合发展及完善。

第二，学校要积极改善教学资源条件，为教师营造良好的专业发展氛围。学校有形的硬件设施及无形的教育资源都对教师的专业发展起到十分重要的作用，同时，学校也有为教师专业发展提供资源的义务［甄莹，2020］。一方面，要切实保障教师具有专业发展所需的必备设施、物品等；另一方面，要着力加强有利于教师专业发展的活动建设，营造教师专业发展的良好氛围。不少论者认为，可以通过校本研修、举办教学竞赛、构建教师专业发展共同体、完善"国培计划"执行机制及改进"G—U—S"三位一体协同培育机制等方式，形成和谐互助的学习型文化氛围，促进教师专业发展。

学校要真正在具体实践中贯彻落实校本研修，构建教师学习共同体，将教师专业发展主要依靠"个人的努力"逐步转向"学习者共同体"。吉恩·莱夫（Jean Lave）与艾蒂安·温格（Etienne Wenger）于1991年首次提出"实践共同体"的概念，旨在利用共同体的框架实现教师个体和群体的专业发展［华子荀，许力，杨明欢，2020］。信赖、开放、协作、支持，共同实现专业发展被认为是教师专业发展的重要途径［姜勇，郑楚楚，2019］。不仅要依托于教师学习发展共同体，有论者进一步主张要形成跨学科共同体，以此提升教师专业发展效能。跨学科共同体的构建能从教师伦理、教师能力、教师知识三个方面提升教师专业发展的效能，打破当前这些阻碍教师专业发展应然走向的思想藩篱与行动枷锁，让教师专业发展稳步快速提升［罗生全，周莹华，2020］。落实到具体实践方面，需要依靠课例研究、行动研究等促进教师的专业发展。课例研究是以典型教学内容为载体、以教学实践情境为场域、以实践共同体为单位、以专业学习为引领、以同伴互助为形式、以优化课堂教学质量和提高教师专业能力为目的的螺旋上升式的教学研究活动［杨彦军，童慧，郭绍青，2015］。教师专业发展离不开实践智慧的提升，在行动中研究，在行动后反思是教师专业发展的有效途径。受教育问责和绩效评价制度的影响，教师专业发展实践在当前误入了技术取向的褊狭地带。而教师基于自身教学现场而开展的行动研究，便于教师在"间距"中重构身份、在"威权"中寻求专业自主、在"亲近"中建立和谐师生关系、在"旅途"中实现潜能生长，从而有效保证了教师专业发展的实现［陈效飞，任春华，郝志军，2018］。

3. 校外力量的教师专业发展模式

当前教师专业发展模式不仅是教师自身、学校内部这两个维度，也包括学校外部这一维度，发挥外部力量，完善教师教育培训体系，也是教师专业发展的一大助力。具体途径有：利用网络平台；完善相关法规，健全外部保障体系；加大经费投入，均衡优质资源，以此进行教师教育与促进教师的专业发展。

（1）利用网络平台

随着互联网教育的迅猛发展，提升信息技术素养已成为教师专业发展的重要内容。教育部《教育信息化十年发展规划（2011—2020年）》，明确了"教师队伍建设是发展教育信息化的基本保障，要采取多种方法和手段帮助教师有效应用信息技术"。

加强提升教师的信息技术素养，也是表明移动学习在近些年正在逐渐成为教师专业发展的重要方式。通过移动学习，教师可以充分利用个人的零碎时间，打破时间、空间的限制，随时随地进行学习。有论者认为，移动学习更加利于教师可以根据自己的专业发展需求、学习动机和兴趣爱好，自主确定学习或发展的目标，挑选契合的学习内容，使教师专业发展的进程更具有主动性、灵活性和个性化。

除了对移动学习的讨论，还有论者讨论了网络环境下教师专业学习社群对教师专业发展的作用。有论者主张，信息技术时代应着力构建教师专业发展新生态——智慧师训，即运用大数据、云计算、人工智能和"互联网＋"等新兴技术打造多元融合的智能学习环境，构建多维开放的资源供给体系，提供全方位的智能管理服务，建立大数据理念的智慧测评体系，最终形成一个具备自组织、自适应、自探索和自激励特征的教师培训生态体系，培育教师核心素养，引导教师共同体向协同化、个性化、实践性发展［曾海，李娇儿，邱崇光，2019］。为了让教师更好地适应信息化培训发展的生态体系，需要在校内、校际、教研员、大学专家等之间建立多元学习共同体。有论者提出构建专业学习共同体，需要校长、教师、学区管理者等相关各方立足于自身的角色和地位，突破发展目标不明、评价标准缺失、资源和制度保障不足、文化多元与文化共享关系失衡，及教师赋权不足、缺乏参与决策的意识和愿望等诸多困境，以此改善教师的工作环境，促进教师的发展［吴艳茹，2013］。

（2）完善相关法规，健全外部保障体系

2010年7月，教育部颁布的《国家中长期教育改革和发展规划纲要（2010—2020年）》明确指出："完善培养培训体系，做好培养培训规划，优化队伍结构，提高教师专业水平和教学能力。"《国家中长期教育改革和发展规划纲要（2010—2020年）》从师德建设、教师专业培训、教师队伍结构优化和教师队伍活力激发等方面提出了政策要求，为教师质量的改进提供了政策契机［赵敏，2012］。

不仅如此，相关法律法规的建立健全，亦有助于为教师营造专业发展的良好外部社会环境。教师专业发展质量的好坏直接受到环境优劣的影响，社会环境与教师专业发展的联系尤为紧密，教师就是在社会环境里思考、感知并进行着自己的专业发展活动的［马瑞娟，2013］。有论者认为，教育政策会影响教师的生存与发展，教师聘任与教师奖惩制度和激励制度有助于促进教师的发展［王坤，2014］。不仅要完善相关法规，更要从关心伦理学出发，教育管理者迫切需要与乡村教师建立持续的关心关系，制定适合乡村教师实际需求的专业发展支持政策，促进乡村教师整体素质的提升，带动乡村教育的繁荣发展［席梅红，2018］。

（3）加大经费投入，均衡优质资源

再穷不能穷教育，有关部门通过加大对教育的经费投入，有利于让每个孩子都获得人生出彩的机会，阻断贫困的代际传递。除了加大经费投入，均衡教育方面的优质资源也是必不可少的，这不仅有利于学生更好的发展，也有助于教师的专业发展。

城乡之间教育资源的差距是导致城乡教育成效相差较大的主要因素之一，同时也影响到了农村学校教师的专业发展。乡村小学教师专业发展陷入了一种困境：教师的专业理念不足、教师的专业知识有限、教师的专业能力不强［彭燕凌，2020］。解决这一困境的方法之一就是要打破城乡教育资源分配不均衡的局面，树立城乡融合发展的共享理念，建立教育资源共享机制，不断提升资源的利用率，从而提高农村地区教师的专业水准，促进学生的全面发展［吴佳，2019］。

除了城乡之间，校际间乃至学校内部，也要注重均衡优质资源，不能过分偏颇，才能有益于教师的专业发展。有论者认为，校际间教师交流，能够促进教师专业化发展，缩小差距，最终实现"互利、双赢"［滕琨，2011］。学校内部群体之间也要均衡配置好资源，优化学校管理，不能剥夺"非主流"学科的发展空间，阻碍其任课教师的专业发展。有论者进一步提出，均衡优质资源要落实到分领域优化配置课程资源。分领域优化配置课程资源是指对思想、知识、经验、财物、网络等方面的资源进行创新应用。面对新的要求，教师要转变知识呈现、教学服务、资源整合和经验积累的方式，要不断学习与探索，这就潜移默化地提升了教师的专业发展能力［卜祥林，于海英，2014］。

(三) 教师专业发展的问题与对策

在 2010—2020 十年期间，尽管教师个体、学校内部、专家学者、教育有关部门等多主体从多角度利用多途径意欲促进教师专业发展，教师专业发展仍旧存在一些问题。通过检索、分析这一阶段的相关文献，可以发现这十年间，我国关于教师专业发展问题的研究所涵括的教师类型多种多样：中小学教师、职校教师、高校教师、乡村教师、新手教师、女性教师等。论者们针对不同类型、不同层级、不同地域、不同教龄、不同性别、不同学科的教师专业发展困境展开了研究。虽然研究的对象具有异质化的特征，但研究的结果却显现出了教师专业发展的一些共性问题。教师专业发展的一般问题可分为以下两大类：

1. 自源性困境

"自源性困境"指的是源于教师自身内部的困境。有学者认为主要包括：教师专业身份认同存在焦虑，职业倦怠心理较大，专业发展动力不足；缺乏专业发展的主体性和自觉性，专业发展意识淡薄，专业发展随意性大，自主程度低；教师对专业发展的内涵理解不准确，导致在专业道德、专业知识、专业能力、专业情感等方面存在发展困境；一些教师对教育理论的作用认识不清，学习意识淡薄，教育教学理论匮乏；教育教学研究意识不强，研究能力、反思能力、合作能力差；对专业素质的自我评价过高，影响进一步的发展；教师队伍规模庞大、分布不平衡、结构不合理，加大了教师专业发展的难度［史颖博，王卫东，2017］。有些教师专业发展目标不明确，不能依据自身的知识结构和专业发展等进行有效的职业生涯规划，导致自身专业发展不连贯、不系统、不合理，甚至一些教师还会觉得前途渺茫，不知道从何处着手，最终成为终身教育视域下的"被动者"［季晓华，2017］。

面对上述教师专业发展的内部困境，学者们也提出了一些对策。

首先，教师要养成终身学习的习惯。专业发展的实质是一种终身学习的理念，个体要唤醒内部发展的主体性和自觉性，增强专业发展的动力，教师专业发展的核心力量源自教师内在生发、生长的力量，其逻辑起点是教师寻求发展的心向和能力［任桂平，赵剑宇，2016］。

其次，教师要结合自身情况和专业发展等制订自我发展规划。自我发展规划即教师自己勾勒的发展愿景，是对职业发展的目标性设想与规定性设计，它能有效地引导、监控、敦促教师自我发展，以应对复杂的现实挑战［李江，2016］。

再次，主动进行自我反思以此推动教师专业发展的理论转化。美国教育心理学家波斯纳（G. J. Posner）提出"教师成长＝经验＋反思"，指出没有反思的经验是狭隘的经验，至多只能成为肤浅的知识。专业人员必须培养从经验中学习和对自己的实践加以思考的能力。教师要切实强化自我反思的能力，教师成长和发展的第一步就在于"教师自身的反思，教师自身的评价和教师的自我改造"。已有的相关理论的研究和实践表明，反思有助于教师的专业发展，教师反思是教师专业成长的重要途径［石君齐，叶菊艳，2017］。

最后，教师要积极开展实践活动，提升自身素质。有论者认为，实践是教师自我反思的起点与终点，通过教师的实践反思、探究和自我监控，教师走向一种专业自主和不断创新，形成系统的个人化的教育知识（实践知识）和教学专长，成为一种专家型、研究型和创作型教师，"反思型实践者"的教师能力代表着教师专业化及其实践能力的一种发展趋势［周群风，曾华丽，2012］。

2. 外源性困境

"外源性困境"指的是来自教师自身之外、阻碍教师迈向高层次专业发展的问题。教师专业发展的外源性困境可分为制度、认识、环境三个方面的问题。

第一，在制度层面，教师专业发展的首要问题是虽然大家都希望教师具有更高水平的专业能力，但教师专业发展成本却没有人愿意分担［周彬，2010］。其次，教师评价制度不够客观，更多地是以学生成绩评价教师的教学水平，这在客观上阻碍教师留出更多精力提高自己的专业水平，将自己从教书匠的角色禁锢中解放出来［昌利娜，2011］。再次，现行教师培训制度也存在一些问题，培训目的有明显的功利性，培训的内容针对性不强，不能满足教师专业发展的要求［昌利娜，2011］。最后，中小学教育科研的现状表明目前的教育科研制度自身的缺欠已成为制约教师专业发展的瓶颈［刘岩，

2010]。

第二，在认识层面，有学者指出，传统观念中的园丁、蜡烛、春蚕等教师形象、角色定位阻碍教师角色依时代要求而转变［昌利娜，2011］。教师专业发展的技术化倾向尤为突出，注重的是教师职业技能的训练，忽视了教师情感方面的培养，使得教师普遍缺乏教育的人文情怀和精神［马多秀，2013］。还有一些人把实现教师自身的利益放在首要位置，却把如何更好地服务学生置于次要位置［史颖博，王卫东，2017］。

第三，在环境层面，相关文献中指出教师专业发展存在的问题有：首先，就社会环境而言，教师的社会经济地位长期低下，降低了教师的职业认同和获取足够的发展资源的可能，使得教师专业发展的内生动力不足［史颖博，王卫东，2017］。其次，学校发展环境的劣化也会导致教师发展机会和发挥空间受阻［陆菊，2018］。有论者指出，一些学校不重视教师专业自我发展，为教师提供的专业发展环境较少，如组织架构不完善，未明确具体的负责部门；相关规章制度不健全，导致教师专业自我发展工作"无章可循"；保障措施不充分，在建设资金、设备设施方面投入过少，无法满足教师专业自我发展的需求［曾素林，2016］。最后，基于新时代信息技术的教师专业发展新环境，仍有不少挑战，如教师对信息化教学的认可度亟待提升，需持续做好教育信息化培训；教师专业发展项目未能培养教师有效的信息教学使用技术［马文豪，2015］；技术应用不普及，教师的信息素养发展不均衡等。

针对上述三方面的问题，学者们也积极提出了破解困境的对策。

在制度方面，有论者认为，教师的专业能力是一种公共产品，教师自己对专业能力并不拥有完全的私人产权，为了保证教师专业发展不因成本的缺少而被中断，就需要有一个具有稳定性与权威性的制度予以保障，因此政府应承担教师专业发展成本的较大比例，但这却是以学校和教师承担较小比例为前提［周彬，2010］。此外，坚持绩效性和发展性评价相结合，构建多主体的评价参与协调机制，尊重教师在评价中的主体地位，强调教师的自主评价，进而促进教师专业发展［张钧，邵琳，2017］。不仅如此，还需要科学制订培训目标，设置切合中小学需要的培训内容，实行多种培训方式；加强教师专业发展的过程监控和管理，督促教师完成专业发展的各项任务；鼓励教师开展教育教学研究［史颖博，王卫东，2017］。

针对认识方面的问题，有论者主张教师辩证地看待专业化，准确把握其积极意义；树立新的教师观、学生观，促进教师角色的转变；校长要引导教师树立正确的教师发展观，强化服务教师发展的意识［史颖博，王卫东，2017］。教师还要深入理解专业发展的内涵，不能偏离促进学生学习的方向。

就环境方面而言，亟须为教师专业发展外塑良好环境。其一，国家有责任、有义务做好顶层设计工作，制定保障措施，保障教师的基本生活条件和工作环境，保障教师的基本权益，提升教师的福利待遇与社会地位，设计能上能下的薪酬激励机制，构建有效的激励与保障体系［陆菊，2018］。其二，社会组织在教师专业自我发展过程中要为其提供实践机会和成长平台，同时对教师的总体状态实施有效考评和监控，提供有价值的参考意见，有力推动教师专业自我发展进程［钱彩秀，左婵娟，陈健，2016］。其三，有学者通过实证研究发现教师感知到的学校环境可以整体地、直接地影响教师专业发展，因此学校应努力创建人际关系融洽、教学生态良好、文化氛围浓厚的学校环境［杨帆，许庆豫，2017］。

二、教师专业伦理研究

教师职业作为一项育人的事业，承担着为国家培养社会主义建设者与接班人的重任。因此，教师的素质将会直接影响到学生的发展。在教师的众多素质中，教师的德行是最为重要的素质。从某种程度上来说，师德是教师职业得以维系的根本所在，是教师专业发展的应有之义。在教师队伍建设中，师德建设总是被摆在第一位的［《教育研究》编者，2012］。在对师德建设的相关研究过程中，传统师德问题与缺陷开始受到质疑，越来越多的学者主张由师德转变为教师专业伦理。2010—2020十年间，教师专业伦理研究不断深化，学者围绕着师德研究的伦理转向及其内涵、教师专业伦理建设的困境及其解决路径等方面开展广泛讨论。

（一）师德研究的伦理转向及其内涵

1. 对传统师德研究的批判与反思

有学者提出，作为一个在教师专业化背景下提出的具有时代特色的崭新理念，教师专业伦理品性从根本上表现出对传统"师德"概念的反思、批判、发展和超越。从目标及内容来分析，传统"师德"过于理想化和宽泛化，不但蕴含道德的标准，而且涵盖思想的、政治的和世界观、人生观和价值观的要求，试图把教师造就成为一个"高大全"的"完人"形象。这种师德要求固然以教育的内在道德性为依据，但其现实可能性却值得推敲［张典兵等，2016；王晓莉，2013］。

有学者在区分道德与伦理不同内涵的基础上，阐述了由"师德"向"教师专业伦理"转变的意义与必要性。论者认为，道德强调个人的德行及其结果，而伦理除了表现道德规则系统和行为准绳之外，还需要解决这些道德原则的可靠性、合理性之义。因此，伦理考虑的是行为的适当与不适当，一种生活的好与不好。教师种种"为你好"的教育出发点，看起来是一种道德责任，却没有考虑这种责任背后的合理性。随着教师的专业化发展，在教育研究中"教师职业道德"向"教师专业伦理"转向已成为一种趋势。因此，这里的"好"是一种伦理意义，是一种教育的专业精神，应该与教师个体的崇高师德区别开来［朱水萍，2013］。

2. 教师专业伦理的内涵

（1）基于服务理念的教师专业伦理

有论者认为，教师专业伦理是教师从事教育、教学实践活动时，应当遵循的伦理原则与规范、实施伦理行为的观念与行动体系。服务性是所有专业伦理共同的特性。对于教师职业而言，其专业伦理也必然体现服务性。具体而言，教师专业伦理是指本着服务理念，突出专业特征，教师在从事教育教学专业活动中一致认可并自觉遵守的一套行业内部规范和准则，其共同目标是提高本职业声誉和社会地位。相对于其他专业伦理，教师专业伦理有以下特殊性：教师服务信念受双重服务目的的制约；教师服务知识为实践性知识；教师服务所依赖的自主权是有限的自主权［杨晓平等，2011；周海玲，2015］。

(2) 基于生命道德理念的教师专业伦理

有论者认为，教师专业伦理不仅强调教师职业的社会价值，更强调教师职业的专业价值和个体生命价值，其发展的终极目标就是使教师获得幸福和达到自我实现，让教师的生命力和创造性释放出来。而教师生命道德既强调教师的为"师"性、传承性和奉献性等社会价值，也强调为"我"性、创造性和发展性等个体生命价值。在某种意义上，教师生命道德的特性与其职业特性是融合在一起的。归纳起来，教师生命道德的特性主要表现为：为"师"性与为"我"性的统一、传承性与创造性的统一、奉献性与发展性的统一[杨翠娥，2011；刘万海等，2015]。

(3) 基于责任伦理理念的教师专业伦理

有论者指出，今天我国教师职业的内外部条件都发生了深刻变化。传统的师德教育的局限日渐显露，我们应该顺应时代变化，探寻与现代社会相适应的伦理理论来指导教师专业伦理教育实践。"责任伦理"与现代社会的专业分工具有很高的契合度。责任来自专业化的标准，专业化形成的职业责任感基于对知识与专业的考虑，反映现代社会对专业化和专门技能的要求，可以避免纯粹个人标准的随意性，具有客观性与中立性的特征。作为专业人员，教师的基本伦理是在法律和习俗赋予他的职责限度范围内作为，不是仅凭自己的善良或爱简单行事。事实上，目前教师专业伦理中出现的诸多问题都与教师教育责任的模糊和缺失有关。责任伦理视野下的教师专业伦理最重要的特征是教师要为自己的教育教学负责[胡锋吉等，2011]。

也有论者提出，师德师风与专业知识、专业技能处于同一个层面，二者是并列关系。如果说专业知识、技能是教师专业发展的"硬件"，那么师德师风就是其"软件"。教师的专业知识不够扎实、技能不够娴熟，往往会影响他在教学中所体现的主观态度和精神品质，但即便如此，也只能说专业知识与技能是影响师德师风的一个重要因素，不能把二者混为一谈。如果把专业技能也纳入师德师风的内涵，结果只能是师德师风的泛化。其次，师德师风既然为教师的专业伦理，那么，它必然要与其他的伦理相区别。师德师风内涵的确定不能脱离教师专业的特点，不能将师德等同于一般的德行要求。具体说来，师德师风既要与个人的思想品质和政治信仰明显不同，又要与一般的做人伦理相区别。如果用思想政治道德等取代教师的专业伦理，用思想政治上的要求来界定教师的专业伦理内涵，结果必然会模糊和淡化专业伦理的特性［黎平辉，郭文，2011］。

（二）教师专业伦理建设的困境

1. 伦理层面

有学者指出，近年来，随着教师专业化进程的不断推进，教师伦理的研究也实现着由"教师伦理"向"教师专业伦理"的转化和提升。就目前来看，规范伦理占据着教师专业伦理研究理论的主流，然而在实践拷问下，规范伦理的弊端开始显现，比如规范制定的一般化、空泛化、缺乏实践性，带有令行禁止的强制性等。此外，规范伦理学视域下的教师专业伦理秉持的一种假设，即只要规定出活动的最低要求，明确底线伦理，保证不犯最基本的错误，那么更高要求的、更良善的和更崇高的行为自然会发展出来，但事实并非如此，由低要求的价值不可能推出或者发展出高要求的价值。为此论者认为，有必要转换一下当前教师专业伦理建设的思路，即在必要的规范伦理基础上，寻求德性伦理的观照。这种转换的实质是试图唤起教师这一教学主体对自身价值的体认，而不再盲从于外部性、规定性制度，进而将外在的压力转换为内部的动力。儒家的思想可以为我们提供思想来源［刘万海，2013］。

与主张从儒家思想中汲取养分，以实现教师专业伦理由规范伦理主导向德性伦理主导转变的学者不同，有的学者认为，当下教师专业伦理建设的困境来源之一就是传统文化中对德性伦理的重视，而忽视规范伦理。因此论者认为，中国传统文化（尤以儒家文化为代表）历来强调教师的品格，对教师提出了很高的道德要求，尤为重视教师的个人品行。在新的时代背景下，强调以教师个人崇高美德实现教育目的的做法，在社会转型期不断地失效［王晓莉，2011］。

虽然规范伦理与德性伦理是两种不同的理论，但二者之间不是绝对对立的状态，而是辩证统一的状态。在推进教师专业伦理发展的过程中，在谋求两者辩证统一的同时，推动教师专业伦理由注重个人层面向注重专业层面转变。

2. 社会转型层面

教师的专业伦理的失落，与社会转型、整体的道德"失范"有关。随着我国社会的整体转型，特别是经济的市场化和文化的多元化，原有的道德体系正遭遇各种力量的挑战，亟待做出调整，而新的道德体系尚未建立，社会道德体系出现了"失范"。教师群体中表现出来的以职谋私、语言暴力、职业倦怠、有失公正等现象就是这种"失范"的具体表现。社会道德体系的"失范"，也使教师个人或群体经历着各种道德上的内在冲突，对于教师面临的道德冲突与伦理困境，人们一方面对教师专业伦理进行理想化架构，用完美的思路去规定和设计教师的职业规范；另一方面却未能重视教师"育人"的角色特性，将一般社会道德简单应用到教育领域，结果又可能形成对教师职业生活的"低标"约束。越理想化的伦理架构，离现实就越远，导致教师专业伦理的虚夸性，不能回应教师在具体道德境遇中的现实问题；对教师职业生活的"低标"约束，又不能提升教师作为专业工作者的道德境界，也不符合公众对于教师的角色期待，教师专业伦理实际上被虚置。教师的专业伦理的失落，另一个十分关键的问题是以行政手段和"工程化"的思维推进教师专业化的进程。教师专业化的动因是受到外在压力，如学历、职称、奖金等，而不是源于教师自身对教育工作、对学生的热爱。在现实生活中，许多教师把专业工作当做一种谋生的手段，或一种可以应付的例行公事的工作。今日教师学历虽已普遍提升，但一般教师的专业精神并未随之显著地增强。以"工程化"思维方式推进教师专业化进程，没有认真审视并立足于教师职业的特点和教师专业化的特殊性［王有兰等，2010］。

除此之外，也有论者指出，社会转型带来的社会阶层分化也给教师专业伦理的建设与发展，带来了消极影响。这表现为：教师职业信念的基石受到冲刷，教师责任在应对不同社会阶层的教育需求方面遭遇伦理拷问，教师教育公正的实践趋于复杂化［李国强，2014］。

（三）教师专业伦理建设的路径

1. 社会转型视角下的教师专业伦理建设

有论者指出，应从以下几个方面建设教师专业伦理。首先，合理规范教师专业伦理。在社会阶层化背景下，需要审慎地寻求与社会发展趋势、教师职业处境和教师自身素质相契合的职业伦理角色定位，不能要求每一位教师都做出超出自身专业能力与生活承受力的超额付出，也不宜放任教师借故放弃自己所应承担的教育责任和教育理想。任何简单化的立场，均有可能使教师在面临前述伦理挑战中遭遇尴尬与困境。此外，在教师履行教育公正的要求上，可考虑将教育主体间差异的公平对待纳入学校的价值体系之中，并成为教师教育教学关注的焦点。其次，倡导对话式教育。对话式教育不失为教师通过发挥自身道德自主性，有效应对社会阶层差异、促进教育公平与社会进步的重要途径。再次，加强教师教育。不论是教师职前教育还是职后教育，应重视引导教师树立正确的教育信念和从教动机。教师应学会应对现代社会对教师的外在要求与教师的内心欲望的冲突带给教师的职业压力，需要正确处理好个人需要与职业责任之间的关系。最后，教师专业伦理建设应纳入社会伦理建设体系中理解，提高教师社会地位首先是社会公正伦理在教师群体上的直接体现。要从教师政策、教师待遇、教师管理体制、尊师重教文化等各方面切实提高教师社会地位［李国强，2014］。

2. 专业化视角下的教师专业伦理建设

首先，建立符合教师专业发展要求的伦理规范。建立符合教师专业发展的伦理规范，应从最初的一般的德性要求过渡到具有道德法典意义的许多专业伦理规范，通过建立和完善教师专业伦理准则，指导和约束教师的专业活动。其次，教师专业伦理是与教师的专业知识联系在一起的，在教师职业不断走向专业化的背景下，教师的伦理不只是一般的道德要求，而应是建立在专业知识基础上的具有专业水准的道德行为和实践。因此，促进教师专业发展要求的伦理发展，还要关注教师专业知识的特殊性对教师专业伦理的影响。再次，教师专业伦理的发展需要组织化、制度化的教师教育活动的外在保障。因此，教师教育应将教师专业伦理的发展纳入教师教育的目标规划与实践活动中。最后，处于不同生涯发展阶段的教师，心理发展需要不尽相同。对处于生涯发展不同阶段的教师有针对性地进行专业伦理教育，才能促使教师将职业道德规范从外在的约束性内化为自身的行为准则，并主动实践职业道德要求。另外，教师的专业伦理是在不同的道德境遇下解决不同的道德问题中成长起来的。教师专业伦理的发展应充分考虑教师在生涯发展不同阶段上需要解决的冲突、教师的道德发展水平及教师的调节能力,遵循教师专业道德发展规律,这样才能促进教师专业伦理的发展[王有兰,2010;孙丹,2016;蔡艳梅,2014]。

3. 儒家伦理视角下的教师专业伦理建设

有论者指出,"在儒家伦理思想中,规范体系总是逻辑地以价值的认定为依据。以天人关系而言,儒家倡导人道原则,既内含着对人的价值的肯定,亦意味着待人以仁;它与道家由自然原则引出无为的行为要求形成了某种对照。儒家采取的是先理解人,然后理解规范和认识秩序,只有这样,人们才能制定和遵守符合人道的规范。"[1] 儒家采取的是先理解人,然后理解规范和认识秩序,只有这样,人们才能制定和遵守符合人道的规范。也就是说:第一,如果说规范伦理所要呈现的是各种各样的"应当",那么德性伦理则是关注何为"善"以及如何"为善";第二,各种规范所界定的"应当"往往都是与某些义务相联系的,而"善"表达的则是某种价值的认定;第三,从两者的逻辑关系来说,"应当"的貌似都是善的(实践表明在很大程度这是错觉),但"善"则不一定具体指向某种"应当"。因此,在儒家伦理思想的视角下,教师专业伦理建设应该将规范内含于价值,进而通过人伦价值体悟规范。此外,在儒家看来,学做一个完善的人是教师伦理的根本之道。真正的儒者以生命为终极关怀,从"为己"到"成人",虽然不排斥外在规范的引导,但是更强调内在的自觉,一种对人的生命价值以及美好生活的自觉。在儒家观念中,正是这种自觉确证了教师专业伦理的方向为个体生命发展中的自然、自愿及自由的活动[刘万海,2013]。

综上,关于教师专业发展与专业伦理的研究多集中在概念内涵、多领域研究视角、发展困境及其优化路径等方面。较 2010 年之前的研究,虽然在研究主题方面变化不大,但对某些问题理解和认知上,在新时期有了新的观点。例如,在对教师专业发展内涵的理解上,较之前期研究,此时期的研究者更为关注教师发展的自主性、将教师的发展与学生的发展相结合,以及强调教

---

[1] 刘万海,孔美美:论当代教师专业伦理的重建,教育发展研究,2013(04).

师专业发展的情感基础,即注重教师专业情感的发展。而不仅仅从教师的专业知识、专业能力与专业理念等方面来认识教师的专业发展。这些研究,拓展了教师专业发展内涵研究的深度与宽度。此外,充分利用信息技术,推动教师专业发展,是新时期教师专业发展研究的新热点和趋势。在师德师风建设方面,师德研究的伦理转向,是这一时期教育研究的一个明显特征。由传统的师德研究转向教师专业伦理研究,对纠正传统"师德"过于理想化和宽泛化有着重要的意义。但此阶段的研究尚存在不足,需进一步地深化与完善。

关于教师专业发展的研究存在以下问题:首先,教师的角色定位需要进一步研究。当我们仅仅从知识传授的角度理解教师专业发展时,教师的专业发展就是指教师个人教学技能的提升。但教师作为教育活动主体,不仅仅参与到师生间的教学活动,而且需要参与到课程的设置与课程知识的选择活动中。因此,如何处理好课程与教师的关系则成为教师专业发展研究的重要内容。进一步而言,教师将自身定位于课程选择与设置的旁观者、边缘者还是积极的参与者,是体现教师专业发展水平的重要指标。其次,研究角度及方法需要强化多元性。由于教师专业发展研究有着较强的实践性,以及近十年来教育研究对实证研究的强调,使得当前关于教师专业发展的研究多为实证研究。在后续的研究中要加强研究角度与方法的多元性,需要从哲学、社会学、文化学、伦理学等多角度进行研究。最后,缺少教师专业发展路径的职前研究。教师的专业发展不应仅仅从入职后开始,而应该从职前教师教育开始。因此,如何理清教师教育与教师专业发展之间的关系是今后研究的一个重要内容。

当前关于教师专业伦理研究存在以下若干问题:首先,教师专业伦理研究重视西方伦理思想,忽视本土伦理思想。教师的专业伦理与一个国家、民族的思想和文化息息相关。我们不能摆脱自身的文化,简单移植、套用西方的伦理思想,这无益于我国教师专业伦理的发展。因此,应该加强中国传统教育伦理思想的研究,使教师的专业伦理体现中国传统伦理思想,吸收西方伦理思想的有益成分。其次,教师专业伦理研究实践性、应用性不强。教师专业伦理研究的成果要面向教育实践。教师专业伦理的研究者要有实践关怀意识,坚持从教育实践中来到实践中去的研究策略,使得教师专业伦理研究做到源于实践且高于实践，进而避免教师专业伦理的研究成果成为空洞的说教。

本章主要参考文献

[1] 白亮，王爽，武芳：乡村教师发展支持体系研究，中国教育学刊，2019（01）.

[2] 蔡艳梅：教师专业化视角下的专业伦理构建，教育探索，2014（11）.

[3] 陈文友：教育现代化背景下教师专业发展的内在意蕴，教育理论与实践，2020（14）.

[4] 陈威：教师教育"实践取向"的理论前提，黑龙江高教研究，2017（12）.

[5] 陈效飞，任春华，郝志军：论行动研究促进教师专业发展的机制——基于哲学解释学的视角，教师教育研究，2018（04）.

[6] 昌利娜：当前教师专业发展所面临的困境及对策，现代教育科学，2011（06）.

[7] 符太胜，王培芳，丘苑：中西部农村小规模学校教师专业发展危机与发展路径，当代教育科学，2020（01）.

[8] 黄友初：改革开放40年来我国教师专业化的回顾与展望，课程·教材·教法，2018（11）.

[9] 洪秀敏："停课不停学"背景下幼儿园教师专业发展的挑战与应对，学前教育研究，2020（06）.

[10] 华子荀，许力，杨明欢：面向教师专业发展的实践共同体评价模型研究，中国电化教育，2020（05）.

[11] 贺星岳，曹大辉，程有娥，邱旭光："双高计划"建设背景下高职院校教师专业发展的逻辑及推进策略，现代教育管理，2019（09）.

[12] 何芳：论高校教师的专业精神及其专业发展——英国教师专业发展研究的策略及启示，贵州师范大学学报（社会科学版），2010（01）.

[13] 姜勇，郑楚楚：汇聚与变革：改革开放 40 年幼儿园教师专业发展历程解析，学前教育研究，2019（03）.

[14] 江宏，王纬虹，李志辉：乡村小规模学校教师专业发展差异分析及对策——基于重庆市的实证研究，教育理论与实践，2020（31）.

[15] 季舒鸿：高职院校教师专业发展的生态学思考，教育理论与实践，2020（27）.

[16] 季晓华：教师专业自主发展的内部困境及其策略，中国成人教育，2017（03）.

[17] 龙安邦，范蔚：课程创生与教师反思能力的提升，教育理论与实践，2013（16）.

[18] 刘范美：中小学教师专业发展评价现状与对策探析——基于广东省粤北地区的调查，教育理论与实践，2019（02）.

[19] 刘胡权：论教师专业发展的情感基础，当代教育科学，2020（04）.

[20] 李剑：教师专业发展"边缘化"及其诉求，教育理论与实践，2013（11）.

[21] 李树英：智慧教育需要教育智慧：教师专业发展的人文选择，现代远程教育研究，2019（06）.

[22] 罗生全，周莹华：跨学科共同体提升教师专业发展效能的价值、经验及策略体系，湖南师范大学教育科学学报，2020（03）.

[23] 李政：高职院校教师专业发展的三维模型及其应用，中国高教研究，2020（02）.

[24] 刘涛：论人力资本视域下的高校教师专业发展，当代教育科学，2011（07）.

[25] 李斌：高校青年教师在专业发展中应树立的五个意识，江苏高教，2015（03）.

[26] 李荣华，邓达：高校教师专业发展德智融通的内在机理与路径探究，教育评论，2016（01）.

[27] 黎钰林：高校女教师专业发展困境及其实现策略研究，湖南师范大学教育科学学报，2016（04）.

[28] 黎平辉,郭文:社会转型期我国师德师风内涵的再界定,现代教育科学,2011(02).

[29] 李树峰:从"双师型"教师政策的演进看职业教育教师专业发展的定位,教师教育研究,2014(03).

[30] 李志峰,高慧:高校教师发展:本体论反思与实践逻辑,大学教育科学,2013(04).

[31] 李国强:社会阶层化背景下教师专业伦理的重构,教师教育研究,2014(01).

[32] 刘万海,孔美美:论当代教师专业伦理的重建,教育发展研究,2013(04).

[33] 陆道坤,周文静:高校教师专业发展维度及结构模型试构,高校教育管理,2016(01).

[34] 刘岩:影响教师专业发展的制度性因素探析,当代教育科学,2010(01).

[35] 陆菊:教师专业自我发展研究,教学与管理(理论版),2018(03).

[36] 李江:走向自主:教师专业发展的必然选择,当代教育科学,2016(15).

[37] 牟金保:我国教师专业发展评价研究:现状、热点及趋势,西藏民族大学学报(哲学社会科学版),2020(02).

[38] 马瑞娟:教育生态学视阈下的教师专业发展,教育理论与实践,2013(03).

[39] 马多秀:论教师专业发展的情感维度,教育理论与实践,2013(04).

[40] 卜祥林,于海英:分领域优化配置课程资源的研究与实践——基于牡丹江市第一中学的实践探索,教育探索,2014(04).

[41] 彭燕凌:乡村小学教师专业发展的困境及其突破,教学与管理,2020(09).

[42] 潘玲珍:基于产教融合的高职教师专业发展研究,高等工程教育研

究，2015（02）.

[43] 齐鹏飞：办好思想政治理论课关键在教师——学习党的十八大以来习近平关于思想政治理论课教师队伍建设的重要论述，教学与研究，2020（11）.

[44] 钱彩秀，左婵娟，陈健：自主生长式教师专业发展的特点及实现路径，成才，2016（09）.

[45] 齐学红，赵伟黎：师德教育话语再审视：知识和修养关照下的教师主体身份建构，教育研究与实验，2015（04）.

[46] 任桂平，赵剑宇：论教师专业发展的内生之力，教育理论与实践，2016（13）.

[47] 商应丽，曲铁华：核心素养视域下教师专业发展的创生，现代教育管理，2018（05）.

[48] 史颖博，王卫东：中小学教师专业发展困境的研究现状及其改进：基于2006—2015年研究成果的分析，教育科学研究，2017（01）.

[49] 石君齐，叶菊艳：论"实践—引导—反思"取向的高校教师专业发展路径，教师教育研究，2017（06）.

[50] 孙丹：教师专业伦理：内涵·失范·重建，中学政治教学参考，2016（07）.

[51] 滕琨："科研名校"带动区域义务教育优质均衡发展，现代教育科学，2011（12）.

[52] 陶晓燕：权力维度中的高校女教师职业发展，教育理论与实践，2016（09）.

[53] 檀传宝，冯婉桢，李敏，杨启华，李菲：教师伦理与师德建设（笔谈），教育研究，2020（12）.

[54] 王后雄，李猛：卓越教师核心素养的内涵、构成要素及发展路径，教育科学，2020（06）.

[55] 吴艳茹：教师专业学习共同体的构建，教育评论，2013（01）.

[56] 吴佳：打破城乡教育资源分布不均衡的困局，人民论坛，2019（17）.

[57] 王坤：教师专业发展的社会生态环境及其构成，贵州社会科学，2014（06）.

[58] 王艺娜：乡村教师专业发展支持体系的困境及构建，教学与管理，2019（16）.

[59] 魏薇，陈旭远，高亚杰：论我国高校教师专业发展"自为"的缺失与建立，国家教育行政学院学报，2011（02）.

[60] 王晓莉：教师专业伦理：师德研究的扬弃与转型，思想理论教育，2013（12）.

[61] 王有兰，曾子桐：教师专业伦理的失落与重塑，教育学术月刊，2010（12）.

[62] 薛忠英：赋权增能理论框架下的教师专业发展评价探析，教育理论与实践，2014（26）.

[63] 席梅红：论乡村教师专业发展的政策支持——基于关心关系的伦理学视域，中国教育学刊，2018（04）.

[64] 熊德明，董泽芳：高校教师专业发展的目标追求，现代教育管理，2010（08）.

[65] 杨翠娥：生命道德：教师专业伦理的重要维度，教育学术月刊，2011（01）.

[66] 杨彦军，童慧，郭绍青：中国式"课例研究"中教师学习资源需求调查研究，现代中小学教育，2015（05）.

[67] 杨小波：乡村教师专业发展的本土化元素吸收与改造，教学与管理，2020（10）.

[68] 杨晓平，卢义兵：论教师专业伦理建设，中国教育学刊，2011（12）.

[69] 杨帆，许庆豫：教师对学校环境的感知与专业发展，教育学报，2017（01）.

[70] 郑辉：教师专业发展的本质变化研究，教育理论与实践，2020（08）.

[71] 周坤亮：指向教师专业发展的学校组织变革，教育理论与实践，

2013（19）．

[72] 张典兵，张静娴：论教师的专业伦理品性及其涵养，继续教育研究，2016（03）．

[73] 朱水萍：专业伦理与教师教育，教育评论，2013（05）．

[74] 张丽文，郭凤敏，曲琳：指向教师专业发展的学校组织变革，现代教育管理，2020（03）．

[75] 张妮妮，姚伟：人文关怀——教师专业发展的基石，当代教育科学，2011（22）．

[76] 钟启泉：教师研修：新格局与新挑战，教育发展研究，2013（12）．

[77] 赵雪，冯用军：内生与外控协同：教师专业发展的策略选择，教育理论与实践，2019（32）．

[78] 甄莹：农村小学教师专业发展模式的实践探讨，教学与管理，2020（03）．

[79] 张雨，曹必文：教育生态学视域下高职院校教师专业发展的困境与突破，黑龙江高教研究，2018（09）．

[80] 周彬：教师专业发展的"外部性困境"及其突破，教育发展研究，2010（22）．

[81] 张钧，邵琳：基于我国教师评价制度演进的思考，东北师大学报（哲学社会科学版），2017（05）．

[82] 曾素林：自主生长视角下的教师专业自我发展过程，成才，2016（09）．

[83] 周群凤，曾华丽：论专业化发展视域下教师专业实践能力培养，当代教育理论与实践，2012（09）．

[84] 周海玲：论教师专业伦理的服务性，教师教育研究，2015（02）．